Beck'sche Reihe
BsR 321

Dieses in seiner Knappheit und Vollständigkeit bisher einmalige Lexikon beschreibt in alphabetischer Reihenfolge Leben, Werk und Wirkung von ca. vierhundert der bedeutendsten Denker in den christlichen Konfessionen: von den Apologeten und Kirchenvätern der Alten Kirche über die Theologen und Philosophen des Mittelalters, die Reformatoren und Gegenreformatoren, die theologischen Humanisten und Aufklärer der Neuzeit bis zu den streitbaren und umstrittenen Theologen des 19. und 20. Jahrhunderts. Literaturhinweise und eine Übersicht der Theologen in chronologischer Reihenfolge ergänzen dieses Lese- und Nachschlagewerk, das dem neuesten Stand der Forschung entspricht und jedem an religiösen und theologischen Fragen und an der Kulturgeschichte des Abendlandes Interessierten willkommen sein wird.

Wilfried Härle, geb. 1941, ist Professor für Systematische Theologie und Geschichte der Theologie am Fachbereich Evangelische Theologie der Philipps-Universität Marburg. Veröffentlichungen u. a.: Sein und Gnade. Die Ontologie in Karl Barths Kirchlicher Dogmatik (1975). Rechtfertigung. Das Wirklichkeitsverständnis des christlichen Glaubens (zus. mit E. Herms, 1980). Systematische Philosophie. Eine Einführung für Theologiestudenten (1982). Lehrbeanstandung und Lehrfreiheit. 2 Bde. (zus. mit H. Leipold, 1985). Ausstieg aus der Kernenergie? Einstieg in die Verantwortung (1986). Mitarbeit am „Funkkolleg Religion".

Harald Wagner, geb. 1944, ist Professor für Systematische Theologie und Religionspädagogik an der Theologischen Fakultät Fulda und Direktor des Kath. Theol. Seminars an der Philipps-Universität Marburg. Veröffentlichungen u. a.: Die eine Kirche und die vielen Kirchen. Ekklesiologie und Symbolik beim jungen Möhler (1977); Einführung in die Fundamentaltheologie (1981); Sterbende brauchen Solidarität (hrsg. zus. mit Torsten Kruse, 1986). Handbuch der Ökumenik (hrsg. zus. mit H. J. Urban, 1985 ff.) Mitarbeit am „Funkkolleg Religion".
Die Herausgeber haben achtzehn Theologen verschiedener christlicher Konfessionen als Mitarbeiter gewonnen.

Theologenlexikon

Von den Kirchenvätern
bis zur Gegenwart

Herausgegeben von
Wilfried Härle und Harald Wagner

VERLAG C.H.BECK MÜNCHEN

Umschlagbilder (von linke Spalte oben) Thomas v. Aquin, Martin Luther, Dietrich Bonhoeffer, Karl Rahner (Süddeutscher Verlag, München).

CIP-Kurztitelaufnahme der Deutschen Bibliothek

Theologenlexikon / hrsg. von Wilfried Härle u.
Harald Wagner. – Orig.-Ausg. – München : Beck,
1987.
  (Beck'sche Reihe ; 321)
  ISBN 3-406-31893-2
NE: Härle, Wilfried [Hrsg.]; GT

Originalausgabe
ISBN 3 406 31893 2

Einbandentwurf von Uwe Göbel, München
© C.H.Beck'sche Verlagsbuchhandlung (Oscar Beck), München 1987
Gesamtherstellung: Appl, Wemding
Printed in Germany

Inhalt

Vorwort

Ein Theologenlexikon im Taschenbuchformat, das über die bedeutendsten Theologen von den Anfängen des Christentums bis zur Gegenwart informieren will, ist ein gewagtes Unternehmen. Wir haben uns auf dieses Wagnis eingelassen, weil wir davon überzeugt sind, daß ein solches Hilfsmittel sowohl für das Theologiestudium als auch für die kirchliche Bildungsarbeit sowie im allgemeinen für interessierte Zeitgenossen von Nutzen sein könnte. Für die Beschäftigung mit der Theologie gilt ganz besonders: Sie kann nur effektiv sein, wenn dabei das, was vor uns theologisch gedacht wurde, Berücksichtigung findet. Für diejenigen, die (noch) nicht die Gelegenheit und Möglichkeit hatten, sich ausführlich und intensiv mit der Theologiegeschichte zu beschäftigen, soll dieses Lexikon grundlegende Informationen über die Lebensdaten, den theologischen Ansatz, das Werk und die Wirkung der wichtigsten christlichen Theologen vermitteln. Daß auf so knappem Raum nur erste Informationen gegeben werden können, die zur Weiterarbeit und Vertiefung anregen sollen, versteht sich von selbst. Umfangreiche Artikel in großen Lexika, Handbüchern, Sammelwerken sowie Einzeldarstellungen gibt es zu fast allen hier vorgestellten Theologen in reichem Maße. Auf diese weiterführende Literatur sei in diesem Zusammenhang ausdrücklich hingewiesen. Insbesondere die Standard-Lexika „Religion in Geschichte und Gegenwart" (RGG[3]), das „Lexikon für Theologie und Kirche" (LThK[2]) und – soweit erschienen – die „Theologische Realenzyklopädie" (TRE) bieten gute Vertiefungsmöglichkeiten und weitere Hinweise auf Quellen und Sekundärliteratur.

Die größten Probleme, vor denen wir als Herausgeber standen, waren naturgemäß das der Auswahl der Theologen und das der Aufteilung des zur Verfügung stehenden Raumes. Was die Auswahl betraf, haben wir zwei Vorentscheidungen von großer Reichweite getroffen:

1. Nur Theologen von erheblicher Bedeutung für die Theologie *im Ganzen* wurden aufgenommen, nicht aber solche, deren Bedeutung sich im wesentlichen auf einzelne Disziplinen beschränkt.

2. Nur bereits *verstorbene* Theologen wurden berücksichtigt, nicht aber noch lebende, selbst wenn sie von großer Bedeutung für die Theologie sind – und deren gibt es nicht wenige.

Unter den so ausgewählten Theologen bildeten wir drei Kategorien: 30 Theologen sollten wegen ihrer überragenden Bedeutung mit Artikeln von etwa 4 Spalten bedacht werden (Kategorie A). Ca. 150 weitere Theologen wurden mit 2spaltigen Artikeln (Kategorie B), ca. 220 mit einem Kurzartikel (Kategorie C) aufgenommen. Die Artikel der Kategorien A und B wurden an Fachleute für die verschiedenen Epochen oder Bereiche vergeben, wobei sie die Möglichkeit erhielten, innerhalb ihres Gesamtkontingents quantitative Umverteilungen vorzunehmen. Diese Artikel sind mit dem Namenskürzel des jeweiligen Autors gekennzeichnet. Für die kurzen Artikel der Kategorie C erarbeiteten unsere Mitarbeiter Vorlagen, die wir den jeweiligen Fachautoren zur Durchsicht vorlegten. Aufgrund von deren Voten erarbeiteten wir die endgültige Fassung dieser (nicht gekennzeichneten) Artikel, für die wir als Herausgeber die Verantwortung tragen.

Von dem Kriterium großer *theologischer* Bedeutung haben wir nur in einigen wenigen Fällen Ausnahmen gemacht, wo es sich um Gestalten mit außerordentlicher frömmigkeitsgeschichtlicher Bedeutung handelt, deren Impulse einen indirekten Bezug zur Theologie besitzen bzw. später in theologische Positionen umgeformt wurden (so etwa bei Franz von Assisi, Johann Arndt oder einigen Vertretern bzw. Vertreterinnen der Mystik).

Auch diese letztgenannten Konzessionen haben nichts daran geändert, daß das Lexikon zu Recht die Bezeichnung „*Theologen*lexikon" trägt. Theologinnen kommen in ihm fast nicht vor. Das spiegelt selbstverständlich nur die geschichtliche Realität wider. Daß auch unter den Autoren keine Frau zu finden ist, ist das Ergebnis erfolgloser Bemühungen der Herausgeber.

Dem Hauptteil des Lexikons, der die Artikel über die einzelnen Theologen enthält, ist eine tabellarische *Übersicht in chronologischer Reihenfolge* angeschlossen, die etwas von den geschichtlichen Zusammenhängen, Schwerpunktbildungen und Aufeinanderfolgen sichtbar machen soll, die eine alphabetische Anordnung nicht erkennen läßt. Durch die zusammenhängende Lektüre der Artikel über zeitgleiche Theologen könnte so für den Leser etwas entstehen, was das Lexikon sonst nur gelegentlich und ansatzweise bieten kann: Einblick in theologische Epochen und Richtungen.

Das Theologenlexikon ist ein bewußt *ökumenisches* Unternehmen. Das geht schon aus der Zusammensetzung des Herausgeber- und Autorenkreises deutlich hervor, es spiegelt sich aber auch darin wider, daß wir uns zumindest bemüht haben, bedeutende Theologen nicht nur aus dem evangelischen und

katholischen Raum, sondern auch aus anderen konfessionellen (und regiona-
len) Traditionen wenigstens in bescheidenem Umfang zu berücksichtigen.
Konfessionelle Proporzfragen haben erfreulicherweise bei der Erarbeitung
des Lexikons kaum eine Rolle gespielt, dafür aber der Respekt vor den Anliegen, Argumenten und Kriterien der jeweils anderen Tradition und das Interesse an den dort möglicherweise noch verborgen liegenden Reichtümern. Daß
es im wechselseitigen Wahrnehmen der nachreformatorischen Theologiegeschichte noch blinde Flecken gibt, haben wir an uns selbst entdeckt. Wir
hoffen, daß das Lexikon auch bei den Lesern etwas zu ihrer Reduzierung bei-
tragen kann.

Ein (auch konfessionelles) Problem ist die Schreibweise vieler Eigen- und
Ortsnamen vor allem aus dem Bereich der Alten und Mittelalterlichen Theologiegeschichte. Um der Vereinheitlichung willen haben wir uns in dieser Frage grundsätzlich der Schreibweise des Lexikons „Religion in Geschichte und
Gegenwart" (RGG[3]) angepaßt, wenn nicht eindeutige neue Forschungsergebnisse es anders geboten.

Zu danken haben wir zunächst dem Verlag für seine Initiative, Bereitschaft
und Großzügigkeit während aller Phasen der Planung und Entstehung des Lexikons. Zu danken haben wir ferner den Mitautoren für ihr Engagement und
ihre Verläßlichkeit, ohne die das Werk nicht entstanden wäre. Zu danken haben wir schließlich unseren Mitarbeiterinnen und Mitarbeitern, die uns auf
vielfältige Weise bei der Erstellung dieses Lexikons unterstützt haben, insbesondere: K. Feußner, R. Grenz, T. Kruse, D. Langecker, R. Lohmeyer, U. Reck-
zeh, U. Strecha und H. Wöhle.

Marburg, Herbst 1986   *Wilfried Härle/Harald Wagner*

Die Mitarbeiter

W. B.	Wolfgang Bienert, Prof. Dr., Marburg
F. C.	Franz Courth, Prof. Dr., Vallendar
A. F.	Athanasius Fourlas, Dr., München
K. S. F.	Karl Suso Frank, Prof. Dr., Freiburg i. Brsg.
H. F.	Heinrich Fries, Prof. Dr., München
W. G.	Wilhelm Gessel, Prof. Dr., Augsburg
W. H.	Wilfried Härle, Prof. Dr., Marburg
G. H.	Gottfried Hornig, Prof. Dr., Bochum
U. K.	Ulrich Köpf, Prof. Dr., Tübingen
Th. M.	Theodor Mahlmann, Prof. Dr., Marburg
M. M.	Manfred Marquardt, Dr., Reutlingen
K. M.	Karl Mühleck, Prof. Dr., Passau
P. N.	Peter Neuner, Prof. Dr., München
Th. N.	Theodor Nicolaou, Prof. Dr., München
J. R.	Joachim Ringleben, Prof. Dr., Göttingen
Ph. S.	Philipp Schäfer, Prof. Dr., Passau
C. S.	Christoph Schwöbel, Dr., London
P. St.	Peter Stockmeier, Prof. Dr., München
H. W.	Harald Wagner, Prof. Dr., Marburg
F. W.	Franz Wolfinger, Dr., München

Abkürzungsverzeichnis
(Gelegentlich benützte, weniger gebräuchliche Abkürzungen)

↑ Der *senkrechte Pfeil* vor einem Theologennamen im Text gibt an, daß der Theologe in diesem Lexikon behandelt wird und nachgeschlagen werden kann.

akad.	akademisch
amerik.	amerikanisch
anglik.	anglikanisch
anthropol./Anthropol.	anthropologisch/Anthropologie
ao. Prof.	außerordentlicher Professor
apol./Apol.	apologetisch/Apologetik
Art.	Artikel
AT/atl.	Altes Testament/alttestamentlich
Aufl.	Auflage
Bac. (theol.)	Baccalaureus (der Theologie)
bapt.	baptistisch
Bd./Bde.	Band/Bände
bes.	besonders
bibl.	biblisch
Bibliogr.	Bibliographie
BKV	Bibliothek der Kirchenväter
brit.	britisch
CCath	Corpus catholicorum
CChr	Corpus Christianorum
christol./Christol.	christologisch/Christologie
CPG	Clavis patrum Graecorum
CPL	Clavis patrum Latinorum
d. Ä.	der Ältere
d. Gr.	der Große
DG	Dogmengeschichte
dial.	dialektisch
Diss.	Dissertation
dogm./Dogm.	dogmatisch/Dogmatik
Doz.	Dozent
DS	Denzinger/Schönmetzer, Enchiridon symbolorum
dt.	deutsch
DThC	Dictionnaire de théologie catholique
ed./Ed.	edidit, ediert/Edition
ekklesiol./Ekklesiol.	ekklesiologisch/Ekklesiologie
Einl.	Einleitung

EKD	Evangelische Kirche in Deutschland
engl.	englisch
erw.	erweitert
eschatol./Eschatol.	eschatologisch/Eschatologie
Evgl.	Evangelium
Fak.	Fakultät
frz.	französisch
GCS	Die griechischen christlichen Schriftsteller der ersten drei Jahrhunderte
geb.	geboren
ges.	gesammelt
gesch./Gesch.	geschichtlich/Geschichte
gest.	gestorben
GKG	Gestalten der Kirchengeschichte, Hrsg. M. Greschat
griech./Griech.	griechisch/Griechenland
GTB	Gütersloher Taschenbücher
habil./Habil.	habilitiert/Habilitation
HDG	Handbuch der Dogmengeschichte, Hrsg. M. Schmaus u. a.
HDThG	Handbuch der Dogmen- und Theologiegeschichte, Hrsg. C. Andresen
hebr./Hebr.	hebräisch/Hebräisch
Hirsch, Geschichte	Hirsch, E. Geschichte der neuern evangelischen Theologie, Bd. I–V.
Hirsch, Hilfsbuch	Hirsch, E. Hilfsbuch zum Studium der Dogmatik.
hist.	historisch
hrsg. v./Hrsg.	herausgegeben von/Herausgeber
it.	italienisch
Jh.	Jahrhundert
jüd.	jüdisch
jur.	juristisch
Kap.	Kapitel
KdTh	Klassiker der Theologie, Hrsg. H. Fries/G. Kretschmar, Bd. I u. II
KG	Kirchengeschichte
klass.	klassisch
kosmol./Kosmol.	kosmologisch/Kosmologie
KR	Kirchenrecht
krit.	kritisch
KThD	Katholische Theologen Deutschlands im 19. Jahrhundert, Hrsg. H. Fries/G. Schwaiger, Bd. 1–3.
Lat./lat.	Latein(isch)
lib.	liberal
Lic. (theol.)	Lizentiat (der Theologie)

lit./Lit.	literarisch/Literatur
liturg.	liturgisch
LThK	Lexikon für Theologie und Kirche, 2. Aufl.
luth.	lutherisch
ma./MA	mittelalterlich/Mittelalter
Mag.	Magister
MBTh	Münsterische Beiträge zur Theologie
MThZ	Münchener Theologische Zeitschrift
NT/ntl.	Neues Testament/neutestamentlich
NZSTh	Neue Zeitschrift für Systematische Theologie
o. Prof.	ordentlicher Professor
o. J.	ohne Jahr
obj.	objektiv
ök./Ök.	ökumenisch/Ökumene
Off.	Offenbarung
ontol./Ontol.	ontologisch/Ontologie
orth./Orth.	orthodox/Orthodoxie
Past. Theol.	Pastoraltheologie
Pfr.	Pfarrer
PG	Patrologia Graeca, Hrsg. J.-P. Migne
phil./Phil.	philosophisch/Philosophie
PL	Patrologia Latina, Hrsg. J.-P. Migne
Prakt. Theol.	Praktische Theologie
Priv. Doz.	Privatdozent
Prof.	Professor
Prom.	Promotion
prot./Prot.	protestantisch/Protestantismus
ref.	reformiert
rel./Rel.	religiös/Religion
RAC	Reallexikon für Antike und Christentum.
Rez.	Rezension
RGG	Die Religion in Geschichte und Gegenwart, 3. Aufl.
rhet./Rhet.	rhetorisch/Rhetorik
röm.	römisch
schol./Schol.	scholastisch/Scholastik
Scholder	Scholder, K. Ursprünge und Probleme der Bibelkritik im 17. Jh.
soz.	sozial
Soz.	Sozialismus
subj.	subjektiv
syr.	syrisch
syst.	systematisch
Syst. Theol.	Systematische Theologie
theol./Theol.	theologisch/Theologie

ThLZ	Theologische Literaturzeitung
trad./Trad.	traditionell/Tradition
TRE	Theologische Realenzyklopädie
trin./Trin.	trinitarisch/Trinität
u. ö.	und öfter
Univ.	Universität
urspr.	ursprünglich
Verf.	Verfasser
wiss./Wiss.	wissenschaftlich/Wissenschaft
zeitgen.	zeitgenössisch
Zeller	Der Protestantismus des 17. Jh., Hrsg. W. Zeller
ZKG	Zeitschrift für Kirchengeschichte
ZNW	Zeitschrift für die neutestamentliche Wissenschaft
ZSTh	Zeitschrift für Systematische Theologie
ZThK	Zeitschrift für Theologie und Kirche

Abaelard, Peter (1079–1142). Geb. 1079 in Le Pallet (Bretagne), Schüler des Nominalisten Roscelin v. Compiègne (um 1050–1123/25) sowie des extremen Realisten Wilhelm v. Champeaux (um 1070–1121). Beide hart kritisierend, nimmt A. im Universalienstreit eine mittlere Stellung ein; sie wird als Konzeptualismus bezeichnet. Die Allgemeinbegriffe haben nach ihm eine Grundlage in den Dingen selbst, sind also nicht bloße nomina. A. lehrt Phil. (Logik, Dialektik) und vor allem Theol. in den verschiedensten Klöstern und Schulen. Dort formt er eine Reihe bedeutender Schüler (u. a. Roland Bandinelli, † 1181 als Papst Alexander III.). Nach 1118 tritt A. in die Benediktinerabtei St. Denis ein. Seine scharfe dial. Begabung, sein hohes Selbstbewußtsein, seine Konflikte mit dem kirchl. Lehramt und der Theol. seiner Zeit wie schließlich auch die Affäre mit Heloise ließen ihn häufig Kloster und Arbeitsplatz wechseln. Er starb am 21. April 1142 in dem zu Cluny gehörigen Priorat St. Marcel bei Chalon-sur-Saône.

A. gehört zu den bedeutendsten Theologen des 12. Jhs. Er war bemüht, die Glaubenslehre (auctoritas) aus Bibel und Vätern zu erheben und diese mit Vernunftgründen (ratio) und dem Zeugnis nicht-christl. Autoren (Macrobius, Vergil etc.) zu stützen. So sind Glaube und Ratio die hermeneutischen Spannungspole seiner Lehre. Beide versucht er, auf einem zweifachen Hintergrund zu verknüpfen: gegenüber denen, die die Ratio aus der Glaubensverkündigung heraushalten wollen (Wilhelm v. Champeaux, †Anselm v. Laon,

†Bernhard v. Clairvaux), und gegenüber den Dialektikern (Roscelin), die ihre Geltung überbetonen. Theol. Argumente zur Sinnerhellung des Glaubens und zu seiner Verteidigung können nach A. nicht über das Dogma hinausgehen und zu einer höheren Einsicht gelangen; sie wollen eine, soweit dem geschöpfl. Menschen möglich, annähernde Auslegung des Glaubens bieten. Diese theol. Selbstbeschränkung entspricht dem sprachlogischen Anliegen A.s. Dieses ist kritisch-analytisch, nicht aber synthetisch konstruierend. Wie seine Phil., so will auch seine Theol. keine apriorische Deduktion und Konstruktion sein, sondern krit.-erschließende Analyse des überlieferten Glaubensbekenntnisses der Kirche. Zur dial. Erklärung des kirchl. Trinitätsglaubens verwendet A. Bilder und Gleichnisse, die den Widerstand Bernhards v. Clairvaux, aber auch der Synoden von Soissons (1121) und von Sens (1140) (DS 721–739) hervorrufen. Otto v. Freising († 1158) spricht von ungeeigneten Vergleichen (exempla non bona). Ausdrücklich erklärt A., daß er sich zwar in der Ausdrucksweise unterscheide, inhaltlich aber den tradierten Glauben lehre. Tatsächlich verwendet A. für die dial. Erschließung der trinitarischen Personen Begriffe, die dem göttl. Wesen insgesamt gelten. In A.s unzureichender Begrifflichkeit liegt deshalb der Subordinationismus- und Modalismusvorwurf begründet, der ihn inhaltlich indes nicht trifft; denn er bekennt ausdrücklich die Wesensgleichheit der drei göttl. Personen. Auch kann der Adoptianismusvorwurf nicht auf-

rechterhalten werden. Hierfür ist als Gegenargument u. a. auf die in seinen marianischen Hymnen vielfältig bekannte Gottesmutterschaft Mariens zu verweisen. In der Soteriologie weicht A. wie vor ihm schon ↑Anselm v. Canterbury von der östl. Idee des Rechtsgeschäftes zwischen Christus und Satan ab. Wir sind dadurch erlöst, daß uns die in Christus offenbar gewordene Liebe Gottes ergreift und umwandelt. Dieser personale Akzent bestimmt auch die Ethik A.s. Nicht die Tat als solche, sondern die Gesinnung qualifiziert als Sünde oder Tugend. Neben seinem phil.-theol. Schrifttum ist A. Verf. zahlreicher Hymnen, die ihn u. a. als gläubigen Marienverehrer ausweisen. A. gehört zu den bedeutendsten Pionieren in der Gesch. der Theol. Trotz aller Kritik an ihm hat sich die Theol. A.s Methode grundsätzlich angeeignet.

Lit.: R. Peppermüller, Abaelard, in: TRE 1, 7–17 (Quellen u. Lit.); ders. Lexikon des Mittelalters I (1980), 7–10; L. Grane, Peter Abaelard, Göttingen 1964; F. Courth, Trinität. In der Scholastik, in: HDG II/1 b, Freiburg/Basel/Wien 1985, 30–50 (Lit.).   *F. C.*

Abraham a Sancta Clara (1644–1709). Eigentlich Johannes Ulrich Megerle; Theologe, Schriftsteller, Kanzelredner. 1656–62 Studium im Jesuitenkolleg Ingolstadt und bei den Benediktinern in Salzburg; 1662 Augustinernovize in Mariabrunn; 1668 Priester. Herausragender Kanzelredner des süddt. Barock; Sittenprediger und Volksschriftsteller hohen Ranges; Schriften sind reichhaltiges Quellenmaterial für die damalige Kulturgeschichte.

Adam, Karl (1876–1966). 1917 o. Prof. für Moraltheol. in Straßburg, 1919 für Dogm. in Tübingen; Nähe zur „Tübinger Schule"; vertritt aufgrund eingehender dogmengesch. Studien eine dem modernen Denken geöffnete Dogm. Im Mittelpunkt stehen Christus und die Kirche als Leib Christi. Seine Grundgedanken zur Einheit der kath. Kirche wurden richtungsweisend.

Agricola, Johann (1499?–1566). Anfänglich Freund und Schüler ↑Luthers, seit 1540 Generalsuperintendent der Mark Brandenburg. Er vertrat im 1. (1527) und 2. (1537–40) sog. Antinomerstreit gegen ↑Melanchthon und dann auch gegen Luther die scheinbar an dessen Unterscheidung von Gesetz und Evgl. orientierte Lehre: nicht das Gesetz, nur das Evgl. könne wahre Bekehrung des Menschen zu Gott wirken. Die Reformatoren lehnten diese tendenzielle ‚Verweltlichung' (Entchristlichung) des Gesetzesbegriffs ab.

Albertus Magnus (um 1200–1280). Geb. um 1200 in Lauingen/Schwaben, Studium in Padua, dort um 1223/29 Eintritt in den Dominikanerorden; wirkte als theol. Lehrer in verschiedenen Städten Deutschlands, u. a. in Köln (1248–54), wo ↑Thomas v. Aquin und Ulrich v. Straßburg († 1277) seine bedeutendsten Schüler waren. Zuvor (1247) hatte er in Paris doziert. Überdies war A. mit den verschiedensten ordensinternen Aufgaben betraut; 1260–62 wirkte er als Bischof von Regensburg, 1263–64 als Kreuzzugsprediger in

Deutschland und Böhmen. Mehrfach tritt er als Vermittler zwischen den Kölner Erzbischöfen und der Stadt auf. Er starb am 15. Nov. 1280 in Köln.

A.s geistesgesch. Bedeutung ist durch seine Aristotelesrezeption bestimmt. Im vorausgehenden Jh. hatte die Schule von Chartres (bes. ↑Ivo v. Ch., Gilbert v. Poitiers, Alanus v. Lille, Clarembald, Johannes v. Salisbury) Aristoteles für ihre Sprachphil. und Logik fruchtbar gemacht. Dies bedingte das differenzierte Methodenbewußtsein der Schule. In noch ausgeprägterem Maße gilt dies für A. Er kommentiert alle damals bekannten, als aristotel. geltenden Schriften. Deren positive Rezeption beflügelt die gegen Ende des 12. Jhs. dank der arab.-lat. und griech.-lat. Übersetzungen breiter einsetzende Beschäftigung mit dem Stagiriten.

Für A. selbst vertieft sich durch die Auseinandersetzung mit Aristoteles die Einsicht, daß jede Wissenschaft ihre eigentüml. Methode hat. Als erster schol. Denker zieht er eine klare Grenze zwischen der Theol. als Glaubenswissenschaft und den allein mit natürl. Erkenntniskraft arbeitenden profanen Disziplinen. Ihnen schenkt A. besondere Aufmerksamkeit, indem er eine Reihe naturwiss. Schriften verfaßt. Sein differenziertes Methodenbewußtsein zeigt sich dann vor allem in der Theol. Als erster Hochscholastiker stellt er seiner Gotteslehre eine theol. Prinzipienlehre voran. Darin handelt er über die Theol. als Wissenschaft und über die Möglichkeit der Gotteserkenntnis. Hierfür folgt er der aristotel. Erkenntnislehre. Anders als der neuplatonisch-augustinische Weg der Abkehr von der Sinnenwelt, den A. von ↑Dionysius Areopagita her kennt, setzt er beim sinnenhaft Erfahrbaren an. Die natürl. Gotteserkenntnis beginnt mit dem Blick auf die Schöpfung, um von hierher zu Gott als Urheber der Natur aufzusteigen. Der so durch Kausalschluß aufweisbare Zugang dringt jedoch nicht zur sicheren Wesenserkenntnis Gottes vor. A. versteht seinen Gedankengang nur als indirekten Beweis; existierte Gott nicht, ergäbe sich eine Reihe von Ungereimtheiten. Damit beurteilt A. eine auf die natürl. Vernunft gestützte Erkenntnis des dreieinen Gottes wesentl. zurückhaltender als in der Frühschol. üblich. Deutlich hebt er die Glaubensmysterien hervor, so daß ihre Andersartigkeit gegenüber der Vernunft offenbar wird. In dieser strikten Gegenüberstellung ist denn auch ein Unterschied zu Thomas vermerkt worden. Diese Akzentuierung macht A. jedoch nicht zu einem Vertreter der doppelten Wahrheit; dagegen kämpft er ebenso wie sein Schüler Thomas. A. will den Einsatz der Vernunft bei der Durchdringung des Glaubensgutes so verstanden wissen, daß dieses besser erkennbar wird und Einwände zurückgewiesen werden können. Letztlich aber dient die Glaubenswiss. der Glückseligkeit des Menschen, der dieser schon natürlicherweise zustrebt und die ihn für die Off. offen sein läßt.

A. beschäftigt sich aber nicht nur mit Aristoteles, sondern auch mit arab. und jüd. Philosophen: mit Avicenna, Averroes, Avencebrol und Moses Maimonides; er kommentiert auch Ps.-Dionysius. Seinem neuplaton. Gedankengut ist die oberdeutsche Mystik verpflichtet: Dietrich v. Freiberg († nach 1310), Berthold v. Moosburg († nach 1361) und auch Meister ↑Eckhart († 1327/28).

Lit.: P. Simon, A. d. Gr., in: TRE 2, 177–184 (Lit.); Chr. Scheeben, Albertus Magnus, Köln ²1955; J. Pieper, Scholastik, München 1978, 99–107; F. Courth, Trinität. In der Scholastik, in: HDG II/1 b Freiburg/Basel/Wien 1985, 93–100 (Lit.). F. C.

Alexander von Hales (ca. 1185–1245). Um 1185 in Hales Owen (Shropshire, England) geb., studierte A. in Paris und wurde dort vor 1210 Mag. artium. Nach seinem Theol.-studium wirkte er seit den frühen 20er Jahren als Prof. an der theol. Fak., ohne daß seine Beziehungen zu England abrissen. Er hatte dort mehrere Pfründen inne und war auch zeitweilig als Vermittler zwischen dem engl. und dem frz. König tätig. Im Streik der Pariser Univ. 1229 zog er mit Doz. und Studenten nach Angers und verhandelte in ihrem Namen 1230/31 an der röm. Kurie. Als er sich 1236 dem Franziskanerorden anschloß, der seit 1219 in Paris vertreten war, behielt er seine Stellung bei und verschaffte so der neuen Gemeinschaft den ersten theol. Lehrstuhl. A. starb am 21. Aug. 1245, nachdem er noch am 1. Konzil von Lyon teilgenommen hatte.

A. hat entscheidenden Anteil an der Entwicklung der Schultheol. im 13. Jh. Er legte als erster Pariser Theologe in den 20er Jahren neben der Bibel die Sentenzen des ↑Petrus Lombardus seinen Vorlesungen zugrunde und schuf damit sowohl die Unterrichtsform der Sentenzenvorlesung als auch die lit. Gattung des Sentenzenkommentars, die den syst. Lehrbetrieb der theol. Fakultäten allg. bis zum Ende des MA beherrschten. Zugleich kam dadurch die von Petrus Lombardus entworfene Systematisierung des theol. Stoffes zu weiterer Wirkung. Neben A.s *Glossa in IV libros Sententiarum* haben sich zahlreiche *Quaestiones disputatae* erhalten – Zeugnis seiner Vertiefung der schol. Quästionenmethode, die ein Problem formuliert, die Argumente pro und contra aus der Trad. gegeneinanderstellt, eine Lösung des aufgegebenen Problems entwickelt und die unterlegenen Argumente widerlegt. Berühmt wurde aber v. a. die *Summa theologica,* die neuere Forschungen als ein noch zu Lebzeiten A.s, nach 1235, begonnenes Gemeinschaftswerk früher franzisk. Theologen (Johannes von Rupella, Wilhelm von Melitona u. a.) erwiesen haben, in dem aber A.s Anteil so beträchtlich ist, daß man mit Recht von einer *Summa fratris Alexandri* spricht. A. steht zwar ganz in der durch ↑Augustin bestimmten Tradition; doch er kennt und verwendet auch Aristoteles und seine arab. Kommentatoren. Die Theol. faßt er als Wissenschaft auf, aber in der Art der Weisheit, die sich von den anderen Disziplinen u. a. dadurch unterscheidet, daß ihr die Wahrheit durch Erfahrung und Bewegung des Affekts vermittelt wird. Dementsprechend steht seine theol. Reflexion, die in der *Summa* metaphysische und heilsgesch. Gesichtspunkte miteinander verbindet, unter

einem umfassenden anthropol. Interesse. A. hat seine Theol. entwickelt,
bevor er Franziskaner wurde; aber
sein Denken hatte offenbar starke
Affinität zu den Anstößen, die von
Franziskus und seiner Bewegung
ausgingen. So wurde er zum Begründer einer Franziskanerschule, deren
bedeutendster Vertreter †Bonaventu-
ra war.

Lit.: E.Gößmann, Metaphysik und
Heilsgeschichte, München 1964. U.K.

Alkuin (ca. 730–804). Um 730 in
Northumbrien geb., wurde A. Schüler und später Lehrer an der Kathedralschule zu York, einem der wichtigsten frühma. Bildungszentren Eu-
ropas mit großer Bibliothek. Bei
einer Begegnung in Parma 781 lud
ihn Karl d.Gr. an seinen Hof, wo er
jahrelang als Leiter der Hofschule
und als Berater des Frankenkönigs
wirkte. 796 wurde er Abt von
St.Martin in Tours, ohne seine Tätigkeit am Hof sofort aufzugeben. Erst
wenige Jahre vor seinem Tod am
19.Mai 804 zog er sich ganz in sein
Kloster zurück.

A. war wohl der umfassendste
und gründlichste Gelehrte seiner
Zeit. Er hat an allen wichtigen Arten
von Bildungsstätten gewirkt, und
seine Schriften berühren alle theol.
Arbeitsweisen und deren Voraussetzungen. Grundlage jeder Bildung ist
das richtige Schreiben, das A. in *De
orthographia* behandelt; auch für die
Disziplinen des *Trivium* (Grammatik, Rhetorik, Dialektik) hat er Lehrbücher (in Dialogform) verfaßt und
das *Quadrivium* wenigstens in Teilen
behandelt. Als Ausgangspunkt aller

rel. Studien schuf er eine verbesserte
Fassung der *Vulgata* (lat. Bibel), die
durch die intensive Arbeit seiner
Schreiberschule in Tours im Karolin-
gerreich weit verbreitet wurde. Als
Theologe hat A. – wie seine Zeit
ganz an der Autorität bibl. und patrist. Überlieferung orientiert – eine
Reihe von Bibelkommentaren sowie
dogm. Werke geschrieben und wiederholt in die großen dogm. Auseinandersetzungen eingegriffen. Da ihm
viel an der Besserung der kirchl. Praxis lag, hat er auf die Missionsmet-
hode Karls d.Gr. Einfluß genommen und sich um Ordnung der
Liturgie wie um Durchsetzung der
Benediktsregel in den fränk. Klöstern bemüht. Seine Bedeutung beruht weniger auf originellen denkerischen Leistungen als auf der Zusammenfassung, Aufbereitung und
Weitergabe des Überlieferten.

Lit.: L.Wallach, Alcuin and Charlema-
gne, New York 1959.   U.K.

Althaus, Paul (1888–1966). A. wurde am 4.Febr. 1888 in Obershagen/
Hann. geb. Sein Vater, Paul A. d.Ä.,
war Prof. für Syst. und Prakt. Theol.
sowie für NT in Göttingen und Leipzig. Diese breite Fächerpalette, aber
auch die konservativ luth. Prägung
des Vaters fanden im späteren theol.
Wirken des Sohnes eine weitgehende
Entsprechung. A. studierte Theol. in
Tübingen (bei Schlatter) und Göttingen. Wesentliche Anstöße erhielt er
von †Holl und Stange (und durch
beide von †Luther), von †Kähler und
†Heim. 1913 erfolgte die Prom. und
Habil. in Göttingen. Während des
1.Weltkriegs war A. als Laza-

rettpfarrer in Lodz (Polen) tätig. Die Begegnung mit dem dortigen dt. Volkstum prägte seine polit. Einstellung nachhaltig. 1919–25 war A. als Prof. für Syst. Theol. und NT in Rostock, seit 1925 in Erlangen tätig. Seine anfänglich positive Haltung zum NS-Staat hatte nach dem 2. Weltkrieg die vorübergehende Dienstenthebung zur Folge. Nach seiner Wiedereinstellung lehrte A. noch weit über seine Emeritierung (1956) hinaus. Er starb am 18. Mai 1966 in Erlangen.

Als Neutestamentler beschäftigte sich A. insbes. mit der paulin. Theol. (*Der Brief an die Römer* 1932, 1978[13]). Von hier aus kam er auch zu einer vorsichtigen Kritik an Luthers Auffassung von der totalen Sündhaftigkeit des Menschen. Unbeschadet dieser Kritik verstand A. sich ganz als von Luther geprägter Theologe. Zur Erforschung der Theol. Luthers hat A., der von 1926–64 die Luther-Gesellschaft leitete, grundlegende Beiträge geleistet (*Die Theol. Martin Luthers* 1962, 1983[6]; *Die Ethik Martin Luthers* 1965). Charakteristische Elemente seiner Luther-Interpretation sind die Betonung des effektiven Aspektes der Rechtfertigung (Gerechtmachung) und die damit verbundene Bedeutung des Gebotes für das Leben des Gerechtfertigten.

In seiner Dogm. (*Die christliche Wahrheit* 1947/48, 1969[8]) grenzt A. sich gegen die Abwertung von Schöpfung und Rel. seitens der Dial. Theol. sowie gegen den Christomonismus des späteren ↑Barth ab. Dem stellt er seine (von ↑Schlatter angeregte, aus Röm. 1 u. 2 abgeleitete)

Lehre von der „Uroffenbarung" entgegen. Solche Uroff. als Selbstbezeugung Gottes in Natur, Geschichte, Gesetz und Gewissen kann die Heilsoff. Gottes in Jesus Christus niemals ersetzen, wohl aber deren Verstehen vorbereiten. In seiner Eschatol. hat A. seit Anfang der 30er Jahre den Gedanken der Unsterblichkeit von der Auferstehungshoffnung her verneint und kritisiert (*Die letzten Dinge* 1922, 1933[4], 1970[10]).

In seiner Ethik orientiert A. sich vor allem an den „Schöpfungsordnungen" (Ehe, Volk, Recht, Staat, Wirtschaft). Obwohl A. um die Möglichkeit der Perversion und Dämonisierung solcher Ordnungen wußte, war ihm doch deren Erhaltung stets wichtiger als ihre Kritik und Veränderung.

Die ethischen Auffassungen und die polit. Äußerungen A.' in der Zeit von 1933–36 haben von vielen Seiten berechtigte Kritik erfahren. Sein Bemühen um eine positive Wertung des Natürlichen und der Religion(en) findet heute verstärkte Beachtung. Unbestritten ist A.' Bedeutung als Luther-Forscher.

Lit.: P. Knitter, Towards a Protestant Theology of Religions, Marburg 1974; TRE 2, 329–337 (H. Graß) (Lit.). W. H.

Ambrosius (um 339–397). Als Sohn des Praefectus praetorio Galliarum wohl 339 in Trier geb., durchlief A. nach dem Tod des Vaters in Rom den klass. Ausbildungsgang. Im Staatsdienst stieg er auf bis zum Rang des Consularis Liguriae et Aemiliae mit Sitz in Mailand, wo er überfallartig im Jahre 374 zur Nachfolge des Arianers Auxentius als Bischof genötigt wurde. Seine Beziehungen zu den zeitgenöss. Kaisern machten ihn zum einflußreichen Kirchenmann des ausgehenden 4. Jh.s, der aus Überzeugung dem nikänischen Glauben zum Durchbruch verhalf. Gleichzeitig mit der Einarbeitung in die Theol. nahm er bereits Aufgaben seines bischöfl. Amtes wahr. Im Kampf gegen den Arianismus gelang es ihm, selbst in Illyrien rechtgläubige Bischöfe zu erheben, wobei die Unterstützung von seiten der Herrscher, vor allem Gratians (375–83), zusehends seinen Einfluß stärkte. In aufkommenden Konflikten brachte er die Sache der Kirche zur Geltung, so bei der Verweigerung, die Basilica Portiana den Arianern zu übergeben, oder im Streit um den Victoria-Altar der röm. Kurie. Unangemessene Härte des Kaisers Theodosius (379–95) beantwortete er mit der Verhängung der Kirchenbuße, ohne daß deshalb das gute Verhältnis beider in Brüche gegangen wäre. Als Bischof von Mailand lag die Verantwortung für die Seelsorge bei Ambrosius; die Gestaltung der Liturgie verdankt ihm nicht nur den Fortbestand mailänd. Brauchtums, sondern auch die Bereicherung durch Hymnen (nicht aber das Te Deum) und Gesänge. Durch die Erhebung von Märtyrerreliquien verlebendigte er örtliche Glaubenstraditionen. Da der Metropolitansprengel von Mailand nicht eindeutig umschrieben war, vermochte Ambrosius kirchenpolit. weit auszugreifen und sogar missionarische Kontakte mit dem Markomannenfürstin Frigitil zu knüpfen. Die verzweigten Beziehungen nahmen A. nicht weniger in Anspruch als die Alltagsaufgaben. Unermüdlich tätig bis zu seinem Tod starb er im Jahre 397; er wurde beigesetzt in der Basilica Ambrosiana.

Bei einem Mann kirchl. Praxis wie A. hat man die theol. Leistung nicht hoch veranschlagt. Ohne Zweifel lehnte sich der ehemalige Staatsmann an frühere Autoritäten an, so z.B. in seinem moraltheol. Handbuch an Ciceros *De officiis,* oder in der Auslegung atl. Bücher an Philon. Es ist bemerkenswert, daß er in der Auslegung des Sechstage-Werkes ↑Basilius d.Gr. folgte und diesen Weg hist. ausgerichteter Exegese gegen die Allegorese zu behaupten suchte. Der Einfluß des Neuplatonismus, wohl auf dem Weg über den Lehrer Simplician, hat ihm Denkformen vermittelt, welche die Entfaltung seiner Theol. prägen sollten. Gleichwohl gewannen theol. Kriterien immer mehr an Gewicht, so wenn Sünde über den Gegensatz von Geist und Fleisch hinaus als Übertretung von Gottes Gebot erscheint. Entsprechend unterstrich A. die Bedeutung von Erlösung durch Gott, dessen Bild es gegen alle häretische Entstellung zu wahren galt. Als Anwalt pastoraler Belange pochte der Bischof von Mailand auf die Rechte der Kirche; er wies aber über den institutionellen Charakter hinaus mit Nachdruck auf ihre geistige Dimension hin. Insofern ist auch die Auslegung des Felsenwortes Mt 16,16–18 auf den Glauben des Petrus hin bedeutsam; ein Umstand, der ihn nicht hindert, den Vorrang der Röm. Kirche zu verteidigen.

Lit.: Werke CPL 123–183. – F. H. Dudden, The Life and Times of St. Ambrose, 2 Bde., Oxford 1935; E. Dassmann, Die Frömmigkeit des Kirchenvaters A. von Mailand, MBTh 29, Münster 1965; G. Gottlieb, A. von Mailand und Kaiser Gratian, in: Hypomnemata 40, Göttingen 1973.

P. St.

Ambrosius Catharinus (1484–1553). Einer der ersten und einflußreichsten Gegner ↑Luthers in Italien. Hauptwerke: 1520 *Apologia pro veritate catholica et apostolica fidei,* 1521 *Excusatio disputationis contra Lutherum.* A. ist ein strenger Vertreter des Thomismus.

Andreä, Johann Valentin (1586–1654). Seit 1614 in leitenden Kirchenämtern des württemb. Luthertums, von dessen führendem Theologen Matthias Hafenreffer, von ↑Arndt, aber auch von ↑Weigel geprägt, vertrat A. in künstlerischer Form, oft in satirischer Kritik, ein Christentum wahren und gelebten Glaubens und einen christl. Humanismus, von denen er sich die Utopie einer Christl. Gesellschaft („Christianopolis") erhoffte (durch den 30jähr. Krieg erstickt). A. stand damit nicht im Gegensatz zur luth. Orth., sondern repräsentiert ihre eigenen Reformideen. Als Schriftsteller und in seiner vielseitigen Wirkungsgeschichte hatte er europäisches Format.

Angelus Silesius (1624–1677). Dichtername von Johannes Scheffler. 1649–53 Leibarzt des Herzogs von Oels; dort den schles. Mystikerkreisen um Freudenberg und Czepko zugehörig; 1653 Konversion zur kath. Kirche, die er in *Gründliche Ursachen und Motive* (1653) rechtfertigt; 1661 Priester, Vorkämpfer der Gegenreformation in Schlesien; poet. Werke, inspiriert von der spanischen und dt. Mystik. Hauptwerk: *Der Cherubinische Wandersmann* (1674).

Anselm von Canterbury (1033/34–1109). Geb. 1033/34 in Aosta (Piemont), daher auch A. v. Aosta genannt; 1060 Eintritt in die Benediktinerabtei Bec/Normandie; 1063 Prior und Leiter der Klosterschule; 1079 als Nachfolger Lanfranks (ca. 1005–89) Abt. Bec wurde unter A. ein Zentrum geistl. und theol. Strahlkraft. Die Beschäftigung mit den Kirchenvätern war eingebettet in das von der Antike herkommende und seit ↑Augustinus auch im christl. Bereich gepflegte Lehrsystem der sieben freien Künste. Die Einheit von Väter- und artes-Studium führte zu einer optimistischen Einschätzung der Reichweite reflektierender Durchdringung des Glaubens. Der Einflußbereich der Abtei reichte bis weit nach England. Wie schon sein Vorgänger ↑Lanfrank wird A. 1093 Erzbischof v. Canterbury, dort stirbt er am 21. April 1109. Sein bischöfl. Wirken kennzeichnet hartes Ringen um die Freiheit der Kirche gegenüber dem Lehensanspruch der engl. Könige. Im Streit um die Investitur der Bischöfe durch die Krone und die damit berührten Rechte des Papstes muß A. zweimal außer Landes ins Exil gehen.

A.s theol. Bedeutung läßt sein Beiname „Vater der Scholastik" erkennen. Dieser Titel ist begründet in der von ihm vollzogenen Verknüpfung von Väterstudium und Dialektik. Der Einklang prägt die Klosterschule von Bec ebenso wie sein eigenes lit. Werk. Dessen spezifischer Akzent ist ablesbar an dem ersten Titel des *Monologion* (1076): fides quaerens intellectum (der Glaube sucht Vernunftgründe). Das hier angesprochen Verhältnis von Glaube und Vernunft darf nicht als Rationalismus mißverstanden werden. Für A. ist alles denkerische Bemühen von einer doppelten theol. Klammer umgriffen. Das Denken ist als imago Dei (Bild Gottes) Geschenk Gottes und eine in seinem Auftrag zu leistende Aufgabe. Weil es Abbild göttl. Denkens ist, hat es Teil an dessen obj. Geltung und Rationalität. Hierin gründet A.s intellektueller Optimismus. Die zweite theol. Klammer ist das letzte Ziel des Denkens. Zusammen mit dem Glauben ist die rationale Erkenntnis auf die Gottesschau hingeordnet. Mit diesem gemeinsamen Ziel sind Glaube und Ratio derart aufeinander bezogen, daß das Denken des Glaubens bedarf, um im Gottesglauben seine volle Reichweite zu vollziehen. Umgekehrt bedarf der Glaube der erhellenden Kraft des Denkens, um zu einer lebendigen persönl. Gewißheit zu werden und sich im Gespräch mit anderen (auch mit Nichtchristen) mitzuteilen.

Konkret wird A.s Zuordnung von Glaube und Ratio angesichts des (seit Kant so bezeichneten) ontologischen Gottesbeweises, den er in seinem *Proslogion* (ca. 1077/78) entfaltet. Auch hier ist das Fundament, von dem aus A. die Existenz Gottes aufzeigen will, theol.: die Gottes-

ebenbildlichkeit des Menschen. Theol. ist ebenso das Ziel des Denkweges: eine geläuterte Form der Gottesliebe. Dieses Ziel will A. aber so allgemeingültig und grundsätzlich erschließen, daß auch Nichtglaubende ihm dabei folgen können. Konkret nennt er den gemeinhin verwendeten Gottesbegriff („Worüber hinaus Größeres nicht gedacht werden kann") unrichtig gefaßt, wenn ihm nur gedankliche Geltung zukommt. Der Begriff muß Gottes tatsächliche Realität einschließen, um logisch zu sein. Zum Verständnis dieses Arguments ist zu beachten, daß für den augustinisch-neuplaton. Denker A. Erkenntnis- und Seinsordnung nicht voneinander in zwei getrennte Bereiche geschieden sind. Denken ist nicht das Bilden rein subj., bloß im Verstand bestehender Begriffe; es ist vielmehr das Erfassen der im Bewußtsein gegenwärtigen Wirklichkeit. Als die bedeutendsten Kritiker dieses Gottesbeweises sprechen †Thomas v. Aquin und I. Kant hier von einem illegitimen Schritt vom Denken zum Sein. Verteidigt wird A.s Gedankengang von jenen Theologen und Philosophen, die in ihrer Erkenntnislehre Denken und Sein zu einer engen Einheit oder gar zur Identität verknüpfen (u. a. Descartes, Hegel).

In der zeitlich früher liegenden Schrift *Monologion* (1076) will A. aufzeigen, daß dem im Glauben bejahten Wesen und Sein des dreieinen Gottes eine gewisse Rationalität und Denknotwendigkeit zukommt. Hierzu verweist er wie Augustinus auf die triadische Struktur des menschl. Geistes, die ein Abbild des trin.

Selbstvollzuges Gottes sei. Näherhin ist es der Dreischritt des Erkennens zum Ausdruck des Erkennens im Wort und dann zur Vollendung der Erkenntnis in der Liebe, der im menschl. Geistesleben das trinitarische Leben Gottes widerspiegelt. Ziel dieses Gedankenganges ist für Christen ein annäherndes Verstehen des Trinitätsmysteriums; und Nichtgläubigen soll er dieses in seiner inneren Vernünftigkeit erschließen. Das trin. Glaubensmysterium bleibt für A. der bergende Rahmen, innerhalb dessen er mit analogen Begriffen versucht, von Gott zu sprechen.

Neben seinem ontol. Gottesbeweis ist bes. A.s Erlösungstheorie geschichtlich wirkmächtig geworden. Sie entfaltet er in der Schrift *Cur Deus homo* (1094–97). Darin versucht er ohne unmittelbaren Schriftbezug die gedankliche Kongruenz des christl. Erlösungsglaubens aufzuzeigen. Weil Widerspiegelung Gottes, bringt die in dieser Welt anerkannte Ordnung seine Ehre zum Ausdruck. Die durch den Menschen Sünde gestiftete Unordnung bedarf deshalb der Wiederherstellung. Als vom Menschen zu leistende Tat überfordert sie ihn jedoch angesichts der gebotenen unendlichen Genugtuung. Sie wirkt der Gott-Mensch Jesus Christus durch seinen Opfertod für uns. Für A.s Satisfaktionslehre bildet der ma. Ordo-Gedanke den zeitgenöss. Denkhintergrund. Mittels dessen gelingt es etwa, die auch in der lat. Theol. wirksame östliche Idee (↑Origenes) vom Rechtsgeschäft zwischen Christus und Satan abzulösen. Für die Frühschol. darf A. als der markanteste Theologe gelten. Bei al-

ler Bindung an Augustinus offenbaren seine Hermeneutik, seine Gottes- und Trinitätslehre wie auch seine Soteriologie schöpferische Originalität.

Lit.: Opera omnia, hrsg. v. F.S. Schmitt, 2 Bde., Stuttgart 1968; Monologion, lat.-dt. hrsg. v. F.S. Schmitt, Stuttgart 1962; Proslogion, lat.-dt. hrsg. v. F.S. Schmitt, Stuttgart ²1984; Cur Deus homo, lat.-dt. hrsg. v. F.S. Schmitt, Darmstadt 1956. – Kl. Kienzler, Glauben und Denken bei A.v.C., Freiburg/Basel/Wien 1981 (Lit.); L. Hödl, A.v.C., TRE 2, 759–778 (Lit.); J. Pieper, Scholastik, München 1978, 51–69; F. Courth, Trinität. In der Scholastik, in: HDG II/1 b, Freiburg/Basel/Wien 1985, 11–29.   *F.C.*

Anselm von Laôn (ca. 1050–1117). Schüler des ↑Anselm von Canterbury, leitete seit ca. 1080 mit seinem Bruder Radulf die Kathedralschule von Laôn. Auf A.s Betreiben hin entstand die (später so betitelte) *Glossa Ordinaria* zum AT und NT, die im MA zum Standardwerk avancierte. Die bibeltheol. Schule von Laôn ist inhaltlich am Gedanken der Heilsgeschichte orientiert.

Antonius v. Padua (1195–1231). Prediger, Theologe, Franziskaner. 1232 Heiligsprechung; 1946 Kirchenlehrer, Ehrentitel „Doctor evangelicus". A. wirkte v.a. in Südfrankreich und Oberitalien. Er wurde v. ↑Franz v. Assisi zum ersten Lehrer der Minderbrüder berufen; führte die Lehre des Augustinus in den Orden ein. Verehrung als Wundertäter.

Apollinaris von Laodicea (ca. 315–ca. 395). Freund des ↑Athana-

sius, 346 durch Georg v. Laodicea
exkommuniziert, wurde 360/61 ni-
cänischer Gegenbischof von L.; auf
den Konzilien von Antiochien (379)
und Konstantinopel (381) wurde A.
verurteilt, weil er die Wesensgleichheit Christi mit Gott als naturhafte
Einheit verstand, wobei er die Vollkommenheit der göttl. Natur in
Christus bejahte, die seiner menschl.
Natur aber verneinte. Seit 388 wurden die Apollinaristen als Ketzer verfolgt. Die Lehren des A. lebten im
Monophysitismus fort.

Aristides (2. Jh.). Neben Kodratus
ältester der Apologeten; überreicht
Kaiser Hadrian eine Apologie des
Christentums; versucht hier eine Widerlegung der Rel.en der „drei Men-
schengeschlechter" (Barbaren, Helle-
nen, Juden); die Wahrheit des Christentums erweist sich vor allem aus
der Höhe seiner Ethik.

Arius (ca. 260–ca. 336). A. ist neben
↑Marcion der am meisten bekämpfte
Häretiker der Alten Kirche. Wahrscheinlich um 260 in Libyen geb.,
war er zeitweilig Schüler des Märty-
rers ↑Lukian von Antiochien († 312).
Auch in Alexandrien dürfte A. phil.
und theol. Studien getrieben haben.
Dort wurde er unter Bischof Petrus
(300–311) zum Diakon geweiht;
spätestens unter Bischof Alexander
(313–328) war er Presbyter an der
Baukaliskirche und trat als Prediger
durch rel. Eifer und rhetorische Gewandtheit hervor. Auch als Dichter
rel. Verse wurde er bekannt. Um 318
kam es zu Lehrstreitigkeiten zwischen A. und Bischof Alexander; 319
wurde A. von einer Synode in Alex-

andrien aus der Kirche ausgeschlossen. Hauptstreitpunkt war, daß A.
die Gleichewigkeit des göttl. Logos
bzw. des Gottessohnes mit dem Vater
bestritt und ihn als Geschöpf dem
Vater unterordnete. Ähnliche Anschauungen vertraten auch andere
Schüler Lukians (Syllukianisten), mit
denen A. befreundet war, so daß sich
der Konflikt ausweitete und eine
Kirchenspaltung drohte. Deshalb berief Kaiser Konstantin eine Reichssynode nach Nicäa ein (325), das
später sog. 1. Ök. Konzil. Auf ihm
wurde die Lehre des A. verworfen
und die Wesenseinheit *(Homousie)*
des Vaters und des Sohnes zum Dogma erhoben. Konstantin, dem es vor
allem um die Einheit der Kirche in
dem unter seiner Herrschaft geein-
ten Reich ging, suchte schon bald
den Ausgleich mit den in Nicäa Verurteilten und hob 327 das Urteil gegen A. auf. Doch Bischof Alexander
und sein Nachfolger ↑Athanasius
(328–373) verweigerten A. die
Rückkehr in die Kirche. Erst kurz
vor seinem Tode, um 336, wurde A.
auch kirchl. rehabilitiert. Nach jahr-
zehntelangem Kampf des Athanasius
und seiner Freunde um die Anerkennung des Nicänums („arianischer
Streit") kam es durch das Konzil von
Konstantinopel (381) zur endgültigen Verurteilung des A. und seinen
Lehren. Seine Schriften gingen bis
auf geringe Reste (Briefe und Zitate
in Schriften seiner Gegner) verloren;
so ist es nicht leicht, seine ursprünglichen theol. Intentionen auszuma-
chen. Zentrale Bedeutung besaß für
A. offenbar der Glaube an den *einen,*
allein ewigen, unveränderlichen und
unwandelbaren Gott, durch den *alles*

– auch der Sohn – geschaffen wurde. Als bibl. Beleg diente A. Prov. 8,22 ff. Aber auch phil. Einflüsse scheinen sein Gottesbild mitgeformt zu haben. Der Gedanke einer Erweiterung Gottes auf dem Weg der Emanation oder gar der Abtrennung eines Teiles seiner göttl. Substanz war ihm unerträglich, ebenso der einer ewigen Zeugung des Sohnes durch den Vater. Ihm galt der Sohn bzw. das Wort *(Logos)* als Gottes erstes Geschöpf, durch das alles übrige geschaffen wurde. Die christl. Lehre sah in Christus nicht nur den Schöpfungsmittler, sondern vor allem den Erlöser der Welt. Da aber nur Gott selbst die Welt erlösen könne, müsse Christus wahrer Gott sein. A. bestritt dies. Die Ausbildung des trinitarischen Dogmas auf der Grundlage des Nicänums ist die theol. Antwort auf die Herausforderung des Arianismus.

Lit.: Athanasius Werke III/1 (= Urkunden z. Gesch. d. arian. Streites), hrsg. v. H.-G.Opitz, Berlin 1934 f.; R.Lorenz, Arius judaizans?, Göttingen 1980; GKG 1, 215–223 (A. M. Ritter).

W. B.

Arminius **(Hermansz),** **Jakob** **(1560–1609).** Geb. am 10.Okt. 1560 in Oudewater (Südholland). Seine Familie wurde im niederländ. Unabhängigkeitskrieg von den Spaniern ermordet, seine Heimatstadt verwüstet (1575). Von Jugend auf stand er unter dem Einfluß der besonders von ↑Erasmus beeinflußten Reformbewegung in den Niederlanden, neben der sich der Calvinismus erst seit 1560 durchsetzte. Nach dem Studium in Leiden, Genf und Basel wurde A. 1588 Pfarrer in Amsterdam, 1603 Prof. in Leiden und starb am 19.Okt. 1609.

Seine gesch. Bedeutung besteht darin, daß er die während des ausgehenden 16. Jh.s im Reformiertentum vor allem durch ↑Beza zum Zentraldogma werdende Lehre der Prädestination infragegestellt hat. Hat Gott nur von sich aus und um seiner selbst willen ein für allemal vorherbestimmt, welche der von ihm fehlbar geschaffenen und von ihm abfallenden Menschen er zum Glauben an ihn kommen und diesen unwiderstehlich bewahren läßt? Oder – so A., der damit eine sich verbreitende Ansicht aufgreift – macht Gott seine endgültige Entscheidung über jeden Menschen von dessen von ihm vorhergesehenen, aber doch auch verlierbaren Glauben abhängig? Diese nur geringfügig scheinende, tatsächlich syst. weittragende und daher von A. und seinem Gegner Franz ↑Gomarus so ernst genommene theol. Alternative wächst sich seit 1604, als sie sich mit den außen- und innenpolit. Problemen der jungen niederländ. Staaten-Republik verbindet, zu einem Bürgerkrieg aus, der eine öffentl. Entscheidung erzwingt. 1610 verlangen A.' Anhänger vom Staat eine Änderung des „Niederländischen Bekenntnisses" von 1561 und Duldung ihrer Lehre; 1618/19 werden sie auf der ref.-ök. Synode von Dordrecht verurteilt, seit 1625 aber politisch toleriert (jedoch vom Staatsdienst ausgeschlossen), wie auch Täufer und Katholiken (dies machte die Niederlande damals zum europäischen Asyl). Die orth. Bestreiter des Arminianismus erkannten, daß in dieser Theol. der Geist der Frühaufklärung zutage trat. Denn der A. wurde in Verbindung mit der These vertreten, die konfessionellen Glaubensbekenntnisse enthielten „nicht notwendige", nicht „fundamentale" Lehren, so daß der (christl.) Staat für Toleranz zu sorgen habe. Daraus entwickelte sich seit 1621 eine selbständige, öffentl. und polit. wirksame Diskussion über „gegenseitige Toleranz" (mit freier Wahrheitsuntersuchung und Gewissensfreiheit); 1629 wurde bereits rational „aus der Natur der Sache selbst" argumentiert: „die dann am besten verstanden wird, wenn der, der herrscht, sich an die Stelle dessen setzt, der unterdrückt wird", also nach dem Gegenseitigkeitsprinzip. Nicht zufällig widmete John Locke seinen *Toleranzbrief* (1686) dem größten Dogmatiker des Arminianismus: Philipp van Limborch (*Theologia christiana*, 1686, 1735⁶).

Lit.: Hirsch, Hilfsbuch, 374–386; TRE 4, 63–69 und GKG 7, 51–64 (G. J. Hoenderdaal).   *Th. M.*

Arnd(t), Johann (1555–1621). 1599–1608 Pfarrer in Braunschweig, 1611 Generalsuperintendent des Herzogtums Lüneburg. Verf. (und Kompilator) der *Vier* (später: *Sechs*) *Bücher von wahrem Christentum* (1610; erstes Buch schon 1605; 1612 ergänzt durch das Gebetbuch *Paradies-Gärtlein*), des bedeutendsten und verbreitetsten deutschen Erbauungsbuches (über 150 Jahre lang fast jedes Jahr eine Auflage). Mit ↑J. Gerhard u. a. Begründer einer neuen Form luth.

Frömmigkeit, in seiner Orth. zunächst umstritten (Einschmelzung Weigelschen Gutes!), seit 1625 anerkannt.

Lit.: Vom gottseligen Leben. Eine Auswahl aus J. A.s Werken, hrsg. und eingel. von Gertrud Wasserzug, Wuppertal 1984; C. Braw, Bücher im Staube, Leiden 1985.

Arnold, Gottfried (1666–1714). A. wurde am 5. Sept. 1666 in Annaberg (Erzgebirge) geb., wo sein Vater Gymnasiallehrer war. Nach dem Schulbesuch in Gera studierte er 1685–89 an der luth.-orth. geprägten Univ. Wittenberg Theol., wandte sich aber nach der Begegnung mit Spener dem Pietismus zu. Er war Hauslehrer in Dresden (1689–93) und Quedlinburg (1693–97 und 1698–1701), einem Zentrum mystisch-spiritualist. Frömmigkeit. Von ihr ließ er sich mehr und mehr beeinflussen, widmete sich aber zugleich dem Studium der altchristl. Gesch. und ihrer Quellen. Nach der Veröffentlichung eines Buches über die frühe Christenheit wurde A. 1697 auf eine Geschichtsprofessur nach Gießen berufen, die er bereits nach einem Semester niederlegte.

Eine gewisse Rückwendung zu einem kirchl. Pietismus markierten seine Heirat (1701) und sein Eintritt ins Pfarramt, zunächst als Schloßprediger in Allstedt (bei Eisleben), dann als Pfarrer und Superintendent in Werben/Altmark (1704) und Perleberg (1707), wo er am 30. Mai 1714 starb.

A.s Theol. und Frömmigkeit sind ohne den Einfluß der (spiritualistisch-mystischen) Trad. (↑Tauler, ↑Böhme,

↑Arndt, de Molinos, Mme. Guyon, ↑Angelus Silesius) nicht zu verstehen. Die Ursache aller Übel ist nach A. die Eigenheit des menschl. Selbst – von ihr befreit zu werden, sei das Ziel des Weges zur „unio mystica". Die vordringliche Aufgabe liege in der Förderung wahren Christentums, wie es vor allem im apostolischen Zeitalter zu finden war. Christus selbst wolle in den Herzen der Wiedergeborenen Gestalt gewinnen; mit ihm eins zu sein, sei das Geheimnis und der Gehalt der Gottseligkeit.

Sein umfangreichstes und wichtigstes Werk ist die vierteilige *Unparteiische* (d.h. nicht-konfessionelle) *Kirchen- und Ketzer-Historie von Anfang des Neuen Testaments bis auf das Jahr Jesu Christi 1688* (1699/1700, Nachdruck 1967). Nicht wie bis dahin sollte die KG aus der Perspektive der großen Kirchen, sondern aus der ihres eigentlichen Subjekts, der Gemeinde der Wiedergeborenen, geschrieben werden, die sehr oft von der herrschenden Mehrheit verfolgt wurde.

A. vertrat eine schon im MA (↑Joachim v. Fiore) und der Reformationszeit (↑Flacius) angewendete Verfallstheorie. Zu allen Zeiten habe es jedoch auch wahre Christen gegeben, die als Gemeinde unter dem Kreuz ihrem Herrn die Treue hielten. A.s Anschauungen sind gekennzeichnet durch einen individuell-spiritualist. Kirchenbegriff, eine Betonung des allg. Priestertums der Glaubenden sowie durch eine Hochschätzung der urchristl. Werte. Trotz des Abfalls vom Ursprung der Kirche gebe es aber Hoffnung auf eine Überwindung aller „Menschenna-

men und Parteien", wenn Gottes Liebe alle Kreaturen einigen werde.

A.s Einfluß reicht weit über die Theol. (↑Neander, G. Tersteegen, J. K. Dippel, ↑Semler) hinaus; auch ↑Herder, ↑Lessing, Rousseau, Goethe und Novalis haben sich von ihm belehren und anregen lassen.

Lit.: TRE 4, 136–140 (M. Schmidt) (Lit.); J. Büchsel, G. A. Sein Verständnis von Kirche und Wiedergeburt, Witten 1970.   *M. M.*

Arrégui, Antonio Maria (1863–1942). Moraltheologe und Kirchenrechtler in Oña (Burgos); Jesuit; bekannt durch sein Hauptwerk *Summarium theologiae moralis;* arbeitete auch auf dem Gebiet des jesuitischen Ordensrechts.

Asmussen, Hans (1898–1968). Seit 1923 Pastor, 1935 Leiter der Kirchl. Hochschule Berlin, 1945 Präsident der Kirchenkanzlei der EKD, 1948 Propst in Kiel. Der eigenständige luth. Theologe war eine der markantesten Gestalten des Kirchenkampfs; neben Thomas Breit und Karl ↑Barth Mitverfasser der *Barmer Theol. Erklärung* (1934), hielt er den einführenden Vortrag, den die Barmer Synode zus. mit der Theol. Erklärung annahm. A. war auch Mitverfasser des Stuttgarter Schuldbekenntnisses vom 18.10. 1945. Er wandte sich nach dem 2. Weltkrieg gegen eine Politisierung der Kirche und trat für eine positivere Gestaltung des Verhältnisses zur röm.-kath. Kirche ein.

Lit.: E. Konukiewitz, H. A. Ein luth. Theo loge im Kirchenkampf, Gütersloh 1985.

Athanasius von Alexandrien (ca.
295–373). A., der Vorkämpfer des
nicänischen Glaubens und Wegbereiter des trinitarischen Dogmas, wurde
um 295 vermutlich in Alexandrien
geb. Er stammte aus einem heidnischen Elternhaus, wandte sich aber
schon in jungen Jahren dem Christentum zu und erfreute sich bald
der bes. Förderung durch Bischof
Alexander (313–28). Er wurde Lektor und Sekretär des Bischofs und
um 319 zum Diakon geweiht. Im
Streit um ↑Arius in Alexandrien und
auf dem Konzil von Nicäa (325) gehörte er zu den engsten Vertrauten
Alexanders. Und als dieser starb,
folgte ihm A. auf dem Bischofsthron. Die Gültigkeit seiner Bischofsweihe wurde jedoch von der
Gruppe der Melitianer und den
Freunden des Arius bestritten. Mit
Unterstützung befreundeter Bischöfe um Euseb von Nikomedien und
Kaiser Konstantins I. erreichten sie
mit z.T. erfundenen Anklagen
schließlich auf einer Reichssynode in
Tyrus (335) seine Absetzung. A. wurde nach Trier verbannt (335–37),
wo er vermutlich sein wichtiges Doppelwerk verfaßte: *Gegen die
Heiden/Über die Menschwerdung
des Wortes*. Die Anlehnung an die
überkommene Form altchristl. Apol.
verdeckt dabei leicht, daß A. in diesem Werk die traditionelle Apol.
durchbricht, indem er mit Nachdruck auf das Kreuz Christi und die
in ihm geschenkte Erlösung verweist.
Nach dem Tod Konstantins I.
durfte A. zwar nach Alexandrien zurückkehren, wurde aber durch die
„Arianer" um Euseb von Nikomedien wieder vertrieben, die mit Gregor aus Kappadozien einen Gegenbischof einsetzten. A. flüchtete nach
Rom (339–46). Dort traf er u.a. mit
↑Markell von Ankyra zusammen, der
ebenfalls von den Freunden Eusebs
aus dem Osten vertrieben worden
war. Rom gewährte den beiden Exu-
lanten Asyl und unterstützte sie als
Anhänger des Nicänums in ihrem
Kampf um Rehabilitierung. Der Versuch einer Einigung zwischen den
Kirchen in Ost und West auf dem
Konzil in Serdika (342) scheiterte jedoch. Erst nachdem der von den
„Arianern" eingesetzte Bischof Gregor gest. war, durfte A. in seine Heimatstadt zurückkehren (346).

Während der Zeit des Exils in
Rom schrieb er vermutlich seine drei
großen Reden gegen die Arianer (die
vierte Rede ist unecht!). Die beiden
ersten, wohl noch vor dem Konzil
von Serdika verfaßt, verraten den
Einfluß Markells. Die dritte ist offenbar später entstanden; denn sie
scheint sich bereits mit der Christol.
Photins von Sirmium, eines Schülers
von Markell, auseinanderzusetzen.
Die Ablehnung der Lehre Photins
hat wohl mit dazu beigetragen, daß
A. in seine Heimat zurückkehren
durfte.

Im Kampf für das Nicänum und
gegen die „Arianer" verfolgte A. ein
doppeltes Ziel: ein rechtliches und
ein theol. Rechtlich ging es ihm um
die Frage der Gültigkeit der Entscheidung von Tyrus, wo vom Kaiser
ernannte bischöfliche Richter, die ihrerseits Parteigänger eines durch die
Kirche in Nicäa verurteilten Häreti-
kers waren, über die Rechtmäßigkeit
seiner Bischofsweihe geurteilt hatten. Darum nannte A. sie auch –

pauschal vereinfachend und mit polemischem Unterton – „Arianer". War die Entscheidung von Nicäa weiterhin gültig – das Urteil der Kirche über die Häresie des Arius wurde nie zurückgenommen –, mußte die von Tyrus zumindest fragwürdig erscheinen. Ihre Geltung beruhte dann allein auf der Macht des Kaisers. Hier stellte sich die Frage nach den Grenzen kaiserlicher Befugnis in der Kirche. Diese Frage verschärfte sich, als Kaiser Konstantius II. mit Beginn seiner Alleinherrschaft im Reich (353–61) dazu überging, die Anhänger des Nicänums mit staatl. Gewalt zu verfolgen und schließlich auch das Nicänum selbst wieder zu beseitigen. Jetzt wurde A. zur Symbolfigur des Widerstandes im Kampf um die Freiheit der Kirche vom Staat und das Nicänum zum Inbegriff des vom Kaiser und den ihm verbundenen Bischöfen bekämpften Glaubens.

Der plötzliche Tod des Kaisers und der Umschwung in der Politik machten A. zum Sieger, und das Nicänum wurde zum Zeichen des siegreichen Glaubens der Kirche. Für A. erwies sich die Entscheidung von Nicäa im Verlauf dieses Kampfes zugleich mehr und mehr als notwendige und gegenüber dem Biblizismus der Gegner eindeutige theol. Grundlage zur Überwindung des Arianismus. Nur die Lehre von der göttl. Wesensgleichheit *(Homousie)* von Vater und Sohn sicherte für ihn die Erlösung als ein Werk Gottes.

Während seines dritten Exils (356–61) in der ägypt. Wüste verfaßte A. nicht nur seine einflußreiche Lebensbeschreibung des Eremiten Antonius, die das asketische Ideal bibl. fundierte und damit dem Mönchtum den Weg in die Kirche bahnte, sondern auch seine Briefe an Serapion, in denen A. erstmals die Lehre von der göttl. Wesensgleichheit des Hl. Geistes entwickelte und gegenüber der Ansicht verteidigte, der Geist sei ein Geschöpf Gottes. A. sah darin nur eine neue Form des Arianismus, für den Christus nur ein Gott nachgeordnetes Geschöpf war. Der Streit um das Nicänum kam damit in eine neue Phase, die schließlich zur Ausbildung des trinitarischen Dogmas führte.

Die kirchenpolit. Weichen dazu stellte A. noch selbst. Gleich nach dem Tod des Konstantius begann er damit, die verschiedenen und untereinander zerstrittenen Anhänger des Nicänums auf einer Synode in Alexandrien (362) zusammenzuführen. Der unmittelbare Erfolg dieser Bemühung war zwar gering, aber der Prozeß zur Ausformung des trinitarischen Dogmas und seine theol. Durchdringung war damit eingeleitet. Zum Abschluß gebracht wurde er erst nach dem Tod des A. (373), vor allem durch die drei großen Kappadozier: ↑Basilius von Cäsarea, ↑Gregor von Nyssa und ↑Gregor von Nazianz.

Die Theol. des A. ist eng mit seiner Biographie verknüpft. Ihr Grundansatz ist soteriologisch und knüpft hierin an ↑Irenäus an. Aus existentieller Betroffenheit wurde A. zum Vorkämpfer des nicänischen Glaubens gegen Arianismus, vordergründigen Biblizismus und rationalist. Auflösung der bibl. Erlösungslehre. Er wurde damit auch zum Wegbereiter des trinitarischen Dogmas, in dem zugleich ein Stück kirchl. Unabhängigkeit bewahrt ist. Dies mag einer der Gründe dafür sein, daß A. in der abendländischen Kirche größere Verehrung erfahren hat (vgl. z. B. das ihm zugeschriebene *Symbolum Athanasianum*) als in der byzantinischen Reichskirche.

Lit.: Werke PG 25–28; Athanasius Werke, hrsg. v. H.-G. Opitz, Berlin 1934 ff. Vgl.: CPG 2, 1974, 17–60; dt.: BKV² 13 (1913); 31 (1917). – D. Ritschl, A., Basel 1964; TRE 4, 333–349 (M. Tetz); M. Tetz, Zur Biographie des A., in: ZKG 90, 1979, 158–192; KdTh I, 44–61.396 (P. Stockmeier). *W. B.*

Atzberger, Leonhard (1854–1918). 1879 Priester; 1888 Prof. für Dogm. und DG in München; Spezialgebiet Eschatol.; verbindet überzeugend hist. und spekulative Methode; 1882–1902 Univ.-Prediger.

Augustinus, Aurelius (354–430). A. wurde am 13. Nov. 354 in Tagaste, heute Souk Ahras in Algerien, geb. Sein heidn. Vater Patrizius war ein kleiner Beamter, seine Mutter Monnika eine fanatisch fromme Christin. Nach entbehrungsreichen und unruhigen Studienjahren hatte er in Karthago und dann in Rom Rhetorikunterricht erteilt. 384 fand er eine Anstellung in der kaiserl. Residenzstadt Mailand. Dort begann er sich mit Plotin zu beschäftigen. Durch Plotins idealist. Denksystem angeregt und unter dem Einfluß Bischofs ↑Ambrosius von Mailand wandte sich A. ganz der kath. Kirche zu. Mit 33 Jahren empfing er 387 mit seinem Sohn Adeodat in der Osternacht die Taufe. Krankheiten und die entschiedene Hinwendung zum kath. Christentum veranlaßten ihn zur Aufgabe seines Berufes. Freunde ermöglichten ihm einen längeren, zurückgezogenen Aufenthalt in der Nähe des Comer-Sees (Cassiciacum). 388 kehrte er nach Nordafrika zurück, nachdem Monnika in Ostia verstorben war. Im Jahre 391 wurde er in Hippo Regius (Annaba) gewaltsam zum Presbyter geweiht, 396 wurde er Bischof der selben Stadt. Kurz vor der Eroberung Hippos durch die Vandalen verstarb er am 28. Aug. 430.

Die von A. hinterlassene lit. Produktion ist schier unerschöpflich. Er gilt als der bedeutendste phil. Denker unter den Kirchenvätern, seine Theol. prägte sein seelsorgerischer Auftrag. Nichts kennzeichnet Augustinus als wiss. Denker mehr als seine Wahrhaftigkeit, die ihn veranlaßte, sich freimütig den Kritikern seiner Schriften zu stellen. Ein Denkmal solcher Gesinnung sind seine *Retractationes* („Rückzieher"). Eine eigene lit. Gattung begründete A. mit den *Confessiones* (Lobpreisungen), die einen tiefen Einblick in seine rel. Entwicklung gestatten. Sein geistesgesch. bedeutsamstes Werk *De civitate Dei* (Über die Stadt Gottes) enthält die wertvollste altchristl., hist. angelegte Verteidigung des Christentums und bietet zugleich den ersten respektablen Entwurf einer Geschichtstheol. Anlaß zur Abfassung des Werkes war der Vorwurf, das Christentum sei an allem über das Röm. Reich hereingebrochenen Unheil schuld.

An der Auseinandersetzung A.s mit dem Manichäismus, dem Donatismus und dem Pelagianismus lassen sich die Grundzüge seiner Theol. erläutern. Das Lehrsystem des Manichäismus, dem A. 9 Jahre anhing, verknüpft Welt und Erlösung in einem kosmol. Prozeß, der mit oriental. Phantasie zu einem umfassenden Mythos ausgestaltet wurde. Zwei Prinzipien, das Gute und das Böse, das Reich des Lichtes und der Finsternis stehen einander von Anbeginn in scharfer Sonderung gegenüber. Aus einer Vermischung des Lichtes mit der Finsternis erstand die gegenwärtige Welt. Daher ist diese Welt schlecht. A.s Argumente gegen den Manichäismus sind im wesentlichen fünf. Er vermag nicht einzusehen, wie ein Gott der Finsternis einen Gott des Lichtes bekämpfen könne. Dieses würde doch voraussetzen, daß Gott veränderlich sei. Als Konstante gegen den manichäischen Dualismus arbeitet A. die Unveränderlichkeit Gottes heraus. Gegen die Bilderreden vom kosmischen Kampf zweier göttl. Mächte erinnert A. an die moralische Erfahrung des Einzelnen, der sich selbst zum Guten oder Bösen bestimmen kann. Gegen die Vorstellung von der Unfreiheit des menschlichen Willens setzt A. die Willensfreiheit. Da die Manichäer die atl. Zitate im NT für spätere Fälschungen erklärten, interessierte sich A. für die Textgesch. des NT, um die Fälschungstheorie zu widerlegen. Und schließlich genügte dem Intellektuellen A. die unlogische Selbstdarstellung des Manichäismus nun nicht mehr.

Die donatist. Wirren sind in gewissem Sinn eine Fortsetzung des Ketzertaufstreites. Es liegt ihnen die alte Prinzipienfrage zugrunde, ob die Sakramente objektiv wirkende Heilmittel oder von der Integrität des Spenders abhängig sind. Die Donatisten verstanden sich als Kirche der Reinen, in der es keinen Platz für Sünder gibt. Die Stellung des Kaisers gegenüber der donatist. Kirche war schwankend. Die Verwirrung steigerte sich durch schwere soz. Spannungen. Schwärmerische Asketen, von den Katholiken wegen ihres Umherlungerns „Circumzellionen" genannt, hielten Nordafrika in Aufregung. A. argumentierte gegen die Donatisten und die Circumzellionen zunächst theol. Als ihm aber der Erfolg versagt blieb, begrüßte er das Eingreifen der staatl. Gewalt gegen sie. Die donatist. Praxis der Wiedertaufe (Anabaptismus) ging von einem Begriff des Sakramentes aus, der dessen Wirksamkeit von der Reinheits des Spenders abhängig machte. Für A. hieß dies, seine Hoffnung auf einen Menschen setzen, und nicht auf Christus, den Verursacher und eigentlichen Spender der Sakramente. Es ist also nach A. nicht Petrus oder Johannes, auch nicht Judas, der in Wirklichkeit bei einer Taufe tauft, es ist immer Christus selbst, der tauft. Den Sakramenten kommt objektive Wirksamkeit zu. Die Kirche auf Erden, als pilgerndes Gottesvolk, als geheimnisvoller Leib Christi, ist ein „corpus permixtum", ein gemischter Leib, in dem Gute und Böse zusammenleben bis zum endgültigen Gericht. Für A. ist die Kirche die geistl. Mutter der Gläubi-

gen und als solche Trägerin der
Schlüsselgewalt und der Unfehlbarkeit. Wer mit ihr Gemeinschaft besitzt, wirkt sein Heil. Die Donatisten,
die von dieser Gemeinschaft der Uni-
versalkirche sich getrennt haben und
in der Trennung verharren, verwir-
ken damit ihr Heil.

Gegenüber dem pelagianischen
Naturalismus und dessen Ablehnung
der Ursprungssünde (Erbsünde) entwickelte A. die Grundlagen seiner
Gnadenlehre. Gott hat den Menschen bei seiner Erschaffung zu einem übernatürlichen Endziel berufen und ihn mit übernatürlichen
Gnadengaben (Urstandsgnaden) aus-
gestattet: Unsterblichkeit, Freiheit
von ungeordneter Begierlichkeit und
Heiligkeit, sowie Gerechtigkeit. Er
war also jenes übernatürliche Ebenbild Gottes, das der gefallene
Mensch durch die Rechtfertigungs-
gnade wieder gewinnt. Die Rechtfer-
tigungsgnade ist die wahre Um-
schaffung und Erneuerung des Menschen, welche die Eingießung der
grundsätzlichen Liebe zu Gott und
die Mitteilung übernatürlicher Kräfte in sich schließt. Die Liebe zu Gott
macht das Tun des Menschen erst
übernatürlich gut und für den Himmel verdienstlich. Diese neuen Kräfte
geben dem Menschen die wahre Willensfreiheit, d.h. das Vermögen zur
Übung des übernatürlichen Guten.
Der immer schärfer werdende
Kampf gegen den Pelagianismus,
dem der alternde A. nicht mehr gewachsen war, führte ihn in gefährli-
che Nähe zur Prädestination. A. versteht unter Prädestination die von
Gott getroffene Gnadenwahl (Augustinismus), den einen Menschen zum

ewigen Leben zu führen, den anderen dagegen nicht. Diese Theorie
stieß in der Großkirche auf Widerstand, weil dadurch die Freiheit des
menschl. Willens und damit das Tu-
gendstreben gefährdet war. A. bemühte sich daraufhin darzulegen,
daß er keine absolute Prädestination
habe vertreten wollen.

Lit: C. Andresen, Bibliographia Augu-
stiniana, Darmstadt 1973[2]; F. van der
Meer, A. der Seelsorger, Köln 1958[2];
W. Gessel, Eucharistische Gemeinschaft
bei A., Würzburg 1966; P. Brown, Der
heilige A., München 1973; J. J. O'Don-
nell, Augustine, Boston 1985.   *W. G.*

Aulén, Gustaf (1879–1977). A.
wurde am 15. Mai 1879 in Ljungby
bei Kalmar in Schweden geb. Während seines Theol.studiums in Uppsala ist er vor allem von ↑Söderblom
und E. Billing beeinflußt worden.
Von 1907–1913 war er Doz. in
Uppsala und wurde von dort auf den
Lehrstuhl für Dogm. an die Univ.
Lund berufen, wo es durch das gemeinsame Interesse an dem Programm der Motivforschung zu einer
engen Arbeitsgemeinschaft mit dem
Systematiker ↑Nygren kam. Nach einer 20jährigen akad. Tätigkeit wurde A. 1933 zum Bischof von Sträng-
näs gewählt und hat in diesem
kirchl. Amt, das er bis 1952 ausübte,
eine weit über Schwedens Grenzen
hinausreichende ök. Wirksamkeit
entfaltet. Während des 2. Weltkrie-
ges hat er die Norwegische Kirche in
ihrem Kampf gegen die Quisling-Re-
gierung wirkungsvoll unterstützt.
Nach Lund zurückgekehrt, hat er als
Emeritus noch eine Reihe von theol.
Werken publiziert und mit 96 Jah-

ren eine Autobiographie vorgelegt. A. war Mitglied der British Academy.

Im Anschluß an ↑Schleiermacher hebt A. hervor, daß Dogmen und Lehren kein Gegenstand für den Glauben, sondern Ausdruck des Glaubens sind, dessen einziger Gegenstand der lebendige Gott ist. Das christl. Gottesbild ist in Christi Kreuz und Auferstehung von der Wirklichkeit der Agape, zugleich aber auch von dem ständigen Kampf Gottes gegen die widergöttl. Verderbensmächte bestimmt. An der frühen Dial. Theol. kritisiert Aulén, daß in ihr der Gnadengedanke und das Agapemotiv unzulässig abgeschwächt worden seien. Durch seine erstmals 1923 erschienene Dogm., die in ihren sechs Auflagen (6. Aufl. 1965) mehrfache Umarbeitungen erfahren hat, ist ein wesentlicher Beitrag zur Ausbildung einer eigenständigen syst. Theol. in Schweden geleistet worden. Beachtung hat auch A.s Typologie der christl. Versöhnungslehre gefunden.

Schon 1917 ist A. mit einem dogmengeschichtl. Lehrbuch (4. Aufl. 1946) hervorgetreten, das auch die neuere Theol.gesch. umfaßt. Epocheneinteilung und Epochenbewertung zeigen eine Hochschätzung der altkirchlichen und reformatorischen Theol., während die altprot. Orth., der Pietismus, die Aufklärungstheol. sowie die vom Idealismus bestimmte Theol. des 19. Jh.s eine krit. Einschätzung erfahren. Im Unterschied zu A. von Harnack sieht A. in der altkirchl. Christol. und Dogmenbildung keine Verfremdung des Evangeliums, sondern eher eine Schutzwehr gegen den Hellenisierungsprozeß.

Wichtig für eine sachgemäße Deutung des christl. Gottesbildes ist das Verständnis der auf Gott angewandten bibl. Metaphern und Symbole. In dem Spätwerk *Das Drama und die Symbole* (1968) hat A. die These vertreten, daß die symbolische Sprache die Muttersprache des Glaubens sei. Für die Theol. stellt sich daher die Aufgabe der Sprachanalyse.

Von den zahlreichen wissenschaftl. Werken A.s liegt nur ein Teil in deutscher oder engl. Übersetzung vor.

Lit.: The Faith of the Christian Church, Philadelphia 1948, 1960[2]; Das christl. Gottesbild in Vergangenheit und Gegenwart, Gütersloh 1930; Die drei Haupttypen des christl. Versöhnungsgedankens, in: ZSTh 8, 1930/31, 501–538. – TRE 4, 748–752 (G. Wingren); G. Hornig, Dogm. und Dogmengesch. bei G. A., in: HDThG 3, 1984, 231–237 (Lit.). *G. H.*

Baader, Franz v. (1765–1841). Philosoph und Theologe; bedeutender Romantiker. Bes. beeinflußt von ↑Böhmes Theosophie; Einfluß auf die Romantik, Tübinger Schule, Deutinger und ↑Kierkegaard; Wechselwirkung mit Hegel; entwickelt Erkenntnislehre im Ringen mit Descartes und Kant („cogitor, ergo cogito, ergo sum"). Im Menschen kommt die gottbezogene Welt zu sich; Weltvollendung als Menschwerdung und umgekehrt.

Bajus (de Bay), Michael (1513–1589). B. ist 1513 in Meslin l'Évêque geb. Er studierte in Löwen bei Driedo und ↑Latomus Theol. Von 1544–51 war er dort Prof. der Phil.;

von 1551–89 Prof. der Theol., von 1575–89 Dekan von St.-Pierre und Vizekanzler der Univ. Als er die theol. Arbeit aufnahm, waren die Positionen und die Fronten zwischen den sich durch die Reformation herausbildenden Konfessionen bereits verfestigt. Er wollte in der Rechtfertigungslehre eine Lösung anbieten, die beiden Teilen gerecht werden sollte. Da die Protestanten sich auf die Schrift und die Väter beriefen, wollte er sie und die Kontroverstheologen zur ursprünglichen Lehre der Urkirche zurückführen. In method. Strenge berief er sich auf die Schrift und die alten Zeugnisse der Christenheit. Die Rechtfertigungslehre geht er von der Schöpfung her an. Gott hat den Menschen in seiner natürl. Würde geschaffen. Die Vollkommenheit der ersten Schöpfung ist nicht unverdiente, gnadenhafte Erhebung der menschl. Natur, sondern ihr natürl. Zustand. Als natürl. gilt ihm, was die Vollkommenheit einer Natur für sich verlangt. So fordert die menschl. Natur von ihrer Ausrichtung her die Gegenwart des Hl. Geistes in ihr. Eine übernatürl. Gnade gibt es erst von Christus her. Sie gibt dem Menschen, außerhalb des gewohnten Laufes der Natur, die ihm von der Schöpfung her natürl. Möglichkeit zurück, gerecht zu sein. Gerechtigkeit ist Erfüllung des Gesetzes in Liebe. Sie zeigt sich als Gehorsam gegenüber dem göttl. Gesetz. Nach dem Sündenfall ist die Gerechtigkeit verbunden mit der Sündenvergebung. Die Rechtfertigung nimmt die Sünde weg, die hindert, das ewige Leben, den gebührenden Lohn für die guten Werke zu empfangen. Man kann aber auch sagen, daß die Gerechtigkeit des Menschen, der der Sünde ausgesetzt ist, eher in der Vergebung der Sünden besteht als in guten Werken. Nach dem Sündenfall ist das ewige Leben Lohn und Gnade. Die Gnade Christi ermöglicht das Verdienst. Vom Glauben ist kaum die Rede. Die Rechtfertigung ist gleichsam Ergebnis des natürlichen Tuns des Menschen. Auf Betreiben der Kollegen in Löwen verurteilte die Sorbonne 1560 18 Thesen, die danach auch von Alcalà und Salamanca verworfen wurden. Die Löwener gaben den Fall weiter an Rom. Pius V. benennt 79 (76) Sätze (DS 1901–1980), ohne sie einzeln zu zensurieren. B. sieht sich mißverstanden. 1580 wird die Verurteilung bestätigt. Gedanken von B., daß zur Vollkommenheit der menschl. Natur das Übernatürliche notwendig gehöre, werden wirksam im „Bajanismus" und im „Jansenismus".

Lit.: Michaelis Baii Op. studio A.P., Coloniae 1696; V. Grossi, Bajus, in TRE 5, 133–137 (Lit.); X. Le Bachelet, Baius, in: DThC 2, 38–110; M. Seybold, Zur theol. Anthropologie bei M. B., in: Wahrheit und Verkündigung, FS f. Michael Schmaus, Bd. 1 (Hrsg. Leo Scheffczyk, Werner Dettloff, Richard Heinzmann), München 1967, 799–818.   Ph. S.

Bañez, Domingo (1528–1604). B., geb. am 29. Febr. 1528 in Valladolid, studierte Phil. und Theol. in Salamanca (hier u. a. bei ↑Cano). Von 1552–61 dozierte der Dominikaner zunächst in seinem Kloster in Salamanca, später in Ávila, Alcalà, Sala-

manca, Valladolid und wiederum Salamanca. B. starb am 21. Okt. 1604.

Sein Hauptwerk ist die Schrift: *De
vera et legitima concordia liberi arbitrii cum auxiliis gratiae Dei efficaci-
ter moventis humanam voluntatem*
(1600). Dieses Werk zeugt formal
von der großen Selbständigkeit seines Denkens und steht inhaltlich für
eine der beiden Hauptrichtungen der
kath. Gnadenlehre. Die andere wird
durch den Jesuiten ↑Molina repräsentiert. Die Auseinandersetzungen
zwischen Vertretern der beiden Richtungen war zugleich eine Kontroverse zwischen Jesuiten und Dominikanern und kirchenpolit. höchst bri-
sant. Hauptanliegen des B. ist die
Wahrung der absoluten Souveränität
und Transzendenz Gottes bei der Beschreibung des Zusammenwirkens
von göttl. Gnade und freiem
menschl. Willen. Gott schenkt dem
Menschen im Voraus zu dessen Entscheidung seine Gnade. Mit ihr hat
der Mensch die Möglichkeit der
freien Heilstat. Freilich kann der
Mensch erst durch eine neue Initiative Gottes *(gratia efficax)* diese seine
Möglichkeit in einen tatsächlichen
Akt überführen. Dabei handelt es
sich um eine *praemotio physica* auf
übernatürl. Ebene. B. ist der Ansicht,
daß damit die menschl. Freiheit dem
göttl. Willen zwar untergeordnet,
aber doch im Kern gewahrt, ja sogar
begründet ist. Jedoch ist unübersteh-
bar, daß die Freiheit des Menschen
hier tatsächlich minimalisiert wird,
so daß B. mit auffälliger Häufigkeit
auf den Geheimnischarakter des Zusammenwirkens zwischen Gott und
Mensch verweisen muß.

Das System des B. verkörpert eine

bis heute in der kath. Theol. präsente
Richtung, in der die Majestät Gottes
und seines Wirkens besonders akzen-
tuiert wird, eine Richtung, die in
nichtkath. Sicht dort nicht ohne weiteres wahrgenommen und gewürdigt
wird.

Lit.: Art. B., D. (V. Beltrán de Heredia)
und „Banezianisch-thomistisches Gna-
densystem" (A. Hoffmann) in: LThK 2,
1219–1221.   *H. W.*

Barnabas (**-brief**). Vielbeachtetes
Lehr- und Mahnschreiben aus der
1. Hälfte des 2. Jh.s; fälschlich dem
Barnabas (Begleiter des Paulus) zu-
geschrieben; griech. Autor unbekannt; wird Apostolischen Vätern
zugerechnet. Behandelt das Verhältnis zwischen AT und NT sowie parä-
netisch die zwei Lebenswege des
Menschen (Licht-Finsternis); warnt
vor Rückfall ins Judentum.

Barth, Karl (**1886–1968**). B. wurde
am 10. Mai 1886 in Basel als ältester
Sohn des „konservativen" Theologen
Fritz B. geb. Er verlebte seine Kindheit und Jugend in Bern und begann
dort auch 1904 mit dem Theol.studi-
um, das in Berlin (vor allem bei
↑Harnack) und in Tübingen seine
Fortsetzung und schließlich 1908 in
Marburg (bei ↑Herrmann) seinen
Abschluß fand. B. fühlte sich damals
ganz der Liberalen Theol. zugehörig.
Von 1909–11 war er Hilfspfarrer in
Genf, von 1911–21 Pfarrer in Safen-
wil im Aargau, wo er sich angesichts
der Notlage der Arbeiter zunächst
vorwiegend (prakt. und theoret.) mit
der soz. Frage beschäftigte. In dieser
Zeit kam es auch zu einer vorübergehenden Annäherung an den Rel. Soz.

(↑Ragaz, ↑Kutter). In der Zeit um 1914 löste B. sich sowohl von der Liberalen Theol. wie auch vom Rel. Soz. und erarbeitete danach unter Aufnahme der Reich-Gottes-Verkündigung von Vater und Sohn ↑Blumhardt eine Auslegung des Römerbriefs (1919), aufgrund deren er 1921 als Honorarprof. für ref. Theol. nach Göttingen berufen wurde. In der Zeit des Wechsels vom Pfarramt zur Hochschultätigkeit erfolgte unter dem Einfluß ↑Kierkegaards, ↑Overbecks und ↑Gogartens bei B. eine erneute theol. Wendung, nämlich zu einer am unendlichen qualitativen Unterschied zwischen Gott und Welt orientierten sog. Dial. Theol., die in einer gänzlich überarbeiteten Fassung der Römerbrief-Auslegung (1922, 1984[13]) ihren Niederschlag fand. Mit Gogarten, Thurneysen und Merz zusammen gründete B. die Zeitschrift *Zwischen den Zeiten* (1923–33). Die Dial. Theol., die darin zu Worte kam, erzielte in den 20er Jahren eine enorme Wirkung. Von 1925–29 lehrte B. als Prof. für Dogm. und ntl. Exegese in Münster, von 1930–35 als Prof. für Syst. Theol. in Bonn. In die Bonner Jahre fiel dann die polit. und theol. begründete Trennung von Gogarten und ↑Brunner, eine neue, in der (unvollendet gebliebenen) *Kirchlichen Dogmatik* (1932–67) konsequent zur Geltung gebrachte christozentrische Grundlegung seiner Theol. sowie die maßgebliche Mitwirkung in der Bekennenden Kirche („Barmer Theol. Erklärung"). 1934 wurde B. wegen Verweigerung des uneingeschränkten Treueides auf Hitler aus dem Dienst entlassen, 1935 (nach Revision der Entlassung) in den Ruhestand versetzt. Noch im selben Monat erhielt er einen Ruf an die Univ. Basel, wo er von 1935 bis zu seiner Emeritierung lehrte und bis zu seinem Tod am 10. Dez. 1968 lebte. Von Basel aus hat B. den Kirchenkampf in Deutschland mit seinem theol. Rat begleitet, an den Bemühungen um eine Neuordnung Deutschlands nach dem 2. Weltkrieg lebhaften Anteil genommen, sich gegen Antikommunismus und Wiederbewaffnung eingesetzt und der ök. Bewegung wichtige Impulse gegeben.

B.s theol. Denken läßt sich insgesamt charakterisieren als ein Denken im Dienste der Souveränität Gottes. Während B. in seiner Dial. Theol. vor allem die Souveränität des richtenden Gottes betonte, stand in der Spätzeit (etwa ab 1930) die Souveränität des gnädigen Gottes, oder wie B. auch sagen kann: die Menschlichkeit Gottes, im Zentrum seiner Theol. Dieses Verständnis wurde gewonnen durch eine exklusive Ableitung und Begründung aller dogm. und ethischen Aussagen aus der Off. Gottes in Jesus Christus, dem menschgewordenen ewigen Sohn Gottes. Daraus folgt für B. zugleich eine Absage an jede Form natürl. Theol. Mit dem Glauben an die Selbstoff. Gottes in Jesus Christus war für B. die Wirklichkeit des dreieinigen Gottes als unhinterfragbares Fundament alles theol. Nach-Denkens gegeben. Inhaltliches Herzstück seiner Dogm. wurde die Lehre von der Erwählung, die B. zwar mit der Trad. als doppelte Prädestination verstand, aber christol. so interpretierte, daß die Verwerfung, die der Mensch verdient hätte, allein von Gott selbst in Jesus Christus übernommen wird, so daß allen Menschen die unverdiente Erwählung zum Heil zugute kommt und durch Jesus Christus zuteil wird.

Diesen ewigen Gnadenbund, den Gott – als der in Freiheit Liebende – vor aller Weltzeit in der trinitarischen Liebesgemeinschaft des Vaters, Sohnes und Geistes schloß, führte er in der Zeit durch, indem er die Welt und in ihrer Mitte den Menschen entsprechend seinem Bundesratschluß erschuf, und indem er in Jesus Christus diesen Bund in der Zeit aufrichtete. Dabei interpretiert B. das Heilswerk Gottes in Jesus Christus so, daß die Aussagen über die Person, das Werk und die Stände Jesu Christi vollständig integriert werden und eine die gesamte Soteriologie (einschließlich der Lehre von der Kirche) strukturierende Funktion bekommen.

Die Denkform der Entsprechung bzw. Analogie tritt hierbei an die Stelle der anfänglichen dial. Entgegensetzung von Gott und Welt. Diese Analogie ist jedoch keine mit dem Sein der Welt als solche gegebene *(analogia entis),* sondern eine durch Gottes Beziehung zur Welt je neu gesetzte, selbst in Relationen bestehende, nur im Glauben erkennbare Entsprechung *(analogia relationis* und *fidei).* Die Denkform der Analogie ist bei B. auch das method. Prinzip der Ethik, aufgrund dessen z.B. konkrete polit. Entscheidungen in Entsprechung zur Selbstoff. Gottes in Jesus Christus zu fällen sind.

In seinen letzten Schriften interpretiert B. „Entsprechung" vorwiegend durch den Begriff „Antwort". So ist für ihn die Taufe mit Wasser, die er nicht als Sakrament versteht, die grundlegende ethische Tat des Christenlebens, weil sie die angemessene Antwort auf die von Gott ausgehende Taufe mit dem Hl. Geist ist (Kirchl. Dogm. IV, 4).

B. gilt als der bedeutendste evang. Theologe und als „der Kirchenvater" des 20. Jh.s. Seine Wirkung erstreckt sich nicht nur auf die Formulierung der *Barmer Theol. Erklärung* und die Mitwirkung im Kirchenkampf sowie auf die (ungewollte) Bildung einer großen und facettenreichen Schule. Von seiner dial. Phase an bis zum Ende seines Wirkens hat er darüber hinaus auch diejenigen Theologen nachhaltig beeinflußt, die ihm kritisch oder ablehnend gegenüberstanden, und er hat wie kaum ein anderer auch über konfessionelle Grenzen hinweg gewirkt.

Lit.: Bibliogr., Bd. 1, Zürich 1984; Gesamtausgabe, Zürich 1971 ff.; Dogmatik im Grundriß, Zürich 1983⁶. – E. Busch, K. B.s Lebenslauf, München 1975; W. Härle, Sein und Gnade, Berlin 1975; E. Jüngel, B.-Studien, Zürich/Köln/Gütersloh 1982. *W. H.*

Basilides (2. Jh.). Führender gnostischer Lehrer; Schüler des Menander; um 130/40 in Alexandrien; Haupt der Sekte der Basilidianer; vertritt u. a. dualistische Kosmogonie, Seelenwanderung u. Apokatastasis.

Basilius der Große (ca. 330–379). B. aus Cäsarea in Kappadozien, galt schon seinen Zeitgenossen als „der Große". Zusammen mit seinem Bruder, †Gregor von Nyssa, und seinem Freund, †Gregor von Nazianz, gehört er zu jenen drei berühmten Kappadoziern, die in der Endphase des arianischen Streites dem Glauben von Nicäa durch die Formulierung des trinitarischen Dogmas zum Sieg verhalfen. B., der um 330 in Cäsarea geb. wurde, entstammte einer bedeutenden christl. Familie aus altem pontisch-kappadozischem Geschlecht mit reichem Grundbesitz. Dem entsprach die gründliche rhet.-phil. Ausbildung, die ihm zuteil wurde. Sie begann in Cäsarea und setzte sich fort an den Hochschulen in Konstantinopel (346–50) und Athen (350–56), wo seine Freundschaft mit Gregor von Nazianz begann. Zurückgekehrt nach Cäsarea verzichtete B. jedoch auf eine bürgerl. Karriere. Er ließ sich taufen und entschied sich unter dem Einfluß seiner Mutter und seiner Geschwister sowie der Bewegung um Eustathius von Sebaste für das asketische Leben. Um die verschiedenen Formen des damals an vielen Orten aufbrechenden Mönchtums kennenzulernen, reiste B. nach Mesopotamien, Syrien, Palästina und Ägypten und begann dann mit dem Aufbau einer eigenen monast. Gemeinschaft in der Nähe von Neocäsarea (Pontus). Hier entwickelte B. ein Reformprogramm, das über ein neues Verständnis des Mönchtums zugleich eine Erneuerung der Kirche anstrebte. Im Unterschied zum Eremitentum und den umherziehenden radikalen Eustathianern sollten die Mönche – getrennt nach Männern und Frauen – christl. Zusammenleben im Sinne des Doppelgebotes der Liebe modellhaft für

die Kirche praktizieren (Koinobitentum). Damit schuf B. wichtige Grundlagen für die Integration des Mönchtums in die Kirche. Zugleich aber behielt diese im Mönchtum eine bleibende Quelle geistl. Erneuerung. B. schaffte diese Integration auch dadurch, daß er sich 364 zum Presbyter weihen ließ und 370 Bischof von Cäsarea wurde. Durch seine glänzenden Predigten, den Aufbau soz.-karitativer Einrichtungen, die er auch durch den Einsatz seines persönl. Vermögens förderte, seinen Kampf um soz. Gerechtigkeit sowie die Reform des Klerus schuf B. ein lebendiges Kirchenwesen, das seinen Eindruck auch auf den antinicänisch gesinnten ‚arianischen‘ Kaiser Valens (364–78) nicht verfehlte. – Die theol.-geschichtliche Bedeutung des B. besteht vor allem in seiner überzeugenden Verteidigung des nicänischen Glaubens von der Wesensgleichheit *(Homousie)* des Sohnes Gottes mit dem Vater gegenüber den Angriffen des Arianers Eunomius. Später hat B. in ähnlicher Weise dafür gekämpft, daß der Hl. Geist ebenfalls auf die Seite Gottes gehört, worüber die alte Freundschaft mit seinem asketischen Lehrmeister Eustathius zerbrach. Das Bekenntnis zu dem Gott, der in den drei Personen (Hypostasen) des Vaters, Sohnes und Hl. Geistes ein einziges göttl. Sein *(οὐσία)* ist, basiert wesentlich auf der theol. Leistung des B., auch wenn er dessen Durchsetzung auf dem Konzil von Konstantinopel 381 nicht mehr erlebt hat. Er starb bereits am 1. Jan. 379. Seine theol. Formel aber ist nicht das Ergebnis spekulativer Gedanken – davor hat B.

selbst gewarnt –, sondern diente der Verteidigung des bibl. Gottesbegriffs.

Lit.: Werke PG 29–32, Dt. BKV² Bd. 46–47 (1925). – TRE 5, 301–313 (W.-D. Hauschild); P. J. Fedwick (Hrsg.), Basil of Caesarea, 2 Bde., Toronto 1981. *W. B.*

Batiffol, Pierre (1861–1929). Frz. Kirchenhistoriker, behandelte aber auch syst. Fragen. 1884 Priester; befreundet mit ↑Lagrange. Befaßt sich u.a. mit Liturgie, Archäologie und alter christl. Lit. Hauptwerke u.a. *L'Eucharistie;* Meister der hist. Kritik; versucht Nachweis der „urspr. Identität von Christentum, Katholizismus und röm. Primat" (↑Harnack); Gegner des Modernismus.

Bauer, Bruno (1809–1882). In jungen Jahren Linkshegelianer und Freund von Marx, seit 1848 konservativer Politiker. B. bekam v.a. Bedeutung für die Evangelienforschung, indem er, kritisch gegenüber den Ergebnissen der Leben-Jesu-Forschung bes. von ↑Strauß, zu dem Urteil gelangte, daß man bei der Erforschung des Lebens Jesu immer nur bis zur Reflexion der synopt. Verf. vorstoßen könne. Seine Folgerung, daß nicht nur Teile, Motive und der lit. Rahmen, sondern der gesamte bibl. Inhalt zu verstehen sei als das Produkt des „schriftstellerischen" Schaffens der bibl. Verf., trug ihm den Ruf eines Antitheologen ein.

Baumgarten, Siegmund Jacob (1706–1757). B. wurde am 14. März 1706 in Wolmirstedt bei Magdeburg als Pfarrerssohn geb. Im Elternhaus

erhielt er eine ungewöhnlich breite und solide Ausbildung, zu der die klass. und modernen Sprachen (Frz., It. und Engl.), aber auch die Kenntnis von Logik, Phil. und antiker Literatur gehörten. Zum Theol. studium ging er 1724 nach Halle, wo er von ↑Francke, J. J. Breithaupt und P. Anton im Sinne des frühen Halleschen Pietismus beeinflußt worden ist. Nach der Lehrtätigkeit am Waisenhaus und der Lateinschule wurde er als Fakultätsadjunkt mit der Abhaltung von theol. Vorlesungen beauftragt und schon 1734 zum o. Prof. an der Theol. Fak. in Halle ernannt.

B. hatte einen großen Lehrerfolg. Doch geriet er wegen der Anwendung der verbotenen Wolffschen Phil. in einen mehrjährigen Streit mit seinen pietist. Fak. kollegen J. Lange und G. A. Francke.

Entscheidend ist für B. die Hinwendung zur Geschichte, die ihn über Pietismus und Wolffianismus hinausführt. Er hat sie aus apologetischen Gründen vollzogen, um der hist. Kritik an Bibel und Christentum wirkungsvoll begegnen zu können. Hervorgetreten ist er nicht nur als Dogmatiker, Kontroverstheologe, Exeget und Fakultätsgutachter, sondern auch als Hrsg. der ersten 17 Bde. der insgesamt 30bändigen deutschen Übersetzung der engl. *Allgemeinen Welthistorie* (1744–58). Ein besonderes Interesse zeigte B. an der engl. Wissenschaft und der Vermittlung ihrer wichtigsten Ergebnisse.

B. ist bereits im Alter von 51 Jahren gest. Welche gewaltige Arbeitsleistung B. seiner schwachen Konstitution abgerungen hat, zeigt der große Umfang seines von †Semler edierten wiss. Nachlasses. Das zentrale Thema seiner 3bändigen *Evangelischen Glaubenslehre* (1759 f.) ist die Lehre von der Heilsordnung, die unter dem Aspekt der göttl. Wohltaten und der beim Menschen vor sich gehenden Veränderungen (Buße, Bekehrung, Glaube, gute Werke, Kreuz und Gebet) entfaltet wird.

B. förderte die Entwicklung zu größerer wiss. Selbständigkeit des Nachwuchses. Unter seinen zahlreichen Schülern finden wir Anhänger der Orth. wie den Hamburger Hauptpastor J. M. Goeze und konservativ Denkende wie den Staatsminister J. Chr. Wöllner, aber auch maßgebende Neologen und Aufklärungstheologen wie J. G. Töllner, F. G. Lüdke, J. A. Nösselt, G. S. Steinbart und J. S. Semler.

Lit.: M. Schloemann, S. J. B. System und Geschichte in der Theol. des Überganges zum Neuprot., Göttingen 1974 (Lit.). *G. H.*

Baur, Ferdinand Christian (1792–1860). Das äußerlich recht gleichmäßig verlaufende Gelehrtenleben B.s (als Pfarrerssohn am 21. Juni 1792 in Schmiden bei Cannstatt geb., Studium in Blaubeuren und Tübingen [Stift], seit 1826 Theol.prof. in Tübingen, dort am 2. Dez. 1860 gest.) ist der Rahmen einer unermüdlichen Forschertätigkeit und eines gigantischen wiss. Werkes von Jahrhundertbedeutung. B. zählt zu den größten Historikern und Theologen des 19. Jh.s. Seine überragende Leistung läßt sich durch das Urteil charakterisieren: von den mehr als

10 000 Druckseiten seiner Bücher sind „neun Zehntel bahnbrechende Forschung oder klass. Darstellung" (Hirsch).

B. war der eigentliche große Meister der von ihm so benannten „hist.-krit. Methode". Er hat als Kirchen- und Dogmengeschichtler durch eine ungewöhnlich gleichmäßige Quellenkenntnis sowie seine geniale Verbindung einer durch Hegel mitbestimmten syst. Sicht der großen geistigen Triebkräfte und allgemeinen Zusammenhänge des gesch. Lebens mit krit. philologischer Erforschung der Quellen und hist. Treue zum jeweils Besonderen eine nur Ranke vergleichbare Größe erreicht. Daher können seine Werke bei aller Umstrittenheit und zeitweise sogar dominierender Ablehnung bis heute noch als unübertroffene, ehrfurchtgebietende Muster oder wenigstens als ungemein lehrreiche Höhepunkte theol.-wiss. Geschichtsschreibung gelten.

B.s Erforschung der Christentumsgeschichte reicht von der krit. Untersuchung des NT über die alte und neue DG, als deren eigentlicher Schöpfer er gelten kann, durch die gesamte KG bis zur Gegenwart des neuzeitl. Prot. Dabei ist die freie Erforschung der rel.gesch. Einbettung des Christentums ebenso sein Arbeitsgebiet gewesen wie die Literarkritik am NT, die spekulative Durchdringung der Dogmen wie der Versuch, das Christentum als die Rel. sich weltgeschichtlich durchsetzender Freiheit zu begreifen, wobei der Reformation die Bedeutung einer entscheidenden Wende zukommt. In B.s Lebensarbeit wird die Geschichte zum eigentlichen Thema der christl. Theol., die darin nicht nur ihre Herkunft, sondern auch ihren wahren Gegenstand vor Augen hat: Gottes Off. in der gesch. Entwicklung der Menschheit.

Lit.: Ausgew. Werke in Einzelausgaben (hrsg. v. K. Scholder), 5 Bde., Stuttgart/Bad Cannstatt 1963–75. – W. Dilthey, F. C. B., in: Ges. Schriften IV, Stuttgart/Göttingen 1968[4], 403–432; E. Hirsch, Geschichte, Bd. V, Gütersloh 1954, 518–553; TRE 5, 352–359 (K. Scholder). *J. R.*

Bautain, Louis-Eugène-Marie (1796–1867). Philosoph und Theologe. Vom Rationalismus beeinflußt, vollzieht er unter der Einwirkung von Kant, der Hl. Schrift und von Franz v. ↑Baader die Wende von Vernunft zum Glauben; vertritt These des Traditionalismus: Wort Gottes als einziger Garant wiss. Erkenntnis. Kontakt mit J. A. ↑Möhler; Nachwirkung u. a. auf ↑Blondel.

Bea, Augustin (1881–1968). Kath. Bibelwissenschaftler und Ökumeniker; 1959 Kardinal; Jesuit. Über 35 Jahre Prof. am Biblikum in Rom (1930–49 Rektor), wesentl. Anteil an der Einführung neuerer bibelwiss. Methoden in die kath. Theol.; erster Präsident des röm. Einheitssekretariats, maßgebliche Kraft in den nachkonziliaren ök. Gesprächen.

Beck, Johann Tobias (1804–1878). Seit 1836 ao. Prof. in Basel, 1843 Prof. für Dogm. und Hauptprediger an der Stiftskirche in Tübingen. Seine Theol. ist geprägt von dem Grundgedanken, daß alles (auch das geistig-geistlich) Lebendige sich organisch wachsend entwickelt. Dementsprechend versteht B. die Bibel als geistgewirkte sukzessive Enthüllung des göttl. Heilsratschlusses. Dieses Heil wird als Gerechtmachung (nicht als Gerechtsprechung) verstanden. Im Zentrum steht bei B. die Vorstellung von dem in die Geschichte hineinwachsenden, der sichtbaren Vollendung entgegengehenden Reich Gottes. B.s Theol. hat nicht nur auf die Bibeltheologen ↑Cremer, ↑Kähler und ↑Schlatter, sondern auch auf den jungen ↑Barth (Römerbrief, 1. Aufl.) starken Einfluß ausgeübt. Eine langanhaltende Wirkungsgeschichte hat B. in Finnland gehabt.

Beda Venerabilis (ca. 672–735). Mönch, überragender Vertreter angelsächs. Gelehrsamkeit während der „northumbrischen Renaissance", genoß bis ins hohe MA größte Anerkennung als Verf. der *Historia ecclesiastica gentis Anglorum* (731). Er gilt als Begründer der engl. Phil. und german. Geschichtsschreibung.

Lit.: Opera historica, 2 Bde., (hrsg. v. C. Plummer), Oxford 1896 (Neudruck 1975).

Bekker, Balthasar (1634–1698). Seit 1679 Pfarrer in Amsterdam, theol. dem die ref. Theol. mit der Phil. Descartes' vermittelnden Theologen Christoph Wittich (1625–87) nahestehend. Er durchschaute als erster (über den Arzt Johannes Weyer, der 1565 – vergeblich – die Autorität von ↑Brenz für seine weitgehend psychiatrische Einschätzung und Be-

handlung des Hexenwahns zu gewinnen suchte, und über ↑Spee
grundsätzlich hinausgehend) den
Hexenglauben als „nur ein Gedichte", pure Fiktion (*Die bezauberte
Welt*, 1693). Diese Ansicht setzte sich
als Rechtsgrundlage aber erst mit
Chr. ↑Thomasius endlich durch (*De
crimine magiae*, 1701, Neudr. 1986).

Lit.: Scholder, Kap. 6; M. Hammes,
Hexenwahn   und   Hexenprozesse,
Frankfurt 1977.

Bellarmin, Robert (1542–1621). B.
wurde am 4. Okt. 1542 in Monte-
pulciano (Toskana) geb. 1560 trat er
in den Jesuitenorden ein und gilt als
eine der bedeutendsten Persönlichkeiten, die der Orden , hervorgebracht hat. Nach theol. Studien in
Padua und Löwen wurde er dort, ob-
gleich eigentlich noch Student, mit
einer Professur betraut (1570). In
Löwen machte sich der Sprachbegabte selbständig mit den Werken
der Reformation vertraut. 1576
übernahm er den am Collegium Romanum 1561 eingerichteten Lehrstuhl für Kontroverstheol.: Hier sollten die Studierenden aus verschiedenen Ländern und Orden für die
Auseinandersetzung mit dem Prot.
geschult werden. Nur auf vielfaches
Drängen veröffentlichte er seine
(durch Material aus der Löwener
Zeit bereicherten) Vorlesungen unter
dem Titel: *Disputationes de contro-
versiis Christianae Fidei adversus
huius temporis haereticos*, bekannt
unter dem Namen *Controversiae*
bzw. „Kontroversen" (1586–93). Die
„Kontroversen" waren bald Bestsel-
ler in Europa und dienten bis ins

späte 19. Jh. hinein als apol. Grund-
lagenwerk. Protestantischerseits erschienen allein in dem ersten Jh.
nach dem Erscheinen über zweihun-
dert Gegenschriften. B. war über seine theol. Arbeit hinaus mit vielen ku-
rialen und kirchl. bzw. kirchenpolit.
Vorgängen befaßt: Er hatte maßgebl.
Anteil an Entscheidungen seines Ordens, war nach seiner Kardinalser-
nennung (1599) Mitglied zahlreicher
Kongregationen und Kommissionen,
war am sog. Gnadenstreit zwischen
Dominikanern (↑Banez) und Jesuiten
(↑Molina) beteiligt und in eine Kontroverse mit Jakob I. von England
(über Ursprung und Legitimation
königl. Gewalt) verwickelt. Als Mitglied des Hl. Offiziums hatte er auch
am Prozeß gegen Galilei teil, dessen
Theorien gegenüber er recht aufge-
schlossen war. Sein Amt als Erzbischof von Capua (1602) legte er entsprechend bestimmter Richtlinien
des Konzils von Trient schon nach
drei Jahren wieder nieder. B. starb
am 17. Sept. 1621.

Im   Mittelpunkt   bellarminian.
Theol. steht die kontroverstheol.
Problematik. Folgerichtig sind Ekklesiol. und Anthropol. zentrale Bereiche seines Arbeitens und For-
schens. Die Kirche umschreibt er in
deutlicher Frontstellung gegen die
Reformatoren als eine sichtbare Gemeinschaft, die durch drei „Bänder"
(vincula) geeint ist: durch das Bekenntnis des wahren Glaubens, die
Gemeinschaft der Sakramente und
die Anerkennung des Papstes. Daraus ergibt sich ein Kirchenbegriff,
der in der kath. Theol. (mindestens)
bis zum Ersten Vatikanum normativ
ist. In besonderer Weise wird die

Stellung des Papstes als des sichtbaren Oberhauptes der Kirche herausgestellt; die Gemeinschaft mit ihm ist für den Christen absolut notwendig. B. denkt freilich auch an eine innere Dimension der Kirche, die er wie die Seele im Leib versteht. Indirekt wird B. damit zu einem der Väter der Vorstellung von der Kirche als *Corpus Christi Mysticum* (Pius XII.), wenn auch – entsprechend der Zielsetzung der Werke – die Akzentuierung der Sichtbarkeit der Kirche überwiegt. Für die Theol. und auch für die Zählung der Allg. Konzilien in der kath. Kirche wurde B. ebenfalls maßgeblich.

Mit seiner Anthropol. wendet er sich einerseits gegen die Reformatoren (vor allem ↑Calvin und ↑Luther), andererseits gegen Bañez und Molina. In der Lehre von der Rechtfertigung folgt er im wesentl. der thomist. Sicht von der Gerechtigkeit als *qualitas creata et inhaerens*. Hinsichtlich des Problems, wie sich Gnade und menschl. Freiheit vereinbaren lassen, versucht er, die Notwendigkeit des „Übernatürlichen" mit der jeweiligen, spezif. *conditio humana* zusammenzusehen: Gott schenkt dem Menschen die Gnade, die ihm in den jeweiligen Umständen angemessen *(congrue ingenio)* ist (Kongruismus). Von Interesse sind im übrigen seine theol. Überlegungen zum Bereich des Politischen, seine Meßopfertheorie sowie seine Aussagen zu Bereichen der Pastoral und der Spiritualität.

B. erreicht durch seine Theol. eine Profilierung kath. Ekklesiol., die man nur in anachronist. Sicht als einseitig abwerten wird. Die theol.

und kirchenpolit. Umstände verlangten um der Existenz und Einheit der kath. Kirche willen jenes Herausstellen des sichtbar-institutionellen Aspektes der Kirche, das B. syst. geleistet hat. In der Anthropol. versucht er einen Ausgleich zwischen Positionen seiner Zeit, die ihm extrem erschienen und wird dabei in vielen Einzelfragen zu einem Wegbereiter späterer theol. Anthropol. In seiner Methode versucht er, sich auf die Anforderungen seiner Zeit einzulassen und auf die bibl., patrist. und hist. Quellen zurückzugreifen. Die spekulative Methode tritt bei ihm zurück.

Damit ist auch schon B.s theol.-gesch. Wirkung beschrieben. Das Urteil ↑Harnacks von 1909, die „Kontroversen" stünden an der Spitze kath. Apol., hat seine Berechtigung. Seine Lehre über das Verhältnis von Gnade und freiem Willen galt vielerorts als Norm. Von Texten des I. Vatikanums wird mitunter gesagt, B. könnte sie geschrieben haben. So ist B. ohne Zweifel ein Klassiker kath. Theol. nicht nur der Zeit der Gegenreformation, sondern der nachreformatorischen Epoche überhaupt.

Lit.: G. Galeota, R.B., in: H. Fries/ G. Kretschmar (Hrsg.), Klassiker der Theologie I, München 1981, 346–362; ders., Art. TRE 5, 525–531 (Lit.). *H. W.*

Bengel, Johann Albrecht (1687–1752). B. wurde am 24. Juni 1687 in Winnenden bei Stuttgart geb. Sein Vater, der dort Pfarrer war, starb bereits 1693, die Mutter verlor im selben Jahr Haus und Vermögen. Seitdem wuchs B. im Hause des Präzeptors (Lehrers) D.W.Spindler zunächst in Marbach, dann in Schorndorf und von 1699 an in Stuttgart auf. Im Hause Spindler begegnete er radikal-pietist. Strömungen. Zu seiner Lektüre gehörten Schriften von ↑Arndt, ↑Gerhard und ↑Francke. 1703 nahm er das Studium der Theol. als Stipendiat in Tübingen auf (1704 Mag. phil.), wo ihn J.J.Jäger (Vertreter einer Bundestheol.) und die Pietisten C.Reuchlin und A.Hochstetter beeinflußten. Eine Zeitlang Repetent am Tübinger Stift, unternahm er 1713 eine Studienreise nach Altdorf bei Nürnberg, Jena und Halle, wo er von Francke und seinem Wirken bleibende Eindrücke empfing. 1713–41 unterrichtete er als Präzeptor der Klosterschule Denkendorf bei Esslingen zukünftige württembergische Theologen, wurde dann Propst in Herbrechtingen bei Heidenheim und 1749 Prälat von Alpirsbach mit Amtssitz in Stuttgart, wo er am 2.Nov. 1752 starb.

B.s theol. Bedeutung erstreckt sich vor allem auf die Bibelwissenschaft und die Eschatol. Nach klassischen und patrist. Texten für den Unterricht veröffentlichte er 1734 den ersten krit. Text des griech. NT, zwar noch auf der Basis des *Textus receptus,* aber mit krit. Apparat, einer Gliederung und Bewertung der Lesarten und textkrit. Regeln. Eine eigene Übersetzung des NT (1753 posthum erschienen) und eine Evangelienharmonie (1736) bildeten die Brücke zu seinem exeget. Hauptwerk *Gnomon* (Wegweiser) *Novi Testamenti* (1742; Stuttgart 1970[8]), einer kontinuierlichen philologisch-theol. Erklärung und einem „Glanz-

stück pietist. Exegese" (M.Brecht), das ↑Wesley als Vorlage für seine *Explanatory Notes* diente.

In engem Zusammenhang mit B.s Schriftauslegung steht seine Interpretation der als Stufenfolge verstandenen „Heilsökonomie" Gottes, der Vorstellung von Gottes Heilsplan von der Schöpfung bis zur Vollendung der Welt (Allversöhnung), in der bibl. Aussagen (nicht immer ohne einpassende Glättung) mit chiliast. Gedankengut zu einer teilweise spekulativen Theol. verbunden sind. Den Beginn des Tausendjährigen Reiches errechnete er für den 18.6. 1836. Doch hat B., jedem Separatismus abhold, seine Theol. mit der kirchl. Lehre zu verknüpfen gewußt und auf eine große Zahl württembergischer Pfarrer prägend gewirkt. Sein aufgeschlossener Konservatismus hat ihn trotz einer eher pessimistischen Weltsicht sowohl für polit. Fragen als auch für nichttheol.-wiss. Erkenntnisse offen sein lassen.

B.s Einfluß reicht über den Kreis seiner Schüler hinaus zu ↑Hamann und Jung-Stilling, Schelling und Hegel, ↑Cremer und ↑Schlatter, aber auch zum Supranaturalismus und zur Erweckungsbewegung des 19. Jh.s.

Lit.: In der Gegenwart Gottes, Metzingen 1964. – G.Mälzer, Die Werke der württ. Pietisten, Berlin 1972 (Lit.); J.A.B., Leben und Werk, Stuttgart 1970.   *M.M.*

Berengar von Tours (ca. 1005–88). Leiter der Schule von Tours, Archidiakon von Angers. B. vertrat in Anknüpfung an ↑Augustin und ↑Ratramnus eine symbolisch-spiritualist.

Abendmahlslehre. Nach seiner Auffassung repräsentieren die konsekrierten Elemente Leib und Blut Christi, werden aber nicht in ihrer Natur verändert. B. wurde 1050 exkommuniziert, stimmte aber in der Folgezeit mehreren ihm abverlangten Bekenntnisformeln zu. Das Konzil von Bordeaux (1080) zwang ihn zur endgültigen Unterwerfung.

Bernhard von Clairvaux (1090–1153). B. wurde 1090 aus adliger Familie in Fontaines bei Dijon geb. Um 1113 trat er mit etwa 30 adligen Gefährten in das 1098 gegründete burgund. Reformkloster Cîteaux, das Mutterkloster des Zisterzienserordens, ein. Schon 1115 sandte ihn Abt Stephan Harding mit 12 Mönchen aus, um im Süden der Grafschaft Champagne ein neues Kloster zu gründen: Clairvaux, dessen Abt B. bis zu seinem Tode blieb. Von hier aus gründete er etwa 70 neue Konvente und gliederte etwa 100 weitere Clairvaux an. Durch Verhandlungen und Briefe wie durch Predigten und Schriften bestimmte er in hohem Maße die äußere Entwicklung wie die innere Gestalt und die Spiritualität des jungen Ordens. Daneben beeinflußte er andere Orden (v. a. Prämonstratenser und Templer) sowie die ganze monast. Reformbewegung seiner Zeit. B. griff aber auch in die allg. Politik und in das Geistesleben ein. So unterstützte er im Schisma der Jahre 1130–38 erfolgreich Papst Innozenz II., setzte 1140 zu Sens die Verurteilung ↑Abaelards durch, bekämpfte 1144/45 Arnold von Brescia in Rom und südfrz. Häretiker, zog 1146/47 als Prediger für den

(gescheiterten) 2. Kreuzzug durch Nordfrankreich und das Rheintal und zwang 1148 Gilbert Porreta zum Widerruf. Am 20. Aug. 1053 riß ihn der Tod aus rastloser Tätigkeit.

Durch die einmalige Verbindung polit. und geistig-geistl. Aktivitäten ragt B. unter allen ma. Theologen hervor. Sein umfangreiches literarisches Werk umfaßt rund 500 Briefe (darunter Abhandlungen in Briefform), 8 Monographien über Fragen des Mönchtums und allgemein rel. Probleme sowie eine Fülle von Predigtreihen (über Cant 1,1–3,1; Lk 1,26 f.; Ps 90), Einzelpredigten (auf die Feste des Kirchenjahrs und über verschiedene Themen) und Predigtteile. B. war ein bezwingender Redner und ein hochgebildeter Schriftsteller. In seinen Werken begegnen ganz neue Tendenzen: etwa die asket. Rigorosität der Zisterzienser und ihr Streben nach Kontemplation, eine neue Sensibilität für individuelles rel. Erleben, ein gewandeltes Christusbild (Hinwendung zum leidenden Menschen) und die Wiederentdeckung der Liebe. Aber B. ist nicht nur Zeuge einer neuen Mentalität. Es wäre auch falsch, ihn wegen seiner Auseinandersetzung mit Schultheologen und wegen der literarischen Form seiner Werke als Gegner wiss. Arbeit und bloßen Erbauungsschriftsteller abzuwerten. B. war Theologe von höchstem Rang, der bedeutendste Vertreter eines eigenen Typus theol. Arbeit: der monast. Theol. In seinen Schriften behandelt er nicht nur spezifische Probleme monast. Lebens, wie die verpflichtende Kraft der Regel, Schwierigkeiten klösterlichen Gehorsams und die Stufen mönchischer Demut, sondern sein ganzes Denken ist durch monast. Erfahrungen bestimmt und reflektierend diesen Erfahrungen zugewandt: Anfechtung, Versagen, Bewährung, Gottesferne und Gottesnähe. Die Reflexion auf den Weg zu Gott – v. a. in der individuellen Auslegung des Hohenliedes entwickelt – führt zu der ausgebildeten Theol. einer unanschaulichen, worthaften Mystik, die den von der Trad. (↑Origenes) vorgegebenen Rahmen der Brautmystik zur Leidens- und Kreuzesmystik hin erweitert, während die Sakramente in ihr keine Rolle spielen. Im Mittelpunkt von B.s Denken steht das rel. Subjekt in seiner Beziehung zu Gott. Grundlage und Gegenstand seiner Reflexion ist die rel. Erfahrung, deren Rolle er unablässig bedenkt. Grundbegriffe seiner noch nicht in feste schol. Schemata eingespannten Systematik sind die eng miteinander verbundene Selbsterkenntnis und Gotteserkenntnis, unter denen sich alles theol. wichtige Wissen begreifen läßt. Der monast. Neigung, Willen und Kraft des Menschen ein gewisses Vertrauen entgegenzubringen, um den Weg zur asket. Vollendung und zum höchsten rel. Erleben gehen zu können, stellt die Selbstbeobachtung Erfahrungen der eigenen Schwäche und Unfähigkeit entgegen, denen ein aus Paulus gewonnenes Verständnis von Rechtfertigung und Glauben entspricht.

Die Wirkungen B.s und seines reichen Werks reichen über die Zisterziensermystik des 12./13. Jh.s, die Frauenmystik seit dem 13. Jh., die schol. wie die erbauliche Literatur des ganzen Hoch- und Spätmittelalters und die Reformation (v. a. ↑Luther) bis in die neuere kath. wie prot. Frömmigkeit und Theol. hinein.

Lit.: B. v. C., hrsg., eingel. u. übers. v. B. Schellenberger, Olten u. Freiburg i. Br. 1982. – St. Gilson, Die Mystik des hl. B. v. C., Wittlich 1936; KdTh I, 181–197 (U. Köpf).   *U. K.*

Bérulle, Pierre de (1575–1629). 1627 Kardinal; engagiert sich spirituell, theol. und kirchenpolit. sowie allgemeinpolit. Vertreter christusorientierter Religiosität; indirekt beteiligt bei der Gründung der Oratorianer; Gründung der „Ecole Française". Hauptwerk: *Discours de l'état et des grandeurs de Jésus.*

Bessarion (1403–1472). Griech. Theologe, 1437 Erzbischof von Nikaia, 1439 Kardinal, 1463 Patriarch von Konstantinopel. Wortführer der griech. Bischöfe auf dem Konzil von Ferrara-Florenz, Humanist, Verf. zahlreicher phil. und theol. Schriften; rettete Platon für das Abendland.

Beza (de Bèze), Theodor (1519– 1605). Geb. am 24. Juni 1519 in Vézelay (Burgund), zunächst Jurist und Dichter, nach der endgültigen Zuwendung zur Reformation 1548 Flucht nach Genf. Bis 1558 Prof. in Lausanne, 1559 Pfarrer und Leiter der neugegründeten theol. Akademie in Genf, seit 1563 Nachfolger Calvins. Seit 1557 ausgedehnte diplomat. Tätigkeit für die ref. Kirche in Deutschland und in Frankreich (1561 auf dem von Katharina von Medici einberufenen Kolloquium von Poissy; 1572 schrieb er, nach der

‚Bartholomäus-Nacht', *Über das Recht der Magistrate* des Volkes, Tyrannen zu stürzen, 1574 anonym erschienen). Gest. 13.Okt. 1605.

B. ist der erste Theologe, der sich umweglos und überzeugt Calvin anschließt und damit die ref. Orth. als ‚Calvinismus' begründet. Seit seiner ersten Lehrdarstellung, der *Summa totius christianismi* (1555), faßt er als Prämisse des Rechtfertigungsglaubens (in der Zeit) die schlechthin durch nichts bedingte endgültige Annahme bestimmter Menschen durch Gott und stellt daher die Prädestination allen anderen Glaubensaussagen über Gott syst. voran. Der vom Hl.Geist durch das Wort geschaffene, im Sakrament in der Kirche geübte Glaube an Christus geht (logisch und zeitlich) auf diese Erwählung als den letzten Grund weltüberwindender Gewißheit zurück (nicht umgekehrt!). Diese von Hieronymus Zanchi (1516–1590) 1566 zuerst als „absolutes Dekret" und 1577 als „absolute Prädestination" bezeichnete Lehre wird von Jakob Andreä 1586 bei dem Kolloquium mit B. in der württembergischen Grafschaft Montbéliard (Mömpelgart) erstmals öffentlichkeitswirksam abgelehnt; dies vollendet den Dissens zwischen den prot. Konfessionen. In der Christologie ist B. der erste, der †Brenz' „finitum ... capax ... infiniti" (1564) das „finitum non ... capax infiniti" (Endliches ist des Unendlichen (nicht) fähig) entgegensetzt (1581) und †Chemnitz' Modifikation der Brenzschen Christologie treffend als „Multivolipräsenz" (Soviel-er-will-Gegenwart) kennzeichnet (1572). B. bedient sich der modernen Phil. des Neu-Aristotelismus, um sein, für die ref. Schultradition prägend gewordenes System durchsichtig zu machen. Damit ermöglicht und fördert er eine schärfere wiss. Durchdringung der Dogmatik. Intensive Arbeit wendet Problemen der Methodik, Logik und Metaphysik unter den Reformierten insbes. Bartholomäus Keckermann (1571–1609) zu. Schon seinen Zeitgenossen †Mentzer und †Meisner scheint er die „Logica spiritus sancti" (die Logik der Schriftaussagen) zwecks Widerspruchsfreiheit Prinzipien der Rationalität zu unterwerfen.

Lit.: TRE 5, 765–774 (Jill Raitt); GKG 6, 255–276 (O.Fatio). *Th.M.*

Biedermann, Alois Emanuel (1819–1885). Seit 1860 Prof. für Dogm. in Zürich. B. hat der „freien Theol." in der Schweiz den Namen und das Programm gegeben und ihr zu kirchl. Durchsetzung verholfen. Auf dem Fundament von Hegels Phil. (Gott als absoluter Geist) versteht B. Rel. als „praktisches Selbstbewußtsein des Absoluten". Daraus resultiert für ihn die theol. Aufgabe denkender Erfassung des christl. Dogmas als Ausdruck der Vernunft.

Biel, Gabriel (vor 1410–1495). B. wurde vermutlich vor 1410 in Speyer geb. 1438 wurde er Mag. artium in Heidelberg. 1442/43 war er in Erfurt immatrikuliert, ebenso 1451. 1453 wurde er (als Priester der Diözese Mainz) in die theol. Fak. der Univ. Köln aufgenommen. 1457 erwarb er an der Univ. Erfurt den *Lic. theol.* Etwa ab 1462 war B. als Domprediger in Mainz tätig, jedoch sind schon aus seiner Studienzeit Predigten erhalten (früheste erhaltene Predigt 1448; letzte Erwähnung als Domprediger 1465). B. war an der Gründung mehrerer Häuser der Brüder vom gemeinsamen Leben beteiligt und trat wohl vor 1468 in die Gemeinschaft ein. In ihr hatte er mehrfach leitende Ämter inne. Seit 1484 wirkte B. als Prof. der Theol. an der wenige Jahre zuvor (1477) gegründeten Univ. Tübingen (1487 und 1489 Rektor). In den Jahren 1486−88 entstanden die ersten drei Bücher seines Sentenzenkommentars. Das vierte Buch wurde von einem Schüler vollendet. Von Bedeutung ist im übrigen seine Meßerklärung von 1488. B. gab 1492 sein Lehramt in Tübingen auf und verbrachte die letzten Lebensjahre im Brüderhaus St. Peter auf dem Einsiedel im Schönbuch. Dort starb er am 7. Dez. 1495.

B. gilt als einer der bedeutendsten Vertreter des theol. Nominalismus. Er verbindet Grundgedanken des ↑Duns Scotus und des Wilhelm von ↑Ockham zu einer relativ eigenständigen Synthese. Im übrigen ist er sowohl von ↑Thomas von Aquin als auch von der Mystik (besonders ↑J. Gerson) abhängig. Sein pastoraltheol. Anliegen, das seine gesamte Theol. durchwaltet, ist oft übersehen worden. Es ist sehr schwer, die gesamte theol. Position B.s zu kennzeichnen und zu beurteilen, da sie bislang nur in einzelnen Komplexen erschlossen ist und die nominalist. Theol. überhaupt noch eingehender Untersuchungen bedarf. Mit Sicherheit läßt sich sagen, daß er (wie früher oft behauptet) keine pelagian. Rechtfertigungslehre vertritt. Das Gottesbild scheint in die Nähe eines Willkürgottes zu rücken (vgl. die *potentia-absoluta*-Spekulation des Nominalismus).

B. hat die theol. Entwicklung ↑Luthers nachhaltig beeinflußt. Jedoch erstreckte sich sein Einfluß auch auf das Konzil von Trient sowie auf die Theol. Spaniens und Portugals. In Salamanca und Coimbra wurden eigene Lehrstühle zu seiner Kommentierung eingerichtet.

Lit.: B. hat eine große Zahl von Schriften hinterlassen. Ein Teil ist nur handschriftlich erhalten (Universitätsbibliothek Gießen). Die wichtigsten Werke sind mehrfach gedruckt und liegen teilweise in krit. Ausgaben vor. Eine gute Übersicht findet sich im Art. B. TRE 6, 489 ff. (W. Detloff). Im übrigen: H. A. Oberman, Spätscholastik und Reformation I, Der Herbst der ma. Theol., Zürich 1965.   *H. W.*

Billot, Louis (1846−1938). Priester, Jesuit, 1927 Kardinal. Lehrte Dogm. an der röm. Gregoriana; Thomist; Bekämpfer von Liberalismus und Modernismus.

Blondel, Maurice (1861−1949). B. wurde am 2. Nov. 1861 in Dijon geb. Er studierte Phil. an der École Normale Supérieure bis 1884. Nach verschiedenen Vertretungen im Lehrdienst erfolgte 1893 seine phil. Promotion an der Sorbonne in Paris. 1895 wurde er Prof. für Phil. in Lille und ab 1896 in Aix-en-Provence. 1927 verlor er sein Augenlicht und quittierte den Lehrdienst. Er starb am 4. Juni 1949 in Aix-en-Provence.

B.s Bedeutung liegt darin, daß er den zu seiner Zeit herrschenden Riß zwischen Glauben und Denken und dem Anspruch, daß ernstgemeintes Denken nur ungläubig sein könne, entgegentrat. Er sucht die Zuordnung von Glauben und Denken phil. zu erhellen. Genauer gesagt: Er wollte, wie er selbst sagt, als Glaubender das Werk eines Philosophen tun. Aber das sollte nicht als Vermischung der beiden Bereiche geschehen. Den Ansprüchen der Vernunft muß nach B. restlos genügt werden, sie ist autonom und duldet nicht, daß die Theol. in sie hineinredet. Aber gerade indem sie ganz sie selbst ist, führt sie sich selbst mit innerer Notwendigkeit an den Punkt, an dem sie einsieht, daß allein eine rel. Entscheidung dem genügen kann, was die Vernunft als erforderlich erweist, ohne es selbst leisten zu können.

B. illustriert dieses Prinzip an der von ihm so genannten Aktion als Inbegriff menschlichen Tuns und Handelns, zu dem auch und vor allem das Denken gehört. Dabei findet er folgende „Logik". Der Mensch will und erstrebt mehr, als er je erreicht. Nie gelangt er zur vollen Identität von Wollen und Verwirklichtem. Die Vollendung des menschl. Tuns gelingt nicht durch den Menschen selbst. Hier tut sich folgende Dialektik auf: Das Streben nach Vollendung des Tuns liegt in der Intention des Menschen, ist für ihn aber zugleich unerreichbar. Das führt zur These B.s: Der Mensch kann sich in seinem Tun nicht vollenden, es sei denn, die Vollendung werde ihm geschenkt durch eine Tat, die nicht die seinige ist, die er nur empfangen kann.

Hier führt B. den Begriff des Übernatürlichen ein; es ist der „Schrei der Natur". Daraus folgt: Das Übernatürliche ist dem Menschen absolut unmöglich und zugleich absolut notwendig.

Mit dieser These und ihren Konsequenzen ist B. einer der großen Anreger der Fundamentaltheol. im Sinn der sog. Immanenzapologetik geworden, wobei er Apol. verstand als Rechenschaft über den Logos des Glaubens. Die sog. anthropologische Theol. der Gegenwart, die Theol. als Anthropologie, der Begriff des „Übernatürlichen Existentials" (†Rahner) ist maßgeblich von B. beeinflußt.

Lit.: L'Action, Essai d'une critique de la vie et d'une science de la practique, Paris 1893; dt. Die Aktion, Freiburg/München 1965; La pensée I und II, Paris 1934; dt. Das Denken, Freiburg/München 1953–56; Exigence philosophique du christianisme, Paris 1950; dt. Philosophische Ansprüche des Christentums, München/Wien 1954. – H. Bouillard, Blondel und das Christentum, übers. v. M. Seckler, Mainz 1963; ders. Logik des Glaubens, Paris 1964, übers. v. W. Scherer, Freiburg/Basel/Wien 1966. *H. F.*

Blumhardt, Johann Christoph (1805– 1880). Vom württembergischen Pietismus geprägter und ihm zuzurechnender Pfarrer in Möttlingen und Bad Boll, Vater von Christoph B. (1842–1919). Aufgrund seines mehrjährigen „Kampfes" um die Kranke Gottliebin Dittus, der in der Erfahrung und Erkenntnis gipfelt: „Jesus ist Sieger", gewinnt B. ein

Verständnis des christl. Glaubens (und der Seelsorge), das sich vor allem an der Kategorie der Hoffnung orientiert. B. erwartete eine neue Geistausgießung und das Kommen des Reiches Gottes in naher Zukunft. Seine Theol. des Reiches Gottes beeinflußte den Rel. Soz. und die frühe Dial. Theol.

Lit.: M.T.Schulz, J.Ch.B., Göttingen 1984.

Böhme, Jakob (1575–1624). Geb. in Alt-Seidenberg bei Görlitz, Autodidakt, Schuhmacher, seit 1613 Garnhändler, von seinem Freund Balthasar Walther „Philosophus Teutonicus" genannt. Im Luthertum erzogen und darin stets geblieben, hat B. innerhalb der werdenden Orth. des ausgehenden 16. Jh.s, die er unter den extremen polit. Bedingungen der Oberlausitz erlebte, eine Natur-Metaphysik und Theosophie entwickelt, die – anders als bei seinen ihm verwandten Zeitgenossen Philipp Nicolai (1556–1608) und ↑Johann Arndt – den konfessionell-luth. Rahmen überschritt („die Meinungen um [das Abendmahl] und die Person Christi, die jetzt in Deutschland gehen, sind auch", wie das Papsttum, meint B., „des Antichrists Kinder"). Da B. überdies – in der Tradition der Spiritualisten, vor allem ↑Weigels – seine Konzeption 1600 als „Offenbarung Gottes" erlebte, die „keine Schrift", sondern „der Geist" ihm eingab, war der Konflikt mit dem hochgebildeten, aber seinerseits unter dem äußeren und verinnerlichten Zwang konfessioneller Selbstbehauptung stehenden Görlitzer Pastor primarius Gregor Richter unvermeidlich, als diesem 1613 Abschriften von B.s erst 1612 als „Memorial" für sich selbst niedergeschriebener *Morgenröte im Aufgang (Aurora)* bekannt wurden. Das B. daraufhin vom Magistrat (zur Sicherung seiner Existenz) auferlegte Schreibverbot bricht er unter neuer innerer Nötigung erst 1618. Die einzige zu Lebzeiten B.s (und auch weiterhin) gedruckte Sammlung dreier Schriften, das mit Wissen B.s von einem Anhänger 1623 veröffentlichte Buch *Der Weg zu Christo* (als Anweisung zu „wahrer Buße", „Gelassenheit" und zum „übersinnlichen Leben" von B. bewußt der gerade entstandenen neuen Gattung der Erbauungslit. des Luthertums angeglichen), führt 1624 erneut zum Konflikt. Schlesische Adlige verlagern diesen nach Dresden. B.s damit verbundene kindliche Hoffnung auf „die neue Reformation" – ein angesichts des Zur-Ruhe-Kommens der Reformation im Alltag der konfessionell geprägten Kultur und Politik der Spätrenaissance vor dem 30jährigen Krieg zeittypischer Wunsch – wird von den Politikern als ungefährlich betrachtet. Die damals (in der Sache ↑Mentzers) bei Hofe versammelten Theologen, darunter ↑Meisner, haben (nach einem glaubwürdigen Bericht) B.s Gedanken zwar respektvoll, aber als unverstehbar behandelt. Nach Görlitz zurückgekehrt, stirbt B. am 16. Nov. 1624. Seine überregionale Wirkung beginnt mit der ersten Gesamtausgabe des Nachlasses 1682 in Amsterdam und den Übersetzungen ins Niederländische, Englische und Französische.

Der Kern seiner Lehre, in die Sprachformen des Paracelsismus, der Alchemie, der Kabbala, der Gnosis und der Mystik eingelassen, ist die Qual der Geburt des Lebens, physisch wie psychisch, in der „rauhen Härtigkeit" der Natur, ihrer „eitel Grimmigkeit", in der „ein jedes des anderen Tod und Zerbrechen" ist. Aber „wenn keine Qual wäre, so wäre kein Aufsteigen"; „ohne Gift und Grimm kein Leben". Diese widersprüchliche Welt von „wachsen und grünen" des Lebens „aus dem Tode" wurzelt in Gott, den B. erfaßt als „Ungrund und Grund aller Wesen", als „Nein" und „Ja" des „finsteren Zorn-Willens" und des „feurigen Liebe-Willens". Vermittelt durch Schelling haben Motive dieses Denkens auch auf die phil. Theol. ↑Tillichs gewirkt.

Lit.: Studienausgabe, hrsg. und kommentiert von G.Wehr, bisher 7 Bde., Freiburg 1975–1981. – J.Hamberger, Die Lehre des deutschen Philosophen J.B., 1844, Nachdruck Hildesheim 1975; Zeller, 197–224; TRE 6, 748–754 und GKG 7, 79–98 (E.H.Pältz). *Th.M.*

Boethius, Anicius Manlius Severinus (ca. 475–ca. 525). In Rom geb., umfassend gebildeter Staatsmann und Philosoph, wegen angeblichen Hochverrats unter Theoderich verhaftet, gefoltert und hingerichtet. Durch seine Übersetzung und Kommentierung zahlreicher Schriften des Aristoteles und Porphyrius wurde B. zum Vermittler zwischen Altertum und MA. Seine bekannteste Schrift *De consolatione Philosophiae,* die während der Kerkerhaft entstand,

ist sein (neuplatonisch geprägtes) phil. Vermächtnis. Daß er sich in diesem Trostbuch angesichts des Todes weder auf Christus noch auf die Bibel beruft, hat es fraglich erscheinen lassen, ob B. Christ war. Aufgrund der Echtheit seiner christl. Schriften *(Opuscula sacra),* die heute allg. angenommen wird, ist diese Frage jedoch positiv zu beantworten.

Bonaventura (ca. 1217–1274). Die meisten Lebensdaten vor 1257 sind unsicher. Johannes Fidanza wurde 1217 (oder 1221) in Bagnoregio südlich Orvieto geb. Wohl nach Abschluß seines Studiums an der Pariser Artistenfak. trat er etwa 1243 in den Franziskanerorden ein, der ihm den Ordensnamen B. gab. Anschließend studierte er Theol., zuerst bei ↑Alexander von Hales. 1248–50 legte er kursorisch einige bibl. Bücher aus, 1250–52 erklärte er die Sentenzen des ↑Petrus Lombardus und 1253 schloß er sein Studium mit der Lizenz ab. Der 1252 ausgebrochene Mendikantenstreit verhinderte, daß er die seinem Orden zustehende Professur erhielt. In diesem Streit wehrten sich die Pariser Professoren aus dem Weltklerus unter Führung Wilhelms von St.Amour gegen die immer zahlreicher in die Univ. eindringenden und an Einfluß gewinnenden Angehörigen der Bettelorden. B. verteidigte die Lebensform der neuen Gemeinschaften in *Quaestiones disputatae de perfectione evangelica.* Erst nachdem Papst Alexander IV. eine Entscheidung zugunsten der Mendikanten gefällt hatte, erhielt B. (wie ↑Thomas von Aquin) offiziell seinen Lehrstuhl. Doch da ihn der

Orden schon am 2. Febr. 1257 zum 7. Generalminister wählte, konnte er seine Lehrtätigkeit nicht mehr ausüben. Er trat das neue Amt in einer krit. Situation an. Das Wachstum der franziskanischen Gemeinschaft und ihre zunehmende Integration in Kirche und Gesellschaft erschwerten ein Leben nach den urspr. Idealen des ↑Franziskus. Der alte Gegensatz zwischen einem angepaßten und einem rigorosen Flügel im Orden vergrößerte sich ständig. B. verstand es, in gewissem Umfang zwischen den Extremen zu vermitteln und durch Unterscheidung zwischen Franz und seinen Nachfolgern die Maßnahmen theol. zu begründen, die den Fortbestand des wachsenden Ordens unter sich wandelnden Existenzbedingungen sichern sollten (Niederlassungen in Städten, Organisation von Studien, Anschaffung von Büchern usw.). Auf dem Generalkapitel zu Narbonne 1260 faßte er die nach Franz im Orden erlassenen Vorschriften zusammen *(Constitutiones Narbonnenses)* und ließ sich mit der Abfassung einer neuen, offiziellen Biographie des Heiligen beauftragen. In der von Gerhard von Abbéville ausgelösten 2. Phase des Mendikantenstreits (1269–72) konnte er durch seine *Apologia pauperum* die Position der neuen Gemeinschaften festigen und das Selbstverständnis seines Ordens weiter klären. Seine theol. Kompetenz wie seine Fähigkeit zum Ausgleich trugen ihm hohes Ansehen über den Orden hinaus ein. 1265 konnte er eine überraschende Ernennung zum Erzbischof von York ablehnen; aber 1273 mußte er die Ernennung zum Kardinalbischof von Albano durch den 1271 auf seinen Vorschlag gewählten Papst Gregor X. hinnehmen. In dieser Funktion wirkte er auf dem 2. Konzil von Lyon, vor dessen Abschluß er am 15. Juli 1274 starb, nachdem er zwei Monate zuvor die Leitung seines Ordens niedergelegt hatte.

B.s lit. Werk zerfällt seiner Form nach in zwei Teile: 1. Akad. Schriften bis 1257: ein umfangreicher Sentenzenkommentar, *Quaestiones disputatae,* Kommentare zu bibl. Büchern und – bereits die schulmäßigen Formen sprengend – das *Breviloquium,* ein Kompendium der Dogm.; 2. In freier lit. Form seit 1257 Monographien zu Fragen von Dogm., Mystik und Ordensleben, zwei Fassungen der Franziskuslegende, Predigten u. a.

Inhaltlich zeigt sich in B.s Werk allerdings kein Bruch, wohl aber eine Entwicklung, die v. a. sein Verhältnis zur Wissenschaft seiner Zeit und insbes. zu dem durch die Aristotelesrezeption des 12./13. Jh.s begründeten neuen Verständnis von Phil. betrifft. Als schol. Theologe hat B. wie Alexander die Phil. in Gestalt eines mit neuplatonischen Elementen versetzten Aristotelismus kennengelernt und aufgenommen, der bei ihm aber bereits in weiter fortgeschrittener Gestalt begegnet als bei seinem Lehrer. Im Laufe seiner Entwicklung hat er den Umgang mit Aristoteles zwar nicht geändert; wohl aber ist er auf Grund einer neuen Sicht der Geschichte von sachlicher Kritik an einzelnen aristotelischen Aussagen zu grundsätzlichem Widerspruch gegen den Rationalismus zeitgenöss. Theologen und schließlich zu einem prophetischen Antiintellektualismus fortgeschritten. Seine Reaktion erreichte ihren Höhepunkt 1273 in den *Collationes in Hexaemeron* (lat.-dt. v. W. Nyssen, 1964), die man (als Alterswerk) aber nicht zum Schlüssel der B.-Interpretation machen darf.

Als Schüler Alexanders sieht B. in der Theol. von Anfang an keine rein theoret. Wissenschaft. Doch während der Lehrer die Verifikation theol. Aussagen noch weitgehend in den innersubjektiven Bereich verlegte, betont B. ihre Bewährung im äußeren Werk und begründet dadurch die Auffassung der Theol. als prakt. Wissenschaft. Aus der monast. Theol. des 12. Jh.s übernimmt er das Interesse am rel. Subjekt und am Phänomen der Erfahrung. Wenn er bei der Betrachtung der Beziehungen von Mensch und Gott die Rolle des Menschen durchleuchtet und etwa bei der Analyse des Rechtfertigungsvorgangs auf die Vorbereitung im Menschen bes. Wert legt, so beruht das nicht nur auf einem gewissen Vertrauen in die menschl. Kraft, sondern ebenso auf erhöhter Sensibilität für die seelischen Vorgänge. Aus diesem Interesse fließen auch die eindringlichen Reflexionen auf mystisches Leben und Erleben, die in vielen Schriften nach 1257 ihren Niederschlag gefunden haben. Selbst in diesen Arbeiten zur Mystik verleugnet B. nicht seine Herkunft aus der Schultheol. Er zeigt eine auffällige Vorliebe für differenzierte Gliederungen und Schemata (z. B. in *De triplice via,* wo er die Wege von Meditation, Gebet und Kontemplation wieder je dreifach unterteilt).

B. ist der erste große Theologe, in dessen Denken franziskanische Impulse faßbar werden. Ihr voller Umfang ist freilich schwer zu bestimmen, da es sich selten um direkte Anknüpfung an Aussagen des Franziskus, meist um Interpretation seiner Erfahrungen und Anschauungen handelt. Immerhin lassen B.s Auffassung der Schöpfung, seine strenge Orientierung an der Schrift und darin wieder am Evangelium, sein heilsgesch. Denken, seine Anschauung von der höchsten Off. der Liebe Gottes im Kreuz Christi, sein christol. Ansatz bei der Erniedrigung und Armut Christi u. a. franziskanische Anstöße erkennen. Doch auch die Gestalt des Franziskus selbst spielt in B.s Denken eine wichtige Rolle. So schließt er die Schilderung des Aufstiegs der Seele zu Gott im *Itinerarium mentis in Deum* (lat.-dt. v. J. Kaup, 1961) an eine Meditation auf dem Berge La Verna über das Erlebnis an, das Franz 35 Jahre zuvor an diesem Ort gehabt hatte. Die 6 Flügel des Seraphs, der dem Heiligen erschienen war, legt er als die 6 Stufen aus, auf denen die Seele zum Frieden der 7. Stufe in der ekstatischen Vereinigung mit Gott gelangt. Zentrale Bedeutung hat Franz auch in der Geschichtsschau, die B. in Auseinandersetzung mit joachitischen Tendenzen in seinem Orden entwickelt. Während die Spiritualen in Franz den Vorläufer eines neuen Zeitalters sehen, das die Periode des Sohnes ablöst, faßt B. ihn als Engel des 6. Siegels aus der Apok. auf, als den Heiligen des 6. Zeitalters, der nicht selbst die Endzeit einleitet, sondern auf den wiederkommenden Christus verweist.

B. hat keine Schule im engeren Sinne gebildet. Seine Theol. war zu weit und vielfältig, als daß sich aus ihr das Programm einer theol. Richtung hätte herleiten lassen. Aber er hat zum einen das franziskanische Selbstverständnis entscheidend geformt und zum andern eine Fülle von Anregungen, Begriffen und Lehren hinterlassen, die weit über die Schultheol. hinaus in der monast. Theol., in Mystik und Erbauungslit. des MA, aber auch in der Reformation (↑Luther) wie im neuzeitl. Kath. und Prot. gewirkt haben.

Lit.: Franziskus, Engel des sechsten Siegels. Sein Leben nach den Schriften des hl. B., Werl 1962, mit Einl. v. S. Clasen; É. Gilson, Die Phil. des hl. B., Köln/Olten 1960; F. van Steenberghen, Die Phil. im 13. Jh., München/Paderborn/Wien 1977, 185–253.   *U. K.*

Bonhoeffer, Dietrich (1906–1945). B. nimmt in der Theol.geschichte eine Sonderstellung ein. Er hat nur ein fragmentarisches Werk hinterlassen, das eine Fülle von Anregungen enthält und unterschiedliche Deutungen ermöglicht. Seine große Wirkung ist nicht aus seinem wiss. Werk allein erklärbar, sondern nur aus dem Zusammenhang von Theol. und Lebensgeschichte.

Am 4. Febr. 1906 wurde B. in Breslau geb., wo sein Vater als Prof. für Psychiatrie und Neurologie tätig war. 1912 siedelte die Familie nach Berlin über. 1923–28 studierte B. in Tübingen und Berlin (vor allem bei ↑Harnack) Theol. Später näherte er sich stärker ↑Barth an. 1927 Promotion zum Dr. theol. (*Sanctorum communio* 1927, Neuausgabe 1986);

1928–29 Vikariat in Barcelona; dann Assistent in Berlin u. 1930 Habilitation für Syst. Theol. (*Akt und Sein* 1976[4]). Nach einem Studienaufenthalt in New York und zweijähriger ök. Arbeit war B. 1933–35 Pfarrer an der Deutschen Gemeinde in London. Von 1935 an leitete er das Predigerseminar der Bekennenden Kirche in Finkenwalde bis zu dessen Schließung (1937) in kommunitärer Lebensform (*Gemeinsames Leben* 1938, 1983[19]), danach in Form eines Sammelvikariats. Zwischen 1936 und 1941 wurde B. wachsenden Repressionen unterworfen: Entzug der Lehrbefugnis, Redeverbot, Schreibverbot. 1938 kam er in Kontakt mit der Widerstandsbewegung gegen Hitler und wirkte in ihr mit. 1943 wurde B. verhaftet, am 9. Apr. 1945 im KZ Flossenbürg hingerichtet.

Das große, einheitliche Thema in B.s Theol. (und Lebensgeschichte) ist die Wirklichkeit Jesu Christi in dieser Welt. Zunächst versucht B. diese Wirklichkeit ekklesiol. zu fassen, indem er die empirische Kirche als Inkarnation Jesu Christi interpretiert: „Christus als Gemeinde existierend". Den beginnenden Kirchenkampf erlebt B. jedoch als den mitten durch diese Kirche hindurch gehenden Gegensatz zwischen wahrer und falscher Kirche. Von daher gewinnen die Begriffe „Bekenntnis", „Gehorsam" und „Nachfolge" konstitutive Bedeutung für die Identifikationsmöglichkeit der Christuswirklichkeit. („Wer sich wissentlich von der Bekennenden Kirche in Deutschland trennt, trennt sich vom Heil".) Die Enttäuschung über die Bekennende

Kirche Ende der 30er Jahre und die Begegnung mit kirchl. nicht gebundenen Widerstandskämpfern, die „das Rechte taten", veranlassen B. nochmals zu einer Neuakzentuierung und Erweiterung seines Ansatzes: er fragt nun nach der Wirklichkeit der Herrschaft Christi über die Welt (*Ethik* posthum veröff. 1948, 1984[10]) und zwar gerade über die religionslose, mündig gewordene Welt. B. lehnt es ab, diese Mündigkeit und Religionslosigkeit des modernen Menschen „madig zu machen" und intendiert stattdessen eine „nicht-religiöse" bzw. „weltliche" Interpretation der christl. Botschaft. Im Hintergrund dieses Programms steht die Überzeugung, daß die rel. und metaphysischen Ausdrucksformen des christl. Glaubens nicht zu dessen Wesen gehören, sondern abgestreift werden können. Die Durchführung dieses kühnen Programms war B. selbst nicht mehr vergönnt.

Lit.: Nachfolge, München 1937, 1983[14]; Widerstand und Ergebung München 1951, 1983[12] – E. Bethge, D. B. Theologe – Christ – Zeitgenosse, München 1983[5]; R. Mayer, Christuswirklichkeit, Stuttgart 1980[2]. *W. H.*

Bossuet, Jacques-Bénigne (1627–1704). Bedeutender frz. Theologe, Prediger und Kirchenpolitiker des 17. Jh.s. Wortführer des Gallikanismus; Verf. der gallikan. Freiheiten; betont Konziliarismus gegen Universalprimat und Unfehlbarkeit des Papstes; entschiedener Gegner von Jansenismus und Quietismus; ausgedehnte Kontroversen mit Prot., aber Unionsverhandlungen mit Molanus und ↑Leibniz.

Brenner, Friedrich (1784–1848). Dogmatiker, Regens am Priesterseminar Bamberg. Kommt von der Aufklärung her; stellt sein Werk unter den Leitgedanken des Reiches Gottes.

Brenz, Johannes (1499–1570). Geb. 24. Juni 1499 in Weil der Stadt (Württemberg), 1514 Student in Heidelberg, übernimmt seit der Heidelberger Disputation (1518) ↑Luthers Theol. in sein eigenes Denken. 1522 Prediger, dann Reformator von Schwäbisch Hall. B. stellt sich im Abendmahlsstreit mit einem Kreis von 14 Pfarrern gegen ↑Ökolampad auf Luthers Seite (*Syngramma Suevicum* 1526) und drängt damit den Einfluß ↑Zwinglis zurück. 1530 lernt er beim Augsburger Reichstag ↑Melanchthon kennen, dessen Theol. aber die seinige, in zahlreichen Bibelkommentaren und zusammenfassend in der Katechismuserklärung von 1551 niedergelegt, nicht mehr wesentlich prägt. Entschiedener Gegner des „Interim" (wie sein Freund ↑Osiander), muß er 1548 Schwäbisch Hall verlassen. Nach Jahren der Unsicherheit seit 1553 in kirchl. und polit. Stellung der führende Theologe und Organisator der Landeskirche Württembergs, Verfasser des *Württembergischen Bekenntnisses* (1551) und sein antikath. Verteidiger (1555–59). Dies umfassende dogm. Werk gehört bereits der Spätreformation an, in der B., als einziger Theologe der ersten Generation, wieder eine führende Rolle spielt. Durch sein (irrtümlich) einen bloßen Wortstreit annehmendes Eingreifen in den grundlegenden Konflikt um Osianders Rechtfertigungslehre bewirkt er freilich nur eine langanhaltende Isolierung Württembergs von dem Theologenkreis um ↑Flacius. Weitreichende theol.geschichtl. Wirkung aber gewinnt seine Konzeption, die Entscheidung des seit 1551 zwischen Lutheranern und Reformierten erneuerten Abendmahlsstreites in der syst. Vorordnung der Christol. vor die Abendmahlslehre, und dies unter (problematischem) Rückgriff auf Luther, zu suchen. Daran zerbricht 1559 das Freundschaftsverhältnis zu Melanchthon. Nach und neben Thüringen (Flacius) und gleichzeitig mit Niedersachsen (↑Chemnitz) wird seitdem Württemberg Vorort der Konfessionalisierung des Luthertums. B.s sog. ‚Ubiquität'slehre, die Übertragung *(communicatio)* der Beziehung Gottes zur Welt auf Jesus vermöge seiner Person-Einheit mit Gott, wird durch folgendes Zitat anschaulich: „Christus hing am Kreuz durch Entäußerung und Erniedrigung [Phil 2,7.8], der mit Majestät die Sonne verdunkelte, die Erde erschütterte [Mt 27,45.51] . . . Er starb am Kreuz, erniedrigt, und . . . regierte lebendig Himmel und Erde, majestätisch." Diese Lehre wird von den Reformierten und von der Wittenberger Melanchthonschule abgelehnt, aber wegen ihrer logischen und ontologischen Probleme auch im Luthertum nur modifiziert durch die (schon von B. eingeführte) Unterscheidung von Besitz der Majestät Gottes und ihrem Gebrauch angeeignet (Gegenpol zu B. ist ↑Mentzer).

Als B. am 11. Sept. 1570 in Stuttgart starb (Epitaph in der Stiftskir-

che), ist die Anerkennung seiner Lehrautorität nach Luther und neben wie gegen Melanchthon schon so weit fortgeschritten, daß Jakob Andreä Württemberg zum Ausgangspunkt der Konkordienbemühungen machen kann, denen Chemnitz die theol. Gestalt auch in der Christol. gibt.

Lit.: Werke, hrsg. v. G.Schäfer, M.Brecht, Th.Mahlmann u.a., bisher 5 Bde., Tübingen 1970–87. – TRE 7, 170–181 und GKG 6, 103–117 (M.Brecht).   *Th.M.*

Bretschneider, Karl Gottlieb (1776–1848). Der in Wittenberg habil. Theologe wirkte in verschiedenen kirchl. (Leitungs-)Ämtern vor allem in Gotha. Theol. gilt er als Hauptvertreter eines rationalen Supranaturalismus, der Vernunft und Glaube komplementär einander zuordnet. Mit seinen theol. Leitbegriffen: Vorsehung, Tugend und Glückseligkeit erweist B. sich als Erbe der Aufklärung. Hauptwerk: *Handbuch der Dogm. der ev.-luth. Kirche* (1814/23, 1838[4]).

Browne, Robert (ca. 1550–1633). Als radikal-reformierter Puritaner 1580 in Norwich Gründer der ersten (staats)kirchenfreien Gemeinde („Brownists"); theol. Urheber des Independentismus oder Kongregationalismus, der, obwohl B. scheiterte und 1585 in den Anglikanismus zurückkehrte, außerordentliche Bedeutung für die Entwicklung der Kirchenverfassung in England und den USA gewann.

Lit.: The Writings of . . . R.B., London

1953. – A. Lang, Puritanismus und Pietismus, 1941, Nachdruck 1972.

Brunner, Emil (1889–1966). B. wurde am 23. Dez. 1889 in Winterthur (Schweiz) geb. Schon als Konfirmand durch ↑Kutters Rel. Soz. angeregt, studierte er in Zürich und Berlin Theol. Dabei wurde er vor allem durch ↑Ragaz, ↑Kaftan und ↑Harnack geprägt. 1913 Lic. Theol. 1916 wurde B. Pfarrer in Obstalden und Filzbach (am Walensee). In den folgenden Jahren bahnte sich zwischen B., ↑Barth u. Thurneysen eine engere Arbeitsgemeinschaft an, die schließlich in die Dial. Theol. einmündete und mit deren Auseinanderbrechen (1933/34) endete. 1922 wurde B. Priv. Doz., 1924 Prof. für Syst. und Prakt. Theol. in Zürich. Parallel zu seiner Tätigkeit an der Univ. entfaltete B. eine breite Predigt-, Unterrichts- u. Vortragstätigkeit im In- und Ausland. 1953–56 lehrte er in Japan. Er starb am 6. Apr. 1966 in Zürich.

B.s Theol. läßt sich insgesamt als „missionarische Theol." charakterisieren. Dabei ist Mission umfassend als christl. Sendung zu verstehen, die die soz. Probleme ebenso einbezieht wie die geistige Auseinandersetzung mit anderen Rel.en und Weltanschauungen. Wie die übrigen Vertreter der Dial. Theol. will B. dem Wort Gottes wieder seine zentrale Stellung geben, aber dabei ist für ihn die Frage nach dem „Anknüpfungspunkt" des Wortes Gottes beim Menschen theol. wichtig. Obwohl B. diese Anknüpfung als Angriff auf die Vernunft und Sittlichkeit des Menschen versteht („Eristik"), sah Barth darin

einen Rückfall in eine am Menschen orientierte natürl. Theol., dem er sein kompromißloses *Nein!* (1934) entgegenstellte. B. ließ sich dadurch in seiner Ausarbeitung einer theol. Anthropol. nicht beirren (*Der Mensch im Widerspruch* 1937, 1985[5]). Er hielt an der Gottebenbildlichkeit des Sünders im Sinne der „formalen imago" fest, betonte aber die Radikalität der Sünde und das völlige Angewiesensein des Menschen auf die Begegnung mit Jesus Christus, dem alleinigen Mittler zwischen Gott und Mensch (*Der Mittler* 1927, 1948[2]; *Wahrheit als Begegnung* 1938, 1984[3]). Im Blick auf die institutionelle Kirche vertrat B. eine grundsätzlich krit. Haltung. Nur die durch den Hl. Geist zusammengeführte Christusgemeinde (Ekklesia), die weder mit den verfaßten Kirchen identisch noch an deren Grenzen gebunden ist, entspricht dem NT, und nur sie kann die der Kirche entfremdeten Menschen erreichen. Eine Existenzberechtigung der Kirchen gibt es für B. nur, soweit diese dem Werden der Ekklesia dienen bzw. es nicht hindern (*Das Mißverständnis der Kirche* 1951).

Ein wichtiger Themenbereich in B.s weitgespanntem theol. Werk ist die Ethik. Der von Kutter und Ragaz empfangene Anstoß wurde von ihm in seinen großen sozialethischen Werken (*Das Gebot und die Ordnungen* 1932, 1978[4]; *Gerechtigkeit* 1943, 1981[3]) reflektiert und entfaltet.

B. gilt zu Unrecht als „der Dogmatiker" oder „der Ethiker" der Dial. Theol. Er vertrat von Anfang an konsequent eine eigenständige

theol. Konzeption. B. hat im eng-
lischsprachigen Bereich und in der
Ök. größere Beachtung gefunden
und stärkere Impulse vermitteln
können als bislang in der deutschen
Theol.

Lit.: Dogmatik 3 Bde., Zürich 1946–
60, 1964–72[2–4]; Unser Glaube, Zürich
1983[15]. – H. Leipold, Missionarische
Theol., Göttingen 1974.   *W. H.*

Bruno, Giordano (1548–1600). Bedeutender it. Renaissancephilosoph.
1572 Priester, Dominikaner; Antiari-
stoteliker, Vertreter eines natura-
list.-monist. Pantheismus; Versuch
einer neuplaton. Interpretation des
Christentums, Ablehnung der
Menschwerdung Christi. Als Häretiker verbrannt.

Brunstäd, Friedrich (1883–1944).
1917 ao. Prof. für Phil. in Erlangen,
seit 1925 Prof. für Syst. Theol. in
Rostock. In streng syst. Anknüpfung
an die neuzeitl. Phil. und an die reformatorische (luth.) Theol. entwikkelt B. eine Kulturtheol., die er auch
sozialethisch angewandt und polit.
umgesetzt hat. Hauptwerke: *Die
Idee der Religion* (1922) und (posthum) *Theol. der luth. Bekenntnisschriften* (1951).

Bucer, Martin (1491–1551). Geb.
am 11. Nov. 1491 in Schlettstadt (Elsaß), 1506 Mönch, 1517 Student in
Heidelberg, dort 1518 Begegnung
mit ↑Luther, 1521 aus dem Dominikanerorden entlassen, Hof- und
Pfarrdienst an verschiedenen Orten,
1523 gebannt, Flucht nach Straßburg, seit 1524 Pfarrer und maßgeb-
licher Reformator dieser bedeuten-

den Reichsstadt, in der sich aufgrund der Toleranzpolitik des Magi-
strats zunächst alle Richtungen der
Reformation kreuzen. Durch B.s
Straßburger Kirchenordnung wurden Spiritualismus und Täufertum
(mit denen B. sich eingehend ausei-
nandersetzte) 1533 jedoch zurückge-
drängt. In der allg. Kirchenpolitik,
vor allem im Abendmahlsstreit,
spielt B. seit 1525 eine entscheidende
Rolle. Aber seine großen, an der
Konzeption der Einheit der Kirche
durch Reformation orientierten Un-
ternehmungen, die Wittenberger
Abendmahlskonkordie von 1536
und die Kölner Reformation des Erzbischofs Hermann von Wied 1543,
scheitern an den bereits unversöhn-
bar werdenden kirchenpolit. Verhältnissen. 1549 muß B. Straßburg
wegen seiner Ablehnung des „Interim", der katholisierenden Neuordnung des Kirchenwesens durch
Karl V., verlassen und geht nach
England. Auf die damals sich anbahnenden kirchenpolit. und theol. Auseinandersetzungen im Anglikanismus gewinnt er den beabsichtigten
Einfluß nicht mehr, da er am 1. März
1551 in Cambridge stirbt.

B.s Theol. ist vor allem in seinen großen und einflußreichen,
1526–36 erschienenen Bibelkommentaren niedergelegt: „vom Bibeltext geht er zur Verallgemeinerung
über und kommt von der dogm. Position zur prakt. Haltung" (Stupperich), die sich in zahlreichen (für Ge-
meindeaufbau, Seelsorge und Kon-
firmation bahnbrechenden) Schriften niederschlägt. Die Differenz zwischen Luther und ↑Zwingli betrachtete B. als einen „Streit mehr in

Worten denn im Grund der Sache bestehend". Daher ließ er Zwinglis Theol., die Geist- und Prädestinationslehre, gelten und bezeichnete sich dennoch als Lutheraner; die Beziehung zu Christus gilt ihm als „geist-gewirkt" *(spiritualiter)* und zugleich als „wirklich" *(vere)*. B. ist ein von seinen Vorbildern †Erasmus, Luther, Zwingli und †Melanchthon sowie von seinem Schüler †Calvin (dieser übernimmt von ihm z.B. die Lehre von den vier verbindlichen Kirchenämtern des Pastors, Lehrers, Presbyters und Diakonen) und auch von †Bullinger schwer abzugrenzender und doch origineller reformatorischer Theologe, der mit seiner umfassenden In-Beziehung-Setzung des Wirkens des Hl. Geistes mit der Erfüllung des Gesetzes Gottes beim Einzelnen wie in der Gesellschaft zu einem der Väter der ref. Kirche geworden ist.

Lit.: TRE 7, 258–270 (R. Stupperich); GKG 6, 7–28 (M. Greschat).   *Th. M.*

Bulgakov, Sergej Nikolajevitsch (1871–1944). Ursprünglich Marxist, wurde B. später Exponent russ. Weisheitslehre: in dieser Sophiologie als Voraussetzung der Entwicklung jeglicher Dogmenlehre geht es um die Lehre der Koordination der göttl. mit den erschaffenen Prinzipien in der Welt, indem die Sophia je verschieden in Gott und als erschaffene existiert; themat. Schwerpunkte sind Fragen der Schöpfung, der Menschwerdung, des Gottmenschentums.

Bullinger, Heinrich (1504–1575). Geb. am 4. Juli 1504 in Bremgarten (Aargau), 1519 Student in Köln, wandte sich B. unter dem Einfluß von †Erasmus, †Luther und †Melanchthons *Loci* 1522 der Reformation zu. 1523 Lehrer und – nun unter dem Einfluß †Zwinglis – 1527 Pfarrer in Kappel, 1529 in Bremgarten, vom 9.12. 1531 bis zu seinem Tode am 17. Dez. 1575 als Nachfolger Zwinglis Antistes (Vorsteher) der Züricher Kirche. B. sicherte den Bestand der ‚Respublica Christiana' Zürich durch ein extreme Politisierung nach beiden Seiten ausschließendes Zusammenwirken von Kirche und Staat. Durch ihn bleibt Zürich weiterhin ein Mittelpunkt des Reformiertentums, dessen Zusammenhalt er durch seinen ausgedehnten Briefwechsel und eine breite situationsbezogene lit. Tätigkeit, aber auch durch einen planmäßig verfaßten Kommentar zum NT (1533–46), die aus 50 Lehrpredigten bestehenden *Dekaden* (1557) und vor allem durch das als Muster einer breiten Zusammenfassung ref. Lehre weithin anerkannte (zweite) „Helvetische Bekenntnis" (*Confessio Helvetica posterior*, 1561, veröffentlicht 1566) vor, neben und nach †Calvin mitgeprägt hat. B.s Wirken mitumfaßt auch den Zeitraum der Spätreformation; dafür ist kennzeichnend, daß im „Züricher Konsens" mit Calvin (*Consensus Tigurinus*, 1549, gedruckt 1551) an der spezifisch ref. Abendmahlslehre einschließlich der Aussage, daß „Christus unsere Seelen durch den Glauben kraft des Hl. Geistes speist", festgehalten wird. Die damit zum Luthertum deutlich gemachte Distanz der Reformierten vertieft und entfaltet sich in deren erster christol. Kontroverse: der zwischen B. und ↑Brenz 1561–64.

Als Theologe hat B., einen Gedanken Zwinglis aufgreifend und in bewußter Wendung gegen Melanchthons Aufbau der Dogm. auf Luthers Unterscheidung von Gesetz und Evangelium, 1534 zum ersten Mal den „Bund" *(foedus, testamentum),* d.h. ein zweiseitiges Vertragsverhältnis Gottes mit den Menschen zur Grundlage der Theol. gemacht. Der Bundesgedanke erlaubt, die in der Rechtfertigungslehre konzentrierten reformatorischen Lehren als eine in sich einheitliche Konzeption, nämlich die von Gottes Gnadengabe als Verpflichtung, und diese als ‚heilsgeschichtlich' – im Fortschreiten vom AT zum NT – realisiert darzustellen. Der einzigen Erkenntnisquelle dieses Gedankens, eben der Hl. Schrift – verbindlich als der „ausdrückliche Wille des Geistes" Gottes – hat B. die erste selbständige Darstellung gegeben (1538). In allen seinen syst. Darstellungen des Christentums ist die Lehre von der Schrift bewußt vorangestellt. Im Rahmen seiner Bundestheol. kann B. einer logisch konsequenten Behandlung des Satzes „Erwählt ist, wer immer an Christus glaubt" ausweichen, ohne je die doppelte Prädestination zu bestreiten. Mit dieser eigenständigen Konzeption ist B. der Urheber der ref. Föderaltheol. geworden. Daß ↑Ursin sie aufgreift, Kaspar Olevian (1536–1587) sie entwickelt, bedingt ihre Verbreitung und noch ihre konsequenteste Ausgestaltung bei ↑Coccejus. Die Bedeutung der Bundeskonzeption spiegelt sich noch darin, daß ↑Barth sie seiner Theol. zugrundelegt.

Lit.: E.Koch, Die Theol. der Confessio Helvetica posterior, Neukirchen-Vluyn 1968.   *Th.M.*

Bultmann, Rudolf (1884–1976). B. wurde am 20.Aug. 1884 in Wiefelstede (Oldenburg) als Pfarrerssohn geb. Er besuchte (zusammen mit Karl Jaspers) das Humanistische Gymnasium Oldenburg und studierte von 1903–07 in Tübingen, Berlin und Marburg Theol. (und Phil.). Dabei waren A. Jülicher und J.Weiß (NT), ↑Harnack (KG) sowie ↑Herrmann (Syst.Theol.) seine wichtigsten theol. Lehrer. Von Weiß und Jülicher gingen dann auch die Anstöße zur Promotion (1910) und zur Habilitation für das Fach NT (1912) aus. Von 1912–16 war B. als Doz. für NT in Marburg tätig. In dieser Zeit fühlte er sich ganz der Lib. Theol. Herrmanns und ↑Rades zugehörig. Von 1916–20 wirkte B. als ao. Prof. in Breslau. Dort schrieb er sein erstes großes, bis heute grundlegendes exegetisches Werk: *Die Geschichte der synopt. Tradition* (1921, 1979⁹), durch das er (zus. mit K.L.Schmidt und M.Dibelius) die formgeschichtliche Methode in der ntl. Wiss. begründete. Nach einem einjährigen Intermezzo in Gießen folgte B. 1921 einem Ruf in seine „akad. Heimat" Marburg. Bereits 1920 begann bei B. eine Distanzierung von bestimmten exeget. und theol. Grundüberzeugungen der Lib. Theol., wiewohl er deren wiss. Tradition (hist.-krit. Forschung) zeitlebens verpflichtet blieb. In den 20er Jahren näherte sich B. der Dial. Theol. (↑Barth, ↑Gogarten) an. In der Zeit zwischen 1923 und 1928 kam es zu einem lebhaften

Austausch mit dem in Marburg lehrenden Philosophen Martin Heidegger, durch den B.s Theol. nachhaltig beeinflußt wurde. Von 1934 an war B. Mitglied der Bekennenden Kirche und setzte sich in ihr für das Recht und die Geltung freier wiss. Arbeit ein. Er verteidigte das Gutachten der Marburger Theol. Fak. aus dem Jahre 1933, das sich gegen die Einführung des Arier-Paragraphen im Raum der Kirche aussprach. Die größte Wirkung B.s ging jedoch von dem Vortrag aus, den er 1941 über *Neues Testament und Mythologie* (Nachdruck 1985) hielt und der nach dem 2. Weltkrieg eine jahrelange heftige Diskussion über das Problem der „Entmythologisierung" in Theol. und Kirche auslöste. Das (weithin unverstandene) Entmythologisierungs-Programm wurde schließlich auch zum negativen Symbol für die evangelikale Sammlungsbewegung, die sich Mitte der 60er Jahre unter der Bezeichnung „Kein anderes Evangelium" formierte. B. lehrte bis zu seiner Emeritierung im Jahre 1951 in Marburg und lebte dort bis zu seinem Tode am 30. Juli 1976 als einer der umstrittensten und zugleich wirkungsvollsten Theologen unseres Jh.s. Seine exeget. Hauptwerke sind der Kommentar über *Das Evangelium des Johannes* (1941, Studienausgabe 1984) und die *Theol. des Neuen Testaments* (1958, 1984⁹).

B.s theol. Wirkung reicht über die Grenzen des deutschsprachigen Bereiches und über die der ev. Theol. und Kirche weit hinaus. Sein Grundanliegen war es, die ntl. Botschaft für den Menschen der Gegenwart verstehbar zu machen. Dabei ergab sich für ihn eine doppelte Problemstellung: Einerseits war zu fragen, wie menschl. Reden von Gott überhaupt möglich ist, andererseits stellte sich das Problem, wie das bibl. Reden vom Handeln Gottes unter neuzeitl. Bedingungen verständlich gemacht werden kann. Dabei ging es B. nicht darum, dieses Reden dem modernen Menschen anzupassen, sondern er wollte falsche Anstöße vermeiden helfen, um das eigentliche Ärgernis (Skandalon) der christl. Verkündigung zur Geltung zu bringen.

Bei seinem grundsätzlichen Nachdenken über die Möglichkeit menschl. Redens von Gott geht B. davon aus, daß Gott als die „alles bestimmende Wirklichkeit" verstanden werden müsse. Gerade deshalb kann man aber nicht „objektivierend", d. h. distanziert über Gott reden, da der Redende sich dann nicht in seinem Reden von dieser Wirklichkeit bestimmt wüßte, also gar nicht von Gott redete. Darum kann nach B. nur so von Gott geredet werden, daß der Mensch von sich selbst redet, wie er vor Gott gestellt ist, also vom Glauben aus. Aber auch dies ist keine dem Menschen verfügbare Möglichkeit, sondern etwas, was sich ihm auf unverfügbare Weise erschließen muß. Deshalb betont B. auch mit Nachdruck den Geschenkcharakter der eigentlichen, d. h. von der Macht der Sünde befreiten Existenz des Menschen. Die phil. Daseinsanalyse (Heidegger) kann der christl. Theol. und Verkündigung wertvolle Hilfe beim Aufweis existentialer Strukturen leisten, sie kann aber nicht die

Befreiung der Existenz aus der Uneigentlichkeit selbst zu Wege bringen. Dazu bedarf es der Verkündigung des Evangeliums (Kerygma), die ihrerseits das entscheidende, heilbringende Handeln Gottes ist. Von diesem Handeln Gottes redet das NT aber teilweise in mythologischer Sprache, d.h. so, als sei Gott eine welthafte Größe, die in den Kausalzusammenhang der Welt und Geschichte eingreift und ihn durchbricht (Wunder). Das dabei vorausgesetzte mythische Weltbild bedarf nun – so B.s These – einer kritischen, und zwar einer existentialen Interpretation. Nur so kommt die Intention des NT zum Zuge, und nur so kann dem Menschen der Gegenwart, der sich zu Recht am mythischen Weltbild stößt, der Zugang zur Botschaft des NT erschlossen werden.

Diese Botschaft besteht nach B. darin, daß durch die Verkündigung von Kreuz und Auferstehung Jesu Christi dem Menschen, der aus dem Sichtbaren und ihm Verfügbaren leben will, ein neues Leben aus dem Glauben an Gottes unverfügbare Gnade angeboten und eröffnet wird. Die Zumutung, ohne irgendwelche Beweise oder Begründungen ein solches Selbstverständnis zu übernehmen, ist für B. das Ärgernis des Evangeliums, das er zur Sprache und Geltung bringen will. Er versteht das Entmythologisierungsprogramm als konsequente Durchführung der Rechtfertigungslehre für das Gebiet des Erkennens. Daraus folgt für ihn auch, daß jede Rückfrage hinter das Kerygma nach dem hist. Jesus irrelevant und illegitim ist. Sie könnte der Verkündigung von Tod und Auferstehung Jesu Christi sachlich nichts hinzufügen, und sie würde durch ihr Bemühen um argumentative Absicherung das Kerygma in seinem Charakter als unausweisbare Gehorsamsforderung verfälschen. Wenn es einen Begriff gibt, in dem sich B.s Auffassung über das Reden von Gott, die menschl. Existenz und das ntl. Kerygma zusammenfassen läßt, dann ist es der Begriff „Unverfügbarkeit". In ihm kommt die ungesicherte, offene, ganz auf Gottes Gnade angewiesene Situation des Menschen am genauesten zum Ausdruck. Er bestimmt darum B.s hermeneutische, theol., anthropol., ethische und eschatol. Aussagen.

Lit.: Jesus Christus und die Mythologie (GTB 47) Gütersloh 1984[6]; Glauben und Verstehen, I–IV, Tübingen 1933ff.; Exegetica, Tübingen 1967 (mit Bibliogr.). – W.Schmithals, Die Theol. R.B.s, Tübingen 1967[2]; B. Jaspert (Hrsg.), R.B.s Werk und Wirkung, Darmstadt 1984. *W.H.*

Bushnell, Horace (1802–1876). B., der (nur z.T. zu Recht) als „Vater des amerik. rel. Liberalismus" bezeichnet wird, wurde am 14. Apr. 1802 in Bantam (Conn.) geb. Nachdem er frühe Pläne, Pastor in seiner kongregationalist. Kirche zu werden, wegen Glaubenszweifeln aufgegeben hatte, wurde B. zunächst Lehrer, arbeitete als Journalist und absolvierte ein Jura-Studium. Nach einer einschneidenden rel. Erfahrung im Jahr 1831 studierte er Theol. an der Yale Divinity School und wurde 1833 zum Pastor der North Congregational Church in Hartford ordiniert, wo er bis zu seiner vorzeitigen Pensionierung aus Krankheitsgründen 1859 tätig war. Er starb am 17. Febr. 1876 in Hartford. B. erlangte große öffentl. Wirksamkeit durch seine Bücher und durch Gastvorlesungen an den bedeutendsten theol. Ausbildungsstätten der amerik. Ostküste.

B.s gesamte Theol. ist von dem Versuch geprägt, zwischen der orth.-calvinist. Tradition des amerik. Prot. und den von der romantischen Bewegung beeinflußten Unitariern zu vermitteln. Dazu bediente er sich der denkerischen Grundlagen des deutschen Idealismus, mit denen er sich durch die Schriften von Coleridge vertraut gemacht hatte. Besonders einflußreich wurden B.s Theorie der rel. Sprache, sein Verständnis der Methode der Theol. und seine Sicht von Sünde und Erlösung.

Rel. Sprache ist nach B. niemals empirisch-deskriptiv, sondern stets bildhaft und nur in Relation zur subj. Lebenserfahrung des Sprechers zu interpretieren. Die sprachl. Ausdrucksformen rel. Wahrheit sind darum notwendig pluriform und besitzen niemals semant. Eindeutigkeit. Durch das Mißverständnis des figurativ-subj. Charakters der rel. Sprache sind Orth. und Unitarianismus nach B. zwei gegensätzliche Ausformungen desselben Dogmatismus, der sich im Gebrauch deduktiver Argumentationsweisen in der Theol. zeigt. Demgegenüber bietet der Rückgang auf die unmittelbare rel. Erfahrung für B. einerseits die Chance der Überwindung von hist. Lehrkonflikten und andererseits die Möglichkeit der Verankerung rel. Erkenntnis, die

analog zur ästhet. und moral. Erkenntnis zu interpretieren ist, in der Subjektivität rel. Wahrheit. Diese Theorie rel. Sprache und rel. Erfahrung wurde ein prägender Faktor der amerik. Erfahrungstheol. des 19. Jh.s.

B.s Vorstellung einer organischen Einheit der Menschheit in der Sünde, nach der der einzelne ganz aus seinen sündigen sozialen Beziehungen zu verstehen ist, und seine komplementäre Theorie des soz. Charakters der Erlösung, die in Christus die Konstitution einer neuen organischen Ordnung des Heils sieht, gehören zu den theol. Grundlagen der Social Gospel Bewegung am Ende des 19. Jh.s.

Lit.: H. Shelton Smith (Hrsg.), H. B., New York 1965; William R. Adamson, B. Rediscovered, Philadelphia 1966; Claude Welch, Protestant Thought in the Nineteenth Century, Vol. I, 1799–1870, New Haven & London 1974², 258–268.   C.S.

Cajetan de Vio, Thomas (1469–1534). Von kleiner körperl. Gestalt, war C. einer der bedeutendsten Theologen im Übergang vom MA zur Neuzeit und in der Thomasrenaissance und ein überaus einflußreicher, wenn auch nicht immer bequemer Kardinal und Ratgeber der Päpste. 1469 ist er in Gaëta geb. Mit 15 Jahren trat er in den Dominikanerorden ein. Seine Studien machte er in Neapel, Bologna und Padua. 1494 erwarb er den Magistergrad der Theol. und lehrte in verschiedenen oberital. Städten. Von 1500–07 war er Generalprokurator seines Ordens und zugleich Prof. für Phil. und Theol. C. war ein universaler Gelehrter. Sein umfangreiches Schrifttum verweist auf einen überlegenen Geist und ein immenses Arbeitspensum. Seine Liebe zur zurückgezogenen Arbeit zeigte sich auch als abweisende Strenge. In der persönl. Lebensführung hielt er auf Einfachheit. Er stellte sich den Herausforderungen der Aristotelesrezeption und kommentierte die wichtigsten seiner Schriften. Dabei suchte er eine Zuordnung von Phil. und Theol. zu gewinnen und „so den Glauben als von der Vernunft selbst geforderte Selbsttranszendierung aufzuzeigen". Mehr war er dem Werk des ↑Thomas von Aquin verpflichtet. Von 1507–22 erarbeitete er den ersten vollständigen Kommentar zur Summa Theologiae. Damit trug er dazu bei, daß die Sentenzen des Lombarden durch die Summa als Lehrbuch in der Theol. abgelöst wurden. Nachhaltig hat er auch alle spätere Thomasinterpretation mitgeprägt. Innerhalb des Ordens setzte er sich als Generalvikar (1507) und als Generalmagister (1508) für eine durchführbare Ordensreform ein. Fr achtet auf das Gemeinschaftsleben, die Armut, den Gehorsam und ein gründliches Studium der Theol. Er strebte nach Einfachheit durch Reform des Geistes und der wesentl. Grundlagen des Ordenslebens. An die Oberen stellte er hohe Anforderungen. 1517 wurde er Kardinal, 1519 Bischof seiner Vaterstadt Gaëta. Auf dem Reichstag in Augsburg 1519 sollte er für den Kreuzzug gegen die Türken werben. Nachträglich wurde er von Papst Leo X. noch mit dem „Fall Luther" beauftragt. C. befaßte sich mit ↑Luthers Schriften und erkannte die religiös-theol. Art der Fragen. Entgegen der Anweisungen ließ er sich auf ein theol. Gespräch ein. Er wollte Luther „väterlich, nicht ritterlich" behandeln und auf eine abschließende Verurteilung verzichten. Gründlich hatte er sich vorbereitet. Luthers Verfehlung sah er vor allem in ungenauen Formulierungen. Rasch erkannte er in seinem Scharfblick die wichtigen Streitpunkte und gab sichere Antworten. C. lehnte den Begriff der geschaffenen Gnade ab. Gnade als Gnade Gottes für den Menschen ist Gott selbst, der sich in der Freiheit der Liebe seinem Geschöpf zuwendet und rückhaltlos mitteilt. Gott ist Ziel und Vollendung des Menschen. Das „pro me" des Heilsgeschehens wird von ihm in den Glauben einbezogen. Eine Sicherheit, daß er sich im Glauben der Gnade geöffnet hat, kann der Glaubende nicht erlangen. Luthers Glaubensverständnis sieht er als eine Neuerung, die „eine neue Kirche zu bauen" fordert. Die Lehre von der Kirche geht er von der Schrift her an und wendet sich gegen den Konziliarismus. C. hatte dem Papst nahegelegt, auf eine äußere Unterwerfung der Lutheraner zu verzichten, in Fragen der rel. Praxis weitgehende Zugeständnisse zu machen, an der Glaubenslehre aber entschieden festzuhalten. Gegen Ende seines Lebens kommentierte er fast die ganze Bibel. Die kath. Lehre legte er so dar, „daß er den Grundanliegen der Reformation gerecht wurde".

Lit.: B. Hallensleben, Thomas de Vio Cajetan OP (1469–1534), in: Kath. Theol. der Reformationszeit 1, Münster 1984, 11–25; TRE 7, 538–546; B. Hallensleben, Communicatio. Anthropologie und Gnadenlehre bei Thomas de Vio Cajetan (RST 123), Münster 1985. *Ph. S.*

Calixt (Kallisen), Georg (1586–1656). Geb. am 14. Dez. 1586 in Medelby (Holstein), gest. 19. März 1656. Seit 1603 in Helmstedt als Philosoph und Theologe Schüler von Cornelius Martini (1568–1621), 1609–13 Reisen durch Deutschland, in die Niederlande, nach London und Paris, 1614 Prof. in Helmstedt, 1645 Deputierter des Brandenburgischen Kurfürsten bei dem vom König von Polen in Thorn veranstalteten Rel.gespräch, von dem C., (anders als †Calov) blind für die Einbeziehung der Rel.politik in den Absolutismus und ihm ungewollt dienend, eine Verwirklichung seiner Konzeption der Wiedervereinigung der Konfessionen erhoffte. Diese stützte C. auf die Behauptung, das „Glaubensfundament" bestehe im Apostolischen Glaubensbekenntnis gemäß dem Verständnis der Alten Kirche. Dieser, von einem seiner Gegner so genannte „Fünf-Jahrhundert-Konsens" wurde von den Reformationskirchen schon immer als krit. Instanz gegenüber der röm. Kirche gebraucht. C. aber führte mit ihm das Traditionsprinzip als zweites Wahrheitsprinzip neben der Hl. Schrift ein, weil er gleichzeitig damit, implizit wie explizit, den Bekenntnissen der Reformation die Bedeutung einer krit. Instanz gegenüber der Tradition absprach und sie als im Grunde entbehrlich betrachtete. Sachlich spiegelt sich dies darin,

daß C. für die Rechtfertigungslehre kein Verständnis mehr besaß und †Luthers Reformation erstmals primär als „Freiheit" vom röm. „Joch" sah. Diese Gesamtauffassung des Christentums hat, als „Synkretismus" (= Religionsmischung) bezeichnet, nach zwei Jahrzehnten der Toleranz gegenüber C., seit 1648 im Luthertum erbitterte Ablehnung gefunden. Dagegen ist die in Helmstedt beförderte Verwissenschaftlichung der Theol., die Rezeption der syst. Metaphysik und die methodologische Reflexion, der C. mit seiner *Epitome theologiae* (1619) Bahn brach, im Luthertum allg. geteilt worden. Schulbildend ist C. auch durch die erstmalige selbständige Behandlung der theol. Ethik (1634). Wiederum ist C. von den orth. Theologen dadurch geschieden, daß er erstmals Theol. und Frömmigkeit voneinander trennte. D. h. er konnte sich wiss. und gläubige Einstellung unabhängig voneinander vorstellen, und er kümmerte sich dementsprechend, als großer Gelehrter und reiner Theoretiker, anders als die Theologen der Orth., nie unmittelbar um die Frömmigkeitsprobleme der Menschen, ja hielt niemals eine Predigt.

Lit.: Werke, hrsg. von Inge Mager, bisher 4 Bde., Göttingen 1970–82. – Hirsch, Hilfsbuch, 301.303–307.350; TRE 7, 552–559 (J. Wallmann); GKG 7, 137–148 (I. Mager). *Th. M.*

Calov(ius) (Kalau), Abraham (1612–1686). Geb. am 16. Apr. 1612 in Mohrungen (Ostpreußen), studierte in Königsberg und Rostock, 1640 Prof. in Königsberg, 1643 Gymnasialdirektor und Pfarrer in Danzig,

1650 Prof. in Wittenberg, gest.
25. Febr. 1686.

C.s Lebensarbeit wurzelt in der
Selbstbehauptung des Luthertums in
Ostpreußen und Danzig gegen die
absolutist. Rel.politik der seit 1613
ref. Brandenburgischen Kurfürsten
und der kath. Könige von Polen gegenüber den von ihnen glaubensver-
schiedenen Rel.parteien. Daraus erklärt sich C.s Ablehnung ↑Calixts. C.s
polit. Verhalten zeigt, wo es um die
theol. Wahrheit geht, nichts von einem vorrangigen Interessenbündnis
von ‚Kreuz und Krone‘. Er stand er-
schrocken-unerschrocken vor den
„controversiae modernae" (modernen Streitfragen), die es, wie er
wahrnimmt, so in der 1. Hälfte seines Jh.s noch nicht gab (Vorreden
zum 1. Band seiner Dogm., dem *Systema locorum theologicorum,*
12 Bände, 1655–77). Ganz richtig
erkennt er so als „die Seele des Re-
monstrantismus" die Ansicht, „man
könne in einer jeden Rel. das Heil erlangen", greift daher die Arminianer
als „allzu sehr Liberale (!) im Aufgeben von Glaubensartikeln" an, deren
Position sich die „liberalitas des Poli-
tikers" bei der Befriedung der modernen Staaten gern bediene. In gleicher Absicht hat C. treffend ↑Mu-
säus als „mediator", Vermittlungs-
theologen gekennzeichnet. Größe
und Grenze der von C. vertretenen
Orth. sind damit genau erfaßt. Kein
Zufall, sondern C.s historische Tra-
gik ist, daß er mit seinem Versuch,
für seine Zeit ein neues Lehrbekenntnis des Luthertums (*Consensus repe-
titus fidei vere Lutheranae* 1655) zur
Annahme zu bringen, gescheitert ist.
Gescheitert an dem Anspruch, „der

Glaube sei nicht nur in den Artikeln
festzuhalten und zu bewahren, die
das Fundament betreffen, sondern
auch in den anderen, die ... mit dem
Fundament verknüpft sind ... weil
ja folgerichtig durch (Leugnung)
diese(r) auch der Grund selbst erschüttert und vernichtet wird". In
der Bekämpfung des Sozinianismus
dagegen verteidigt C. den Konfessionen noch gemeinsames Glaubensgut
gegen die Frühaufklärung (*Scripta
Anti-Sociniana* 1684).

C. war universal gebildet und
stand wiss. auf der Höhe seiner Zeit,
als Philosoph wie Theologe. Er hat –
unter dem Namen Gnostologie –
der Verselbständigung der Erkenntnistheorie gegenüber der Ontologie
– dieser Ausdruck hat sich ebenfalls
mit C. durchgesetzt – vorgearbeitet
(*Scripta philosophica* 1650/1). In der
Exegese war er als geschulter Orientalist ↑Grotius' krit. Behandlung der
Bibel gewachsen (*Biblia illustrata*
1672–76). Er verteidigte aber die
mit ↑Gerhard vollendete Theorie der
Bibel als Gottes Wort auch hinsichtlich einiger inzwischen als unhaltbar
erwiesener Konsequenzen, z. B. die
Gleichursprünglichkeit der hebr. Vo-
kalzeichen mit dem Konsonanten-
text, und er hielt am ptolemäischen
Weltbild fest; die von Galilei und
Kepler aufgestellte frühmoderne
hermeneut. These, Gott habe sich
beim Inspirieren der Bibel der All-
tagserfahrung „akkommodiert",
lehnte er als „Vorwand" ab.

C.s Person widerlegt in ihrer un-
bestreitbaren Integrität das (als
rückprojizierte Negativfolie des Pietismus und der Aufklärung zu ver-
stehende, aber nicht wahre) Bild der

,toten Orth.', die Frömmigkeit und Theol. getrennt habe. Er soll ein eindrucksvoller, dabei dem Bibeltext völlig hingegebener Prediger gewesen sein. 1681 gab er eine Lutherbibel mit Erklärungen heraus (die J. S. Bach besaß), er empfahl ↑Arndt und begrüßte die Reformvorschläge von ↑Spener („Eure ‚frommen Wünsche' sind auch meine Wünsche"), der umgekehrt C. 1675 in den *Pia desideria* als deren Kronzeugen anführte.

Lit.: Hirsch, Hilfsbuch, 289.292–295.302.317 f.361.364; TRE 7, 563–568 (J. Wallmann). *Th. M.*

Calvin, Johannes (1509–1564). Geb. am 10. Juli 1509 in Noyon (Picardie), seit 1523 in Paris, Orléans und Bourges humanist. und jur. gebildet. Ende 1533 Hinwendung zur Reformation, Anfang 1535 Flucht nach Basel. Während einer Reise 1536 von Wilhelm Farel der Kirche in Genf verpflichtet, 1538 Scheitern der Reformationsbemühungen und Ausweisung durch den Magistrat. Bis 1541 in Straßburg, wo unter dem Einfluß ↑Bucers seine Theol. ausreift; dann bis zu seinem Tode am 27. Mai 1564 wieder in Genf, wo er nun die Reformation durchführt, in beständigem Kampf mit dem Magistrat um die Kirchenzucht und in Auseinandersetzungen über die Prädestinationslehre und das Ketzerrecht. Besonders seit der Herstellung des „Züricher Konsenses" mit ↑Bullinger (1549) wird das Genf C.s zur Metropole der ref. Kirche in Westeuropa, die in der 2. Jh.hälfte in den Niederlanden, in Schottland, der Kurpfalz und einigen kleineren Territorien Deutschlands die polit. Herrschaft, dagegen in Frankreich von 1598 bis 1685 nur einen öffentl. Status, als ‚Puritanismus' im Anglikanismus prägende Kraft bis zu vorübergehender polit. Überlegenheit Mitte des 17. Jh.s, in Südosteuropa nicht mehr als die Stellung einer bedrohten Minderheit erreichen können. C.s, von Bullinger nie geteilte, Hoffnung auf einen Konsens mit dem deutschen Luthertum (auf der Basis von ↑Melanchthons *Confessio Augustana variata* von 1540, die C. beim Rel.gespräch in Regensburg 1541 mitunterschrieb) scheitert an dem seit 1552 immer bewußter und geschlossener werdenden Widerstand der Lutheraner. Diese (↑Flacius, ↑Brenz, ↑Chemnitz) lernen seit 1556 „die alten und neuen Zwinglianer" theol. zu unterscheiden und bezeichnen daher jetzt die letzteren als „Calvinisten" und ihre Lehre als „Calvinismus". Als dessen Inhalt werden seit Anfang der 60er Jahre über die Differenz in der Abendmahlslehre hinaus und mit ihr zusammenhängend auch Differenzen in der Christol. und auch schon in der Prädestinationslehre bewußt. Dieser theol.-polit. Prozeß der Differenzierung beider prot. Konfessionen steigert sich in den zwei Phasen pro-ref. und pro-pfälzischer Kirchenpolitik: zuerst der Wittenberger Melanchthonschule Christoph Pezels (1539–1604) (bis zu ihrer Vertreibung 1574), dann des sächsischen Kurfürsten Christian I. (1586–91), für die wohl schon 1575 der treffende Ausdruck „heimliche Calvinisten" (1593 „Crypto-Calviniani") gebraucht wird.

C. ist nicht der Urheber ref. Theol. (das ist ↑Zwingli) und hat sie in der zweiten Generation auch nicht allein geprägt (neben ihm stehen Bucer und Bullinger), aber er ist durch seine *Institutio religionis christianae* (1536; 1539, 1543, 1550 und 1559 neu bearbeitet. Übersetzt v. O. Weber, 1986[4]) in innerer Einheit mit seinen Bibelkommentaren der unvergleichlich größte und prägende Systematiker der christl. Kirchenlehre geworden, den das 16. Jh. hervorgebracht hat. Das ist allerdings nicht schon dem Aufbau seiner Dogm. – von der Erkenntnis Gottes des Schöpfers (I) und Erlösers in Christus (II) über die Art und Weise des Gnadenempfangs (III) zu deren äußeren Mitteln (IV), die sich didaktisch an das Apostolikum anlehnt – zu entnehmen und auch nicht ihrem auf ↑Luther zurückweisenden Thema: „der Erkenntnis Gottes und unserer selbst". In diesem Rahmen wird, in steter Auseinandersetzung mit den Problemen der Zeit und unter reicher Heranziehung der Tradition, das schon gewonnene Glaubensgut der Reformation klar, wirkungsvoll, herausfordernd und werbend dargestellt. Das Originelle, C. weitgehend durch Bucer vermittelt, liegt genau dort, wo es die Zeitgenossen, annehmend oder ablehnend, gesehen haben: in dem streng-väterlich verpflichtenden und unhintergehbaren Gottesgedanken der „absolut gerechten Ursache aller Dinge", in den das „furchtbare Dekret" (das drückt C.s Respekt und Demut vor Gott aus) „der ewigen Erwählung, kraft deren Gott die einen zum Heil, die andern zum Verderben prädestiniert", eingeschlossen ist.

Dementsprechend ist ihm die Kirche „das Volk der Erwählten Gottes". C. hat zwar die Prädestination nicht zum Ausgangspunkt der Darstellung genommen (wie erstmals ↑Beza), sondern nach der Rechtfertigung behandelt, aber gerade dann gilt: „Wir werden niemals geziemend klar überzeugt sein, daß unser Heil aus der Quelle der geschenkten Barmherzigkeit Gottes fließt, bis uns seine ewige Erwählung bekannt wird." Diesem Erkenntnisziel dient, ermöglicht allein durch die Hl. Schrift und „das innere Zeugnis des Hl. Geistes" *(interius spiritus testimonium)*, die Vertiefung in Christus als den „Spiegel der gnädigen Erwählung". Die Christol. spitzt C. entschieden auf die von ihm geschaffene, dem AT abgelesene Lehre vom „dreifachen Amt Christi" als Propheten, Priesters und Königs zu. Luthers Lehre, daß „wo Gott, da Christus" sei, folgt C. nicht, sondern behauptet mit der Tradition nur das Umgekehrte, um die Unabhängigkeit des Schöpfers vom Geschöpf auch in der Christol. zu wahren (das von ↑Mentzer (und einem weiteren, anonymen Lutheraner) 1621 erstmals sog. „Extra-Calvinianum (Calvinisticum)"). Kennzeichnend für C. ist ferner, daß er, auch hier bewußt anders als Luther, die Einheit des Handelns Gottes in Israel und der Kirche mit Hilfe der (alten) Vorabbildungstheorie hervorhebt, und daß er Gesetz und Evangelium, unbeschadet ihrer Trennung bezüglich des Grundes der Rechtfertigung, in einem „dritten Gebrauch, der auch der vorzügliche ist", nahe zusammenführt: in der privaten und öffentl. Heiligung des Lebens in freier, völliger Erfüllung des Gesetzes. Für deren Grund, die Beziehung zu Christus, die als seine Präsenz durch den Geist im Glauben verstanden wird, hat C. als erster den Ausdruck *unio mystica* (mystische Einigung) gebraucht. Mit alldem hat schon C. selbst und dann seine große Schule auch auf die Theol. des Luthertums gewirkt: der von ihm erreichten eminenten, Melanchthon überlegenen Geschlossenheit reformatorischer Lehre sich zu entziehen, war und ist nicht möglich.

Lit.: Der Genfer Katechismus von 1537, übers. von L. Schuckert, Hamburg 1963. – Hirsch, Hilfsbuch, Teil 1; TRE 7, 568–592 (W. Nijenhuis); GKG 6, 211–240 (R. Stauffer). *Th. M.*

Canisius, Petrus (1521–1597). Der Niederländer C., geb. am 8. Mai 1521, stammte aus einer hochgestellten kath. Familie. Nach kurzem Jurastudium wandte er sich der Theol. zu. 1543 trat er in die eben gegründete Gesellschaft Jesu (Jesuiten) ein. Er war der erste deutsche Priester dieses Ordens, dessen Kölner Niederlassung er finanziell förderte. Um den Ausbau der Ordensorganisation in Deutschland erwarb er sich entscheidende Verdienste. Kirchenpolitisch engagiert, war es ihm ein Anliegen, den Protestantismus zurückzudrängen und die Gegenreformation zu organisieren. Er nahm am Konzil von Trient (1547) teil (mit Romaufenthalt zur Wahrnehmung ordensinterner Angelegenheiten) und an den Reichstagen zu Regensburg (1556/57), am Religionsgespräch in Worms (1557) sowie an den Reichstagen in Augsburg (1559)

und wieder in Regensburg (1576). 1558/59 verbrachte er einige Monate in Polen. Sein Einsatz für den Neuaufbau der kath. Kirche in Deutschland brachte ihm den Titel „zweiter Apostel Deutschlands nach Bonifatius" ein (Papst Leo XIII). An vielen bischöflichen und fürstlichen Höfen trieb er 1565/66 die Bejahung und Rezeption der tridentinischen Beschlüsse voran.

Seit 1549 Dr. theol., war C. nicht zuletzt akad. Lehrer (1549–52 Ingolstadt, 1552–56 Wien). Seine theol. Grundeinsicht – die Off. muß so gesagt werden, daß sie beim „Adressaten ankommt" – zeigt sich in seinen Katechismen: *Catechismus minimus*, 1556, *Catechismus minor*, 1558/59 und vor allem dem *Catechismus major*, 1566, im Grunde ein theol. Lehrbuch. Eine Quellen- und Textsammlung 1569/70 (2 Bde.) weist ihn als schriftkundig und in der Kirchenväterlit. bewandert aus. Im Rahmen seines Werkes zur Abwehr der Magdeburger Zenturien *(De corruptelis Verbi Dei)* schreibt C. eine Arbeit über Johannes den Täufer, eine Mariologie und leistet Vorarbeiten zu einem Band über Petrus und den römischen Primat, Werke, die ausgezeichnete Quellenkenntnisse, kath. Weite und originelle Ansätze verraten. Vieles (so viele hundert Predigtenwürfe) ist noch unveröffentlicht. Neuere Arbeiten lassen seine Verdienste bes. auf dem Gebiet der Ekklesiologie erkennen. Der mystisch begabte Theologe, dessen Quelle neben der deutschen Mystik (†Tauler) auch die Devotio moderna war, starb am 21. Dez. 1597 in Fribourg, wohin er nach Spannungen

mit Ordensoberen 1580 versetzt
worden war. 1925 wurde C. heiliggesprochen und zum Kirchenlehrer
erklärt.

Lit.: W. Schäfer, P. C., Göttingen 1931;
TRE 7, 611–14 (H. Wolter, Lit.). *H. W.*

Cano, Melchior (1509–1560). Mit
größter Wahrscheinlichkeit ist der
6. Jan. 1509 der Geburtstag des C. In
seinem Geburtsort Tarancón in Spanien erhielt er ersten Unterricht, der
in Salamanca fortgesetzt wurde.
Hier trat er in den Dominikanerorden ein, hier studierte er Phil. und
Theol., vor allem bei Diego d'Astu-
dillo und †Francisco de Vitoria.
Nach seinem Studium wirkte er als
gefeierter Lehrer der Theol. an der
Ordenshochschule Valladolid, später
an den Univ. Alcalà und Salamanca.
Dieser Lehrstuhl galt als einer der
bedeutendsten der damaligen Zeit.
1551/52 nahm C. im Auftrag
Karls V. am Konzil von Trient teil. In
Anerkennung seiner dortigen Vor-
trags- und Beratertätigkeit präsen-
tierte ihn der Kaiser für einen Bischofssitz auf den Kanarischen In-
seln. Aus Gründen, über die man nur
mutmaßen kann, dankte er aber
schon nach wenigen Monaten ab,
ohne sein Amt angetreten zu haben.
In den Jahren von 1533 bis zu seinem Tod war C. in eine Reihe von
ordens- und kirchenpolit., aber auch
allgemeinpolit. Vorgängen verwik-
kelt: Er kämpfte gegen den neuent-
standenen Jesuitenorden und verteidigte die sittl. Erlaubtheit eines krie-
gerischen Vorgehens gegen den
Papst. Beides kostete ihn das Vertrauen Roms. Erst nach einem Ponti-

fikatswechsel in Rom konnte er die
Bestätigung seiner inzwischen er-
folgten Wahl zum Ordensprovinzial
erhalten. C. starb ganz plötzlich am
30. Sept. 1560 in Toledo.

Schon aus seiner Biographie ergibt sich die überragende theologiegesch. Bedeutung des C. Einen Platz
unter den theol. Klassikern sichert
ihm aber sein Werk über die theol.
Erkenntnis- und Prinzipienlehre: *De
locis theologicis* (1563). Es handelt
sich um den ersten syst. Versuch und
zugleich den für Jahrhunderte un-
überbotenen Höhepunkt theol. Gno-
seologie und Methodologie. Noch
nach Jahrhunderten rühmen Autoren das Werk des C. als die „erste
wahrhaft wissenschaftliche Metho-
den- und christliche Prinzipienlehre
und positive Noetik" (C. Krieg,
1899), als „unvergänglich und für
die Erkenntnisprinzipien und Be-
weisquellen der Theologie noch heute richtunggebend" (M. Grabmann,
1921), als „den Anfang der neueren
Theologie" und „das klassische Werk
der Fundamentaltheologie" (A. Lang,
1925). Freilich bedeutete das Werk,
so epochemachend es auch war, keinen totalen Neueinsatz. Versuche
zur Methode der Theol. gab es schon
in der Zeit von Hoch- und Spätschol.
und besonders des Humanismus
(†Erasmus). Die Infragestellungen
der kath. Theol. durch die Reformatoren implizierten auf beiden Seiten
die Methodenfrage. C. aber hat am
klarsten erkannt, daß unter geänder-
ten hist. und theol. Vorzeichen die
Zeit für eine Gesamtkonzeption
theol. Methode reif war.

Die *Loci theologici* sind Erkennt-
nisquellen der Theol. Sie dienen

nicht nur der Sammlung und Gliederung theol. Aussagen (so ↑Melanchthon), sondern deren Begründung. Solche *Loci* nennt C. im einzelnen: Die Hl. Schrift, die mündl. Überlieferung, die (kath.) Kirche, die Konzilien, die röm. Kirche, die Väter, die schol. Theol. (einschließlich der Kanonistik), die Erkenntnis der natürlichen Vernunft, die Phil., die Geschichte. Dieser Komplex wird von C. in seinem Werk nun nach verschiedenen Seiten hin abgehandelt, wobei die Auffindung und Begründung der theol. Prinzipien sowie deren Wertung *(iudicium)* und theol. Verarbeitung die eigentlichen Probleme sind.

Lit.: F. Caballero, Vida, Madrid 1871 (unüberbotene Biographie); A. Lang, Die Loci theologici des Melchior Cano und die Methode des dogmatischen Beweises. Ein Beitrag zur theol. Methodologie und ihrer Geschichte, München 1925.   *H. W.*

Casel, Odo (1886–1948) wurde am 27. Sept. 1886 in Koblenz geb. Nach kurzem Studium in Bonn trat er 1905 in die Benediktinerabtei Maria Laach ein. Dort und in der Hochschule San Anselmo in Rom studierte er Phil. und Theol. und schloß mit der theol. Prom. ab. Von 1913–16 widmete er sich in Bonn dem Studium der klass. Philologie und der Religionswiss. Von 1922–48 war er Spiritual der Benedektinerinnenabtei Heilig Kreuz in Gerleve in Westfalen. Dort starb er am 28. März 1948.

Mönchtum und Theol. sind die beiden Komponenten im Leben und Werk C.s, beides aber ist gegründet im kultischen Mysterium als dem Ort der Gegenwart Gottes und unserer Begegnung mit ihm.

C. ist der maßgebliche Vertreter der sog. Mysterientheol. Unter Mysterium versteht er das Handeln Gottes in der Schöpfungs- und Heilsgeschichte, die in der Off. in Jesus Christus kulminiert, im liturg.-gottesdienstlichen Tun der Kirche, zuhöchst in der Eucharistie, gegenwärtig wird und sich eschatologisch vollendet. Mysterium ist für C. der Inbegriff der Theol. und aller ihrer Inhalte. Mysterium wird für C. auch die Grundbestimmung von Kirche – sie ist universale Kult- und Heilsgemeinschaft. Damit wird ein nur iuridisches und institutionelles Kirchenverständnis maßgeblich erweitert und vertieft.

Die spezifische Fragestellung der Mysterientheol. war, wie die Heilsgeschichte und die Heilstat Christi hier und heute wirklich und gegenwärtig wird. Dies geschieht nicht nur in der Weise einer inneren Haltung und Gesinnung oder in einer das Einst vergegenwärtigenden Erinnerung, sondern als Vergegenwärtigung des Heilsereignisses selbst in der Weise der zeichenhaften, sakramentalen, der Mysteriengegenwart, in der das Heilsereignis selbst erscheint und Zugang gewährt. Das Werk Jesu Christi wird als Raum und Zeit übergreifende und zugleich verbindende Wirklichkeit im sakramentalen Tun der Kirche gegenwärtig. Mit dieser Konzeption will C. nicht etwas Neues schaffen, sondern wiedererwecken, was in früheren Zeiten der Kirche lebendig war und eine Zeitlang verschüttet blieb. Zur Illustration seiner Theol. und zu deren besserem Verständnis, aber keineswegs zu deren Begründung, entnahm C. viele Vergleiche aus den antiken Mysterienreligionen.

Seine Theol. ist als Gesamtkonzept in ihrer Bedeutung zwar erkannt worden – sie hat eine lebhafte Diskussion hervorgerufen –, aber noch keineswegs zur vollen Verwirklichung gelangt; sie steht gegenwärtig in einem Stadium der Wiederentdeckung (A. Schilson). C. hat maßgeblich die liturg. Erneuerung und kirchl. Frömmigkeit beeinflußt. Die Liturgiekonstitution des Zweiten Vatikanums wäre ohne seine Vorarbeit nicht möglich gewesen.

C.s Theol. ist auch für das ök. Gespräch wichtig geworden und hat zur Klärung mancher Kontroverspunkte beigetragen: Wesen der Sakramente, Verständnis der Eucharistie, der Anamnese, der Gnadenlehre, der Kirche.

Lit.: Jahrbuch für Liturgiewissenschaft (hrsg. v. O.C.), 15 Bände, Münster (1921–41); Die Liturgie als Mysterienfeier, Freiburg 1923; Das christliche Kultmysterium, Regensburg 1932; Mysterium des Kommenden, Paderborn 1952; Mysterium des Kreuzes, Paderborn 1954; Mysterium der Ekklesia, Mainz 1961; A. Schilson, Theol. als Sakramententheol. Die Mysterientheol. O.C.s, Mainz 1982. *H.F.*

Castellio, Sebastian (1515–1563). Einer der großen Späthumanisten, 1540 Freund ↑Calvins, der ihn sich bald durch Kritik entfremdet und 1544 in Genf unmöglich machte. Schuf in Basel 1551 eine der im Zeitalter der Orth. meistgebrauchten neuen lat. Übersetzungen des NT,

deren Vorwort schon die Toleranzforderung gegenüber Häretikern erhebt, die C. anläßlich der Hinrichtung ↑Servets verstärkt. Daraus entstand eine erbitterte Kontroverse mit ↑Beza und Calvin, die, zunächst hist. bedeutungslos, im Arminianismus erstmals zu polit. Wirkung kommt.

Lit.: H.R.Guggisberg (Hrsg.), Rel. Toleranz, Stuttgart 1984, 86–102.

Chemnitz, Martin (1522–1586). Geb. am 9. Nov. 1522 in Treuenbrietzen (Brandenburg), 1550 herzoglicher Bibliothekar in Königsberg, 1553 Doz. in Wittenberg, 1554 Stellvertreter des Stadtsuperintendenten Joachim Mörlin in Braunschweig, 1567 sein Nachfolger, 1568 Reformator des Herzogtums Braunschweig-Wolfenbüttel, gest. 8. Apr. 1586 (Epitaph in der Martinikirche). C. ist der bedeutendste der Gruppe von Schülern ↑Melanchthons, die sich, endgültig seit dessen Unterstützung der Entwicklung zum Calvinismus in der Kurpfalz 1559, von ihm abwenden. Im Unterschied insbes. zu ↑Flacius war C. aber fähig, ein verbindliches und verbindendes Konzept der theol. Wahrheitsgrundlagen (innerhalb derer jetzt ↑Luthers Schmalkaldische Artikel ein Wahrheitskriterium gegenüber den von Melanchthon verfaßten Bekenntnisschriften darstellen) wie der seit Anfang der 50er Jahre nach innen und außen umstrittenen reformatorischen Grundwahrheiten selbst syst. zu entwickeln. Obwohl er bei deren Formulierung das Prinzip theol. Wahrheit und Klarheit und insoweit der Abgrenzung vom Irrtum

vor das von Jakob Andreä bevorzug-
te politische des Friedens und der
Gegensätze verschleiernden Einheit
stellt, gelingt es ihm, in einem lang-
dauernden, schwierigen und komplizierten Prozeß das divergente Luthertum weitgehend in der Konkordienformel von 1577 zu einigen.
Diese ist, wiewohl kollektiv verfaßt,
so sehr ein Dokument seiner Theol.
oder ein Spiegel ihrer Prägekraft,
daß C. als ihr eigentlicher Autor an-
zusehen ist. Mit ihr geht das Luthertum vom Stadium der Spätreformation in das (von †Hunnius repräsentierte) der Frühorth. über. C.' überragende Bedeutung für die da-
mals die Bildung der drei Konfessionen befördernden und erzwingenden
Probleme: Schriftautorität, Rechtfertigungslehre, Christol. und
Abendmahlslehre, spiegelt sich auch
darin, daß seine maßgebend gewordene Dogm. (*Loci theologici,*
1591/92 aus dem Nachlaß ediert
von seinem Schüler und Nachfolger
Polykarp Leyser) und seine Kontroverstheol. (das *Examen Concilii Tri-
dentini,* 1566–73) wie seine Monographien zur Abendmahlslehre und
Christol. nicht nur bis zum Ende des
17. Jh.s häufig gedruckt, sondern
z. T. auch noch im 19. und 20. Jh.
herausgegeben und übersetzt werden.

Lit.: TRE 7, 714–721 und GKG 6,
315–331 (Th. Mahlmann); Festschrift
zum 400. Todestag, Braunschweig
1986 (mit Bibliogr.)   *Th. M.*

Clemens(-brief) (93/97). Sendschrei-
ben der röm. Gemeinde an die Gemeinde von Korinth wegen Unruhen
in der korinth. Kirche; weite Verbrei-

tung. Als Verf. wird Clemens I., Bischof von Rom, angenommen.
Hauptthema des Briefes ist Verfassung und Ordnung der christl. Gemeinde; daneben Ausführungen über
christol. Aussagen des AT, die Mar-
tyrien von Petrus und Paulus u. a.

**Clemens von Alexandrien († nach
215).** Mit C. hält die klassische antike Bildung erstmals in umfassender
Weise Einzug in die christl. Theol.
Zugleich erreicht die frühchristl.
Apol. (vgl. †Justin) ein bis dahin
nicht erreichtes Niveau, indem Christus als die personalisierte göttl.
Weltvernunft interpretiert wird, die
menschl. Ethos und alle Erkenntnis
zur Vollendung führt. Über das Leben des Titus Flavius Clemens wissen
wir nur wenig. Vermutlich wurde er
in der Mitte des 2. Jh.s in Athen geb.
Wahrscheinlich war er heidn. Herkunft, scheint sich aber schon früh
zum Christentum bekehrt zu haben.
Seine umfassende Bildung erwarb er
sich bei verschiedenen Lehrern in
Griechenland, Unteritalien, im
Orient und in Palästina, bis er endlich in Alexandrien in Pantänus den
Lehrer fand, der ihn ganz in seinen
Bann zog. Pantänus war nach dem
Bericht des Kirchenhistorikers †Eu-
sebius ein zum Christentum überge-
tretener stoischer Philosoph, der
vielleicht zum Presbyterium der
alexandrinischen Gemeinde gehörte.
Schriften von ihm besitzen wir nicht.
Mit ihm und nach ihm hat C. anscheinend als christl. „Philosoph" in
Alexandrien gewirkt. Vielleicht war
auch †Origenes sein Schüler. Allerdings verließ C. während der Verfolgung des Septimus Severus (202/3)

Alexandrien und wurde später Vertrauter des Bischofs Alexander von Jerusalem, der ihn in einem Brief an die Gemeinde in Antiochien (ca. 211) als „Presbyter" bezeichnet. In einem anderen Brief desselben Bischofs aus dem Jahre 215/6 (oder 221) wird C. zusammen mit Pantänus bereits den verstorbenen „Vätern" zugerechnet.

Aus dem erhaltenen Werk des C. ragen drei Schriften heraus, in denen sein theol.-phil. Programm erkennbar wird: a) der *Protreptikos*, eine in apol. Tradition stehende „Mahnrede" an die Heiden bzw. eine Werbeschrift für das Christentum mit dem Ziel, die Heiden zur ‚wahren Phil.' zu bekehren; b) als Fortsetzung dazu der *Paidagogos* („Erzieher"), in dem zunächst Gottes Pädagogik im Wirken des Logos für alle Menschen entwickelt wird, ehe dann konkrete Weisungen zu Fragen des Essens, Trinkens, Schlafens, der Kleidung usw. erörtert werden, die zugleich das Sinnvolle christl.-ethischen Verhaltens zeigen sollen, das für C. in maßvoller und natürlicher Lebensweise, keineswegs jedoch in strenger Askese besteht. c) In den *Stromateis* („Teppiche"), der umfangreichsten Schrift, behandelt C. — scheinbar beziehungslos aneinandergereiht — Fragen von grundsätzlicher theol., ethischer und hermeneutischer Bedeutung. Am Ende aber zeichnet er ein eindrucksvolles Bild vom ‚wahren Gnostiker', d. h. vom vollkommenen Christen, um den es letztlich geht. Dabei bringt C. zwar überall seine vielfältige phil. und lit. Bildung zur Geltung, läßt aber keinen Zweifel daran, daß es der in der Bibel (AT

und NT, wobei der Kanon des NT noch nicht abgeschlossen ist) redende Logos Gottes ist, der den Menschen zur Vollkommenheit führt.

C. verstand sich selbst als kirchl. Theologe und beteiligte sich auch am Kampf gegen Montanismus, †Marcion und Gnostizismus. Dabei setzte er nicht nur exegetische, sondern auch phil. (platonische) Argumente ein und half damit, die Phil. in die kirchl. Theol. zu integrieren. Zugleich fügt er in seiner ‚kirchl. Gnosis' Glauben und Erkenntnis zu spannungsvoller Einheit zusammen.

Lit.: Werke, hrsg. v. O. Stählin/ L. Früchtel/U. Treu (GCS) I 1972³; II 1960³; III 1970²; IV 1936; Dt. v. O. Stählin, BKV³ Bd. 7; 8; 17; 19; 20 (1934/1938). — TRE 8, 101–113 (A. Méhat); D. Wyrwa, Die christl. Platonaneignung in den Stromateis des C., Berlin 1983; GKG 1, 121–133 (A. M. Ritter).   *W. B.*

Coccejus (Coch), Johannes (1603–1669). Geb. 9. Aug. 1603 in Bremen, studierte dort und in Franeker, seit 1630 Prof. in Bremen, Franeker und Leiden, gest. 5. Nov. 1669. Wie seine großen Zeitgenossen †Calov und †Voetius geschulter Orientalist, anders als sie aber nur als Gelehrter tätig, verfaßte C. zahlreiche Bibelkommentare und ein Wörterbuch zum AT (1669). Sein theol. System legte er nieder in der *Summa doctrinae de foedere et testamento Dei* (Summe der Lehre vom Bund und Testament Gottes, 1648, 1704⁶), die er als das „aus der Schrift wiederholte ... Zentrum der christl. Lehre" ansah. Unter bewußter Anknüpfung an die schon von †Bullinger begründete Tradition schuf C. jedoch das erste vollkommen föderalist. System. Sein Kern ist die Lehre von der „fünfmaligen Abschaffung" *(abrogatio)* oder „stufenweisen Antiquierung" (nach Hebr 8,13) des urspr. mit dem Menschen geschlossenen „Natur-" oder „Werkbundes" (Verheißung des ewigen Lebens aufgrund der Erfüllung des Gesetzes) durch die Inkraftsetzung des „Gnadenbundes" (Rechtfertigung und Heiligung durch den Glauben an die in Christus offenbare Versöhnung). Die fünf Stufen sind (1) der Sündenfall (in der Zeit), (2) die (diesen voraussehende, vorzeitliche) innertrin. Stiftung des Gnadenbundes (identisch mit der Prädestination), (3) die Ankündigung (Gen 3,15) und Verwirklichung des Gnadenbundes in den „Ökonomien" (Zeiten) von Erwartung und Erfüllung (hier bedarf C. – Schwachstelle einer als syst. Theol. gewollten bibl. Theol. – eines ausgedehnten allegorisch-typologischen In-Beziehung-Setzens von AT und NT), (4) der Tod des Menschen als Aufhören des Heiligungskampfes mit der Sünde und (5) seine Auferstehung als Eingehen in die ewige Gemeinschaft mit Gott.

C. betrachtete (im Einklang mit der reformatorischen Trad.), anders als Voetius, das (puritanische) Gebot der Sonntags(Sabbat)heiligung als Rückfall in die durch den Gnadenbund überholte Gesetzlichkeit. An diesem Differenzpunkt bildeten sich seit 1658 die Richtungen der Voetianer und Coccejaner. Die letzteren betrachteten bezeichnenderweise schließlich die Regelung der Sonntagsheiligung als eine weltl.-staatl. Sache.

Der Coccejanismus sprengt aber überhaupt die Grenzen des 17. Jh.s. C. steht hinsichtlich des Schriftprinzips und der ref. Lehrtradition auf dem Boden der Orth., seine große Schule kann aber, aufgrund der durch die Zuwendung zur Bibel-Terminologie motivierten Ablehnung der schulphil. Darstellungsmethode und aufgrund der Theorie vom Naturbund, verstanden als einer natürl. Theol., eine Verbindung mit der Phil. Descartes' eingehen. Umgekehrt wenden sich cartesianische Reformierte dem Coccejanismus zu. So kommt es in den Niederlanden zur ersten frühmodernen Vermittlungstheol., in der die Prädestinations- und Rechtfertigungslehre allmählich ihre urspr. Bedeutung verlieren. Daß dies umgekehrt den Widerstand der Nicht-Coccejaner verstärkte, schloß nicht aus, daß der Pietismus zwischen beiden Richtungen eine Brücke bildete und beide aus der Orth. herausführte.

Lit.: Hirsch, Hilfsbuch, 431–437; TRE 8, 132–140 und GKG 7, 163–176 (H. Faulenbach). *Th. M.*

Coleridge, Samuel Taylor (1772–1834). Dichter, Literaturtheoretiker, Philosoph und Theologe, wurde am 21. Okt. 1772 in Ottery St. Mary (Devon) geb. Nach einer stürmischen Studienzeit in Cambridge (1791–94), in der er als glühender Anhänger der frz. Revolution und als Verfechter des Materialismus von David Hartley hervortrat, wirkte er zunächst in Bristol als Literat und öffentl. Redner für eine „pantisokratische" Gesellschaftsorganisation und unitarische Religiosität. Nach seiner Begegnung mit William Wordsworth (1795) zog er nach Nether Stowey und begann dort seine poetische, pantheistisch und antimaterialistisch inspirierte Zusammenarbeit mit Wordsworth (*Lyrical Ballads,* 1798). Bei einem Deutschlandaufenthalt 1798–99 wurde C. mit dem Idealismus und der Romantik in Deutschland vertraut, die er nach seiner Rückkehr in England bekannt machte. 1803 widmete er sich als Journalist (und 1805–06 als Sekretär des Gouverneurs von Malta) der Lit.theorie und Phil. (*Biographia Literaria,* 1817). 1816, nachdem er seine Opiumsucht überwunden hatte, lebte er im Haus seines Arztes im Londoner Stadtteil Highgate und arbeitete vor allem an religionsphil. und ethischen Fragen (*Aids to Reflection,* 1825) und über das Verhältnis von Kirche und Staat (*On the Constitution of State and Church,* 1829). Coleridge starb am 25. Juli 1834 in Highgate.

C.s Denken ist in allen Bereichen durch die Auseinandersetzung mit der Aufklärung des 18. Jh.s und mit den fehlgeleiteten Versuchen, ihre Herausforderung zu beantworten, geprägt. Der christl. Glaube ist für ihn ein lebendiger Prozeß, der seinen authentischen Ausdruck im Gebet findet. Gegenüber der aufklärerischen Rel.kritik will C. zeigen, daß die im Gebet vorausgesetzte Beziehung von Gott, Mensch und Welt weder unerkennbar (Hume, Kant), noch irreal (Hartley), noch ethisch irrelevant ist (Bentham). Gegenüber der theol. Antikritik besteht er darauf, daß Gottes Beziehungen zur Welt und zum Menschen weder demonstrativ beweisbar (David Paleys Physikotheol.), noch irrational (Pietismus), noch in der Infallibilität der Bibel literalistisch garantiert ist. C. entwickelte eine Theorie der rel. Erkenntnis, in der er durch die Unterscheidung des auf die phänomenale Welt gerichteten Verstehens (understanding) und der durch die Einbildungskraft (imagination) erschlossenen und sich im Selbstbewußtsein manifestierenden Vernunft (reason) das wechselseitige Implikationsverhältnis von Glaube und Vernunft und Vernunft und Sittlichkeit zu erweisen sucht. Er legte die Fundamente einer auf der Grundstruktur der Polarität aufbauenden Naturphil., die den Dualismus von Geist und Materie zu überwinden versucht.

Nach unitarischen Anfängen sah er allein in einem trinitarisch explizierten Gottesverständnis die Möglichkeit, der Weltüberlegenheit Gottes und seiner realen Bezogenheit auf Welt und Mensch gleichermaßen Rechnung zu tragen. Die Autorität der Bibel begründete er als Konsequenz der Einsicht des Glaubens und nicht als deren Vorbedingung. Hinsichtlich der Weite und Wirkung seines Denkens ist C. am ehesten ↑Schleiermacher zu vergleichen.

Lit.: C. Welch, S. T. C., in: Nineteenth Century Religious Thought in the West, Vol. II, Cambridge 1985, 1–28.

C. S.

Cremer, Hermann (1834–1903). Seit 1870 Prof. für Syst. Theol. und Pfarrer in Greifswald. Von ↑Tholuck und ↑Beck geprägt, entwickelt C. sich zum führenden Vertreter einer Bibel-Theol. neben ↑Kähler und

↑Schlatter. Im Zentrum der Theol. steht für ihn das Bewußtsein der Sünde und der (rein forensisch verstandenen) Rechtfertigung des Menschen durch das in Christus vollzogene Gericht. Sein *Bibl.-theol. Wörterbuch* (1867, 1923[11]) gilt als seine größte wiss. Leistung. Die theol. Fakultät Greifswald wurde durch ihn zu einem Zentrum und Anziehungspunkt bibl. Theol. Seine bedeutendsten Schüler waren Erich Schaeder (1861–1936) und Wilhelm Lütgert (1867–1938).

Cyprian von Karthago († 258). Caecilius Cyprianus Thascius war von 248/49 bis zu seiner Hinrichtung am 14. Sept. 258 Bischof von Karthago. Er entstammte einer angesehenen Familie und gehörte möglicherweise dem Ritterstand an. Zunächst wurde er Rhetor, dann um 246 für das Christentum gewonnen und getauft. Seine Tätigkeit als Bischof wurde durch die decische Verfolgung unterbrochen. Währenddessen hielt er sich in der Nähe Karthagos verborgen. Dadurch gelang es dem Diakon Felicissimus eine unzufriedene Partei gegen den Bischof zu versammeln, die einen Gegenbischof wählte. Als C. im Frühjahr 251 nach Karthago zurückkehrte, schloß er auf einer Synode die Häupter der Gegenpartei aus der karthag. Kirche aus und bestimmte, daß diejenigen, die während der Verfolgung das von den Gesetzen verlangte Vollopfer oder Rauchopfer für die Götter dargebracht hatten, strenge Buße auf sich nehmen müßten, wenn sie wieder in die Kirche aufgenommen werden wollten. C. änderte insofern seine

Meinung, als er auf einer erneuten Synode 252 den Bußwilligen vor Ablauf ihrer Bußzeit die Eucharistie gewähren wollte, wenn eine neue Verfolgung ausbräche. Die Pest, die das Röm. Reich 252/54 bedrängte, brachte den Christen Nordafrikas neue Leiden und Verfolgungen. C. organisierte den Krankendienst in Karthago. Seine letzten Jahre trübte der Ketzertaufstreit.

C. war ein Mann der Praxis. Dies schlug sich auch in seinen syst. Schriften, in den Gelegenheitswerken und in seinen teilweise kulturkrit. Briefen nieder. Er schreibt in leicht verständlicher und doch formvollendeter Sprache. Bis auf ↑Augustinus war er der maßgebende kirchl. Schriftsteller des Westens. Die Einheit der Kirche wird nach C. dadurch erreicht, daß sich jeder an seinen Bischof anschließt. Wer gegen den Bischof ist, der ist gegen die Kirche. Die Bischöfe ihrerseits sind miteinander verbunden. C. vergleicht die Kirche gerne mit dem ungeteilten Kleid Christi. Christ kann man nur in der Kirche Christi sein. Seine häufig zitierte Formulierung „außerhalb der Kirche gibt es kein Heil" meint die Ungültigkeit der Ketzertaufe. Durch die zuerst dem Apostel Petrus verliehene Regierungsgewalt in der Kirche wurde Petrus Realgrund der Einheit, die durch ihn und von ihm her innerlich begründet wird. Aus dieser Bedeutung Petri hat C. keine weiteren Folgerungen gezogen. Der dem Petrus zukommende Primat ist ein Ehrenvorrang im Sinne eines ersten unter gleichen Bischöfen. Das Opfer des Priesters ist die Wiederholung des Opfers Christi beim Abendmahl, beides die Darstellung des einmaligen Opfers am Kreuze. C. spricht als erster deutlich aus, daß Leib und Blut Christi Opfergaben sind. Jede Eucharistie außerhalb der kath. Kirche ist ungültig. Die Buße vollzieht sich im Bekenntnis der Sünden und dem öffentl. Bußritus, in der dem Maß der Sünde entsprechenden Bußleistung und in der nach beendeter Bußzeit gewährten Rekonziliation, d. h. der Wiederaufnahme in die Kirche, die durch den Bischof vollzogen wird.

Lit.: M. M. Sage, Cyprian. Cambridge (Mass.) 1975; Ch. Saumagne, Saint Cyprien, évêque de Carthage; „Pape" d'Afrique. Paris 1975.   *W. G.*

Cyrill von Alexandrien († 444). C. ist der letzte bedeutende Kirchenvater der griech. Kirche des Altertums. Sein Name ist untrennbar verbunden mit den christol. Streitigkeiten des 5. Jh.s.

Im Jahre 412 folgte er seinem Onkel Theophilus auf den alexandrinischen Bischofsthron. Da er zu diesem Zeitpunkt noch verhältnismäßig jung war, dürfte er um 380 geb. worden sein. Schon 403 begleitete er seinen Onkel zu einer Synode gegen ↑Johannes Chrysostomus nach Konstantinopel und unterstützte dessen Verurteilung. Als Bischof kämpfte er gegen Arianer, Novatianer und Juden in Alexandrien und schrieb eine umfangreiche Verteidigungsschrift des christl. Glaubens gegen Kaiser Julian. Theol. fühlte er sich dem früheren Amtsvorgänger ↑Athanasius verpflichtet. Neben der Verteidigung des rechten Glaubens dient sein umfangreiches Werk der Auslegung der

Bibel. Die zwischen 428 und 433 verfaßten Schriften stehen ganz im Zeichen des nestorianischen Streites. In ihm verteidigte C. leidenschaftlich die Einheit des fleischgewordenen Logos Gottes in Christus im Interesse der realen Erlösung des Menschen durch Gott. Dagegen betonte ↑Nestorius, der damalige Erzbischof von Konstantinopel, die Unterscheidung der göttl. und menschl. Natur Christi. Sie dürften auf keinen Fall miteinander vermischt werden. Deshalb lehnte Nestorius auch den volkstümlichen Ausdruck „Gottesgebärerin" (ϑεοτόκος) für Maria ab. Damit hatte der nestorianische Streit sein Schlagwort, und C. wurde nicht müde, den ‚Feind der Gottesmutter' mit allen Mitteln zu bekämpfen, auch mit den Mitteln der Agitation und der Bestechung. Auf dem Hintergrund langjähriger guter Beziehung zwischen Alexandrien und Rom gelang es C., Papst Cölestin I. (422–32) von der Gefährlichkeit der Häresie des Nestorius zu überzeugen, so daß dieser auf einer röm. Synode (August 430) verurteilt und zum Widerruf aufgefordert wurde. Die Vollstreckung dieses Urteils übertrug man C. So konnte sich C. auch auf dem Konzil von Ephesus (431) gegen Nestorius durchsetzen. Theol. aber hatte er sich auf einer alexandrinischen Synode im November 430 weit vorgewagt, indem er in 12 Anathematismen die Einheit Christi nicht nur als wesenhaft (hypostatisch), sondern auch als naturhaft (physisch) bezeichnete. Dies erinnerte an die bereits verurteilte Lehre des ↑Apollinaris von Laodicea von der „einen fleischgewordenen Natur Christi", die den energischen Widerstand der antiochenischen Theologen hervorrief. In der Folgezeit wurde zwar der sog. 2. Brief C.s an Nestorius (Anfang 430) als gültige Interpretation der bibl. Christol. anerkannt. Die Position der Anathematismen aber ließ C. selbst fallen, als es im Jahre 433 zur Verständigung zwischen ihm und den Antiochenern (Johannes von Antiochien, †Theodoret von Kyros) kam. Beide Seiten bekräftigten dabei die Verurteilung des Nestorius vom Jahre 431 und einigten sich auf eine – vermutlich von Theodoret verfaßte – Einigungsformel, in der Maria als „Gottesgebärerin" bezeichnet, daneben aber auch die Unterscheidung der beiden Naturen Christi herausgestellt wird. Allerdings ist das Verständnis ihrer Einheit auf beiden Seiten unterschiedlich. Für C. bedeutet die Rede, daß Christus vollkommener Gott und vollkommener Mensch sei, daß ein und derselbe als vollkommen in der Gottheit und vollkommen in der Menschheit zu betrachten ist. C. bleibt dabei, daß Christus *einer* ist, in dem die beiden Naturen aneinander teilhaben *(communicatio idiomatum).* Die Unionsformel von Ephesus (433) ist dennoch ein entscheidender Schritt auf dem Weg zum christol. Dogma von Chalkedon, dessen Abschluß C. († 444) nicht mehr erlebt hat.

Lit.: Werke PG 68–77. Dt in BKV[3], Bd. 12 (1935). – TRE 8, 254–260 (E. R. Hardy); GKG 2, 227–238 (H. J. Vogt). *W. B.*

Daub, Karl (1765–1836). Geb. in Kassel, Studium in Marburg, seit 1795 Prof. in Heidelberg, hat D. nacheinander die Phil. Kants, Schellings und Hegels aufgenommen und theol. verarbeitet. Dabei blieb er jedoch durchaus eigenständig und wurde zu einem der bedeutendsten Vertreter spekulativer Theol., die den Inhalt des Dogmas nicht aus vorgegebener gesch. Überlieferung, sondern aus der Geistestätigkeit selbst zu gewinnen versucht. Das Verhältnis von Glaube und Geschichte erwies sich noch bei D. selbst als der neuralgische Punkt dieser Konzeption.

Dechamps, Victor-Auguste (1810–1883). 1834 Priester, Redemptorist, Volksmissionar, Kanzelredner, 1864 Erzbischof von Mecheln, 1875 Kardinal. Auf dem Ersten Vatikanum einer der Hauptvertreter der Infallibilisten; in *Constitutio de fide* fließen seine apol. Ideen ein. Theol. Hauptanliegen: Klärung des Verhältnisses von Verstand und Glauben; gründet Glauben auf das menschl. Herz *(fait intérieur)* und auf die Kirche (fait extérieur); hängt von †Pascal, †Bossuet und †Möhler ab und beeinflußt †Blondel; wichtige Gestalt werdender kath. Fundamentaltheol.

Denck, Hans (nach 1495–1527). Wandte sich in Nürnberg, von †Müntzer beeinflußt, dem Spiritualismus zu und vermittelte dann 1526 die Züricher Taufbewegung in Augsburg nach Süddeutschland; gest. als rel. Individualist. Gegen die Prädestinations- und Rechtfertigungslehre setzt er den Glauben als Gehorsam, gegen die Autorität der Schrift das innere Wort, gegen die Heilswirk-

samkeit der Sakramente die Erwach-
senentaufe als Zeichen des Bekenntnisses und das Abendmahl als Gedächtnis des Todes Christi, gegen die
öffentl. Gewalt in Kirche und Staat
die Liebe der Freiwilligkeitsgemein-
de: die Grundzüge der einheitlichen
Theol. des Täufertums des 16. Jh.s,
von der jedoch Melchior Hoffman
(ca. 1500–43) und Balthasar Hub-
maier (nach 1480–1528) durch Be-
fürwortung der Übernahme öffentl.
Verantwortung abweichen.

**Denifle, Heinrich Seuse (1844–
1905).** Bedeutender Forscher über
Mystik, Gesch. der abendländ. Schol.
und das Univ.wesen. Wichtige Gestalt der kath. Lutherinterpretation.

Deutinger, Martin (1815–1864).
Philosoph, Theologe, Univ.prediger.
Bedeutendste Gestalt der vor-neu-
schol. Theol. in Deutschland; vertritt
(gegen Hegel und die Materialisten)
„spekulativen Theismus": Erst durch
Off. Gottes entstehen Religion und
Sittlichkeit.

**Didymus von Alexandrien (313–
398).** D. erblindete als Kind. Obwohl
Laie, war D. der letzte hervorragende Vertreter der Katechetenschule in Alexandrien, die in der Tradition des ↑Origenes allegorische
Exegese betrieb. ↑Hieronymus und
Rufin waren seine Schüler. D. stritt
gegen ↑Arius, ↑Apollinaris u.a. und
verfaßte eine Schrift über den Hl.
Geist. Wegen seiner Übernahme ori-
genist. Lehren wurde er zusammen
mit Origenes und ↑Euagrios verurteilt. Im Volk genoß er Verehrung
wegen seiner asket. Lebensweise.

Diekamp, Franz (1864–1943). Pa-
trologe, Dogmengeschichtler und
Dogmatiker. Seine Dogm. ist das
strengste thomistische Dogm.-werk
im dt. Sprachraum in diesem Jh.

Dilthey, Wilhelm (1833–1911).
Phil. Prof. in Basel (1867), Kiel
(1869), Breslau (1871) und Berlin
(1882). Begründer der „Lebensphil.",
die D. selbst auch „Transzendental-
theol." nennt, weil sie die Bedingungen rel. Bewußtseins im Subjekt
selbst auffinden will. Indem D. als
das Besondere der Geistes- gegenüber den Naturwiss. behauptete, daß
in jenen der Mensch Gegenstand und
Quelle der Wiss. sei, arbeitete er
grundlegend die Fragestellung der
Hermeneutik aus, die im Vorgang
des „Verstehens" von (rel.) „Erlebnis-
sen" Erkenntnis zu gewinnen sucht.
Neben seinem Einfluß auf die neuere
Theol. bei der Diskussion um die Geschichtlichkeit des Menschen gilt D.
noch heute als der maßgebliche
↑Schleiermacher-Biograph.

Dionysius Areopagita. Pseudonym
für einen vielleicht um 500 lebenden
Verf. myst. Schriften, der zu den bedeutendsten christl. Schriftstellern
gehört. In seinen Werken gibt er sich
als den in der Apg 17,34 Bekehrten
von Areopag und nachmaligen Schüler des Paulus aus, was ihm durch
das ganze MA hindurch in der Kirche ein quasi-apostolisches Ansehen
gab. Die moderne Forschung aber
hat gezeigt, daß diese Werke erst im
späten 5. oder frühen 6. Jh. verfaßt
sein können; sie setzen die Kenntnis
des späteren Neuplatonismus der
Athener Schule voraus, insbesondere

des Syrians und seines Schülers Proklos.

Das uns erhaltene „Corpus Dionysiacum" enthält vier größere Abhandlungen und zehn Briefe: *Die göttlichen Namen,* eine Untersuchung der in der Bibel oder in phil. Schriften vorkommenden Gottesnamen, an denen das Wesen und die Eigenschaften Gottes erläutert werden; *Die mystische Theologie* ist eine Untersuchung der myst. Vereinigung der menschlichen Seele mit dem Göttlichen; in höchst eindringlicher Form wird hier die absolute Transzendenz Gottes beschrieben, der sich im „überlichthaften Dunkel" jedem sinnlich-intellektuellen Zugriff entzieht; *Die himmlische Hierarchie* bietet eine Darstellung des Reiches der Engel, ihrer Natur und Eigenschaften, sowie ihre Ordnung in 3 Triaden zu je 3 Chören; *Die kirchliche Hierarchie* gibt eine Deutung der Funktionen der kirchl. Ämter und Stände, sowie der Sakramente; die Kirche wird als Abbild der Engelwelt gedeutet, in der ebenfalls 3 Triaden existieren: 3 Sakramente: Taufe, Heiliges Öl, Eucharistie; 3 priesterl. Stände: Bischöfe, Priester, Liturgen/Diakone; drei diesen unterstehende Stände: Mönche, Gemeindevolk, Stände der Reinigung (Katechumenen, Energumenen, Büßer). Die *10 Briefe* enthalten inhaltl. Ergänzungen zu den in den Hauptschriften erteilten psychol.-praktischen Anweisungen.

Bei Dionysius werden die christl. Dogmen mit neuplatonischen Lehren verschmolzen: *Gott* ist ein vollkommenes Selbstsein und zugleich ein Anderssein; er ist Stabilität und Bewegung in einem. Er ist jenseits des Seins, gänzlich unerkennbar und unzugänglich. Er ist alleiniger Schöpfer, die Engel dienen lediglich der Vermittlung seiner exklusiven Schöpferkraft. Es gibt zwei Wege Gott zu erkennen: den der positiven Aussagen über ihn (via positiva) und den der Negation (via negationis). *Christus* ist wahrer Gott und wahrer Mensch zugleich; bei seiner Fleischwerdung bleibt die göttl. Natur unverändert. Er geht aus der Einheit des Vaters hervor, ohne daß diese dadurch gemindert wird und er weniger eins ist als sie. Daraus folgt, daß die göttl. Attribute voll und ganz auch für Christus gelten. Als Gott erleuchtet er die himml. Hierarchie, als Mensch ist er Haupt der kirchl. Hierarchie. Die *mystische Theol.* wird mit der apophatischen/negativen Theol. gleichgesetzt; die myst. Erfahrung wird in der Sprache negativer Theol. beschrieben. Mit dem Begriff Dunkel/Finsternis beschreibt Dionysius die Begrenztheit der menschl. Seele bei ihrer Vereinigung mit dem Göttlichen; er benutzt diesen Begriff nur sparsam, dabei verzichtet er darauf, sein Verständnis vom Wesen der myst. Vereinigung zu erläutern. Wiederholt betont er, daß diese Vereinigung jenseits des Verstehens steht und nur im Nichtwissen erlangt wird. Die *Hl. Schrift* ist für Dionysius ein vollkommener Text und als solcher unantastbar; sie kann verstanden werden mit Hilfe der Gnade und durch die in der kirchlichen Tradition vorgenommene u. durch sie geschützte Auslegung. *Die Sakramente* vermitteln durch das Handeln würdiger Diener Reinigung, Erleuchtung und Vollkommenheit.

Die Werke des D. haben die christl. Weltanschauung des MA im Osten, insbesondere aber im Westen stark mitbestimmt.

Lit.: R. Roques, D. A., in: RAC 3, 1075–1121; H. C. Graef, D. A., in: LThK 3 402 f.; H.-G. Beck, Kirche und theol. Literatur im byzantinischen Reich, München 1977²; B. Altaner/ A. Stuiber, Patrologie, Freiburg-Basel-Wien 1980, 501–503; G. O'Daly, D. A., TRE 8 (1981), 772–780; A. M. Ritter/ H. Meinhard/H. M. Biedermann, D. A., Lexikon des MA III, 5 (1985), 1079–1087.   A. F.

Döllinger, Ignaz von (1799–1890). D.s öffentliches Wirken umfaßt drei etwa gleich lange Perioden. Die erste ist durch seinen Kampf für die röm.-kath. Kirche geprägt. Er kam 1826 nach München und wurde im ↑Görres-Kreis eine der zentralen Gestalten der kath. Erneuerung. Freiheit der Kirche und die Emanzipation der Katholiken ließen sich danach nur durch konfessionelle Profilierung und durch Absetzung vom Prot. erzielen. Diesem Ziel dienten seine Veröffentlichungen anläßlich des „Kölner Ereignisses" (1837) sowie seine parlamentarische Tätigkeit im Bayer. Landtag (1845–47) und in der Paulskirche (1848–49). Theol. ist ihm allein die kath. Kirche apostolisch, weil nur sie die Lehre der Apostel getreu bewahrt hat und weil im bischöfl. Amt diese Treue gewährleistet ist. Im Gegensatz dazu ist ihm jede andere Kirche „ein aus der Erde hervorgewachsener Pilz".

In der zweiten Epoche (1850–70) finden wir eine zunehmende Kritik an der kirchl. und theol. Entwicklung während des Pontifikats Pius IX. 1869 veröffentlichte er unter dem Pseudonym Janus die Schrift *Der Papst und das Konzil*, in der er darlegt, daß die Lehre von der Unfehlbarkeit der kirchl. Tradition widerspricht. In seinen *Römische Briefe vom Konzil von Quirinus* in der Augsburger Allgemeinen Zeitung stellte er die Unzulänglichkeiten und Zwiste auf dem Konzil dar. Die Kriterien dieser Kritik sind die gleichen, die er früher an die prot. Kirchen angelegt hatte: das Konzil hat mit der Tradition der Alten Kirche gebrochen und ist darum nicht mehr apostolisch. Und vor allem: Durch den Universalprimat sind die Bischöfe zu Beamten des Papstes degradiert. An ihre Stelle ist im Prinzip der allmächtige Papst getreten. Damit hat die Kirche aufgehört, die Kirche der Apostel zu sein. Aus diesen dogm. Gründen verweigerte er dem Konzil seine Unterschrift. Daraufhin wurde er am 17. April 1871 exkommuniziert. Er war bereits 71 Jahre alt.

Seine letzten 20 Lebensjahre sind eng mit dem Entstehen der altkath. Kirche verbunden. Er hat die altkath. Bewegung geistig und moralisch mitgetragen, nicht dagegen im gleichen Maße die altkath. Kirche. Er verstand sich als zu unrecht exkommunizierter Katholik. Er war bereit, Katholiken, denen wegen ihrer Ablehnung des Konzils die Sakramente verweigert wurden, seelsorglich beizustehen. Aber den Rahmen dieses Notrechtes wollte er keinesfalls überschreiten. Alle Tendenzen zu einer Gemeindebildung hat er abgelehnt, und sich, als sie sich durchsetzten, zurückgezogen. Weitreichende Bedeutung hatten die von ihm initiierten und geleiteten Bonner Unionskonferenzen (1874 und 1875), die bedeutendsten ök. Gespräche des 19. Jh. s.

Lit.: Die Reformation, 3 Bde., Regensburg 1846–48; Christentum und Kirche in der Zeit der Grundlegung, Regensburg 1868²; Kirche und Kirchen, Papstthum und Kirchenstaat, München 1861²; Der Papst und das Concil von Janus, Leipzig 1869; Römische Briefe vom Concil von Quirinus, München 1870. – J. Finsterhölzl, Die Kirche in der Theologie I. v. D.s bis zum ersten Vaticanum, Göttingen 1975; W. Brandmüller, I. v. D. am Vorabend des Vatikanums, St. Ottilien 1977; P. Neuner, D. als Theologe der Ökumene, Paderborn 1979.   *P. N.*

Dolch, Heimo (1912–1985). O. Prof. für Fundamentaltheol. in Bonn. Zahlreiche Arbeiten besonders aus dem Grenzbereich zwischen Theol. und Naturwiss.

Dominicus (1170–1221). Stifter des Dominikanerordens. Stellt Predigtdienst in Mittelpunkt der Ordenstätigkeit; verlangt dazu gründliches Studium; strebt rel. Unterweisung und Bekehrung der Irrlehrer an. 1234 Heiligsprechung.

Doppen, Bernhard (16. Jh.). Kontroverstheologe; Lektor in Jüterbog. Gebraucht in *Articuli* (1519) gegen ↑Luthers Lehre erstmals Bezeichnung „Lutheraner". Sehr sachl. behandelt er in seinen Schriften vor allem Sakramentenlehre, Heiligenverehrung, kirchl. Gewalt.

Dorner, Isaak August (1809–1884). Prof. in Kiel (1839), Königsberg (1843), Bonn (1847), Göttingen (1853) und Berlin (1862). Vater des Königsberger Systematikers Aug. Joh. D. (1846–1920). In formaler Hinsicht an Hegels Dialektik anknüpfend orientiert D. sich inhaltlich an der reformatorischen Theol. (Rechtfertigungsglaube) und an ↑Schleiermachers Programm der Dogm. als Glaubenslehre. Zwischen supranaturalist. Trennung und idealist. Vermischung von Gott und Mensch sucht er eine vermittelnde Synthese.

Drey, Johann Sebastian von (1777–1853). D. ist der Gründer der „Katholischen Tübinger Schule". Er wurde am 16. Okt. 1777 in Killingen bei Ellwangen geb. Nach Gymnasialjahren in Ellwangen und Theol.studium in Augsburg (seit 1797) wurde er 1801 zum Priester geweiht. Es folgten Jahre der Seelsorge, während derer er sich weiterhin mit phil.-theol. Studien befaßte. 1806 wurde er Prof. am Lyceum von Rottweil (Religionsphil., Mathematik, Physik). Von 1812–17 war er Prof. für Apol., Dogm., DG und theol. Enzyklopädie an der neuerrichteten Univ. Ellwangen. Sie bestand zunächst nur aus einer Kath. Theol. Fak. Diese wurde 1817 mit der Tübinger Univ. vereinigt. Schon 1819 wurde dort unter maßgebl. Beteiligung von D. eine Fakultätszeitschrift ins Leben gerufen, die *Theol. Quartalschrift* (eine der ältesten theol. Zeitschriften der Welt). 1821 war D. Rektor der Univ., 1823 wurde er in den persönl. Adelsstand erhoben. 1846 trat D. in den Ruhestand, am 19. Febr. 1853 verstarb er in Tübingen.

D. ist stark vom Organismusdenken der Romantik, deutlich auch von Schelling und ↑Schleiermacher, beeinflußt. Dies stellt sich in der *Kurzen Einleitung in das Studium der Theologie* (1819) so dar, daß die Theol. als ganze als Organismus begriffen und von der Idee des Reiches Gottes her entfaltet wird. In seinem Hauptwerk (*Apologetik als wissenschaftliche Nachweisung der Göttlichkeit des Christentums in seiner Erscheinung,* 3 Bde., 1838–47), wird der organolog. Ansatz dahingehend vertieft, daß die gesamte Off. als ein sich in der Geschichte entfaltendes, lebendiges System verstanden ist. Dahinter steht eine ganzheitl. Sicht der Wirklichkeit – hier kommen auch idealist. Einflüsse zum Tragen –, in der die Wahrheit der Vernunft und die Wahrheit des Glaubens identisch sind. Wie sich die Off. in der Geschichte entfaltet, so kommt sie auch nur durch die Geschichte in die jeweilige Gegenwart. Deshalb ist das Traditionsprinzip (als „Selbstüberlieferung des Christentums zu beständiger Gegenwart") für D. so zentral.

Das neue, lebendige Verständnis der Off. und ihrer Geschichte ist es, das D.s Kollegen und Schüler so verbindet, daß man von einer „Schule" reden kann. Im übrigen ist diese „Schule" gekennzeichnet von einem hohen Maß an „Freiheit, Liberalität und Selbstdenkertum" (M. Seckler), Kennzeichnungen, die die Tübinger kath. Theol. bis heute als besonders typisch für sich in Anspruch nimmt. Konkret dargestellt hat sich die „Katholische Tübinger Schule" in Theo-

logengestalten wie ↑Möhler, ↑Staudenmaier, ↑Kuhn und A. Berlage.

Lit.: Die Hauptwerke D.s sind in Nachdrucken leicht zugänglich: Apologetik, Frankfurt/M. 1967; Kurze Einleitung, Darmstadt 1971. Zu D. als gehaltvolle Kurzinformation: M. Seckler, J. S. D. und die Theologie, in: ThQ 158, 1978, 92–109. Vgl. im übrigen die zahlreichen Buch- und Aufsatzveröffentlichungen von J. R. Geiselmann, der fast sein ganzes Lebenswerk der Erforschung der „Kath. Tübinger Schule" gewidmet hat.   *H. W.*

Duns Scotus, Johannes (ca. 1265–1308). Um 1265 in Duns im südöstl. Schottland geb., trat der Sohn eines Grundherrn wohl schon mit 15 Jahren in den Franziskanerorden ein. 1291 empfing er die Priesterweihe und studierte dann in Oxford und vermutlich auch in Paris Theol. Um 1300 las er zunächst in Cambridge, dann in Oxford und 1302/03 in Paris über die Sentenzen des ↑Petrus Lombardus. Im Konflikt zwischen König Philipp dem Schönen und Papst Bonifaz VIII. mußte er vorübergehend Paris verlassen, kehrte aber bald zurück, promovierte 1305 zum Dr. theol. und erhielt einen theol. Lehrstuhl. 1307 wechselte er nach Köln über, wo er schon am 8. Nov. 1308 starb und in der Minoritenkirche beigesetzt ist.

D. hat in der kurzen Zeit seines literarischen Schaffens nur Werke im Zusammenhang mit seiner Lehrtätigkeit verfaßt, die – in vielen Handschriften überliefert – der Forschung bis heute Fragen aufgeben. Aus dem phil. Lehrbetrieb sind verschiedene Kommentare zu Schriften des Aristoteles und des Porphyrios erhalten. Das theol. Hauptwerk, der große Sentenzenkommentar, liegt in mehreren Fassungen vor: in einer einzigen authentischen, durch spätere Zusätze ergänzten Ausgabe (*Ordinatio,* früher *Opus Oxoniense* genannt) sowie in Hörernachschriften unterschiedlicher Länge und Qualität (*Lectura prima* von Oxford, *Reportationes* von Cambridge und Paris). Unmittelbarer Niederschlag des Unterrichts sind ferner die *Quaestiones de quolibet* und *Collationes* aus Oxford und Paris. Außerdem werden heute der Traktat *De primo principio* (lat.-dt. v. W. Kluxen, 1974) und die *Theoremata* als echt angesehen.

Wie schon sein schol. Ehrentitel *doctor subtilis* andeutet, war D. ein überaus scharfsinniger, hochspekulativer Denker, der auch phil. Fragen souverän erörterte und die phil. Tradition, voran Aristoteles, gründlich verarbeitet hat. Freilich entwirft er keine selbständige Phil., sondern all seine Überlegungen stehen im Rahmen und im Dienste theol. Argumentation, deren Aufgaben und sachliche Grundlagen durch die bibl. Off. vorgegeben sind. Die Gotteslehre ist Ausgangs- und Angelpunkt seines Denkens. Um das Verhältnis zwischen Gott und seiner Schöpfung zu bestimmen, entwickelt er erstmals die Lehre von der Univozität des Seins: Danach gelten die Aussagen über das Sein von Schöpfer und Geschöpfen nicht nur in der Weise der Analogie, sondern beruhen auf einem einheitlichen und eindeutigen Seinsbegriff, der Ungeschaffenes und Geschaffenes übergreift. Für die

trinitätstheol. Bestimmung des Verhältnisses von göttl. Wesen und Dreiheit der Personen formuliert er eine *distinctio formalis,* die zwischen der realen und der bloß im Verstand vollzogenen Unterscheidung liegt. Im Zusammenhang der Christol. entfaltet er eine eigene Lehre von der negativen Bestimmtheit der menschl. Personalität, die es ihm erlaubt, die Menschwerdung Christi ohne Beeinträchtigung seiner menschl. Natur zu erfassen. Gott ist für D. das reine Handeln schlechthin. Der erste Gegenstand des göttl. Willens ist Gott selbst. Seine unbedingte Freiheit *(potentia absoluta)* im Bereich des logisch Möglichen äußert sich jedoch nicht als Willkür; denn sein Wille ist durch seine unbedingte Güte näher bestimmt. Durch diesen Gottesbegriff kann D. auch ein pointiertes Verständnis der Rechtfertigung gewinnen. Daß ein Mensch als gerechtfertigt angenommen wird, das beruht auf Gottes Anordnung im Bereich des Geschaffenen *(potentia ordinata),* die als Grund für die Anerkennung menschl. Verdienste die Annahme durch Gott *(acceptatio divina)* festgelegt hat. Neben diesen Lehren hat D. auch eine entschiedene Stellungnahme für die Freiheit Marias von der Erbsünde vorgetragen, für die er mit einem zweiten Titel, *doctor marianus,* geehrt wurde.

Durch seine ganze Argumentationsweise wie durch die vielfach neuen und scharf formulierten Inhalte seiner Lehre hat D. eine ausgedehnte Wirkung in der Schultheol. erzielt. Die große Schule der Scotisten, die vom 14. bis ins 16. Jh. blühte, bildet freilich keine geschlossene

Einheit, sondern umfaßt ein breites Spektrum von treuer Wiedergabe bis zu eigenständiger Weiterentwicklung seiner Gedanken. V. a. im Franziskanerorden ist die Beschäftigung mit D. noch heute lebendig; aber auch ein Philosoph des 20. Jh.s wie M. Heidegger verdankt ihm wichtige Anstöße.

Lit.: É. Gilson, J. D. S, Düsseldorf 1959; E. Wölfel, Seinsstruktur und Trinitätsproblem, Münster 1965.   *U. K.*

Dupperon, Jacques-Davy (1556–1618). Kontroverstheologe, Vorkämpfer gegen den Gallikanismus; 1604 Kardinal, Kirchenpolitiker. Bekämpft den Konziliarismus und verteidigt päpstl. Vollgewalt im geistl. Bereich; versucht Identität der späteren Kirche mit der ↑Augustins nachzuweisen.

Eck, Johannes (Maier/Mayer) (1486–1543). E. wurde am 13. Nov. 1486 in Egg an der Günz in Schwaben geb. Die erste Ausbildung erhielt er bei einem Onkel in Rottenburg. Als Zwölfjähriger kam er an die Univ. Heidelberg, danach nach Tübingen, Köln und Freiburg. Dort hielt er bereits Vorlesungen in der Phil. Fak., machte griech. und hebr. Sprachstudien und hörte Theol. 1508 empfing er die Priesterweihe in Straßburg. Durch den Humanisten Konrad Peutinger empfohlen, wurde er 1510 Prof. der Theol. in Ingolstadt und Domherr in Eichstätt. Durch seine Verbindung mit Kaufleuten war E. mit wirtschaftsethischen Fragen um das Zins- und Kreditwesen befaßt. Seit 1514 trat er für einen mäßigen Zins ein. Das trug ihm die Beschimpfung als Handlanger des Großkapitals und als „Fuggerknecht" ein. In seinen theol. Vorlesungen stellt er die Souveränität Gottes heraus. Aber der Mensch, der erste Anregungen Gottes und Gnade des Beistandes empfängt, muß tun, was in seinen Kräften steht. In Ingolstadt hat er großes Ansehen gewonnen, die Studienreform mitgetragen und gilt als ein humanistisch gesinnter Theologe. Zu ↑Luther hatte er Beziehungen. Durch Karlstadt kam sein Einwand gegen die Ablaßthesen in die Öffentlichkeit. In Leipzig disputierte er 1519 zunächst mit Karlstadt, dann mit Luther. E. brachte das Streitgespräch auf die Fragen um das Papsttum und die Autorität der Konzilien. Mit Hilfe seines guten Gedächtnisses und seiner dial. Gewandtheit trieb er den Gegner zu häret. Konsequenzen. Freilich hat er deutlich gemacht, daß es um die Kirche und ihre Vollmacht ging. Sofort hat er Schriften zum päpstl. Primat (1522) und zum Sakrament der Buße (1522–23) herausgegeben. Anhänger Luthers überhäuften ihn mit Verdächtigungen und Beschimpfungen. Er half die Bannandrohungsbulle *Exsurge Domine* zu verfassen. Freimütig sprach er Mißstände an der Kurie an und forderte eine innere Reform der Kirche. Bereits 1523 gab er ein Enchiridion heraus, das Stoff für die Argumentation sammelte. 1526 hat er in einer eigenen Schrift von der Bibel her den Opfercharakter der Eucharistie begründet. Er hält fest an der Einheit des Opfers in der Identität der Opfergabe. Großen Einfluß gewann E. auf dem

Augsburger Reichstag von 1530. Er legte 404 Artikel vor und zwang die Wittenberger zur theol. Auseinandersetzung um die Glaubenslehre. In den Verhandlungen bemüht er sich von der Schrift her zu argumentieren, sucht nach Übereinstimmungen und zeigte sich kompromißbereit. Die Einigung in den Lehrartikeln trug er mit. Das „allein durch den Glauben" in der Rechtfertigung nahm er an, hielt aber fest, daß die guten Werke als Früchte des Glaubens notwendig sind. Seit 1519 war E. Pfarrer in Ingolstadt. Er hat sehr eifrig gepredigt und 5 Bände deutscher Predigten veröffentlicht. 1537 übersetzte er die Bibel in die oberdeutsche Mundart.

Bei den Religionsgesprächen um 1540 spielte er keine führende Rolle mehr. Er starb am 10. Febr. 1553. Über das Grab hinaus wurde er von seinen Gegnern geschmäht und verleumdet. E. ist unter den Kontroverstheologen der wirksamste und bedeutendste. Große Arbeitskraft, eine schnelle Auffassungsgabe und Fleiß, aber auch die enge Zusammenarbeit mit der Kurie halfen ihm zu seinem Einfluß und seinem Ansehen. Sehr früh hat er erkannt, daß es bei Luther nicht um Reform der Kirche, sondern um Änderung der Kirche ging. „Der formalen Gewandtheit und der Fülle des Wissens entsprach vielfach nicht die religiöse und theologische Tiefe."

Lit.: E. Iserloh, J. E., in: Kath. Theol. der Reformationszeit 1, hrsg. von E. Iserloh, Münster 1984 (Lit.); P. Fraenkel (Hrsg.), J. E., Enchiridion locorum communium adversus Lutherum et alios hostes ecclesiae (1525–1543) (CCath 34), Münster 1979 (Lit.). *Ph. S.*

Eckhart, Meister (ca. 1260–1328). Um 1260 in Thüringen geb., trat E. wohl in Erfurt in den Predigerorden ein. Seine Ausbildung erhielt er am Ordensstudium in Köln und an der Univ. Paris. Hier erscheint er 1293/94 als Bac. sententiarius. Anschließend wirkte er als Prior des Erfurter Dominikanerkonvents und als Ordensvikar in Thüringen. 1302/03 hatte er in Paris einen theol. Lehrstuhl der Dominikaner inne. Seit 1303 war er Provinzial der durch Teilung der Provinz Teutonia neugebildeten Saxonia, und 1307 erhielt er zusätzlich das Amt eines Vikars von Böhmen. Seine Wahl zum Provinzial der Teutonia 1310 wurde vom Generalkapitel nicht bestätigt, das ihn vielmehr ehrenvoll 1311/13 ein zweites Mal auf den Pariser Lehrstuhl entsandte. 1313 wurde er zum Generalvikar in Straßburg bestellt, um die süddeutschen Frauenklöster des Ordens zu beaufsichtigen und geistl. zu betreuen, und seit 1323 wirkte er am Generalstudium in Köln. Hier leitete Anfang 1326 der Erzbischof ein Inquisitionsverfahren gegen E. ein, dem er v. a. anstößige Sätze aus seinen deutschen Predigten zum Vorwurf machte. E. verteidigte sich mit einer auf 26. Sept. 1326 datierten Rechtfertigungsschrift, einem für die Rekonstruktion seiner Lehren grundlegenden Dokument. Als der Fall vor die päpstliche Kurie getragen wurde, reiste er nach Avignon, um sich persönl. zu verteidigen. Vor dem 30. Apr. 1328 ist er dort gest. Erst 1329 verurteilte Papst Johannes XXII. in der Bulle *In agro dominico* einige Sätze teils als häretisch, teils als häresieverdächtig.

E. hat lat. und deutsche Werke hinterlassen, die sich an unterschiedliche Adressaten richten, aber sachlich eine Einheit bilden. Für sein lat. Werk faßte er während der 2. Pariser Lehrtätigkeit den Plan eines *Opus tripartitum,* einer neuartigen theol. Systematik. Es sah vor: 1. ein *Opus propositionum* (Werk der Thesen), das in 14 um grundlegende Gegensatzpaare (Sein/Nichts, Eines/Vieles usw.) gruppierten Traktaten über 1000 Thesen enthalten sollte; 2. ein *Opus quaestionum* (Werk der Probleme), das sich am Aufbau der *Summa theologiae* des ↑Thomas von Aquin orientieren, aber nur ausgewählte Fragen aufgreifen sollte; 3. ein *Opus expositionum* (Werk der Auslegungen), das Bibelkommentare und Predigten umfassen sollte. Die Hinordnung von Quaestionen und Auslegungen auf die Thesen sollte eine innere Einheit des Gesamtwerks stiften. Von diesem umfangreichen Unternehmen sind nur einige Prologe, die den Umriß des Ganzen erkennen lassen, und mehrere Schriftkommentare auf uns gekommen. Als unmittelbarer Niederschlag der Lehrtätigkeit haben sich kleinere Texte, aber wohl nicht der Sentenzenkommentar erhalten. Das deutsche Werk besteht aus drei Traktaten *(Reden der Unterweisung, Buch der göttl. Tröstung, Von der Abgeschiedenheit)* sowie zahlreichen Predigten, deren Echtheit nicht immer feststeht. Nur die mit der Trostschrift verbundene Predigt *Von dem edlen Menschen* stammt in der vorliegenden Form von E., während die übrigen auf Nachschriften der Hörer und v. a. Hörerinnen beruhen. Unter ihnen sind bisher etwa 60 als dem Meister zugehörig erwiesen worden; viele andere erfordern noch genauere Untersuchung.

E. war als Pariser Mag. ein hochgebildeter schol. Theologe von großer spekulativer Kraft, der die phil.-theol. Tradition vorzüglich kannte und am stärksten von der (neu)platonischen Gedankenwelt bestimmt war. Innerhalb seines Ordens stand er Thomas von Aquin ferner, während ihn die deutschen Dominikanertheologen ↑Albertus Magnus und v. a. Dietrich von Freiberg, sein Vorgänger im Amt des Provinzials, stark beeinflußt haben. Ihren besonderen Zuschnitt bekam E.s Theol. durch die Aufgaben als Seelsorger und Prediger, die ihm der Orden so reichlich übertragen hat. V. a. seit 1313 in seiner Straßburger und Kölner Tätigkeit entwickelte er vor Frauenkonventen (nicht nur des eigenen Ordens) seine Theol. der Mystik. E. war selbst kein Visionär; aber im Umgang mit den von ihm betreuten Frauen lernte er die verschiedenen Formen außerordenlicher rel. Erlebnisse kennen und setzte sich krit. mit ihnen auseinander – auch mit der Frömmigkeit von der Kirche verfolgter Beginen, der er schon bei seinem letzten Pariser Aufenthalt begegnet war. E. verstand sich nicht so sehr als „Lesemeister", als Vermittler von Theorie, denn als „Lebemeister", der „geistliche" Menschen auf ihrem Weg zu Gott begleitet. Dabei sah er seine Lehre als eine Theol. des Wortes, der Hl. Schrift, die um Christus als das dreifache Wort Gottes (Wort der Schöpfung, der Erlösung, der Vollendung) kreist. Zwischen Gott als dem ungeschaffenen Sein und seiner Schöpfung besteht das Verhältnis einer Analogie der Zuordnung: Nur Gott ist Sein, und die Geschöpfe erhalten ihr Sein wie ihre Eigenschaften (Güte, Gerechtigkeit usw.) von ihm. Der Mensch hat eine Innerlichkeit, die auf Gott hin angelegt ist. In ihrem Mittelpunkt oder Grund liegt der Seelenfunke – kein Teil der Seele, sondern eine innerste Beziehung zu Gott, in der die göttl. Seinskraft in die Seele eindringt. Damit Gott im Menschen wirken kann, muß der Mensch demütig, arm, leer, gelassen werden – kurz: die „Abgeschiedenheit" erreichen. Doch das bedeutet nicht, daß er in Passivität erstarren soll. In Gott ist alles Sein ein Wirken, und deshalb wird die Menschenseele, die Gott besitzt, immer fruchtbar sein. E. betont den Vorrang der Tat, die aus der Liebe folgt, vor dem bloß innerlichen Vollzug der Liebe, und lehrt in Umkehrung der trad. Auslegung der Maria-Martha-Perikope die Vollendung im tätigen Leben.

E. hat seine Hörer und Hörerinnen stark beeindruckt; aber seine Nachwirkung wurde durch seine Verurteilung beeinträchtigt, was sich auch in der Überlieferung seiner Werke ausdrückt. ↑Johannes Tauler und ↑Heinrich Seuse verdanken ihm viel, und im 15. Jh. knüpft ↑Nikolaus von Kues besonders an sein lat. Werk an. Zu Beginn des 19. Jh.s von der deutschen Phil. wieder entdeckt, wurde er später als „typisch deut-

scher" Denker oft mißverstanden und polit. mißbraucht.

Lit.: Dt. Predigten und Traktate, hrsg. u. übers. v. J. Quint, München 1963 (1979 als Diogenes Tb. 20642); M. E., hrsg., eingel. u. z. T. übers. v. D. Mieth, Olten/Freiburg i. Br. 1979. – A. M. Haas, M. E. als normative Gestalt geistl. Lebens, Einsiedeln 1979; K. Ruh, M. E., München 1985. *U. K.*

Edwards, Jonathan (1703–1758). E., der bedeutendste Theologe des amerik. Puritanismus, wurde am 5. Okt. 1703 in East Windsor (Conn.) geb. Mit dreizehn Jahren begann er sein Studium am Yale College. Nach seinem Bakkalaureat (1720) studierte er Theol. und schloß sein Studium 1723 mit dem Mag.grad ab. Nach zwei weiteren Jahren in Yale, wo E. seine naturwiss., phil. und theol. Studien fortsetzte, wurde er Pastor der kongregationalist. Gemeinde in Northhampton (Mass.). Dort machte er sich auch als Erweckungsprediger im Zusammenhang des „Great Awakening" (1734–44) einen Namen. Wegen seiner radikalen Theorie und Praxis der Kirchenzucht, in der er das Zeugnis von der persönl. Bekehrung für die Zulassung zum Abendmahl forderte, wurde E. nach längeren Kontroversen aus dem Pfarrdienst in Northhampton entlassen. Als Pastor und Indianermissionar auf dem Außenposten Stockbridge (Mass.) verfaßte E. seine bedeutendsten theol.-phil. Werke. E. starb am 22. März 1758 in Princeton, einige Monate nach seiner Wahl zum Präsidenten des dortigen Colleges (später Princeton University).

E. schuf in seinem phil.-theol.

Werk eine einzigartige Synthese zwischen orth. calvinist. Theol., Newtonschem Weltbild und zeitgenöss. Phil. Die Wirklichkeit wird als geistiges Universum vorgestellt, das in jedem Moment seiner Existenz davon abhängt, in Gottes Geisteswillen gedacht zu sein. Es ist ein geschlossener Zusammenhang von Ursache und Wirkung, der von Gott von Ewigkeit her konstituiert ist und durch seinen souveränen Willen aufrechterhalten wird. Da alle menschl. Erkenntnis aus Sinneseindrücken abgeleitet ist (Locke) und diese Sinneseindrücke als Gottes Methode zur Mitteilung von Erkenntnis zu verstehen sind, ist jede Erkenntnis in Gottes offenbarendem Willen begründet. Erkenntnis Gottes und der Welt ist von Gott gewährte Gnade, die der Mensch nur anerkennen kann. E. kann die calvinist. Prädestinationslehre mit dem Appell an den Willen in der Bekehrungspredigt verbinden, da Gott in seinem ewigen Ratschluß nicht nur festgelegt hat, wer errettet werden soll, sondern auch die Gnadenmittel bestimmt hat, durch die die Erlösung wirksam werden soll.

In seiner berühmten Abhandlung *Freedom of the Will* (1754) kritisiert E. die (nach seiner Interpretation) arminianische Auffassung, der Wille sei das selbständige Vermögen zur absoluten Selbstbestimmung. Nach E. ist der Wille die Aktualisierung der bestimmenden Neigung der Seele und ist auf das höchste erfaßte Gut ausgerichtet. Der Mensch realisiert seine Wahlfreiheit in dem von Gott gesetzten und im voraus gewußten Kausalnexus.

E.s phil.-theol. Konzeption trug dazu bei, daß das christl. Denken im nachrevolutionären Amerika – anders als in Europa – die bestimmende intellektuelle Kraft blieb. Ende des 19. Jh.s als obskurantistischer Erweckungsprediger weitgehend mißachtet, hat sein Werk in neuerer Zeit eine Renaissance erlebt.

Lit.: Perry Miller/John E. Smith (Hrsg.), The Works of J. E., New Haven (Conn.) 1957 ff. – Perry Miller, J. E., New York 1949.   C. S.

Ehrlich, Johannes Nepomuk (1810–1864). Ordenspriester, Prof. d. Phil., Moraltheol. und Fundamentaltheol. Verfaßt eine richtungsweisende *Fundamental-Theologie* (1859–62) und wird Mitbegründer dieser Disziplin.

Eichhorn, Johann Gottfried (1752–1827). Seit 1775 Prof. für oriental. Sprachen in Jena, seit 1788 für Phil. in Göttingen. E. entwickelt Gedanken †Semlers und †Herders weiter und begründet die bibl. Einleitungswiss., indem er die Kanon-, Text- und Entstehungsgeschichte der Bücher des AT (und NT) hist.-krit. untersucht. E. führt den Begriff des Mythos in die Bibelwiss. ein, wobei er die hinter den Mythen stehenden menschl. Grundwahrheiten auffinden will.

Elert, Werner (1885–1954). E. wurde am 19. Aug. 1885 in Heldrungen (bei Halle) geb. Er studierte von 1906–10 in Breslau, Erlangen und Leipzig Theol. (sowie Phil., Geschichte, Psychologie u. Jura). 1910 promovierte er in Erlangen zum Dr. phil., 1911 zum Dr. theol. Während des 1. Weltkriegs war E. Feldprediger. Von 1919 an wirkte er in Breslau als Direktor des Theol. Seminars der luth. Kirche in Preußen. In dieser Zeit entstand seine Darstellung der Beziehungen zwischen ev. Christentum und allg. Denken seit Beginn des 19. Jh.s (*Der Kampf um das Christentum* 1921). 1923 wurde E. Prof. für KG, DG und Symbolik in Erlangen. Hier schuf er sein größtes Werk: *Morphologie des Luthertums* (1931/32; 1965³), in dem sowohl die Theol. und Weltanschauung als auch die Soziallehren und Sozialwirkungen des Luthertums in einem umfassenden Entwurf dargestellt wurden. 1932 wechselte E. in Erlangen auf die Professur für Syst. und Hist. Theol. über und konzentrierte sich nun auf die Ausarbeitung seiner Dogm. (*Der christl. Glaube* 1940, 1960⁵) und Ethik (*Das christliche Ethos* 1949, 1961²). Dem NS-Staat stand E. anfangs positiv gegenüber. In dem Maße, in dem sich der Nationalsozialismus zu einem „irrsinnigen Cäsarismus" entwickelte, suchte E. eine gewisse Distanz. Er starb am 21. Nov. 1954 in Erlangen.

Grundlegend für E.s theol. Ansatz ist die schroffe Entgegensetzung von Gesetz und Evangelium im Sinne einer „Realdialektik". Die Erfahrung des Gesetzes (wie ↑Luther sie exemplarisch in seinen Klosterjahren gemacht hatte) ist für E. die Situation des natürl. Menschen, der dem verborgenen, zornigen Gott und seiner unerfüllbaren Forderung begegnet. Diesen Gott des Gesetzes kann der Mensch nicht lieben. Erst die Begegnung mit dem versöhnenden Gott des Evangeliums in Jesus Christus weckt im Menschen Glauben und Liebe. Nur vom Evangelium her ist für E. auch ein „Ethos unter der Gnade" möglich, das nicht mehr unter der Forderung des Gesetzes steht, sondern aus der Freiheit der Kinder Gottes erwächst. Mit diesem Freiheitspathos sowie mit der Verankerung der theol. Reflexion in der Glaubenserfahrung wußte E. sich in Übereinstimmung nicht nur mit der Reformation, sondern auch mit der Phil. (Fichte) und Theol. (↑Schleiermacher) des frühen 19. Jh.s. Die von ihm geplante Revision der ev. Dogmengeschichtsschreibung ist über Vorarbeiten nicht hinausgediehen.

Die (kirchen-)polit. Fehlleistungen E.s in der Zeit des Dritten Reichs überschatten die eigenständige und tiefgründige Leistung, die dieser gelehrte und scharfsinnige Historiker und Systematiker hervorgebracht hat.

Lit.: Ein Lehrer der Kirche. Kirchl.-theol. Aufsätze und Vorträge von W.E., hrsg. v. M.Keller-Hüschemenger, Berlin/Hamburg 1967. – Gedenkschrift für D.W.E., Berlin 1955 (Bibliogr.); L.Langemeyer, Gesetz und Evangelium, Paderborn 1970.

W.H.

Emser, Hieronymus (1478–1527). Kontroverstheologe, Humanist. Humanist. Vorlesungen in Erfurt, die auch von ↑Luther gehört wurden; unterhält bis zur Leipziger Disputation gute Kontakte mit dem Wittenberger Kreis; danach entschiedener Verfechter der kath. Lehre und Verf. von Streitschriften gegen die Reformation.

Ephraim der Syrer (306–373). E.

wurde im Jahre 306 in Nisibis oder dessen Umgebung als Sohn einer christl. Familie geb. Der erste Bischof von Nisibis, Jakob (308–338), eine strenge asketische Gestalt, unterrichtete ihn und übte großen Einfluß auf ihn aus. Der dritte Bischof von Nisibis, Vologeses (346–361), scheint auf E. noch größeren Einfluß als Jakob gewonnen zu haben, insbes. durch die Verbindung von Asketismus und Bildung in seiner Person; unter ihm war E. bereits ein berühmter Lehrer an der Schule von Nisibis und ein sehr geachteter Diakon. Unter dem Nachfolger von Vologeses, Bischof Abraham (361), spielte er die Rolle des Beraters. Nach der persischen Eroberung von Nisibis im Jahre 363 und seiner Übersiedlung nach Edessa tritt E. dort als Freund und Verteidiger nicht nur des Bischofs von Edessa, Barses, sondern auch des Bischofs Vitus von Harran auf, die er beide als Asketen schildert. Mit seiner in Edessa sicherlich fortgesetzten Lehrtätigkeit hängt wahrscheinlich die Entstehung der „Schule der Perser" zusammen. E. gilt als der Klassiker der syr. kirchl. Literatur; seine Bedeutung erstreckt sich auf die Bereiche der Exegese, Apol., Predigt und Dichtung. Als dichterische Form benützt er Memre (metrische Reden, Sermones) und Madrasche (sangbare Lieder, Hymnen). Wegen seiner dichterisch begabten Natur wurde er „Harfe des Heiligen Geistes" genannt.

Sämtl. echten Werke E.s sind in syr. Sprache verfaßt. Fast ausnahmslos sind sie im Original oder in frühen armenischen Übers. erhalten. Sehr früh wurden Schriften von E.

auch ins Griechische übertragen; lediglich ein winziger Bruchteil von ihnen läßt sich auf echte syrische Originale zurückführen.

Seine Werke lassen sich folgendermaßen einteilen: *Exegetische Schriften:* E. legt die Bibel aus, indem er nach ihrem wörtl. Sinn sucht. Er tut es in Kommentaren zu verschiedenen Büchern der Hl. Schrift wie auch in Homilienform. In seinen *Dogmatisch-polemischen Schriften* bekämpft E. Bardesanes, ↑Marcion, Mani und andere Häretiker; er tut es in verschiedenen Prosaschriften wie auch in vielen Hymnen. E.s *Asketische Schriften* behandeln asketische Fragen in verschiedenen Hymnen, in einem Brief und in seinem Testament. Schließlich verfaßte E. *liturgische* Hymnen für bestimmte Feste der Kirchen, behandelt in *sonstigen Schriften* z. B. hist. Ereignisse, wie etwa die persisch-byzantinischen Kämpfe um Nisibis, oder Naturkatastrophen, wie das Erdbeben von 358 (Verheerung von Nikomedien).

E.s Werk verrät keinen Einfluß von seiten der zeitgenöss. griech. Theol. Seine theol. und phil. Ausdrücke stammen eher aus der Zeit ↑Clemens' von Alexandrien, ↑Tatians und Theophilos von Antiochien. Theol. und kirchl. ist er auf jeden Fall ein Mann der „Großkirche" und bleibt ein klassischer Gelehrter für die nachkommenden syr. Christen.

Seine Begrifflichkeit bei der Beschreibung der Inkarnation Jesu Christi ist unpräzis; um die Einheit der Naturen auszudrücken, verwendet er den Ausdruck „er legte den Leib an" oder „wurde vermischt". Noch weniger differenziert ist seine

Pneumatologie; der Hl. Geist wird in seinem Wesen nie ausdrücklich Gott genannt. Merkwürdig ist seine Bezeichnung als „Feuer und Geist", die E. auch für die Engel verwendet. Was E.s Mariologie angeht, so kann aus seiner Formulierung im *Carmen Nisib.* 27, 44 ff. kein Beleg für die sog. „Unbefleckte Empfängnis Mariä" gewonnen werden. Zur Auffassung von der Eucharistie ist interessant die Bitte aus seinem Testament, man möge 30 Tage nach seinem Tod das Heilige Opfer darbringen.

Lit.: E. d. S., in: LThK 3, 926–929 (E. Beck); RAC 5, 520–531 (E. Beck); H.-G. Beck, Kirche und theol. Literatur im byzantinischen Reich, München 1977²; B. Altaner – A. Stuiber, Patrologie, Freiburg-Basel-Wien 1980, 343–346; TRE 9, 755–762 (R. Murray). *A. F.*

Erasmus, Desiderius (1466?–1536). E., nach seiner Heimatstadt „von Rotterdam" benannt, wurde wahrscheinlich 1466, am 18. Okt., in Gouda geb. Seinem Bildungsweg und seiner Lebensweise nach nennt er sich treffend einen „Weltbürger". Seit 1514 lebte er überwiegend in Basel, wo er am 12. Juli 1536 starb (Grab im Münster). Die Zeitgenossen schon sahen in ihm den „Fürsten" der Humanisten. Eine Sammlung antiker Sprichwörter (*Adagia*, 1500), das *Enchiridion militis christiani* (Handbüchlein eines christl. Streiters, 1503), das satirische *Moriae Encomium* (Lob der Torheit, 1511) und die *Colloquia familiaria* (Vertraute Gespräche, 1518) haben E. zu dem gelesensten Schriftsteller seines Jh.s gemacht. Anschaulich

wird die Zielvorstellung E.' an seiner wiss. bahnbrechenden, erstmaligen Edition des griech. NT (1516): den Text bereichert er mit einer neuen lat. Übers. und mit „Anmerkungen" und umgibt ihn mit einer Widmung an den Papst sowie drei Abhandlungen, deren mittlere er 1518 zu der Programmschrift *Ratio seu methodus compendio perveniendi ad veram theologiam* (Weise oder Weg, umweglos zur wahren Theol. zu gelangen) erweitert. Damit meint E. die „Philosophia Christi", d. h. eine Synthese von aus dem NT (in den Volkssprachen!) zu schöpfender Christusfrömmigkeit und aus den Quellen des kirchl. Altertums und der Antike zu gewinnender Bildung. Anstelle der seiner Meinung nach methodisch veralteten schol. Logik und Begriffsbildung befürwortet E. die (von ihm selbst in glanzvoller Sprache und Dialektik beherrschte) Rhetorik als Kunstlehre der Darstellung des schlichten Evgl.s Jesu. Von diesem aus hat E. alle von †Luther bestrittenen Institutionen der Kirche (Tradition, Mönchtum, Sakramentenlehre, Beichtpraxis usw.) und ihre Verweltlichung auch schon vor diesem kritisiert. Aber nach 1520 erweist sich E. keineswegs, wie man ihm vorwarf oder zumutete, als „Bannerträger" der Reformation, sondern, wiewohl Distanz zu beiden Parteien wahrend, als Anwalt einer Kath. Reform in Kirche und Gesellschaft und als treuer Sohn der Papstkirche, der er sich in allem „gern unterwerfe". Von allen Seiten „provoziert", diskutiert er 1524 Luthers Theol. an ihrem empfindlichsten Punkt: der Ausschließung des freien Willens aus Gottes

Gnadenhandeln am Menschen. E. beruft sich dabei nicht nur auf den kirchlichen „Konsensus so vieler Jh.e", sondern auch auf die allg. Evidenz des Moralischen, das Freihandelnkönnen logisch voraussetze, sowie auf die Hl. Schrift, als deren Zentrum er die Bekehrungsfrömmigkeit sieht. Er lehrt, wie die ihm völlig vertraute ma. Schultheol., daß „die Kraft des Willens nicht ganz ausgelöscht, aber zum Guten (ewigen Heil) unwirksam sei, es sei denn, durch den Glauben trete die Gnade hinzu". Diese in *De libero arbitrio diatribe sive collatio* (Abhandl. oder Gespräch vom freien Willen) vorgetragene Sicht beurteilt Luther in seiner Gegenschrift *De servo arbitrio* (Vom geknechteten Willen, 1525) als mangelnde Einsicht in die mit ‚Sünde' bezeichnete Situation des Menschen vor Gott (und aller darin notwendig beschlossenen theol. Aussagen), wie denn E. tatsächlich die Erbsünde als bloße Hypothese ansieht. Daß aber E.' logische Argumentation zutrifft und mit dem Glauben als Akt rein passiver Annahme der Gottesgerechtigkeit vereinbar ist, hat schon ↑Melanchthon erkannt und über ihn hinaus ↑Chemnitz weiter geklärt.

Außer Luther, ↑Brenz und ↑Osiander sind alle Reformatoren wenigstens vorübergehend „Erasmianer" gewesen. Nachhaltig aber hat E. mit seiner bewußten dogm. Unbestimmtheit, Ethisierung des Christentums und kirchl. Freiheitsgesinnung, bes. durch D. V. Coornheert (1522–90), die niederländische Reformbewegung vor und neben dem Calvinismus geprägt (aus welcher ↑Arminius und ↑Grotius hervorgehen) und auch auf den Anglikanismus, auf ↑Calixt und ↑Leibniz gewirkt. Vermittelt durch diese Überlieferung konnte die Aufklärung den doch alles an der Kirche Christi orientierenden E. als einen ihrer Väter stilisieren.

Lit.: Zweisprachige Studienausgabe, 8 Bde., Darmstadt 1967–80; Briefe, übers. v. W. Köhler, Bremen 1956[3], Neudruck 1986. – RGG IV, 534–537 (F. Hauss); TRE 10, 1–18; GKG 5, 53–75 (C. Augustijn).   *Th. M.*

Erbermann, Vitus (1597–1675). Kontroverstheologe. Ehem. Lutheraner, konvertiert 1620; Jesuit; Leitung des päpstl. Seminars Fulda; verteidigt in seinen Schriften ↑Bellarmin und greift ↑Calixt, ↑Gerhard u.a. an.

Ernesti, Johann August (1707–1781). Theol. Prof. in Leipzig. Exeget und Hrsg. des angesehenen Rezensionsorgans *Neue* (seit 1770: *Neueste*) *Theol. Bibliothek* (1760 ff.) E. wandte sich gegen pietist. Subjektivismus und gegen das Heilsziel der *unio mystica*. Statt dessen betont er die normative Gültigkeit der Schrift für alle kirchl. Lehre. Die ntl. Wunderberichte versteht E. als Wahrheitszeugnisse für das Evangelium (*Verteidigung des Willkürlichen in der Rel.* 1765).

Eß, Leander van (1772–1847). Pfarrer, Benediktiner, ao. Prof. an der kurze Zeit bestehenden Kath.Theol. Fakultät Marburg (Vorgängerinstitution des heutigen Kath.Theol. Seminars Marburg). Bibelübersetzer;

tritt für uneingeschränkten Volksgebrauch der Bibel ein.

Euagrios Pontikos (346–399). Gehört zum Kreis der Kappadokier, lebt seit 382 in der Wüste. Aszet, angesehener Schriftsteller; verarbeitet eigenständig das myst. Ideengut des ↑Origenes und des ↑Gregor v. Nyssa. Formuliert die Terminologie griech. Aszetik und Mystik, die für lange Zeit gültig ist. Nachwirkung noch im MA.

Eudes, Jean (1601–1680). Erneuerer des rel. Lebens in Frankreich des 17. Jh.s. Oratorianer, Priester, Volksmissionar, Stifter einer Kongregation. Zentrum seiner aszet. geprägten Theol. sind der Kult der Herzen Jesu und Mariä bzw. der „amour affectif".

Eusebius von Cäsarea (ca. 260/65–339). Seit ca. 313 Bischof von Cäsarea. Verehrer des ↑Origenes, bekannt wegen seiner hist. Arbeiten (Chronik, Kirchengeschichte, *Vita Constantini*) und seiner apol. Schriften *(Präparatio Evangelica, Demonstratio Evangelica).* Vorübergehend abgesetzt, erreichte er auf dem Konzil von Nicäa (325) seine Rehabilitierung. Später kämpfte er gegen ↑Marcellus von Ancyra, in dem er einen Vertreter des ↑Sabellianismus erblickte.

Eutyches (ca. 378–bald nach 454). Archimandrit, theol. wenig bedeutender radikaler Verfechter der Christol. ↑Cyrills von Alexandrien gegen ↑Nestorius. Durch seine Verurteilung (448) kam es zum eutychianischen Streit. Nachdem er zusammen mit Dioskur von Alexandrien auf der „Räubersynode" in Ephesus (449) siegreich geblieben war, wurde er in Chalcedon (451) verurteilt. Seine Christol. gilt als häretischer Gegensatz zum Nestorianismus.

Fabri, Johannes (1478–1541). Christl. Humanist, seit 1518 Generalvikar v. Konstanz. Neben seiner Teilnahme an etlichen Reichstagen und Religionsgesprächen war F. direkter Kontrahent von ↑Zwingli bei der ersten Zürcher (1523) und der Badener Disputation (1526); die von Zwingli in Zürich geforderte Austragung der Debatte über seine schriftl. Propagierung des Brechens der Fastengebote und der freien Predigt des Evgl. wurde von Fabri entschieden, indem er der Versammlung die Entscheidung verbot; im Auftrag von Karl V. arbeitete er mit an der *Confutatio,* die die Widerlegung der Confessio Augustana von 1530 darstellen sollte.

Feckes, Carl (1894–1958). Dogmatiker; Schwerpunkte: Gnaden- und Kirchenlehre sowie Mariologie. Mitglied der Päpstl. Theol. Akademie.

Fénélon de Salignac de la Mothe, François (1651–1715). Neben ↑Bossuet der bedeutendste frz. Theologe seiner Zeit; Erzbischof von Cambrai. Hat bes. Verdienste um Homiletik, Pastoral, Erziehung und Bildung, Mystik. Verwickelt in den Quietismusstreit um die reine, uninteressierte Gottesliebe; seine Schriften beeinflussen den dt. Pietismus, ↑Lavater, ↑Sailer und W. E. v. Ketteler.

Fisher, John (1469–1535). Kontroverstheologe, Märtyrer. 1504 Kanzler der Univ. Cambridge, Bischof von Rochester; veranlaßt die Berufung von Erasmus nach Cambridge; überragt in Inhalt und Ton seiner Schriften die übrigen vortridentin. Kontroverstheologien. Hinrichtung im Umfeld der Ehescheidung Heinrichs VIII.

Flacius (Vlacich), Matthias (1520–1575). Geb. am 3. März 1520 in Albona (Istrien; daher Beiname „Illyricus"), humanist. erzogen in Venedig, von seinem Onkel, einem Anhänger †Luthers (später Märtyrer), 1539 nach Deutschland geschickt, 1541 in Wittenberg durch Luthers Seelsorge aus depressiver Verzweiflung zur Gewißheit der ‚Gerechtigkeit allein durch den Glauben' gelangt. Diese Erfahrung ist der Schlüssel zu seinem Leben: F., einer der Südeuropäer, die vom Kath. zur Reformation übergehen, der deutsch zwar schreiben, aber nie sicher sprechen konnte, wird (vor †Brenz und †Chemnitz) der Begründer des Luthertums als Konfession. Er wurde dies, weil er sich verpflichtet fühlte und wagte, sich mit einigen wenigen anderen gegen die von Kaiser Karl V. als „Interim" betrachtete, zu seinem Entsetzen von †Melanchthon geduldete Kirchenpolitik einer begrenzten Wiederannäherung an den Katholizismus zu stellen. Die theol. Grundlage dieser „Zwischenlösung" durchschaute er als unvereinbar mit der Rechtfertigungslehre; die Wiedereinführung einiger kath. Riten lehnte er konsequent als Durchsetzungsmittel jener falschen Theol. ab, da „nihil esse adiaphoron in casu confessionis . . ." (im Bekenntnisfall nichts neutral ist). F., seit 1544 Prof. in Wittenberg, verließ die Stadt 1549 und entfachte von Magdeburg aus eine wahre Pressekampagne, welche die Phase der Lehrstreitigkeiten um die der Rechtfertigung entsprechende Anthropol. auslöste. Diese grundlegenden Kontroversen überdauern die Änderung der polit. Konstellation von 1552, die 1555 zum Augsburger Rel.frieden führt, haben sie aber auch mit herbeigeführt. Das Scheitern der Vermittlungspolitik des Kurfürsten Moritz ist ohne F.' Mobilisierung eines breiten öffentl. Bewußtseins für die Wahrheitsfrage in allen Schichten nicht zu erklären. Insoweit verdankt das Luthertum in seiner lebensgefährlichsten Krise F. seinen Bestand.

Seit 1557 Prof. in Jena – der neuen Univ. des Ernestinischen Sachsen, jetzt polit. Vorort entschiedenen Luthertums – vermag F. nicht, sich gegen die endgültige Etablierung des landesherrlichen Kirchenregiments durchzusetzen. Die Inanspruchnahme „politischen Ungehorsams" führt 1561 zu seiner Absetzung. Gleichzeitig radikalisiert er, von seinen philippistischen Gegnern getrieben, seine Theol. in die Behauptung, „diese meine Substanz und Natur (als Mensch) sei vor Gott Sünde". Nunmehr isoliert, aber auch verfemt, irrt er von Ort zu Ort, bis er am 11. März 1575 in Frankfurt stirbt.

Diesem Leben ringt F. vielseitige, bedeutende wiss. Leistungen ab: mit dem *Catalogus testium veritatis* (1556, Nachdruck 1986) und den von ihm inspirierten *Magdeburger Zenturien* (1559–74) begründet er die vom Standpunkt des Prot. kritische KG-Schreibung; mit der einflußreichen *Clavis Scripturae sacrae* (1567, Teilneudruck 1968) legt er ein Wörterbuch und Abhandlungen zum Verständnis und zur Auslegung der Bibel vor; seit 1553 gibt er, in Auseinandersetzung mit ↑Schwenckfeld, als erster eine genaue Bestimmung des Begriffes der Hl. Schrift als Wort Gottes, die Gemeinbesitz der Orth. wird (↑Gerhard).

Lit.: Hirsch, Hilfsbuch, 314 f., 339 f.; TRE 11, 206–214 (O. K. Olson); GKG 6, 277–293 (P. F. Barton). *Th. M.*

Flatt, Johann Friedrich (1759–1821). Flatt, Karl Christian (1772–1843). Die beiden Brüder waren Prof. der Theol. in Tübingen (seit 1792 bzw. 1804) und zus. mit ↑Storr die Hauptvertreter der supranaturalist. ausgerichteten „älteren Tübinger Schule". Während J. F. F. gegen Kant die Notwendigkeit einer übernatürlichen Off. behauptete, löste sich sein jüngerer Bruder von einem anfangs durch Kant bestimmten Verständnis der Versöhnungslehre und sorgte durch die Übersetzung von Storrs *Lehrbuch der christl. Dogm.* (1803) für dessen Popularisierung.

Forsyth, Peter Taylor (1848–1921). Bedeutendster Vertreter der späten kongregationalistischen Theol., die durch ihre Betonung der Autonomie der Gemeinde u. a. ↑Barth beeinflußte. F. hob gegenüber der zeitgenöss., als Metaphysik der Evolution konzipierten anglik. Logostheol. den Primat der als Auslegung des Kreuzes-

todes Christi entfalteten Soteriologie hervor und vertrat das Programm einer „Moralisierung" des Dogmas.

Franck, Sebastian (ca. 1500–1542). Geb. in Donauwörth. Nach Studien und Tätigkeit als Geistlicher in Süddeutschland gibt er 1528 seinen Beruf auf und lebt als bewußt „freier" Schriftsteller, Handwerker und Drucker in Nürnberg, 1530 in Straßburg, 1532 in Eßlingen, 1533 in Ulm, 1539 in Basel, wo er stirbt. F. ist der „Sonderling", als der er sich verfolgt sah, gewesen: ein radikaler Individualist und Wahrheitssucher, der, von der Entwicklung der Reformation früh enttäuscht, sich seitdem von jeder organisierten Rel. und syst. Lehrbildung – auch im linken Flügel der Reformation, den er doch „näher bei Gott" sieht – fernhält. Aufgrund seiner Erfahrungen wird er zunehmend Pessimist, der die erwartete Reform auf die Dimension reiner Innerlichkeit reduziert. Für seine Entwicklung war seine Frau Ottilie, eine Schwester der Nürnberger sog. „gottlosen Maler" Hans und Barthel Behaim, offenbar von Bedeutung, wie ↑Luther urteilte: „Er hat eine Frau, die ist voll des Geists und inspiriert ihn." Die von F. gewählte Rolle läßt ihn in Anlehnung an Mystiker und den Spiritualismus, aber in unsyst., aphorist. und häufig paradoxer Form argumentieren. Eine wahre Kirche existiert nirgends (außer ganz am Anfang ihrer Geschichte). Sie war schon immer überholt durch den „vierten Glauben": die unsichtbare Geist-Kirche, die von Gott unvermittelt durch das Innere Wort konstituiert wird. Es gibt sie in allen

Rel.en. Ihre Kennzeichen sind Wiedergeburt, Liebe, Leiden (unter Verketzerung) und Glaubensfreiheit. In der Geschichte herrscht das Gesetz notwendiger Veräußerlichung des Inneren. Damit lehnt F. Luthers Schriftprinzip (von F. stammt das Schlagwort vom „papiernen Papst") und Lehre von der Rechtfertigung allein aus Glauben ab. Von den Reformatoren als Gegner ernst genommen (Luther empörte seine keine Position zulassende Skepsis) und (mit ↑Schwenckfeld) 1540 auf einem Theologenkonvent in Schmalkalden offiziell verurteilt, haben seine Ideen und Bücher (*Chronica, Zeitbuch und Geschichtsbibel* 1531; *Paradoxa* 1534; *Weltbuch* 1534 u.a.) stark gewirkt (auf ↑Weigel; indirekt auf ↑Arminius). Bemerkenswert ist seine (anonyme) Ablehnung der Rechtfertigung des Krieges (*Kriegbüchlein des Friedens* 1539).

Lit.: RGG II, 1012 f. (W. Zeller); GKG 6, 119–128 (H. Weigelt); TRE 11, 307–312 (A. Séguenny). *Th. M.*

Francke, August Hermann (1663–1727). Am 12. März 1663 in Lübeck geb., erlebte F. seine Kindheit in Gotha, wohin der Vater 1666 als Hofrat berufen wurde, aber bereits 1670 starb. Nach einem Studiensemester in Erfurt (1679) zog F. nach Kiel, wo er bis 1682 mit einem Stipendium der Familie studierte und wo der reformbewußte Lutheraner und Freund ↑Speners Christian Korthold sein Lehrer und Berater wurde. Eine erzwungene Studienunterbrechung nutzte der sprachbegabte F. zu philol.-hist. Studien, bis er 1684

sein Studium in Leipzig fortsetzen konnte. 1685 Mag., hielt er dort bibl.-philol. Vorlesungen, übersetzte zwei Traktate des span. Mystikers M. de Molinos und ließ sich durch mystisch-erbauliche Lit. beeindrukken. 1686 gründete er mit Freunden ein *Collegium Philobiblicum,* das sich bald einer wachsenden Teilnehmerzahl erfreute. Aus einer tiefen persönl. Krise mit schweren Glaubenszweifeln fand er durch eine Gebetserfahrung heraus. „Mit unaussprechlicher Freude und großer Gewißheit" entschloß er sich zu einem Leben im Dienst am Nächsten und zum Verzicht auf eine Gelehrtenlaufbahn. Er wurde 1690 zum Pfarrer in Erfurt, 1691 in Glaucha bei Halle und zum Prof. für orientalische Sprachen an die 1694 eröffnete Univ. Halle berufen, wo er 1698 eine theol. Professur übernahm. Von Glaucha aus begründete er sein großes soziales und pädagogisches Lebenswerk. Bald umfaßte es nicht nur das Waisenhaus, mehrere Schulen und ein Lehrerseminar, sondern auch einen Verlag, eine Druckerei, eine Buchhandlung und eine öffentl. Apotheke. 1727 gehörten etwa 3000 Personen zu seiner Stiftung. F. starb am 8. Juni 1727 in Halle.

Die sein gesamtes Lebenswerk bestimmende Grundausrichtung ergab sich aus der Erfahrung der den Menschen erneuernden Gnade Gottes, die F. auf praktikable Ziele auszurichten verstand. Die vielfältigen Anregungen Speners und anderer Freunde setzte er in konkrete Reformen um, die dem umfassenden Ziel einer christl. Weltreform zugeordnet waren. Das Theol.studium sollte vor allem dem Verstehen der Bibel und der Vorbereitung auf die Praxis dienen. Die Bibelübersetzung ↑Luthers war dem Urtext entsprechend zu revidieren. Kinder und Jugendliche sollten zu „wahrer Gottseligkeit" und zu „christl. Klugheit" erzogen werden. Innerweltl. Askese und beste Ausnutzung aller Möglichkeiten standen im Dienst konkreter Lebensverbesserung aus Nächstenliebe. Trotz tiefsitzender Vorbehalte gegen die erstarkende Aufklärung hat F. auch im wiss. und pädagogischen Bereich (Sprachen, Naturwiss. und Handwerk im Unterricht) Vorbildliches geleistet. Sein Einfluß auf die Gesellschaft und den Staat wurde durch die Förderung der preuß. Regierung verstärkt. Verbindungen in viele europäische und außereuropäische Länder nutzte F. zur Unterstützung der Äußeren Mission und der ev. Diaspora.

Lit.: Werke in Auswahl, hrsg. v. E. Peschke, Witten/Berlin 1969. – TRE 11, 312–320 (F. de Boor) (Lit.). E. Beyreuther, A. H. F., Marburg 1961².

M. M.

Frank, Franz Hermann Reinhold (1827–1894). Seit 1857 Prof. in Erlangen, neben ↑v. Hofmann und G. Thomasius (1802–75) Hauptvertreter und führender Systematiker der Erlanger Erfahrungstheol., die sich zugleich als konfessionell geprägte luth. Theol. versteht. Ausgangspunkt von F.s theol. System ist das christl. Selbstbewußtsein, das er expliziert als im Bewußtsein, das der Wahrheit versichert ist (*System der christl. Gewißheit* 1870/73), die Wahrheit erkennt (*System der*

christl. *Wahrheit,* 1878/80) und die Wahrheit tut (*System der christl. Sittlichkeit* 1884/87).

Franz von Assisi (1181/82–1226). Geb. als Sohn einer wohlhabenden Bürgersfamilie von Assisi, verzichtete er auf Besitz und Erbe und lebte seit 1208 gemäß den Aussendungsworten Jesu (Mt 10,7 ff.) ohne Wohnung und Habe als Wanderprediger. In der Übernahme der Leiden und der Armut Christi erkannte er die frohe Botschaft des Evgl.s für seine Zeit. Seine wachsende Gefolgschaft verband er im Orden der fratres minores (OFM). Diesem trat bald ein zweiter und dritter Orden (für Frauen und Laienbrüder) an die Seite. 1228 wurde F. heiliggesprochen. Obwohl F. selbst theol. Gelehrsamkeit gegenüber zurückhaltend-skeptisch war, brachte der OFM schon bald eine ganze Reihe bedeutender Theologen hervor (Franziskanerschule).

Franz von Sales (1567–1622). Gründer der salesianischen Ordensfamilie, Kirchenlehrer, bedeutender Mystiker der nachref. Zeit. Führt Rekatholisierung der Region von Chablais durch; 1602 Bischof von Genf; setzt tridentin. Beschlüsse durch. Repräsentativer Vertreter des kath. Barock, einer recht verstandenen Anthropozentrik und einer zurückhaltenden Mystik.

Franzelin, Johannes Baptist (1816–1876). F. wurde am 5. April 1816 in Aldein (Tirol) geb. 1834 trat er in den Jesuitenorden ein. Ab 1845 studierte er als Schüler von Perrone und

†Passaglia in Rom. In den Revolutionsjahren 1848/49 ging er, wie die beiden Genannten (sowie †Schrader), ins Ausland und hielt sich wie sie in England, Belgien und Frankreich auf. Seit 1850 wieder in Rom, wurde er zunächst Studienpräfekt und Repetitor am Germanikum, dazu lehrte er oriental. Sprachen am Collegium Romanum. Von 1857 bis 1876 war er als Prof. für Dogm. am Collegium Romanum tätig. Pius IX. ernannte ihn aufgrund seiner Verdienste um das I. Vatikanum zum Kardinal (1873). Der tieffromme und äußerst bescheidene Theologe starb am 15. April 1876.

Seit 1863 erschienen die Traktate F.s im Druck. Sie sind gekennzeichnet durch sehr logischen Aufbau und äußerst präzise Gedankenführung. Nicht zuletzt deshalb fanden sie große Verbreitung im theol. Schulbetrieb. Unter den Arbeiten nehmen einen besonderen Platz ein: *Tractatus de SS. eucharistiae sacramento et sacrificio* (1868); *Tractatus de Verbo incarnato* (1870) und *Theses de Ecclesia Christi* (posthum 1887). Er verbindet in allen seinen Werken den hist. Ansatz mit spekulativer Durchdringung, ohne sich sehr eng an die in der kath. Schultheol. seiner Zeit üblichen, schol. Distinktionsformeln zu halten. F. war in seiner Theol. von †Drey, †Möhler, †Döllinger und anderen Theologen des 19. Jh.s. nachhaltig beeinflußt. In ihm findet die „Römische Schule", repräsentiert vor allem durch Perrone, Passaglia und Schrader, ihren Abschluß und Höhepunkt.

Von besonderer Bedeutung ist seine Teilnahme an den Vorbereitungen des Schemas über die Kirche für das I. Vatikanische Konzil. Zwar waren alle Theologen der „Römischen Schule" von erstrangigen Theologen des letzten Jh.s., wie den obengenannten, beeinflußt. Aber nur über F. kann das so weitgehende Urteil ausgesprochen werden, daß in ihm „zugleich Möhler auf diesem Konzil anwesend" war (†Geiselmann). Vermutlich wäre die Ekklesiol., ja die gesamte Theol. des II. Vatikanums, ohne die Vermittlergestalten der „Römischen Schule", denen es gleichwohl an Originalität nicht fehlte, so nicht möglich geworden.

Lit.: W. Kasper, Die Lehre von der Tradition in der römischen Schule, Freiburg/Basel/Wien 1962; Lauchert, Art. „Franzelin", in: Allg. Dt. Bibliogr. 48, 1904, 730 f.   *H. W.*

Frohschammer, Jakob (1821–1893).

1847 Priester, Theologe, o. Prof. für Phil. Versucht Synthese von Phil. und Theol. im spätidealist. Geist; gerät durch seine Aussagen über den Generatianismus und Frontstellung gegen die Schol. in Konflikt mit Rom.

Fuchs, Ernst (1903–1983).

Der in Heilbronn geb. NTler war ein eigenständiger Schüler †Bultmanns. Er lehrte in Tübingen, Berlin und Marburg. Zus. mit G. Ebeling (geb. 1912) wurde er zum Begründer der Hermeneutischen Theol. F. stellt – auch in seiner Rückfrage nach dem hist. Jesus – die Exegese ganz in den Dienst der Verkündigung, um so dem Anspruch des Textes und der Bedeutung der Sprache (als „Sprachereignis") für die Sache des Glaubens gerecht zu werden. Hauptwerk *Marburger Hermeneutik* (1968).

Fulbert von Chartres (ca. 960–1028). Schüler Gerberts von Aurillac (des späteren Papstes Silvester II.), Lehrer ↑Berengars, Bischof und Begründer der theol. Schule von Chartres, in der Einflüsse neuplatonischen Denkens und arab. Schrifttums aufgenommen und naturwiss., phil. u. theol. fruchtbar gemacht wurden.

Fulgentius v. Ruspe (467–532). Bischof von Ruspe; Theologe und hervorragender Polemiker. Seine Schriften richten sich v. a. gegen den Arianißt und Semipelagianismus; schließt sich dabei eng an ↑Augustinus an. Sein dogm. Kompendium *De fide* wurde im MA sehr viel verwendet.

Geiselmann, Josef Rupert (1890–1980). G. wurde am 27. Febr. 1890 in Ulm geb. Sein Studium der Theol. in Tübingen fiel in die Zeit des Modernismusstreites, dessen Opfer sein Lehrer Wilhelm Koch wurde, der seinen Lehrstuhl verlor. 1919 wurde G. nach kurzer Seelsorgetätigkeit als Repetent an das Wilhelmstift in Tübingen berufen. Er blieb ein Tübinger bis zu seinem Tod am 5. März 1980.

1922 wurde G. zum Dr. theol. promoviert, 1925 erfolgte seine Berufung zum Priv. Doz. für Dogm., 1930 wurde er ao. Prof., 1934 übernahm er an der kath. Theol. Fak. in Tübingen den Lehrstuhl für schol. Phil. und Fundamentaltheol., 1949, nach der Emeritierung seines Lehrers

↑K. Adam, wandte er sich wieder den Ursprüngen seiner Theol. zu: der Dogm.

Die Bedeutung G.s liegt vor allem in seiner Forschungsarbeit. Zunächst hat er sich dogmengesch. Themen zugewendet und dabei die Abendmahlstheol. in der Zeit der Vorschol. erarbeitet.

Sein Hauptforschungsgebiet war indes die Kath. Tübinger Schule des 19. Jh.s in ihren wichtigsten Vertretern: ↑Drey, ↑Möhler, ↑Kuhn. Die Beschäftigung mit Möhler hat ihn ein Leben lang nicht losgelassen.

G. hat nicht nur mustergültige Ed.n der Werke Möhlers vorgelegt, er hat die Grundlagen und den Vollzug der Theol. der Tübinger Schule aus den Quellen erarbeitet und sie für die Situation in der Gegenwart lebendig gemacht, vor allem die Theol. des Glaubens, der Kirche und der Überlieferung. Daß die Theol. der Tübinger Schule bis zur Gegenwart wirksam und lebendig ist, ist G.s Werk und Verdienst. In der Beschäftigung mit dieser Theol. ist G. auch an ein kontroverstheol. und ök. wichtiges Problem geraten: an das Verhältnis von Schrift und Überlieferung, das er in einer Neuinterpretation der betreffenden Texte des Konzils von Trient so bestimmt hat: Das Ganze der geoffenbarten Heilswahrheit als Inhalt des christl. Glaubens ist sowohl in der Schrift wie in der Überlieferung enthalten. Diese beiden Größen sind nicht zwei zu addierende Summen, um das Ganze zu gewinnen, sondern zwei Gestalten des Gleichen: Überlieferung ist Interpretation der als normativ und traditionskritisch anzusehenden Schrift;

Überlieferung ist Schriftauslegung. Diese Konzeption ist auch im Zweiten Vatikanum wirksam geworden, vor allem in der Konstitution über die göttliche Off.

In seinem Werk *Jesus der Christus* (1951) hat G. für die gegenwärtige Theol. bahnbrechend gewirkt. Er hat in glücklicher Weise Exegese und Systematik verbunden. Dabei ist er auch in eine schöpferische Auseinandersetzung mit der ev. Theol., vor allem mit ↑Bultmann getreten. Mögen auch manche Einzelheiten inzwischen überholt sein, das von G. vorgelegte Programm bleibt aktuell und ist geeignet, auch neuen Problemstellungen gerecht zu werden.

Lit.: Die wichtigsten Werke R.G.s: Lebendiger Glaube aus geheiligter Überlieferung, Mainz 1942; Jesus der Christus, Stuttgart 1951; Die theol. Anthropol. J.A.Möhlers, Freiburg 1955; Die lebendige Überlieferung als Norm des christl. Glaubens, Freiburg 1959; Die Heilige Schrift und die Tradition, Freiburg 1962; Die Katholische Tübinger Schule, Freiburg 1964. – J.Betz/H.Fries, Kirche und Überlieferung, Festschrift zum 70.Geburtstag, Freiburg 1960 (mit Bibliogr.).   *H.F.*

Gerhard, Johann(es) (1582–1637).
G., geb. am 17.Okt. 1582 in Quedlinburg, nennt ↑Arndt, der ihm 1598 bei der Überwindung einer akuten Pubertätsneurose beistand und ihn auch weiterhin als Theologe und Arzt beriet, seinen „geistl. Vater" (G.s Verfassung war lebenslang von einer Mischung von Kränklichkeit, Schwermut und bewußter, intensive Arbeit ermöglichender Ergebenheit gezeichnet). 1599 Studium in Wittenberg (zunächst Phil. und vorwie-

gend Medizin), 1603 in Jena, 1604/5 in Marburg ↑Mentzers Schüler, nach kurzer Lehrtätigkeit in Jena 1606–15 Superintendent, dann Generalsuperintendent in Coburg, von 1616 bis zu seinem Tode am 17.Aug. 1637 Prof. in Jena. Aus der Zeit einer lebensgefährlichen Krankheit 1603 stammt sein Erstlingswerk *Meditationes sacrae* (1606), mit dem G. neben Martin Moller, Philipp Nicolai und Johann Arndt um die Jh.wende eine neue Synthese von „Orth." und „Frömmigkeit" begründet: „Schlecht wird gelebt, wo von Gott nicht gut geglaubt wird; aber umgekehrt wird unnütz geglaubt, wo nicht gut gelebt wird", heißt es in G.s Vorwort. Zur wiss. Theol. sagt G., er „kritisiere nicht die Sache selbst, aber ihren Mißbrauch. Mit Recht wird Mühe und Fleiß zur genauen Erkenntnis der Glaubensartikel aufgewandt". Dieser Aufgabe entspricht G. – auch auf Anregung der ref. Herzogin Christine von Eisenach (einer Tochter Moritz des Gelehrten), die ihn in dogm. Diskussionen verwickelt – mit seiner von 1610–22 in neun Bänden erscheinenden Dogm. In der 1.Hälfte des 17. Jh.s waren seine *Loci theologici* (hrsg. v. E.Preuß 1863–75) das umfassendste Werk luth. Theol. Daß es dennoch deren gleichzeitige lebhafte wiss. Entwicklung nicht recht widerspiegelt, ist daraus zu erklären, daß G. sich 1625 in zutreffender Selbsterkenntnis als „in höchstem Maß um Ruhe und Friedensliebe bemüht" bezeichnet. Zwar war G., der 1603 in Jena als erster über Metaphysik las und damit die von Cornelius Martini in seinem Helmstedter Kolleg 1597–99 und von ↑Suarez zur syst. Wiss. verselbständigte Metaphysik übernahm, ebenso wie die Methodologie Zabarellas. Dies war der Ausdruck des Bewußtseins, daß die Theol. sich wie jede andere Wiss. mittels der Logik und der anerkannten Grundsachverhalte der Realwelt darstellen kann und will *(usus organicus)*. Die Verschränkung zeigt sich von Anfang an: die Theol. besitzt ein im phil. Sinn als Axiom geltendes „Erkenntnisprinzip": die Hl. Schrift. Es erschließt „Gottes Wesen und Willen" (so G. im Anschluß an ↑Chemnitz und ↑Melanchthon). Umgekehrt ist Gott „Existenzprinzip" des theol. Grundsachverhaltes: des (wie G. unter ref. Einfluß sagt) „ewigen" „zwei"fachen „Dekretes" Gottes zur „Schöpfung des gesamten Universums und Wiederherstellung des Menschengeschlechts". Die Anordnung der „Themen" der Dogm. folgt der „in der Zeit" wahrnehmbaren „Ausführung" dieses Dekrets. Da die Hl. Schrift die Quelle dieser Erkenntnis ist, wird sie vor der Gotteslehre behandelt. Wie vor allem, ist Gott aber auch Seinsprinzip dieses Erkenntnisprinzips: „Die Hl. Schrift ist Gottes Wort schriftlich aufgezeichnet", und umgekehrt: „Sie ist Gottes Stimme, als spräche Gott heute unmittelbar zu uns." Dabei sind Gottes Gedanken und die Schrift wie „Zeichen und Bezeichnetes" logisch verschieden und real eins. Im Unterschied von Sprache im allgemeinen eignet damit der Hl. Schrift ein nicht nur relativ wahrscheinliches, sondern absolut sicheres Kriterium der Gewißheit um Wahrheit: „das innere Zeugnis des

Hl. Geistes" *(testimonium spiritus sancti internum)*. Denn sie ist „inspiriert" (eingegeben), daher das von ihr Vorgelegte „offenbart". G. hat mit dieser Lehre vom einzigen – nach seiner Meinung eigentlich unter Christen keiner Diskussion bedürftigen – theol. Erkenntnisprinzip einen unbestrittenen und schulbildenden Höhepunkt orth. Reflexion erreicht. In ausgereifter Form wird diese Konzeption erst 1625 in der Neubearbeitung des 1. Bd.s seiner Dogm. vorgelegt. In erstaunlichem Gegensatz dazu wirkt das „Vorwort", in dem er hier erstmals (nach dem Vorgang ref. Theol.) eine Meta-Theorie „Über das Wesen der Theol." entwickelt, teils wie eine Vorwegnahme, teils wie eine Skizze künftiger Entwicklung. G. kennt offensichtlich den auf Mentzer, ↑Meisner und ↑Calixt zurückgehenden Vorschlag, dem Meisner schließlich 1623 die dann sich durchsetzende Form verliehen hat: Theol. nicht als eine theoret. Erkenntnis von Gott, sondern als eine auf den Menschen vor Gott, sein Heilsziel, seine Unheilsverfassung und die ihm verordneten Heilsmittel bezogene prakt., auf die Vermittlung von Glauben oder christl. Rel. bezogene Wissenschaft zu verstehen und folglich, analog der „Physiologie", „Pathologie" und „Therapie" in der Medizin, als „geistl. Medizin" nach der damals sog. ‚analytischen Methode' aufzubauen. G. war nicht mehr in der Lage, diesem Konzept zu folgen, ebensowenig wie er der (dann von Nikolaus Hunnius 1626 mit seiner *Diaskepsis theologica de fundamentali dissensu doctrinae evangelicae-luthe-*

ranae et calvinianae seu reformatae
so erfolgreich erfüllten) Aufgabe na-
hegetreten ist, das von ↑Arminius,
David Pareus, Calixt propagierte,
antikonfessionell gedachte Konzept
der „Fundamentalartikel" in das eigene Theol.verständnis zu integrieren. So hob G.s Dogm. die von Melanchthon begründete Trad. auf eine
neue method. und phil. Stufe, war
aber 1625 methodologisch bereits
überholt. G. geht auch an dem durch
Mentzer neu aufgeworfenen Problem der Christol. und sogar an dem
(historisch) durch Arndt im Luthertum 1621 heftig virulent werdenden Spiritualismus (Hermann Raht-
manns Trennung des Wirkens des
Geistes Gottes vom gesprochenen
und geschriebenen Wort) vorbei und
verweist (vor 1628) hinsichtlich der
efficacia (Wirksamkeit) der Schrift
einfach auf früher von ihm Geschrie-
benes. Vorbildlich ist G. aber wiederum durch die Methode der breiten
und tiefen Einzelbehandlung der
Themen der Dogm. geworden, bei
der er der Klärung der Sache („Prag-
matologie" mithilfe des Schemas von
Wirk-, Stoff-, Form- und Zweck-Ur-
sache, d.h. der Beantwortung der
Fragen: woher? woraus? wodurch?
wozu? existiert etwas als das was es
ist) die Klärung des Sprachgebrauchs
(„Onomatologie") vorhergehen läßt.
Darüber hinaus sind Lösungen, die
er für einzelne Lehrstücke fand, vorbildlich geworden. So die nach einem
Entwurf von Chemnitz ausgeführte
Drei-Stände-Theorie der Kirche
(= Christl. Gesellschaft), die als „das
erste System der Gewaltenteilung
und Gewaltenverbindung" und zwar
„in einer für den Totalitätsanspruch

des absoluten Staates untragbaren
Weise" bezeichnet worden ist! Ferner
seine Konzeption der Eschatol. der
„Vernichtung" *(annihilatio),* nicht
Neuschaffung (wie die Reformierten
lehren) der Welt mit ihrem kenn-
zeichnenden Hang zur Verinnerli-
chung des Glaubens.

Lit.: Hirsch, Hilfsbuch, 319–321; Zeller, 93–98; M.Heckel, Staat und Kirche (...) in der ersten Hälfte des
17. Jh.s, München 1968, 127–163;
GKG 7, 99–119 (J.Baur); TRE 12,
448–453 (M.Honecker); R.Schröder,
J.G.s luth. Christol. und die aristoteli-
sche Metaphysik, Tübingen 1983.

                                                        Th.M.

**Gerhoh von Reichersberg (1093/
94–1169).** Domschullehrer in Augsburg; Propst von Reichersberg.
Kampf gegen Frühschol. (↑Abaelard,
Gilbert, ↑Petrus Lombardus u.a.);
wegen seiner christol. Sonderlehre
scharf angegriffen.

Gerson, Johannes (1363–1429). Frz.
Theologe und Kirchenpolitiker, Mit-
streiter des ↑Petrus von Ailly und
dessen Nachfolger an der Sorbonne
als Prof. und Kanzler (1395). Nominalist und Theologe der Mystik, für
den Liebe und mystische Versenkung
die einzigen Möglichkeiten sind,
durch die der Mensch sich Gott
nähern kann. Auf dem Konstanzer
Konzil (1414–18) vertrat er den
Vorrang der Konzilien gegenüber
dem Papst.

Gilson, Étienne (1888–1978). Mitglied der *Academie francaise;* bedeutende wiss. Arbeiten u.a. über schol.
Phil., Patristik und Geistesgesch.;

lehnt thomist. und ontolog. Deutung ↑Augustins ab; betont Orientierung am Dasein (esse) bei ↑Thomas von Aquin.

Görres, Johann Joseph (1776–1848). G. ist als Publizist, Schriftsteller und Laientheologe eine symbolische Gestalt des deutschen Kath. am Übergang von der Aufklärung zur Romantik. G. wurde 1776 in Koblenz geb. und wuchs im Geist der Aufklärung auf. Er war überzeugter Anhänger der frz. Revolution. Eine polit. Mission brachte ihn 1799/1800 nach Paris, wo er in seinen Revolutionsidealen sehr ernüchtert wurde. In diesen Jahren wirkte er als Lehrer der Naturgeschichte und Physik in Koblenz, später als Priv. Doz. in Heidelberg, wo er über die Naturphil. von Schelling und Herder und in Begegnung mit der Romantik auch zu den rel. und christl. Trad. einen Zugang fand.

Seit 1814 war G. Hrsg. des *Rheinischen Merkur*, der ersten großen polit. Zeitung. Napoleon bezeichnete sie als die „Fünfte Großmacht". Er kämpfte leidenschaftlich gegen den frz. Kaiser, für eine freiheitliche Verfassung, für ein einiges Deutsches Reich und für die Rückkehr von Elsaß und Lothringen. Er war neben Ernst Moritz Arndt der bedeutendste Publizist der Freiheitskriege. Dabei bemühte er sich um einen Ausgleich mit dem Prot. 1816 wurde der *Rheinische Merkur* wegen seiner liberalen Haltung und wegen seines Eintretens für eine freiheitlich-ständische Verfassung von der preuß. Zensur verboten. Einer drohenden Verhaftung wegen der Flugschrift

Teutschland und die Revolution (1819) entzog er sich durch Flucht nach Straßburg, wo er mit den Ideen der kath. Restauration in Berührung kam. In diesen Jahren rang er sich zu der Überzeugung durch, daß allein der kath. Glaube aus den Widersprüchen der Zeit retten könne.

Auf Betreiben ↑Sailers berief ihn König Ludwig I. gegen preuß. Einspruch als Prof. für Geschichte nach München. Hier bildete er den Mittelpunkt eines Kreises bedeutender Katholiken in Wiss. und Kunst (Ringseis, ↑Döllinger, Phillips, ↑Möhler, sowie als Gäste auch Montalambert, Lamennais, v. Eckstein u. v. a.). Sprachrohr war die Zeitschrift *Eos.* Das Wiedererstarken des Kath. verband sich hier mit einer Abkehr vom Prot. und einer Kritik an Preußen. Anläßlich des „Kölner Ereignisses" (1837) (Festnahme des Kölner Erzbischofs Droste-Vischering während einer Firmreise) schrieb G. seinen *Athanasius,* in dem er leidenschaftlich für die Freiheit der Kirche kämpft. Aus gleichem Anlaß begründete er die *Historisch-Politischen Blätter.* In den Jahren 1836–42 erschien seine vierbändige *Christliche Mystik.* G. starb 1848 in München.

Die Bedeutung G.s für die Wiedergewinnung des kath. Selbstbewußtseins zeigt die Gründung der G.-Gesellschaft an seinem 100. Geburtstag. In ihr schlossen sich im Kulturkampf kath. Gelehrte zum Widerstand und zur Selbstbehauptung der kath. Idee zusammen.

Lit.: Gesamtausgabe der G.-Gesellschaft, 1926 ff.; Die christliche Mystik

(Auswahl von J.Bernhart) München/ Regensburg 1927. – A.Dempf, G. spricht zu unserer Zeit, Freiburg 1933; R., Saitschick, J.G. und die abendländische Kultur, Freiburg 1953; R.Habel, J.G. Studien über den Zusammenhang von Natur, Geschichte und Mythos in seinen Schriften, Wiesbaden 1960.

P.N.

Gogarten, Friedrich (1887–1967). G. wurde am 13. Jan. 1887 in Dortmund geb. Er studierte von 1907–12 zunächst Kunstgeschichte, Germanistik und Psychologie, dann Theol. in Jena, Berlin und Heidelberg. Besonderen Einfluß übten in dieser Zeit A.Bonus, †Harnack und †Troeltsch auf G. aus. Nach seinem Studium beschäftigte G. sich intensiv mit Fichte, dann mit †Luther, der für ihn maßgebliche Bedeutung gewann (*Luthers Theologie* 1967). 1917 wurde G. Pfarrer in Stelzendorf (Thüringen), 1925 in Dorndorf (a. d. Saale). Gleichzeitig Priv. Doz. für Syst. Theol. in Jena. Von 1931 an war G. Prof. für Syst. Theol. in Breslau. Von 1935–55 in Göttingen. Dort starb er am 16.Okt. 1967.

G.s theol. Lebenswerk läßt sich in drei Phasen einteilen: 1.) vom 1.Weltkrieg bis Mitte der 20er Jahre, 2.) bis Ende der 30er Jahre, 3.) nach dem 2.Weltkrieg. Im Zentrum der 1.Phase steht die radikale Kritik an der Theol. des Neuprot. G.s Manifest *Zwischen den Zeiten* (1920) wurde zur Initialzündung der Dial. Theol. und gab deren Zeitschrift den Namen. Die Situation „zwischen den Zeiten" war dabei sowohl kulturgesch. als auch theol. zu verstehen: als Abbruch der kulturellen Trad. des 19. Jh.s und

als Gericht Gottes über alles Zeitliche.

In der 2.Phase wurde der Gedanke des Gerichts von G. transformiert in die Gegenüberstellung von Gesetz und Evangelium. Dabei identifizierte er Gottes Gesetz im Horizont des gesch.-polit. Lebenszusammenhangs mit dem Volksgesetz, das die Chaosmacht des Bösen eindämmt. G. bejahte damit bewußt eine Grundthese der Deutschen Christen (Stapel), wobei er zugleich die NS-Rassenideologie scharf ablehnte. G.s Wertung des Volksnomos als Gottesgesetz führte 1933 zum endgültigen Bruch mit †K. Barth. G. warf Barth seinerseits vor, er verwandle den Gerichtsgedanken in eine grundlegende Skepsis gegenüber der Schöpfung Gottes (*Gericht oder Skepsis* 1937).

G.s 3.Phase hat ihr thematisches Zentrum im Begriffspaar Säkularität/Säkularismus (*Verhängnis und Hoffnung der Neuzeit* 1953, Nachdruck 1966). G. vertrat die Auffassung, die neuzeitl. Säkularisierung, d. h. die Ablösung der Kultur aus kirchl. Vormundschaft, sei eine legitime Konsequenz des christl. Glaubens, nämlich der Sohnschaft und Mündigkeit des Christen (1. Kor 10,23; Gal 4,1 ff.). Diese Säkularität sei jedoch zu unterscheiden vom „Säkularismus", der sich in der Immanenz verschließt. Der für G. konstitutive Transzendenzbezug besteht in der Ausrichtung auf die unverfügbare Zukunft Gottes.

G. hat sich wie kaum ein anderer Theologe des 20. Jh.s auf die Analyse und theol. Deutung der jeweiligen gesch. Situation eingelassen. Von daher ergaben sich für ihn jeweils unterschiedliche Themenstellungen und Akzentsetzungen. In diesem Wechsel stellte sein (von Ebner, Grisebach und Buber beeinflußter) Personalismus, d. h., die Zentrierung des Wirklichkeitsverständnisses auf die Ich-Du-Beziehung, eine Konstante in seinem Denken dar, die auch seinen christol. Ansatz bestimmte (*Die Verkündigung Jesu Christi* 1948, 1965²; *Jesus Christus die Wende der Welt* 1966, 1967²). G. hat auf die verschiedenen Richtungen polit. Theol. im prot. Bereich nachhaltigen Einfluß ausgeübt.

Lit.: Die Frage nach Gott, Tübingen 1968. – H. Fischer, Christl. Glaube und Geschichte, Gütersloh, 1967; J. Vohn, Sittl. Erkenntnis zwischen Rationalität und Glauben, Paderborn 1977 (Bibliogr.).   *W. H.*

Gomarus, Franz (1563–1641). Seit 1594 Prof. in Leiden, Saumur und Groningen; der – mit Franz Junius (1545–1602) – einflußreichste Vertreter der calvinist. Frühorth. ↑Bezas in den Niederlanden und als solcher entschiedener Gegner der Prädestinationslehre seines Kollegen ↑Arminius. Sein Schüler ist ↑Voetius.

Gottschalk (der Sachse) (ca. 806– ca. 868). Seit 814 Oblate in Fulda, dort auch gegen seinen Willen in den Mönchsstand aufgenommen, wurde G. später Mönch und Lehrer in Orbais. In Anknüpfung an ↑Augustins Lehre von der doppelten Prädestination vertrat G. die Auffassung, Gottes Heilswille sei (auch in Jesus Christus) nur auf einige Menschen begrenzt. Seine Lehre wurde durch die Synoden von Mainz (848) und

Quiercy (849) verurteilt, er selbst wurde lebenslänglich im Kloster Hautvillers inhaftiert.

Gregor der Große (um 540–604). G., Sohn einer senatorischen Adelsfamilie, wurde um 540 in Rom geb. Im Jahre 572/73 wurde er röm. Stadtpräfekt. Bald danach gab er die hohe Beamtenkarriere auf und bekehrte sich zum monast. Leben. Den elterl. Palast in Rom wandelte er in ein Kloster um, in dem er selbst lebte. Auch aus dem Familienbesitz in Sizilien stiftete er Klöster. Papst Pelagius schickte den angesehenen Mönch als Apokrisiar an den kaiserl. Hof nach Byzanz (579–85). Im Jahre 590 wurde er zum Bischof von Rom gewählt, am 12. März 604 ist er gestorben.

Als Papst – sein Pontifikat war erfüllt von Invasionen und Kriegen – nahm er mit Geschick die Reorganisation des päpstl. Grundbesitzes (Patrimonium Petri) in Angriff und setzte den päpstl. Besitz gezielt zur Linderung wirtschaftl. Not ein. Die Langobarden begann er mit Hilfe ihrer Königin Theodolinde zum kath. Glauben zu führen, ebenso die Westgoten in Spanien. In England förderte er die Mission und die Anbindung der Inselkirche an Rom. In Gallien suchte er nach umfassender Erneuerung der Kirche. Der Papst scheute nicht vor der Verbindung mit den neuen german. Völkern zurück und reihte sich damit in die Wegbereiter des MA ein. Andererseits wußte er sich dem alten Röm. Reich und seinen Kaisern verpflichtet; in „leidendem Gehorsam" ertrug er die unzulängliche Politik eines Kaisers Mauritius (582–602), konnte freilich seine Genugtuung über den gewaltsamen Tod dieses Kaisers auch nicht verbergen. Mit dem Patriarchen von Konstantinopel, Johannes dem Faster (gest. 595), führte er einen erfolglosen Titelstreit: Gegen Johannes, der sich „ökumenischer Patriarch" nannte, setzte er seinen Demutstitel „Knecht der Knechte Gottes". G.s umfangreiches lit. Werk steht einmal im Dienst seiner päpstl. Aktivität. Sie zeigt sich vor allem in seinen Briefen (854 erhaltene Briefe!). Zum anderen kommt es aus seinem pastoralen Einsatz: Umsetzung überkommener Theol. (bes. ↑Augustinus) als Hilfe für die Nöte und Anliegen seiner Zeit. Die rechte christl. Praxis steht im Vordergrund seiner Verkündigung. Es ist die Sorge um den Menschen mitten im Verfall der „altgewordenen Welt", der auf die zweite Ankunft Christi vorbereitet werden muß. Die Seelsorger erhalten in der Regula pastoralis ihr Handbuch, in dem G. die Aufgaben des Lehrers und Priesters darlegt. Das Volk bedarf der Ermunterung und Auferbauung auf seinem Weg zur Heiligkeit. G. schreibt die Vier Bücher Dialoge über Leben und Wundertaten italischer Väter (Buch 2: Leben Benedikts von Nursia). Er will dem geschlagenen italischen Volk Mut machen, daß es auch in seiner Zeit zur Heiligkeit finden kann. Der Ernst der christl. Berufung zeigt sich in seinen Predigten (40 Homilien zu Sonntagsevangelien, Predigten über Ezechiel, zu 1 Kön. und zum Hohenlied); zum ausführlichen „Moralhandbuch" wird seine endlos lange Erklärung

des Buches Hiob (Moralia in Iob). In all seinen Werken zeigt sich G. als kontemplativer Mensch: „Ich wollte mit der schönen Rachel (d.h. der Contemplatio) verbunden sein.", doch plötzlich fand er sich mit Lia (d.h. dem aktiven Leben) verbunden (Ep.I,5). Der schmerzliche Zwiespalt zwischen Aktion und Kontemplation bestimmt sein Leben und seine Theol. Themen der Ewigkeit – Engel, Heilige, Tod, Hölle, Fegefeuer und Himmel – sind ihm persönl. Anliegen. Seine Aussagen darüber wirken im MA stark nach. Absage an die Welt – die Welt verlassen, um Gott allein zu gefallen; „mit Wissen unwissend und in Weisheit ungelehrt" (Dial.II Vorwort) – und Verlangen nach dem ewigen Leben machen G. zum „Lehrer der Sehnsucht", der Askese und Mystik zu anspruchsvoller Synthese verbindet.

Lit.: Werke: Neuausgabe in Corp. Christ.; dt. in BKV: Pastoralregel, Dialoge; Homilien zu Ezechiel (G.Bürke, Einsiedeln 1983). – E.Caspar, Geschichte des Papsttums, 2.Bd Tübingen 1933, 403–514; J.Richards, G.d. Gr., Graz/Wien/Köln 1983 (Lit.); G.R.Evans, The Thought of G. the Great, Cambridge 1986.   K.S.F.

Gregor von Nazianz († 390). G., der später den Beinamen „der Theologe" erhielt, ist neben ↑Basilius d.Gr. und ↑Gregor von Nyssa einer der drei großen Kappadozier, die an der allg. Durchsetzung der nicänischen Trinitätslehre entscheidenden Anteil hatten. G. entstammte einer vornehmen und begüterten Familie in Nazianz, wo sein Vater seit 329 Bischof war. G.s Geburtsjahr ist unbekannt; es liegt vermutlich zwischen 325 und 329 (neuerdings wird sogar das Jahr 300 erwogen!). Jedenfalls war er älter als Basilius, den er während des gemeinsamen Studiums in Athen (ca. 350–56) kennenlernte und mit dem ihn von da an eine lebenslange Freundschaft verband. Zuvor hatte er bereits in Cäsarea/Kappadozien, Cäsarea/Palästina und Alexandrien studiert. G. erwarb sich eine umfassende rhetorisch-phil. Bildung und wirkte nach dem Abschluß seiner Studien kurze Zeit als Lehrer der Rhetorik, schloß sich dann aber der asketischen Gemeinschaft seines Freundes Basilius an. In Zusammenarbeit mit ihm entstand die *Philokalia,* eine Anthologie aus den Werken des ↑Origenes, des von ihnen gemeinsam verehrten alexandrinischen Theologen. Nur ungern ließ sich G. von seinem Vater zum Presbyter in Nazianz weihen, stand ihm dann aber bis zu dessen Tod (374) zur Seite. Als Basilius ihn aus kirchenpolit. Gründen 372 zum Bischof des abgelegenen Sasima erhob, ließ G. sich zwar weihen, entzog sich aber den damit verbundenen Pflichten und floh in die Einsamkeit. Vorübergehend verwaltete er nach dem Tod des Vaters dessen Amt, zog sich aber 375 zurück, um sich erneut dem „phil. Leben" hinzugeben. 379 folgte er jedoch einem Ruf nach Konstantinopel und übernahm die Leitung der dortigen nicänischen Gemeinde. Damit begann die kirchengesch. bedeutsamste Phase seines Lebens. Denn obwohl diese Gemeinde in der Hauptstadt des Reiches nur eine verschwindende Minderheit bildete und zunächst nicht einmal über einen ei-

genen Kirchenraum verfügte, verhalf G. ihr durch seine rhetorisch glänzenden Predigten, in denen er theol. fundiert die nicänische Trin.lehre verfocht, in kurzer Zeit zu erstaunlichem Ansehen. Als mit Kaiser Theodosius I. (379–95) die Nicäner polit. zum Zuge kamen, fiel G. eine Führungsrolle zu. Mit seinen *Theol. Reden* (or. 27–31), die in dieser Zeit entstanden, gab er der nicänischen Orth. bleibenden Ausdruck. 381 wählte ihn das später sog. „2. Ök. Konzil" zum Bischof von Konstantinopel und nach dem Tod des Meletius sogar zu seinem Vorsitzenden. Die Gültigkeit seiner Bischofswahl wurde jedoch mit der Begründung angefochten, er sei bereits Bischof von Sasima bzw. Nazianz. G. bot daraufhin seinen Rücktritt an und verließ Konstantinopel noch vor Ende des Konzils. Die letzten Jahre seines Lebens (gest. 390) verbrachte G. auf dem Landsitz der Familie bei Nazianz, führte eine rege Korrespondenz und schrieb Gedichte über rel. und ethische Themen, vor allem sein umfangreiches *carmen de vita sua,* die bedeutendste christl. Autobiographie vor ↑Augustins *Confessiones.*

Seine Reden, Briefe und Dichtungen erweisen G. als lit. und rhet. hochgebildete Persönlichkeit, in der sich griech. Beredsamkeit und bibl. Theol. in einzigartiger und zugleich spannungsvoller Einheit verbinden. Er hat der Trin.lehre der nicänischen Orth. klassischen Ausdruck verliehen und ihr damit zum Durchbruch verholfen. Dabei unterstreicht G. konsequenter noch als Basilius, daß auch der Hl. Geist zum Wesen (οὐσία)

Gottes gehört, zugleich aber eine eigene „Person" (Hypostase) ist.

Lit.: Werke PG 35–38; G. Die fünf theol. Reden (gr.-dt. hrsg. v. J. Barbel), Düsseldorf 1963. – KdTh I, 76–90. 348 f.   (W.-D. Hauschild);   GKG 2, 21–35 (B. Wyss); TRE 14, 164–173 (J. Mossay) (Lit.).   *W. B.*

Gregor von Nyssa (um 335–394). G. wurde um 335 wahrscheinlich in Neokaisareia/Pontos geb. ↑Basilius d. Gr. war nicht bloß sein älterer Bruder, sondern auch sein eigentlicher Erzieher und Lehrer. Nach einiger Zeit, in der G. als Rhetor wirkte, und nach dem Tode seiner Frau Theosebeia gab er sich der Askese und dem Mönchsleben hin. Ungern folgte er 371 der Einladung seines Bruders und wurde Bischof von Nyssa, einem unbedeutenden Städtchen in Kappadokien. In einer arianischen Synode zu Nyssa 376 verleumdet und abgesetzt, kehrte er nach dem Tode des arianischen Kaisers Valens (378) zu seiner Diözese zurück. Im Jahr 379 nahm G. an der Synode in Antiochien gegen den Apollinarismus teil. Nachdem er 380 gegen seinen Willen zum Metropoliten von Sebaste/Kleinasien gewählt wurde und dort einige Monate wirkte, kehrte er nach Nyssa zurück. Auf dem 2. Ök. Konzil in Konstantinopel (381) spielte G. eine wichtige Rolle und beeinflußte maßgeblich die Entscheidung dieses Konzils über die Gottheit des Hl. Geistes. Danach besuchte G. öfter Konstantinopel und starb wohl dort im Jahr 394.

G. zählt mit Basilius d. Gr. und seinem Freund Gregor dem Theologen zu den Vertretern der Schule von Kappadokien, welche an der phil. Durchdringung und Begründung des christl. Dogmas im 4. Jh. entscheidend beteiligt war. Für G., der ein guter Kenner der griech. Phil., insbes. ein Kenner und Bewunderer Platons und auf dem Gebiet der Phil. und des spekulativen Denkens mit Ausnahme von ↑Origenes allen anderen Kirchenvätern und christl. Schriftstellern überlegen war, ist die Hl. Schrift die unerschöpfl. Quelle, und die Propheten und Apostel, allen voran Paulus und Johannes, sind die wahren Lehrer (Ep. 13). Obwohl er in den Bereichen der Gotteserkenntnis, der Trinitätslehre, der Christol. und bes. der Mystik Beachtliches geleistet hat, wird er ob seiner origenistischen Eschatologie (Apokatastasis) nicht zu den Kirchenvätern gezählt. Seine Schriften im Überblick: a) Exegetische (*Über die Erschaffung des Menschen, In Hexaëmeron, Über das Leben von Moses, Auslegung des Hohen Liedes* u. a.; b) Dogmatische (z. B. *Gegen Eunomios, Gegen Apollinarios, Gegen Makedonianer und Pneumatomachen*, vor allem aber die *Große katechetische Rede* und *Über Seele und Auferstehung*); c) Asketische (*Über die Jungfräulichkeit, Über das Leben der hl. Makrina* u. a.); d) Reden (moralische, dogmatische, Fest- und Grabreden) und e) etwa 30 Briefe, meist persönlichen Inhalts; hierzu ist auch die sog. Epistula 38 des Basilius zu rechnen.

Lit.: Werke PG, 44–46; neu hrsg. von W. Jaeger u. a., Leiden 1952 ff. (bisher 9 Bde.). – W. Völker, G. v. N. als Mystiker, Wiesbaden 1955; E. Konstantinou, Die Tugendlehre G. s. v. N., Würzburg 1966; I. Daniélou. L'Être et le temps chez Grégoire de Nysse, Leiden 1970; M.Esper, Allegorie und Analogie bei G.v.N., Bonn 1979; Bibliographie: B.Altaner/A.Stuiber, Patrologie, Freiburg/Basel/Wien 1978[8], 303–308, 610–612.   *Th.N.*

Gregor von Rimini (ca. 1300–1358). Augustiner-Eremit, 1345 Mag. der Theol., war phil. Ockhams Nominalismus verbunden und vertrat theol. gegen den Pelagianismus seiner Zeit eine in Bezug auf Erbsünde, Rechtfertigung und Prädestination strenge Ausrichtung auf ↑Augustin. Er beeinflußte damit maßgeblich das Denken seines Ordens (vielleicht auch ↑Luthers).

Gregor von Valencia (1549–1603). Bedeutender Theologe im nachtridentin. Deutschland, Jesuit. Wiss. Verteidigung der Kirche in *De rebus fidei hoc tempore controversis* (1591) und *Analysis fidei catholicae* (1585); scharfe Tonart gegen Prot. In seinem Hauptwerk *Commentarii theol.* (1591–97), eine syst. Gesamttheol., verbindet er positive und schol. Theol. Ehrentitel: „Doctor doctorum".

Gropper, Johann (1503–1559). Theologe und Kirchenpolitiker. Hat maßgebl. Anteil am Kölner Provinzialkonzil von 1536; entwickelt in Auseinandersetzung mit ↑Luther die Sonderlehre einer „Doppelten Gerechtigkeit" (in Trient 1546 abgelehnt).

Grosche, Robert (1881–1967). Kath. Ökumeniker der ersten Stunde; 1932 Begründer der Zeitschrift *Catholica;* seine theol. Ansätze wurden z.T. vom II. Vatikanum aufgenommen.

Grotius, Hugo (1583–1645). Niederländ. Politiker, Jurist und Theologe (Arminianer), der die antike, ma. und reformatorische Trad. des Natur- und Völkerrechts in seinem klass. Hauptwerk *De iure belli ac pacis* (1625) zu einer Theorie entwikkelt, in der das Recht Ausdruck der Ordnung der Schöpfung Gottes ist, aber auch gelten würde unter der – irrealen – Bedingung der Nichtexistenz Gottes („etiamsi daremus, quod sine summo scelere dari nequit, non esse Deum" – auch wenn wir zugäben, was zuzugeben das höchste Verbrechen wäre, Gott sei nicht). Den grundsätzlichen Bruch mit dieser Theorie vollzieht gleichzeitig Hobbes. Die seiner Bibelauslegung – der ↑Calov zu begegnen versucht – zugrundeliegende Christentumsauffassung entfaltet G. in der erfolgreichsten Apologie des 17.Jh.s: *De veritate religionis christianae* (1627).

Lit.: RGG[3] II, 1885 f. (M.Elze); F.Wieacker, Privatrechtsgesch. der Neuzeit, Göttingen 1967[2], 249–301.

Grundtvig, Nikolaj Frederik Severin (1783–1872). Pfarrer, Kirchenliederdichter, Reformer des Bildungswesens (Volkshochschulen), Reichstagsabgeordneter, erhielt 1861 den Rang eines Bischofs. G. hat das Kirchen- und Glaubensverständnis im Dänemark des 19.Jh.s wesentlich bestimmt. Er propagierte ein volksnahes, in der Gemeinde verwurzeltes

Christentum, das seine Bekenntnisgrundlage im Apostolikum, in Taufe
und Abendmahl, nicht in der Hl.
Schrift und deren Exegese weiß, und
das in völkischer Bildung, im Vollzug
der Sakramente und im Singen von
Kirchenliedern leben und gedeihen
sollte.

Lit.: H.Koch, G.s Leben und Werk,
Köln-Berlin 1951.

Guardini, Romano (1885–1968). G.
wurde am 17.Febr. 1885 in Verona
geb. Im Jahr darauf übersiedelten
seine Eltern nach Mainz. 1911 nahm
G. die deutsche Staatsbürgerschaft
an. Er studierte in Tübingen Chemie,
dann Nationalökonomie in München und Berlin. 1906 wandte er sich
dem Studium der Theol. zu, zuerst in
Freiburg, dann in Tübingen, wo ihn
W.Koch, der ein Opfer der Moder-
nismuskrise wurde, maßgeblich beeinflußte. Nach kurzer Seelsorgetätigkeit promovierte er in Freiburg
zum Dr. theol. mit einer Arbeit über
↑Bonaventura. Dieser ma. Theologe
blieb – mehr als ↑Thomas von Aquin
– eine Leitfigur seiner Theol. und
Spiritualität.

Auch G.s Habil. in Bonn 1922
war einem Thema aus Bonaventura
gewidmet. Nach kurzer Lehrtätigkeit in Bonn wurde er 1923 auf den
neu geschaffenen Lehrstuhl für „Religionsphilosophie und katholische
Theologie" in Berlin berufen. Er
blieb dort bis 1939, wo er vom Kultusministerium ein Lehrverbot erhielt und zwangspensioniert wurde.

Die Berliner Jahre waren auch geprägt durch G.s Begegnung mit der
Liturgischen Bewegung, vor allem in
Maria Laach, und mit der Jugendbewegung des Quickborn auf Burg Rothenfels, ein Ort, der durch G. maßgeblich geprägt wurde und vielen
Menschen lebenslang zur geistigen
und rel. Heimat wurde. G. war ein
begnadeter Pädagoge. Rothenfels
wurde 1939 enteignet. G. ging zu seinem Freund J.Weiger im schwäb.
Allgäu. 1945 berief ihn C.Schmid
nach Tübingen, wo er als akad. Lehrer und als Prediger mit größtem Erfolg wirkte. Vor allem die heimge-
kehrte Kriegsgeneration fühlte sich
von ihm angesprochen. 1948 folgte
er einem Ruf nach München. Diese
Stadt wurde neben Berlin, aber noch
in größerer Dimension, zum Höhepunkt seines Schaffens und Wirkens.
1962 stellte er aus gesundheitl.
Gründen seine Lehrtätigkeit ein. Am
1.Okt. 1968 starb er.

G. war Träger des Friedenspreises
des Deutschen Buchhandels, des
Erasmus-Preises und Mitglied des
Ordens pour le mérite. Er war Eh-
ren-Doktor von Freiburg, Padua und
Bologna. Die ihm von Papst Paul VI.
angebotene Ernennung zum Kardinal lehnte er ab. Die kath. Akademie
in Bayern, zu deren Gründern er gehörte, vergibt alljährlich den Roma-
no-Guardini-Preis, der an Persönlichkeiten verliehen wird, die im
Geist. G.s zur „Interpretation der
Welt" maßgeblich beigetragen haben.

G. ist kein Theologe im fachspezi-
fischen Sinn und doch gibt es kein
theol. Thema von Bedeutung, das er
nicht bedacht hätte. Und dies in der
ihm eigenen, der Phänomenologie
verwandten Weise des „Sehens, was
ist" und zwar des Sehens in intuitiver

Unmittelbarkeit. Andererseits gab es für G. kein Gebiet in der Wirklichkeit von Welt, Mensch und Geschichte, dem er nicht eine theol. Relevanz abgewonnen hätte. Die intuitive Unmittelbarkeit charakterisiert auch G.s Weise der Interpretation. Er verzichtet weitgehend und bewußt auf Sekundärlit. und wendet sich direkt der Sache oder dem Text zu. Darin liegen aber auch Grenzen und Angriffspunkte. G.s Interesse gilt nicht der abstrakten Begrifflichkeit, sondern dem Lebendig-Konkreten, das durch Spannung und Gegensatz charakterisiert ist.

G.s lit. Werk ist weit zerstreut und ist – abgesehen von seiner Diss., seiner Habil.schrift und dem phil. Entwurf *Der Gegensatz* – aus dem gesprochenen Wort hervorgegangen. In G.s Werk gibt es folgende Schwerpunkte:

Schriften zur Liturgie. Sie beginnen mit der Schrift, die ihn auf einen Schlag in weiten Kreisen bekannt gemacht hat: *Vom Geist der Liturgie* (1918). Ihr folgen viele Schriften von ähnlicher Thematik. In ihnen ging es G. darum, gegenüber einer gefühlsbetonten, subjektivist. Frömmigkeit die in der Liturgie dargestellte Wahrheit Gottes, die Wahrheit von Gottes Herrlichkeit, zur Anschauung kommen zu lassen und so in jene Freiheit zu führen, die der Wahrheit und dem Logos entspringt.

Die zweite Reihe seiner Schriften entstammt seiner pädagog. Tätigkeit in der Jugendbewegung auf Burg Rothenfels. Sie behandeln Themen wie: Neue Jugend und katholischer Geist, Der religiöse Gehorsam und Selbständigkeit, Politische Bildung,

Die Glaubwürdigkeit des Erziehers, Religion und Bildung, Wille und Wahrheit, Briefe über Selbstbildung.

Als G. den Lehrstuhl für Religionsphil. und kath. Theol. in Berlin übernahm, war er sich zunächst nicht im Klaren, wie er dieser Aufgabe gerecht werden sollte. ↑Scheler riet ihm, die von ihm übernommene Aufgabe so wahrzunehmen, daß er das spezifisch Katholische und unterscheidend Christliche an großen Gestalten der Geistesgeschichte illustriere und exemplifiziere. So entstanden in der Berliner und Münchener Zeit G.s Werke über Platon, Dostojewski, Dante, ↑Pascal, ↑Augustinus, Hölderlin, Rilke, ↑Kierkegaard. Daneben treten – aus der gleichen Situation erwachsend – Schriften über Off., Rel.; Schriften zur Anthropol.: Welt und Person, Gnade, Freiheit, Schicksal.

G.s Predigt- und Vortragstätigkeit hat in vielen größeren und kleineren Publikationen ihren Niederschlag gefunden. Am bekanntesten ist das Buch *Der Herr* (1937), eine fortlaufende meditative und intuitive Auslegung der Evangelien, die auf die hist. krit. Methode verzichtet, was oft als Mangel empfunden wurde, aber der unmittelbaren spirituellen Kraft und Wirkung keinen Abbruch tat. Die christol. Frage als solche wird eines der Hauptthemen im Werk G.s, nicht zuletzt in der Frage nach Gott und nach dem Wesen des Christentums.

G. war ein überaus sensibler Beobachter und Diagnostiker der Zeit und der Geschichte und deren tragenden Tendenzen und Motive. Dies beginnt mit den *Briefen vom Comer See* über das Problem der Technik

und der Masse (1927) und kulminiert in dem viel – auch kritisch –
beachteten Versuch über das Ende
der Neuzeit (1950) und die Macht.

Die Kirche war der Grund, aus
dem G. lebte, sie war für ihn auch die
entscheidende Instanz, vor „der die
christliche Entscheidung fällt". Einer
seiner ersten Publikationen galt einer
Betrachtung über den Sinn der Kirche (1922), in der der programmati-
sche und hoffnungsvolle Satz steht:
Die Kirche erwacht in den Seelen –
nicht als Institution, sondern als das
lebendige Wir der Glaubensgemein-
schaft. *Die Kirche des Herrn,* Johannes XXIII. gewidmet, beschließt als
sein letztes Buch das vor 60 Jahren
Begonnene. Nachdem G. eine Zeitlang vergessen war, hat die Feier seines 100. Geburtstags seine überragende Bedeutung neu ins Bewußtsein
gerufen. Vieles spricht dafür, daß seine Zeit wieder kommt.

Lit.: Werke R.G.s in Auswahl: Vom
Geist der Liturgie, Freiburg 1928; Vom
Sinn der Kirche, Mainz 1922; Der Ge-
gensatz. Versuche zu einer Phil. des Le-
bendig Konkreten, Mainz 1925; Höl-
derlin. Weltbild und Frömmigkeit,
Leipzig 1939; Das Wesen des Christen-
tums, Würzburg 1939; Welt und Per-
son, Würzburg 1939; Das Ende der
Neuzeit, Würzburg 1950; – H. Mer-
ker, Bibliographie R.G.s, Paderborn-
München-Wien-Zürich 1978; H.U.
von Balthasar, R.G. Reform aus dem
Ursprung, München 1970; H.B.Gerl,
R.G. 1885–1968. Leben und Werk,
Mainz 1985.   *H.F.*

Günther, Anton (1783–1863). Am
17. Nov. 1783 in Lindenau/Nord-
böhmen geb., konnte sich G. nach
dreijährigem Studium der Phil. bei

B. Bolzano in Prag (1803–06) nicht
zum Studium der Theol. und zur
Priesterweihe entschließen, weil ihm
Kirche und Theol. der Zeit zu ratio-
nalistisch erschienen und keine Antwort auf seine Glaubenszweifel gaben. Nach Abschluß des Jurastu-
diums (1809) übernahm G. eine
Hauslehrerstelle in Wien und suchte,
um Antwort auf seine existenziellen
Fragen zu bekommen, Anschluß an
den Kreis um ↑Hofbauer. Dessen
Einfluß als Seelenführer und Friedrich Schlegels Kritik an der Zeitphil.,
die er als pantheistisch brandmarkte
(und damit meinungsbildend für die
kath. Restauration wurde), veranlaßten G. zum intensiven Selbststudium
der Philosophie (bes. Descartes,
Kant, Fichte, Schelling und Hegel),
zum Theologiestudium und zur Priesterweihe, die er 1821 – im Dienst
des Fürsten Bretzenheim in Ungarn
weilend – in Stuhlweißenburg als
37jähriger empfing. Nach dem miß-
glückten Versuch, in die Gesellschaft
Jesu einzutreten, ließ sich G. 1824 in
Wien nieder, wo er zeitlebens als Pri-
vatgelehrter, Bücherzensor und Für-
stenerzieher lebte. Berufungen an die
Univ. München, Bonn, Breslau und
Gießen schlug er aus, um genügend
Zeit für seine Lebensaufgabe, „die
ideelle Rekonstruktion des positiven
Christentums", zu haben. In einem
Freundes- und Anhängerkreis ebenso wie in ungemein fruchtbarer
schriftstellerischer Tätigkeit entfaltete G. eine Wirksamkeit, die ihn zu
einem der einflußreichsten Theologen des 19. Jh.s im deutschsprachigen Raum werden ließ.

G.s Anliegen war – wie das aller
aufgeschlossenen Theologen der

Zeit – die Versöhnung von Glaube und Wissen. Durch den Pantheismus war die wiss. Begründung von Off. und Glaube zerstört worden; durch die Schol., die nur negativ die Unvereinbarkeit beider ausschließen wollte, schien sie G. nicht gewährleistet. Er war überzeugt, positiv beweisen zu können, daß das „Warum" und das „Wozu" der göttl. Off. sich dem Denken erschließen und höchstens das „Wie" noch als übernatürliches Geheimnis bleiben würde.

Die Polemik gegen die Schol. und der Versuch einer Hegel nachgebildeten Überführung des Glaubens in Wissen provozierte die seit den fünfziger Jahren erstarkende Neuschol., die 1857 (und 1870) eine Indizierung der Lehren G.s erreichte. Während G. sich unterwarf, suchten seine Anhänger seine Rehabilitierung zu erreichen. Noch heute streiten die Historiker, ob seine Lehren häretisch sind oder ob sie eine umstrittene, in ihrem Wahrheitsgehalt noch nicht voll rezipierte Neubegründung der Theol. sein könnten.

Das monist. Denken des Pantheismus kann nach G. nur durch einen strikten Dualismus überwunden werden. Im Menschen als Geschöpf sind Natur und Geist an sich, aber nicht durch sich da und vereint. Im begriffl. und im ideellen (selbstbewußten) Denken manifestiert sich ihr unterschiedl. und zusammengehöriges Wesen. Darum findet die Theol. (Gottesbewußtsein, Christol., Ekklesiol.) in der Anthropologie ihr Modell und ihre Bewährung.

Lit.: Ges. Schriften, 9 Bde., Nachdr.

Frankfurt/M. 1968; J.Pritz, Glauben und Wissen bei A.G., Wien 1963. *F.W.*

Gunkel, Hermann (1862–1932). Seit 1895 a.o. Prof. für AT in Berlin, 1907 Prof. in Gießen, 1920 Halle, Zus. mit Hugo Greßmann (1877–1927) führender Vertreter der Rel.-gesch. Schule. Durch seine überlieferungs- und gattungsgesch. Betrachtungsweise atl. Texte erschließt G. eine neue Zugangs- und Sichtweise für die bibl. Exegese, die sich dank ihrer Leistungsfähigkeit allg. durchgesetzt hat. Zu seinen bedeutendsten Schülern zählen die ATler S.Mowinkel, W.Baumgartner, A. Alt, M. Noth und G. von Rad sowie die NTler ↑Bultmann und M.Dibelius.

Hamann, Johann Georg (1730–1788). H., nach abgebrochenem Studium als Packhofverwalter beim Zoll in Königsberg lebend, war einer der einflußreichsten rel. Schriftsteller seiner Zeit und hat als „Magus in (!) Norden" auf Theol., Phil. und Dichtung der folgenden geistesgesch. Bewegungen (Sturm und Drang, Idealismus, Romantik) machtvoll wie wenige gewirkt. Um die meist kleinen, eine ungeheuere Belesenheit in allen erreichbaren Literaturen tiefsinnig-geistvoll sich dienstbar machenden und bei allem frommen Ernst ironisch-verrätselten Schriften dieses christl. Sokrates, den Goethe für den hellsten Kopf seiner Zeit erklärte, rissen sich die führenden Geister des Jh.s, die meist auch seine Briefpartner waren: ↑Herder, Kant, Jacobi, ↑Lavater, Claudius, Nicolai u. a. Besonders durch seinen Schüler

Herder sind seine zukunftsträchtigen Gedankenkeime zu epochaler Entfaltung gelangt. Theol. ist noch ↑Kierkegaard stark durch ihn angeregt worden.

H.s bis in die Gegenwart reichende Bedeutung ist in drei Aspekten seines Werks zu suchen. 1.) H. war einer der wenigen genuinen Lutherschüler im Deutschland des 18. Jh.s. Besonders im kühn gedachten Motiv der Kondeszendenz Gottes und in einer völlig freien Bibelfrömmigkeit ist die Mitte seiner weitverzweigten Überlegungen luth. bestimmt. 2.) H. ist – von theol. Einsichten in die Sprache der Bibel her – einer der größten Sprachdenker geworden, der bis heute Literaturwiss. und Sprachphil. beschäftigt. 3.) H. hat als leidenschaftlicher Aufklärungskritiker und wohl scharfsichtigster Metakritiker von Kants Vernunftkritik eine überragende phil. Bedeutung, die bereits Hegel auf ihn aufmerksam sein ließ.

Lit.: Sämtliche Werke (6 Bde.), hrsg. v. J. Nadler, Wien 1949–57; Briefwechsel (7 Bde.), hrsg. v. W. Ziesemer/ A. Henkel, Wiesbaden 1955–79.   *J. R.*

Harms, Claus (1778–1855). Von Schleiermachers *Reden* stark beeinflußt, verfaßte H., Pastor und Propst an St. Nikolai in Kiel, 1817 95 Thesen anläßlich des 300jährigen Reformationsjubiläums, in denen er sich gegen die „Götzen" des führenden Rationalismus, Vernunft und Gewissen, aussprach und die Rückbesinnung auf die Bekenntnisschriften forderte. H. trug damit zur Entstehung des Neuluthertums bei. 1830–34 verfaßte er eine dreibändi-

ge *Pastoraltheol.*, die zum Klassiker avancierte. Das Angebot, 1834 Schleiermachers Nachfolge als Pfarrer an der Dreifaltigkeitskirche in Berlin anzutreten, lehnte H. ab.

Harnack, Adolf von (1851–1930). H. (seit 1914: von H.) wurde am 7. Mai 1851 in Dorpat als Sohn des Theol.-Prof. Theodosius H. geb. Er studierte von 1869 an Theol. in Dorpat und Leipzig, wo er 1873 promoviert wurde, sich 1874 für KG habilitierte und 1876 zum ao. Prof. ernannt wurde. 1879 wurde H. o. Prof. für KG in Gießen, 1886 in Marburg, ab 1888 in Berlin (nach heftigen Auseinandersetzungen zwischen Ministerium und Ev. Oberkirchenrat). Hier entfaltete H., der immense Gelehrsamkeit, universale Bildung und beachtliches Organisationstalent in seiner Person verband, bis zu seinem Tod am 10. Juni 1930 eine reiche wiss. und kulturpolit. Tätigkeit.

H. war ein (Kirchen- und Profan-) Historiker von größtem Format, und er betrieb auch seine theol. Arbeit vor allem unter hist. Aspekt (*Lehrbuch der DG*, 3 Bde. 1886 ff., 1904⁴; *Geschichte der altchristl. Literatur*, 3 Bde., 1893 ff.; *Geschichte der preuß. Akademie der Wiss.*, 4 Bde., 1900). Sein Grundanliegen war es, durch die dogm. Verkrustungen des christl. Glaubens hindurch und hinter sie zurück nach dem urspr., schlichten Evangelium Jesu zu fragen. Dieser Versuch war einerseits Ausdruck seines hist. Bewußtseins, andererseits – in seiner prinzipiell dogmenkrit. Haltung – Ausdruck seines lib. Bewußtseins. In der Übereinstimmung von hist. und lib. Bewußtsein verfolgte H.s Theol. das Ziel, das Evangelium sachgemäß, d. h. hist. zutreffend, und zugleich zeitgemäß, d. h. in Übereinstimmung mit dem zeitgenöss. wiss. Denken, darzustellen. Die wesentlichen Elemente des schlichten Evangeliums Jesu waren für H.: das Kommen des Reiches Gottes in die Seele, die Väterlichkeit Gottes und der unendliche Wert jeder Menschenseele sowie das Leben in Nächstenliebe und Brüderlichkeit. Eine spezielle christol. Komponente ist in H.s Wesensbestimmung des Evangeliums bewußt nicht enthalten. Jesus ist für ihn nicht Bestandteil, sondern Verkündiger und Bringer des Evangeliums. Das altkirchl. Dogma wird von H. als ein Werk des griech. Geistes auf dem Boden des Evangeliums beurteilt. Es hat das Verdienst, zentrale Elemente des Evangeliums bewahrt zu haben, aber es hat dies in einer Form getan, in der das Evangelium zugleich verfälscht wurde. Von daher betrachtet H. die DG überwiegend als Verfallsgeschichte. Andererseits ist sein Denken und Handeln bestimmt von dem Glauben, daß es in der Geschichte der Rel., der Kultur und der Menschheit grundsätzlich „aufwärts geht", wenn die Menschen nur die Kräfte nutzen, die in der Geschichte (insbes. im Evangelium Jesu) gegeben sind.

Dieser Optimismus hat in der Zeit nach dem 1. Weltkrieg kaum noch irgendwo Zustimmung gefunden. Auch verfiel H.s kaisertreue Haltung beim Kriegsausbruch rückblickend der Kritik. Unbestritten sind jedoch seine Verdienste (als Autor, Herausgeber und Organisator) um die Erforschung der Alten Kirche (KG und DG).

Lit.: Das Wesen des Christentums (1900; GTB 227) Gütersloh 1977; F. Smend, A. v. H. – Verzeichnis seiner Schriften, Berlin 1927 und 1931; A. v. Zahn-Harnack, A. v. H., Berlin 1951[2]; W. Döbertin, A. v. H., Bern 1985. *W. H.*

Hegesipp (2. Jh.). Kirchenschriftsteller. Versucht, den Geheimtraditionen der Gnosis die apostol. Lehre entgegenzusetzen; bemüht sich um einfache Darlegung des Glaubens.

Heidegger, Johann Heinrich (1633–1698). 1659 Prof. in Steinfurt, 1667 in Zürich. Nach ↑Polanus und neben ↑Voetius, ↑Coccejus, Franz Turrettini (*Institutio theologiae elencticae*, 1679, 1847/8[6]) und Peter van Mastricht (*Theoretico-practica theologia*, 1682, 1724[4]) der bedeutendste Dogmatiker der (mit ihm endenden) ref. Orth. Hauptwerk: *Corpus theologiae christianae*, posthum 1700. Anders als ↑Calov vorübergehend noch erfolgreich durch ein neues Lehrbekenntnis: die gegen das Zweifelhaftwerden der Prädestinationslehre und der Inspiration des hebr. Urtextes gerichtete *Helvetische Konsensusformel* (1675).

Heiler, Friedrich (1892–1967). H. promovierte 1917 in München mit einer Arbeit über *Das Gebet* (1918, 1923[5]), die sein wirkungsvollstes Buch wurde. Seit 1922 Prof. für vergleichende Rel.gesch. und Rel.phil. in Marburg. Bereits 1919 war H. (in Schweden) von der kath. zur luth.

Kirche konvertiert, was er jedoch als einen Akt. ök. Brückenschlags verstand. Seine wiss. Arbeit stand vor allem im Dienst der Herausarbeitung von Gemeinsamkeiten zwischen den Konfessionen und Religionen.

Heim, Karl (1874–1958). In der Person und im Werk H.s verbanden sich zwei Elemente unterschiedl. Provenienz zu einer organischen Einheit: einerseits Kenntnisreichtum und intensive Reflexion im naturwiss. und phil. Bereich, andererseits eine Frömmigkeit und Theol., die sich mit ihrer Ausrichtung auf persönl. Bekehrung dem Pietismus und der Erweckungsbewegung verpflichtet wußte.

H. wurde am 20. Jan. 1874 in Frauenzimmern (bei Lauffen a. N.) als Sproß eines pietist. geprägten Pfarrergeschlechts geb. Nach Schul- und Seminarjahren studierte H. von 1892–96 in Tübingen Theol. Im Aug. 1893 bekehrte er sich unter der Predigt des Evangelisten E. Schrenk. Nach seinem theol. Examen trat H. in den kirchl. Dienst, aus dem er 1899 zum Reisesekretär der Deutschen Christl. Studentenvereinigung berufen wurde. 1903 wurde H. Inspektor am schlesischen Studentenkonvikt in Halle. Kurz danach verfaßte er sein erstes größeres Werk, in dem sich in Gestalt eines kühnen Entwurfs die Grundlinien seines späteren Denkens vorgezeichnet finden: *Das Weltbild der Zukunft* (1904, Nachdruck 1980). 1907 wurde H. Priv. Doz. für Syst. Theol. in Halle, 1914 Prof. für Dogm. an der neugegründeten Fak. in Münster. Von 1920–39 lehrte er mit großem Er-

folg als Syst. Theologe in Tübingen. H. starb am 30. Aug. 1958.

H.s intensive Beschäftigung mit dem naturwiss. Weltbild entsprang dem Bestreben, als Theologe „ein gutes wiss. Gewissen" zu besitzen. Dies wäre für ihn jedoch unmöglich gewesen, wenn die um die Jh.wende weit verbreitete materialist. bzw. mechanist. Weltanschauung recht gehabt hätte. Durch seine Beschäftigung mit der Relativitätstheorie Einsteins, mit dem phil. Ansatz Fechners sowie durch eigenes Nachdenken wurde H. jedoch bewußt, daß dieses Weltbild nur die Welt in ihrer Gegenständlichkeit, als „Raum des Gewordenen" in den Blick bekommt, aber den für das Subjekt ausschlaggebenden Aspekt des Werdens der Welt (Geschichte) ausblendet. Dieser Aspekt ist für H. untrennbar verbunden mit dem Willen, der die raumzeitlichen Ereignisse „im Raum der Vorstellung oder des Gedankens" vorwegnimmt und damit ein unbegündbares, aber Gewißheit verleihendes „Hoffnungsbild" von der Wirklichkeit entwirft. Alle Weltbilder basieren letztlich auf solchen Entscheidungen. Das christl. Weltbild muß nicht mit dem naturwiss. Weltbild kollidieren, da es sich auf einen anderen, grundlegenderen Aspekt der Wirklichkeit bezieht als jenes. Die Welt des Werdens, von der her christl. Glaube sein Wirklichkeitsverständnis gewinnt, ist für H. der Raum, in dem die Gottesbegegnung des Menschen stattfindet. Entweder gewinnt der Mensch hier die Gewißheit, daß Jesus Christus der Weltvollender ist und die künftige Weltherrschaft antreten wird, oder er versinkt in der Verzweiflung der Sinnlosigkeit.

H. gehört zu den wenigen ev. Theologen, die im 20. Jh. das Gespräch mit der Naturwiss. gesucht und auf fundierte Weise geführt haben. Er fand mit diesem Bemühen lange Zeit kaum Beachtung. Seit einigen Jahren werden jedoch Anliegen und Ansatz H.s an verschiedenen Stellen aufgenommen und weitergeführt.

Lit.: Der ev. Glaube und das Denken der Gegenwart, I–VI, Wuppertal 1975 ff.[3–6] – H. Timm, Glaube und Naturwiss. in der Theol. K. H.s, Witten/Berlin 1968; A. Köberle, K. H. Leben und Denken, Stuttgart 1979.

W. H.

Heinrich von Gent (1217–1293). Scholast. Philosoph und Theologe. Wird der platonisch-augustin. Richtung zugeordnet; seine Erkenntnispsychologie lehnt sich an die augustin. Erleuchtungslehre an; H. unterscheidet dreifaches Sein: *esse essentiae, esse existentiae, esse subsistentiae.*

Herbert von Cherbury (1583–1648). Begründer der modernen christentumsunabhängigen Rel.phil. Auf der Basis des rel.gesch. Wissens seiner Zeit konstruierte er erstmals die allgemein angenommene ‚natürliche Gotteserkenntnis' als die aus fünf Glaubensartikeln („1. es gibt einen höchsten Gott, 2. es ist verpflichtend, ihn zu verehren, 3. Ethik ist der Hauptbestandteil der Gottesverehrung, 4. man muß von Sünden abstehen, 5. es gibt Lohn und Strafe in diesem wie jenem Leben") bestehende eine, wahre, vernünftige Rel. Diese ist die Grundlage aller historischen, in ihren weitergehenden Bestandteilen vor allem durch „Priesterbetrug" soziologisch zu erklärenden Rel.en. Daß H. diese „allgemeine und reine Rel. der göttlichen Vorsehung" als hinreichende (nicht mehr, wie bisher, nur notwendige) Beschreibung des Gottesverhältnisses auffaßte (auch die Schriftoffenbarung ist prinzipiell entbehrlich), sah und bestritt die Orthodoxie (↑Musäus). Die Aufklärung rezipierte diese Theorie zunehmend (J. Locke, *Reasonableness of Christianity*, 1695, dt. Gießen 1914; J. Toland, *Christianity not mysterious*, 1696, dt. Gießen 1908; M. Tindal, *Christianity as old as the creation*, 1730; H. S. ↑Reimarus, *Apologie oder Schutzschrift für die vernünftigen Verehrer Gottes*, 1768, Wiesbaden 1972; Kant, *Die Rel. innerhalb der Grenzen der bloßen Vernunft*, 1793). Sie ist, verschieden modifiziert, das Fundament des theologischen Rationalismus und, nicht mehr normativ aufgefaßt, prinzipiell die Grundlage der allgemeinen vergleichenden Rel.wiss. geworden.

Lit.: Hauptwerke, hrsg. und eingel. von G. Gawlick, 3 Bde., Stuttgart 1966–71.

Th. M.

Herder, Johann Gottfried (1744–1803). H. wurde am 25. Aug. 1744 in Mohrungen (Ostpreußen) geb. In Königsberg, wo er Theol., Phil. und Lit. studierte, wurde er von Kant und ↑Hamann beeinflußt. Seit 1764 wirkte er in Riga als Lehrer an der Domschule und als Domprediger. Eine Seereise führte ihn von Riga nach Frankreich. In Straßburg, wo er mit Goethe zusammentraf, entstand die *Abhandlung über den Ursprung der Sprache,* die mit dem Preis der Berliner Akademie ausgezeichnet wurde. Goethe verhalf H. zu einem tieferen Verständnis der Poesie und Literatur als Wesensausdruck des menschl. Lebens. Als Konsistorialrat in Bückeburg übernahm H. die geistl. Leitung der luth. Landeskirche von Schaumburg-Lippe. Während der Bückeburger Zeit (1771–76) vollzog H. eine Hinwendung zum reformatorischen Christentum und eine Distanzierung von dem radikal aufklärerischen Gedankengut. Auf Goethes Empfehlung wurde H. 1776 als Generalsuperintendent nach Weimar berufen. Aus dem reichen Schrifttum der Weimarer Zeit stammen seine *Briefe, das Studium der Theol. betreffend* (1780) und die *Ideen zur Phil. der Geschichte der Menschheit* (1784, 3. u. 4. Teil 1787 u. 1791). Aus der Rez. des letztgenannten Werkes durch Kant entstand ein lang anhaltender Konflikt. Störte Kant die oft unbestimmte, gefühlsmäßige Art von H.s Philosophieren, so meinte H., Kants Erkenntnistheorie widerlegen zu müssen. Er veröffentlichte *Eine Metakritik zur Kritik der reinen Vernunft* (1799).

Vom Historiker ist nach H. die Fähigkeit gefordert, sich in vielerlei Gestalten der Vergangenheit hineinzuversetzen. Denn der Gegenstand des Verstehens ist die hist. Wirklichkeit in ihrer Individualität. Wichtig für H.s Geschichtsphil. ist der Entwicklungsgedanke und die Zielvorstellung der Humanität. Als Bildung

zur Vernunft und Freiheit ist die Humanität die entscheidende Bestimmung und Aufgabe des Menschen. Sie soll er durch die Vervollkommnung aller seiner Kräfte und Fähigkeiten zu verwirklichen suchen. In der Rel. gipfelt die Humanität des Menschen. Durch die Interpretation und Nachdichtung verschiedener Nationalliteraturen hat H. weit über den deutschen Sprachraum hinaus als Anreger gewirkt.

Lit.: Sämtl. Werke hrsg. v. B. Suphan, 33 Bde., Berlin 1877–1913 (Nachdruck: Hildesheim 1967/68); R. Haym, Herder nach seinem Leben und seinen Werken dargestellt, 2 Bde., Berlin 1880–85 (Neuausgabe: Berlin 1954); W. L. Federlin, Vom Nutzen des Geistl. Amtes. Ein Beitrag zur Interpretation und Rezeption J. G. H.s, Göttingen 1982 (Lit.).   *G. H.*

Hermas (Hirte des) (2. Jh.). Die Bußschrift des Hermas, eines Bruders Pius' I., zählt zu den Apostol. Vätern; zeitweise sogar zum Kanon gerechnet. Gibt guten Einblick in die Aszese-, Buß- und Rechtfertigungsgedanken innerhalb des Judenchristentums seiner Zeit.

Hermes, Georg (1775–1831). H. wurde am 22. Apr. 1775 in Dreierwalde/Westf. geb. Im Phil.- u. Theol.-Studium in Münster (1792–97) bes. beeindruckt vom erkenntnistheoretischen Psychologismus seines Lehrers F. Ueberwasser und von dem (im Selbststudium kennengelernten) Versuch †Stattlers, auf eine metaph. Gewißheit für Faktum und Inhalt der Off. in gläubiger Annahme zu verzichten und Wissenschaftlichkeit nur auf die hist. und die natürliche Theol. anzuwenden, bemühte sich H. zeitlebens um die verstandesmäßige Begründung der rel. Wahrheiten. 1799 Priester und 1807 in Münster, 1820 in Bonn Prof. für Dogm. geworden, wirkte er bis zu seinem Tod (26. Mai 1831) als überzeugender und frommer Lehrer an dieser Lebensaufgabe.

H. wollte die Göttlichkeit der kirchl. Glaubenslehre gegenüber der Zweifelssucht der Zeit auf ein festes phil. Fundament stellen. Das schien ihm möglich durch die Analyse des Bewußtseins und seines Zusammenhangs mit der Wirklichkeit (Kant in der Deutung F. Ueberwassers!). Demnach ist der *Glaube* eine innere Gewißheit, die sich durch zwingende Beweise theoret. und prakt. ergibt, nachdem entgegenstehende Einwände behoben sind. Der positive methodische Glaubenszweifel und seine Überwindung sind Ausgangspunkt und Wurzel des Glaubens. Durch seine Überwindung gelangt man zum Wissen, durch das rational gesicherte Wissen zu einer erwiesenen Nötigung zum Glauben. Ein solcher Bekenntnisglaube (Fürwahrhalten?) bedarf nicht der Gnade; diese stärkt nur den zugrundeliegenden „Herzensglauben".

Die *Off.* hat ihre Quellen in Schrift und Trad.; sie brauchen, als äußere Anregungen für den Glauben, die Übereinstimmung mit der subj. Gewißheit. Nichts darf als übernatürliche Wahrheit festgehalten werden, was nicht frei ist vom Widerspruch gegen die Vernunft. Für die *Gotteserkenntnis* gilt daher: Unsere Vorstellungen von Gott sind

nicht nur dem Denken analog; sie sind auch subj. Gott wird nicht in seinem Ansich-Sein, sondern nur in Bezug auf den Menschen als heilig und gerecht erkannt. Christi Erlösungswerk kann nicht als seinsmäßiges Geschehen, sondern nur in seiner Wirkung für uns erkannt werden. Hier zeigt sich die unmittelbare Anwendung Kants auf die Theol. Das tiefere Spannungsverhältnis von Natur und Übernatur, Vernunft und Gnade, Glaube und Wissen ist vereinfacht und verkürzt. Das Anliegen und eine sachgerechte Lösung blieben späteren Theologengenerationen als Aufgabe.

H.s berechtigtes Anliegen war, die Glaubenslehre „gegenüber der damals herrschenden krit. Phil., diese mit ihren eigenen Waffen bekämpfend, wiss. (zu) begründen … Er wollte, daß seine Schüler dasselbe tun, nämlich das Christentum gegen jede künftige Zeitphilosophie" mit deren Denken zu „verteidigen" (Krabbe). Seine Schüler haben jedoch mit der wortgetreuen Fortführung seines Systems und mit Intrige und Polemik zu jenen langjährigen Wirren beigetragen, an deren Ende die Verurteilung des Hermesianischen Systems stand (1835, 1870).

Lit.: Werkverzeichnis und Lit. bei: E. Hegel, G. H., KThD 1, 321 f.   *F. W.*

Herrmann, Wilhelm (1846–1922). H. wurde am 6. Dez. 1846 in Melkow (Altmark) geb. Er studierte von 1866–71 in Halle Theol. Nach einer mehrjährigen Tätigkeit als Haus- und Gymnasiallehrer wurde er 1875 Priv. Doz. in Halle. Unter dem Einfluß der Schriften Kants, ↑Schleiermachers und ↑Ritschls wandte er sich schon bald von der Hallenser Vermittlungstheol. (↑Tholuck, J. Müller, ↑Kähler) ab und wurde zum führenden Systematiker der Ritschl-Schule. 1879 wurde H. nach Marburg berufen. Hier entstanden seine beiden Hauptwerke *Der Verkehr des Christen mit Gott* (1886, 1921⁷) und *Ethik* (1901, 1921⁶). H. lehrte in Marburg Syst. Theol. bis zu seiner Emeritierung im Jahre 1917. Er starb am 2. Jan. 1922.

Das eine Thema der Theol. H.s war die Frage nach dem Wesen der Rel. in ihrem Verhältnis zu Wissenschaft und Sittlichkeit. Dabei ging es ihm nicht um eine Verbindung, sondern um eine möglichst klare Unterscheidung dieser Größen. Das Bündnis von Rel. und Wissenschaft bzw. „Welterkennen" wurde nach H.s Überzeugung durch Kant endgültig zerstört. Gott ist kein möglicher Gegenstand wiss. Erkenntnis, denn diese kann nur weltl. Dinge erfassen. Rel. muß daher in einem anderen Gebiet beheimatet sein: dem des Erlebens bzw. des individuellen, inneren Lebens des Menschen. Die Sittlichkeit hat mit der Rel. dieses Gebiet gemeinsam, denn auch sie zielt auf das individuelle, innere Leben (Gesinnung), und zwar so, daß von da aus das ganze Leben des Menschen in einheitlicher, vertrauenerweckender Weise gestaltet und bestimmt werde. Aber diese sittl. Bestimmung ist nicht durch den ethischen Imperativ zu verwirklichen. Damit gerät der Mensch unter dem Sittengesetz in eine Aporie: Der Wille des Menschen kann sich selbst nicht zum Guten ändern, und trotzdem bleibt die sittl. Forderung unverbrüchlich bestehen. Diese Aporie ist für H. nur überwindbar durch die Begegnung mit einem menschl. Leben, in dem diese einheitliche Bestimmung durch den Willen gegeben ist, und das ist „das innere Leben Jesu", in dem der Mensch Gott selbst begegnet. Dieses innere Leben Jesu kann dem Menschen nur vermittelt werden durch die christl. Überlieferung, die auf ihn wirkt. Das Erlebnis dieser Einwirkung ist das Fundament des Glaubens, das auch durch die wechselnden und stets ungewissen Resultate hist. Forschung nicht erschüttert werden kann.

H. hat mit dieser Grundlegung der Syst. Theol. sowohl in seiner Zeit eine große direkte Wirkung erzielt, als auch indirekt über seine beiden bedeutendsten Schüler, ↑Barth und ↑Bultmann, die Theol. des 20. Jh.s insgesamt nachhaltig beeinflußt. So ist die in der jüngeren ev. Theol. dominierende Ablehnung der Metaphysik und natürl. Theol. ebenso ein Erbe H.s wie deren christozentrische Orientierung. Durch Bultmann ist H.s Grundanliegen in Form der existentialen Interpretation der bibl. Überlieferung an die Gegenwart vermittelt und zu großer Wirkung gebracht worden.

Lit.: Schriften zur Grundlegung der Theologie, I u. II, München 1966/67 – Th. Mahlmann, Das Axiom des Erlebnisses bei W. H., in: NZSTh 4. 1962, 11–88; P. Fischer-Appelt, Metaphysik im Horizont der Theol. W. H.s, München 1965 (Bibliogr.); TRE 15, 165–172 (Th. Mahlmann).   *W. H.*

Hessen, Johannes (1889–1971). H. wurde am 14. Sept. 1889 in Lobberich (Niederrhein) geb. Nach der phil. und theol. Prom. in Bonn und Münster und der Habil. in Köln begann er 1921 seine Lehrtätigkeit an der phil. Fak. Köln, zunächst als Priv. Doz., dann als ao. Prof. 1940 verlor er auf Betreiben der nationalsozialistischen Partei seinen Lehrstuhl und alle damit verbundenen Rechte. Im gleichen Jahr erhielt er „Redeverbot für das gesamte Reichsgebiet". H. mußte nach dem Krieg lange warten – bis 1954 –, ehe er den Wiedergutmachungsbescheid bekam und wieder in seine Rechte eingesetzt wurde. Er starb 1971.

H. hat es während seines ganzen Lebens nicht leicht gehabt. Sowohl mit kirchl. Behörden wie mit Fachkollegen geriet er in vielfältigen Konflikt. Einige Schriften verfielen sowohl der kirchl. wie – im Dritten Reich – der staatl. Zensur, sie wurden indiziert, verboten oder eingestampft. Das hat ihn nicht abgehalten, sondern motiviert, immer neue Veröffentlichungen zu den verschiedensten Themen vorzulegen. Seine Bibliographie weist über 100 Einzeltitel auf.

Gegenüber einer einseitig auf ↑Thomas von Aquin festgelegten Neuschol. versucht H. in vielen Einzelstudien das Werk ↑Augustins in der Gegenwart zur Geltung zu bringen, besonders in der Lehre von der Erkenntnis, die in der Erkenntnis Gottes kulminiert. Vor allem in der Begegnung mit der Phänomenologie, besonders mit ↑Scheler und im Rückgriff auf Platon war H. ein Vertreter einer Wertphil., die von einem eigenständigen Bereich der Werte und dem ihnen zugeordneten Wertgefühl sprach. Damit setzte sich H. in Gegensatz zu der neuschol. Auffassung, daß Sein und Wert identisch seien. Diese Konzeption ist auch der Ausgangspunkt von H.s Religionsphil., die er unter den Titel: *Werte des Heiligen* (1938) stellt.

H. war auch ein Anwalt der berechtigten Anliegen des sog. Modernismus, einer um die Jh.wende lebendigen Bemühung, den kath. Glauben in eine schöpferische Zuordnung zur modernen Wissenschaft zu bringen, die vom kirchl. Lehramt verurteilt worden war. H.s Überlegungen haben ihren Niederschlag gefunden in dem von G. Mensching hrsg. Werk: *Der Katholizismus. Sein Stirb und Werde* (1937). H. war einer der ersten, der sich in seinem Buch: *Luther in katholischer Sicht*, der ök. Fragestellung zuwandte. In einigen mutigen Schriften hat er sich mit der weltanschaulichen Position des Nationalsozialismus auseinandergesetzt. Die Reaktion der Partei blieb nicht aus. Gegen Ende seines Lebens hat er sich dezidiert der Friedensbewegung angeschlossen.

Lit.: Die Begründung der Erkenntnis nach dem Hl. Augustinus, Münster 1916; Die Religionsphilosophie des Neukantianismus, Freiburg 1918; Die Weltanschauung des Thomas von Aquin, Stuttgart 1926; Augustins Metaphysik der Erkenntnis, Berlin-Bonn 1931; Wertphilosophie, Paderborn 1937; Religionsphilosophie, 2 Bde., München 1955[2].   *H. F.*

Hieronymus (um 347–419). Eusebius Sophronius H. stammt aus Dalmatien (Stridon), wo er vermutl. im Jahre 347 geboren wurde. Seine Ausbildung empfing er in Rom bei dem Grammatiker Donatus. Nach Empfang der Taufe ging er an die kaiserl. Residenz Trier (um 367), setzte sich aber bald aus asketischen Neigungen über Aquileia in den Osten ab. Einen Aufenthalt in der Wüste zusammen mit ↑Euagrios nützte er zur Vervollständigung seiner Griechisch-Kenntnisse, aber auch zum Erlernen des Hebr. (vir trilinguis). Übersetzungen der Weltchronik ↑Eusebs und von Homilien des ↑Origenes entstanden in den folgenden Jahren, in die auch ein Aufenthalt in Konstantinopel fällt.

382 nach Rom zurückgekehrt, fand er Zugang zu Papst Damasus, der ihn als Sekretär beschäftigte und seinen Plan einer neuen lat. Bibelübersetzung förderte. Rivalitäten und Polemik veranlaßten H., wieder in den Osten zu gehen; nach einer Reise ins Mönchsland Ägypten ließ er sich in Bethlehem nieder, wohin ihm ein Kreis röm. Asketinnen gefolgt war. In einer regen lit. Tätigkeit entstanden nun Kommentare zu bibl. Schriften sowie Übersetzungen von Homilien des Origenes; für die Wiedergabe des AT legte er zunächst den Septuaginta-Text zugrunde, orientierte sich aber immer mehr an der „hebraica veritas". Viten von berühmten Einsiedlern entstanden in dieser Zeit neben einem Katalog christl. Schriftsteller (*De viris illustribus*), doch in der Folge überschattete der Streit um Origenes wegen dessen allegorischer Methode und einiger Sonderlehren (Präexistenz der Seelen) das Leben des H.,

wobei auch persönl. Animositäten ins Spiel kamen. Trotz aller Distanzierung vom Alexandriner im Gefolge des Epiphanius konnte er freilich seine Bewunderung nie ganz verhehlen, auch wenn darüber die Jugendfreundschaft mit Rufin zerbrach. Die Fortsetzung der Kommentare zum AT beschäftigte ihn während der folgenden Jahre, die auch die Diskussion um den Pelagianismus in den Osten trugen. Im Einvernehmen mit ↑Augustins Urteil über diesen anthropol. Optimismus starb H. schließlich am 30. Sept. 419 (420).

Der cholerische Charakter des Kirchenvaters kann nicht die Verdienste schmälern, die er sich mit seinen Arbeiten an der Bibel, Übersetzungen und Kommentaren, erworben hat; in der Anerkennung als Vulgata hat sein lat. Bibeltext trotz Kritik im einzelnen Bestand behalten. Mit einer gewissen Unbekümmertheit schrieb er in seinen Auslegungen vorhandene Kommentare aus, eignete sich aber gleichzeitig das einschlägige Wissen in der palästinischen Umwelt an und vermittelte es der Nachwelt, mehr dem Konkreten verhaftet als der Spekulation folgend. H. war sich vollauf der Schwierigkeit des Übersetzens bewußt; aber gerade in Kenntnis dieses Umstands ist seine Vermittlerrolle zwischen dem griech. Osten und dem lat. Westen um so höher zu veranschlagen. Selbst geschult an der literarischen Tradition der Klassik hat er deren Stil und Aussagen in seiner Arbeit eingebracht, obwohl der berühmte Traum mit dem Vorwurf, er sei ein Ciceronianer (ep. 22), die Spannung zwischen Glaube und antiker Paideia eindrucksvoll manifestiert. Im übrigen befand sich der kontaktfreudige Kirchenvater mitten in den theol. Auseinandersetzungen seiner Zeit, zu denen er vor allem durch Briefe Stellung nahm; neben der Verherrlichung des asketischen Lebens tauchen hier Probleme aus dem christl. Alltag auf, und zwar hin bis zu Weisungen über den Umgang mit profaner Literatur.

Lit.: Quellen CPL 580–642. – G.Grützmacher, H. Eine biographische Studie, 3 Bde., Berlin 1906–08 (Neudr. Aalen 1969); J.Steinmann, H. Ausleger der Bibel. Weg und Werk eines Kirchenvaters, Köln 1961; I.Opelt, H.s Streitschriften, Heidelberg 1973. *P.St.*

Hilarius v. Poitiers (315–367). Kirchenlehrer, Theologe, Seelsorger, Bischof von Poitiers, 1851 heiliggesprochen. Legt erste Gesamtdarstellung der Lehre der Hl.Schrift über Gott und den Gottessohn vor; verbindet östliches mit westlichem Denken; unterstreicht die Vereinbarkeit von Glaube und Vernunft. Hauptwerk: *De Trinitate.*

Hildegard von Bingen (1098–1179). Benediktinerin, Mystikerin (oft in visionärem Zustand), hervorragende Theologin, eine der größten Frauen des Mittelalters. Gründet zwei Klöster. Beraterin und Kritikerin von Papst und Kaiser, Bußpredigerin (*prophetissa teutonica*). Der dreifaltige Gott, an dem der Mensch durch Jesus Christus Anteil bekommt, ist Mitte ihrer Theol. Bekannteste Schrift: *Scivias.*

Hippolyt (2. Jh.). Kirchenschriftsteller, Gegenpapst. Schüler des †Irenäus; einer der bedeutendsten griech. Kirchenschriftsteller des Westens; bietet ältesten Typ von Exegese überhaupt; Kampf gegen Modalismus und Adoptianismus; kommt selbst dem Subordinatianismus sehr nahe. Kirche ist Fortsetzung des Erlösungswerkes Christi.

Hirsch, Emanuel (1888–1972). Als Sohn einer theol. wie polit. konservativen Pfarrersfamilie wurde H. am 14.Juni 1888 in Bentwisch (Mecklenburg) geb. Er studierte von 1906–11 in Berlin (bei †Gunkel, †Harnack und †Holl) Theol. Nach dem Studium beschäftigte er sich zunächst mit der phil. Frage nach der Erkenntnismöglichkeit des Transzendenten, indem er sich in Kant und Fichte vertiefte, mit zwei Arbeiten über Fichte promovierte (1913) und sich für KG in Bonn habilitierte (1914). Unter schwersten äußeren Bedingungen vertrat H. dort von 1914–17 die beiden abwesenden Ordinarien für KG. Dies betrachtete er als seinen „Kriegsdienst", der ihm „das Gefühl der Ehre" zurückgab, das er durch seine militärische Untauglichkeit zu verlieren fürchtete. 1921 wurde H. als Prof. für KG nach Göttingen berufen, 1936 wechselte er auf die dortige Syst. Professur über. Zum NS-Staat und seiner Volkstums- und Rassenideologie nahm H. eine positive Haltung ein. 1945 beantragte er unter Berufung auf sein schweres Augenleiden die vorzeitige Pensionierung. Nach seiner Pensionierung und Erblindung blieben H. noch 27 Lebensjahre, die er in großer Einsamkeit, aber in un-

gebrochener Schaffenskraft verbrachte. In dieser Zeit entstanden eine ganze Reihe bedeutender rel.phil.
und theol. Werke, eine komplette
Übersetzung der Schriften ↑Kierke-
gaards sowie zahlreiche rel. Romane.
H. starb am 17. Juli 1972 in Göttingen.

H. hat sich seine syst.-theol. Konzeption in intensivster persönl. Auseinandersetzung mit der gesch.
Überlieferung des Christentums und
des neuzeitl. Denkens erarbeitet. Dabei sind es neben den Texten des NT
vor allem ↑Luther (*Luther-Studien*
1954), der deutsche Idealismus (*Die
idealistische Phil. und das Christentum* 1926; *Gesch. der neuern ev.
Theol.*, 5 Bde. 1949–51, Nachdruck
1984) sowie ↑Kierkegaard (*Kierkegaard Studien* 2 Bde. 1930/33), die
sein Denken geprägt haben. An Luther faszinierte H. das persönl. Ringen mit dem fordernden und begna-
digenden Gott, in dem er seine
eigene rel. Erfahrung wiedererkann-
te. Aber von Luther ist die Gegenwart nach H.s Auffassung getrennt
durch die krisenhafte *Umformung
des christl. Denkens in der Neuzeit*
(1938, Nachdruck 1984), die eine
Rückkehr zum mythischen Weltbild
und zu einem autoritativen Schrift-
verständnis unmöglich macht. Die
Umformung wurde vollzogen im
Vernunfts- und Freiheitsverständnis
der Aufklärung und des deutschen
Idealismus. Hinter sie konnte und
wollte H. nicht zurück, wohl aber
über sie hinaus; denn deren optimi-
stisch-harmonische Wirklichkeits-
auffassung erreicht nicht die Tiefe
Luthers und hält der Realität nicht
stand. Die gesuchte Synthese von in-

nerlich durchlittener Religiosität
und krit. Reflexion fand H. bei Kierkegaard. Aber auch ihm verweigert
H. an einem Punkt die Gefolgschaft:
bei der Deutung des Glaubens als ir-
rationalem Sprung ins Dunkle. Demgegenüber versucht H. eine *Christl.
Rechenschaft,* (so der Titel des dogm.
Hauptwerks, posthum 1978) zu geben, die denkerisch verantwortet ist
und Zustimmung aus Einsicht ermöglicht. Durch die These, das Volk
sei eine „geheiligte Lebensmacht"
drang in H.s sonst so diszipliniertes
theol. Denken ein breiter irrationaler
Strom ein und diskreditierte sein
Werk nachhaltig. Erst allmählich
wird es möglich, durch die polit.
Fehlleistungen H.s hindurch den
bleibenden Wert seiner theol. Einsichten und Ansätze aufzuspüren
und fruchtbar zu machen. Insbes.
durch seine Kierkegaard-Arbeiten
hat H. freilich schon seit langem eine
(weithin unbewußte) Wirkungsgeschichte gehabt.

Lit.: Das Wesen des reformatorischen
Christentums, Berlin 1963. – I.I.-W.
Schütte, Bibliographie E.H., Berlin
1972; H.M.Müller (Hrsg.), Christl.
Wahrheit und neuzeitl. Denken, Tübin-
gen/Goslar 1984; TRE 15, 390–394
(H. J.Birkner).   *W.H.*

**Hirscher, Johann Baptist (1788–
1865).** H. wurde am 20. Jan. 1788 in
Alt-Ergarten nahe Ravensburg geb.
Im Wintersemester 1807 begann er
das Theologiestudium in Freiburg,
wo ihn der Moraltheologe F.G.
Wanker und der Bibelwissenschaftler J.L.Hug besonders beeinflußten.
Im Herbst 1809 trat er ins Meers-
burger Priesterseminar ein und wur-

de am 22. Sept. 1810 in Konstanz zum Priester geweiht. Die 2 Jahre als Vikar in Röhlingen bei Ellwangen und die 5 Jahre als Repetent im Priesterseminar Ellwangen dienten der theol. Weiterbildung im Blick auf ein wiss. Lehramt. 1820 promovierte er in Tübingen, wo er schon seit 1817 als Prof. für Moral- und Pastoraltheol. wirkte. Zwanzig Jahre (1817–37) war er akad. Lehrer in Tübingen. In diesen Jahren schrieb er seine bahnbrechenden Hauptwerke *Katechetik* (1831) und *Christliche Moral*, 3 Bde. (1835/36). 1837 folgte er einem Ruf nach Freiburg, wurde 1863 emeritiert und starb dort am 4. Sept. 1865.

H. gehört als Mitbegründer zur Tübinger Kath. Schule und steht an führender Stelle in der kirchl. Reformbewegung. Geistesgesch. ist er geprägt von deren Abneigung gegen die theol. Schol. im Gewande der Neuschol., von deren Idee und Ziel einer umfassenden Kirchenreform, vor allem auf liturg. Gebiet – Wessenberg ist ihm gewiß Impulsgeber –, von deren Toleranz, ök. Aufgeschlossenheit und Offenheit zur Welt; alles von ihnen genährt pädagog. Ethos umspannt, dadurch an ↑Sailer erinnernd. Wegweisend werden ihm im akad. Lehren und lit. Schaffen die theol. Reflexionen seines Fakultätskollegen ↑Drey. Sein eigenes theol. Denken hat als „konzentrierende Leitidee" die Reich-Gottes-Theol. verbunden mit dem Organismusgedanken. Die „konzentrierende Leitfigur" ist ihm Jesus Christus, in dem ihm Lehre und Leben des Reiches Gottes in einzigartiger Weise miteinander verbunden scheinen. Der „konzentrierende Leittext" findet

sich für ihn schließlich in der Schrift des AT und vornehmlich des NT. Leitidee – Leitfigur und Leittext durchdringen seine Moraltheol., die er als lebensnahe Darstellung des sittl. Lebens pädagogisch konzipiert, sie durchdringen seine Katechetik mit dem katechet. Lehrstoff und den christl. Grundsätzen, sie durchdringen schließlich auch seine liturg. und sozialethischen Reflexionen, Entwürfe und Forderungen. Als Reformtheologe, der Verbesserungsbedürftiges in der Theol., in der Aus- und Weiterbildung des Klerus und in der Praxis der landläufigen Pastoration feststellt, zeigt er Mut und hat er erforderliche Reformideen. Er macht Vorschläge zur Erneuerung der Liturgie, zur Reform der Aus- und Weiterbildung des Klerus, zur Abhaltung von Diözesansynoden und zur freien Meinungsäußerung in der Kirche. Ein von ihm entworfenes realistisches ök. Programm erweist ihn außerdem als echten „Wegbereiter" des Zweiten Vatikanum. Zweimal wird H. indiziert (1822 und 1850) und überdies von konservativ-restaurativen Kreisen mißtrauisch beobachtet, was ihm so manche persönl. Zurücksetzung einbringt. Obwohl ihn bei der akad. Totenfeier (1867) der Sprecher noch „Magister Germaniae" nennt, sind er und sein Werk schnell vergessen. Seit dem 1. Weltkrieg besinnt man sich von neuem auf ihn.

Lit.: H. Schiel, J. B. v. H.. Eine Lichtgestalt aus dem deutschen Katholizismus des XIX. Jahrhunderts, Freiburg i. Br. 1926; E. Keller, J. B. H. (Wegbereiter heutiger Theologie, hrsg. v. H. Fries und J. Finsterhölzl, Bd. 1), Graz/Wien/

Köln 1969; W.Fürst, J.B.H. (1788–1865). Konturen einer ehrwürden Gestalt, in: Katech. Blätter 106 (1981) S.354–360 (Lit.).   *K.M.*

Hofbauer, Johann Clemens Maria (1751–1820). Erster deutscher Redemptorist; hervorragender Seelsorger. Gilt als einer der geistigen Überwinder von Aufklärung und Josephinismus in Österreich; Einfluß auf zahlr. Romantiker im „Hofbauer-Kreis" (F.Schlegel, C.Brentano, J.v.Eichendorff u.a.). 1909 Heiligsprechung.

Hofmann, Johann Christian Konrad von (1810–1877). H., der am 21.Dez. 1810 in Nürnberg geb. und am 20.Dez. 1877 in Erlangen als Theologieprof. und Landtagsabgeordneter gest. ist, gilt neben A.Harleß, dessen Nachfolger er 1845 wurde, als der theol.gesch. bedeutendste und wissenschaftlich fruchtbarste Vertreter der neuluth.-konfessionalistischen sog. Erlanger Erfahrungstheol. Ursprünglich Historiker (Studium bei Ranke), hat er seine Theol. auf die Geschichtlichkeit des Christentums zu begründen versucht, die sich ihm aber allein im unauflösbaren Zusammenhang von persönl. Wiedergeburtserfahrung, heilsgesch. gelesener Bibel und dem Leben der Kirche erschloß. In der gesch. Selbständigkeit des Christentums erblickte H. auch die Voraussetzung für eine wiss. Eigenständigkeit der Theol. Diese ist bei ihm charakterisiert durch ein eigentümliches Ineinander von Schriftexegese und syst. Lehre. Denn die hl. Geschichte, theol. ausgegrenzt als autarker Bereich

göttl. Heilshandelns, ist ein einheitliches Ganzes, das sich in der Einheit und Geschlossenheit der Bibel niederschlägt. Von daher wird das Schema von Weissagung und Erfüllung ebenso als allg. Struktur dieser Heilsgeschichte wie die Inspiriertheit des bibl. Geschichtszeugnisses im Ganzen zentral wichtig. Mit der Aufwertung jenes Schemas zur universalen bibl. Kategorie hat H. zur theol. Wiederentdeckung des AT beigetragen.

Einer verobjektivierenden Entartung dieses supranaturalist. Ansatzes hat H. jedoch prinzipiell zu wehren gesucht durch die Einbeziehung der subj. Erfahrungsdimension: die aufgrund persönl. Wiedergeburt erworbene christl. Heilsgewißheit galt als schlechthin notwendig zum Wahrnehmen und Darstellen der Heilsgeschichte. Subj. Teilhabe am Geschichtszusammenhang wird zur Bedingung seiner theoret. Erfassung. Insofern ist die Sachlichkeit der Theol. immer persönlich vermittelt: der Theologe ist sich als Christ der eigenste Stoff seiner Wissenschaft.

H. widerfuhr es, gerade in der Hinsicht in heftige Lehrstreitigkeiten verwickelt zu werden, die zwar seine Differenz zur Orth., aber zugleich seine produktive Wiederentdeckung †Luthers betraf, nämlich eine zukunftsweisende Neuinterpretation der Versöhnung in Christus. Ist er damit auch für die Theol. unseres Jh.s noch interessant, so wird man eine Grenze seines Denkens in der Unfähigkeit zu unbefangener hist. Forschung erblicken müssen: sowohl die Einheit und Geschlossenheit der bibl. Gesch. wie die Übereinstimmung von bibl. und lehrmäßiger Systematik sind präjudiziert und verhindern eher hist.-krit. Untersuchung der Geschichtszeugnisse, als sie zu befruchten.

Lit.: Weissagung und Erfüllung im alten und im neuen Testamente, 2 Bde., Nördlingen 1841–1844; Der Schriftbeweis, 3 Bde., Nördlingen 1852–55, 1857–60[2]; Schutzschriften für eine neue Weise, alte Wahrheit zu lehren, 1856–59. – P. Wapler, J. v. H., Leipzig 1914; E. Hübner, Schrift und Theologie, München 1956. *J. R.*

Holl, Karl (1866–1926). Seit 1901 ao. Prof. für KG in Tübingen, 1906 Prof. in Berlin, seit 1915 Mitglied der preuß. Akad. der Wiss. Neben der Edition und syst. Verarbeitung von Texten griech. Kirchenväter trat H. bes. mit seinen bis heute grundlegenden Untersuchungen zu ↑Luther hervor (*Ges. Aufsätze zur KG, Bd. I*, 1921, 1948[7]), in denen er Luthers Rel.verständnis im Begriff der „Gewissensrel." zu erfassen versuchte und damit einer Lutherrenaissance den Weg bereitete, die neben der Dial. Theol. die wirkungsvollste Erneuerungsbewegung in der ev. Theol. des frühen 20. Jh.s darstellt.

Hollatz, David (1648–1713). 1684 Gymnasialdirektor in Kolberg, 1692 Superintendent in Jakobshagen (Pommern), verfaßte (ursprünglich für seine Schüler, daher in Frage-Antwort-Form) die durch „sehr große wiss. Schärfe und Genauigkeit mit Anschaulichkeit und Faßlichkeit" ausgezeichnete, letzte orth.-luth. Dogm.: *Examen theologicum acroamaticum* (1707 [Nachdruck 1971], 1718[2] [erw.], 1763[8]).

Hontheim, Johann Nikolaus v. (1701–1790). Theologe, Rechtswissenschaftler, Weihbischof von Trier. Veröffentlicht unter dem Pseudonym Justinus Febronius *De statu ecclesiae et legitima potestate Romani Pontificis* (1763–73); vertritt hier extrem episkopalist. Thesen, wodurch er intensive Diskussion um die Kirchenverfassung sowie das Verhältnis von Staat und Kirche anstößt.

Hooker, Richard (1554–1600). H., der Theologe, dessen Werk für die Bestimmung der Identität der anglik. Kirche bis heute entscheidende Bedeutung hat, wurde im März 1554 (?) in Heavitree (Devon) geb. Durch die Vermittlung von ↑Jewel studierte er 1568–77 am Corpus Christi College in Oxford, wo er anschließend bis 1584 lehrte. 1585 trat er als Master of the Temple in London das geistl. Amt an. Seine Auseinandersetzungen mit Walter Travers, dem zweiten, calvinist. Prediger am Temple, spiegeln die zeitgenöss. Kontroversen zwischen anglik. und presbyterianischer Theol. Nach dem Ende seiner Amtszeit in London wurde H. Pfarrer von Boscombe, ließ sein Amt aber wahrscheinlich nach der Praxis der Zeit von einem anderen Geistlichen wahrnehmen, um Zeit für die Abfassung seines Hauptwerkes *Of the Laws of Ecclesiastical Polity* zu gewinnen. 1595 übernahm H. die Pfarrstelle in Bishopsbourne (Kent), wo er am 2. Nov. 1600 starb. Die ersten 4 Bände seines auf 8 Bände angelegten Hauptwerks erschienen 1593. Vier Jahre später wurde der 5. Band publiziert. Buch sechs und acht wurden 1648, Buch sieben erst 1662 veröffentlicht. Über Authentizität und Vollständigkeit der 3 posthum publizierten Bände gibt es seit ihrem Erscheinen Kontroversen.

H.s kirchengesch. Bedeutung ist darin zu sehen, daß er in dem Konflikt zwischen Anglikanern und Puritanern um die Kirchenordnung, der durch die puritanische Ermahnung an das Parlament zur Einführung einer presbyterianischen Kirchenordnung und zur Abschaffung des Episkopats (*An Admonition to the Parliament* 1572) seinen Höhepunkt erreicht hatte, einen Streit um die Begründung der Autorität erkannte. In welchem Verhältnis steht die Autorität der Schrift zur Autorität der Kirche und zur Autorität des Staates und wie sind diese Autoritäten jeweils begründet? H. löst diese für die Kirchenordnung wie für das Glaubensverständnis grundlegende Frage durch eine um den Begriff des Gesetzes konzipierte theol. Methode. Gesetze sind als Beschreibungen der Zuordnungsmuster von Mittel und Zwecken universelle Ordnungsprinzipien allen Geschehens. Die Grundlage der Hierarchie der Gesetze ist das ewige Gesetz, nach dem Gott von Ewigkeit her sein Wirken gestaltet und das die gesetzesmäßige Ordnung der Natur begründet. Das Gesetz der Vernunft hat Autorität als Einsicht in den von Gott gesetzten Strukturzusammenhang der Natur und in das in der Schrift mitgeteilte göttl. Gesetz. Das menschl. Gesetz, das auch die Kirchenordnung regeln muß, ordnet das menschl. Zusammenleben aus der Einsicht in Gottes Gesetz, wie es als Gesetz der Natur

und in der Schrift durch die Vernunft erkannt werden kann. Theol. hat H. damit der Methode des Anglikanismus, Schrift, Trad. und Vernunft theol. zum Ausgleich zu bringen, charakteristischen Ausdruck gegeben. Geistesgeschichtlich hat H. für den Anglikanismus die krit. Aneignung des Aristotelismus und Thomismus ermöglicht. Diese Momente sind in der anglik. Theol. bis in die Gegenwart wirksam.

Lit.: The Works of R. H., 7. Aufl., hrsg. von R. W. Church und F. Paget, Oxford 1888; J. S. Marshall, H. and the Anglican Tradition, London 1963.   *C. S.*

Hosius, Stanislaus (1504–1579). Kontroverstheologe,   Seelsorger, 1561 Kardinal, 1561–63 päpstl. Legat auf dem Konzil in Trient. Bedeutendster Repräsentant der Gegenreformation in Polen; Humanist; sehr stark beeinflußt von ↑Augustinus. Seine *Confessio catholicae fidei* (1552–53) stellt den Abschluß der kath. Enchiridienliteratur vor ↑Canisius dar; Mittelpunkt seiner Theol. sind der gekreuzigte Christus, die Gnade, die Kirche.

Hrabanus Maurus (ca. 780–856). 780 oder wenig später in Mainz aus fränk. Adelsgeschlecht geb., trat H. mit 8 Jahren als Oblate in das Kloster Fulda ein. Nachdem er hier eine erste Ausbildung empfangen hatte, war er wahrscheinlich schon in den späten 90er Jahren an der Hofschule Karls d. Gr., mit Sicherheit in Tours 802/03–804,   Schüler ↑Alkuins. Nach Fulda zurückgekehrt, wurde er Lehrer an der Klosterschule, 814 zum Priester geweiht und 822 zum

Abt gewählt. 20 Jahre hindurch leitete er den Konvent, der unter ihm auf fast 700 Mitglieder anwuchs, und machte Fulda zu einer der bedeutendsten Bildungsstätten im Abendland. Sein Engagement in der Reichspolitik zugunsten Ludwigs des Frommen und seines Sohnes Lothar I. veranlaßte ihn 842 zum Rücktritt; für mehrere Jahre lebte er nun auf dem Petersberg bei Fulda seinen Studien. 847 wurde er Erzbischof von Mainz, wo er nach ereignisreichen Jahren (u. a. 3 Synoden) am 4. Febr. 856 starb.

Seit seiner ersten Veröffentlichung, einer Sammlung von Figurengedichten *(De laudibus sanctae crucis)*, hat H. zahlreiche Werke verfaßt, die v. a. von ausgedehnter Gelehrsamkeit zeugen. Sie sind freilich nie Selbstzweck, sondern wollen prakt.-seelsorgerlichen Absichten dienen. Noch als einfacher Mönch schrieb H. das Werk *De institutione clericorum*, in dem er einen Überblick über das dem Geistlichen unentbehrliche Wissen bietet. Schulbücher verfaßte er zu Grammatik und Computus (kirchl. Zeitrechnung), sodann eine kleine Schrift über die Sprachen. Wichtiger ist seine Enzyklopädie *De rerum natura* in 22 Bänden, ein auf ↑Isidors Etymologien beruhendes Sammelwerk, das das Realienwissen seiner Zeit umfaßt. Den größten Teil seiner theol. Arbeit nehmen die zahlreichen Kommentare zur hl. Schrift ein. In verschiedenen Abhandlungen griff er in kirchenpolit. und dogm. Auseinandersetzungen ein, behandelte kirchenrechtl. und seelsorgerliche Fragen (so verfaßte er zwei Bußbücher und verteidigte die Kinderobla-

tion). Wichtigstes Zeugnis seines dogm. Denkens ist seine Stellungnahme gegen ↑Gottschalk, den ehemaligen Mönch von Fulda, in der Frage der Prädestination. H.s Haltung ist durch ein Mißverständnis bestimmt, das auf nicht erkannte Unterschiede in der rel. Erfahrung zurückgeht.

Während die ältere Forschung H. als „öden Kompilator" (E. R. Curtius) oder gar als Plagiator (M. Manitius) abwertete, beginnt man heute seine Leistung als Sammler, Bearbeiter und Vermittler überlieferten Stoffes zu würdigen, durch die er die Kontinuität von Bildung und Wissen im „dunklen" 9. Jh. sicherte und die ihm später den Ehrennamen *praeceptor Germaniae* eingetragen hat.

Lit.: Rabanus M. in seiner Zeit 780–856, Mainz 1980; R. Kottje/ H. Zimmermann (Hrsg.), H. M., Wiesbaden 1982. *U. K.*

Hubbeling, Hubertus Gezinus (1925–1986). Der in Djokjakarta geb. niederl. Rel.philosoph und Systematiker wirkte von 1967 bis zu seinem Tode am 7. Okt. 1986 an der Univ. Groningen. Durch seine Beiträge zur Erforschung der Phil. Spinozas und zur Weiterentwicklung der Analytischen Rel. Phil. hat er in wiss.theoretischer und logischer Hinsicht der Rel.phil. und Theol. zukunftsweisende Impulse gegeben.

Lit.: Einführung in die Rel.phil., Göttingen 1981.

Hügel, Friedrich von (1852–1925). H. wurde am 5. Mai 1852 in Florenz geb. Sein Vater war Diplomat im österreichischen Dienst, seine Mutter Schottin. Er wuchs in Brüssel auf und lebte seit seinem 15. Lebensjahr in Südengland. Er war mit der Tochter des Lord Herbert of Lea verheiratet und hatte drei Töchter. Seit einer Typhuserkrankung in seinem 18. Lebensjahr war er schwerhörig. Er besuchte nie eine Schule oder Univ. und übte keinen Beruf aus.

Seine Stellung öffnete ihm Türen zu höchsten Kreisen vornehmlich in England und Frankreich. Kardinal ↑Newman erschloß ihm die Augen für die Kirche. Der franz. Abbé Huvelin vermittelte ihm die Tradition der christl. Mystik. Ein erstes Interesse H.s galt religionsphil. dem Werden der menschl. Person. Er entwickelte eine Theorie von Einheit als Einigung in Reibung, Spannung und Konflikt. Person ist eine komplexe Größe, die durch Organisation gegensätzlicher Elemente zu einer Einheit wird. Schwierigkeiten in der Assimilation erscheinen als Beweis für die Fruchtbarkeit zum Aufbau der Person. Vor allem wissenschaftlich exakte Arbeit und Forschung sind ihm für die Personwerdung unerläßlich, gerade weil sie sich gegen vordergründige rel. Interessen stellen. Diese Theorie erlaubte es ihm, Erkenntnisse der Schriftexegese zu rezipieren, die zunächst als grundstürzend erschienen. In den Fragen der Naherwartung Jesu, seines Selbstbewußtseins, der Kirchengründung schloß er sich vornehmlich ↑Loisy an.

H. brachte seine Freunde in ganz Europa miteinander in Kontakt. Nicht zuletzt dadurch erschienen den röm. Behörden sehr verschiedene Erneuerungsbemühungen in Religionsphil., Exegese, KG und Apologotik als in sich einheitl. Bewegung, die als „Modernismus" verurteilt wurde. Dieser Begriff blieb bewußt unscharf und diente so zur Verurteilung aller Positionen, die irgendwie als neu empfunden wurden. Während die meisten seiner Weggefährten exkommuniziert wurden, blieb H. ohne kirchenamtl. Zensur. Er hatte es als Laie (und als Adeliger) leichter, vermied aber auch selbst alles, was als Provokation hätte erscheinen können. Vor allem schrieb er einen höchst komplizierten Stil, der eine Verurteilung einzelner Sätze weithin unmöglich machte.

Nach der Modernismuskontroverse mühte sich H. vornehmlich um die Frage der Wirklichkeit Gottes, dessen Transzendenz bei manchen Modernisten, vor allem bei Loisy, ins Wanken gekommen war. In der letzten Phase seines Lebens wurde er zu einem anerkannten Lehrer in geistl. Angelegenheiten. Als solcher wurde er auch im deutschen Sprachbereich rezipiert. Er starb, auch innerkirchlich anerkannt, am 27. Jan. 1925.

Lit.: The Mystical Element of Religion, 2 Bde., London 1908, 1923[2]; Essays and Addresses on the Philosophy of Religion, London/New York Bd. I 1921, Bd. II 1926; Briefe an seine Nichte, Freiburg 1928; Religion als Ganzheit, Düsseldorf 1948; Andacht zur Wirklichkeit, München 1952. – M. de la Bedoyère, The Life of Baron v. H., London 1951; L. F. Barmann, Baron F. v. H. and the Modernist Crisis in England, Cambridge, 1972; P. Neuner, Religion zwischen Kirche und Mystik, Frankfurt 1977; ders., Religiöse Erfahrung und geschichtliche Offenbarung.

F.v.H.s Grundlegung der Theologie, München 1977. *P.N.*

Hugo v. St. Victor († 1141). H. gilt als der größte Theologe der Schule v. St. Victor b. Paris. Das 1108 von Wilhelm v.Champeaux (um 1070– 1120) gegründete Augustinerchorherrenstift steht an enzyklopäd. Aufgeschlossenheit der bekannten Schule v. Chartres nicht nach. Anders aber als deren stark sprachphil. Bemühen verbindet St. Victor weites wiss. Interesse mit einem deutlich meditativ-spirituellen und bibl.–hist. Zug. Mit dieser theol. Perspektive sind die Victoriner der Schule v. Laon eng verbunden.

H., der wahrscheinlich aus Sachsen stammt (aber auch Flandern und Lothringen werden als Heimat genannt), erhält seine Ausbildung im Augustinerchorherrenstift Hamersleben/Halberstadt, tritt in den Orden ein und kommt 1115/20 nach St. Victor; 1133 übernimmt er die Leitung der Schule. Schon vor 1125 verfaßt er eine Einführung ins Studium der freien Künste und der Theol., die als *Didascalion* (ed. C.H.Buttimer, Washington 1939) bekannt ist. Sein Denken ist so sehr von ↑Augustinus geprägt, daß man ihn „alter Augustinus" nannte.

H.s platon. Geistesrichtung offenbart sich besonders im *Kommentar zur Hierarchia caelestis* des Ps.-Dionysius (PL 175, 923–1154). Sein bedeutendstes Werk ist *De sacramentis christianae fidei* (PL 176, 173–618). Es ist eine ausführliche syst. Darstellung der Glaubenslehre; diese entfaltet H. unter den heilsgesch. Gesichtspunkten der *opera conditionis*

(Schöpfung) und der *opera restaurationis* (Christol./Soteriologie). Im Anschluß an die Christol. behandelt H. die Sakramente; dabei faßt er den Begriff *sacramentum* weiter, als das wenige Generationen später der Fall sein wird. Zu den Quellen seiner Theol. gehören neben den Kirchenvätern neuere Theologen wie ↑Ivo v.Chartres († 1116) und Wilhelm v.Champeaux. Auf seine Nachwelt hat H. bald einen tiefgreifenden Einfluß ausgeübt. ↑Petrus Lombardus lehnt sich oft stark an Hs. *De sacramentis* an. Spürbar ist sein Einfluß in der Franziskanischen Schule(↑Alexander v. Hales, ↑Bonaventura) und bei ↑Albert d. Gr. Bonaventura kennzeichnet H. so (Op. de red. artium ad theol., Quarracchi V, 321): ↑Anselm v.Canterbury ist bedeutungsvoll in der Predigt, ↑Richard v. St. Victor in der Kontemplation, Hugo aber in all diesem.

Lit.: Chr.Schütz, Deus absconditus – Deus manifestus, Rom 1967 (Lit.); F.Courth, Trinität. In der Scholastik (HDG II/1 b), Freiburg/Basel/Wien 1985, 61–63 (Lit.); D. van den Eynde, Hugh of Saint-Victor: NCE VII, 194 f. (Quellen u. Lit.); A. Funkenstein/ J.Miethke, Hugo v. St. Viktor: Neue dt. Bibliogr. X, 19–22. *F.C.*

Hugolin v. Orvieto (1300–1373). Wichtigster Vertreter des spätma. Augustinismus. Augustiner, seit 1371 Patriarch v. Konstantinopel; verteidigt augustin. Illuminationstheorie, den Exemplarismus, die Lehre von der ontol. Wahrheit und das *Lumen theologicum*. Selbständiger Schüler des ↑Gregor v.Rimini und in der Lehre von der Rechtfertigung dem ↑G. Seripando verwandt.

Humbert von Silva Candida (ca. 1006–1061). Etwa 1006 geb., kam H. wohl als Oblate in das Vogesenkloster Moyenmoutier, wo er sich früh schriftstellerisch betätigte. Bischof Bruno von Toul machte ihn zu seinem Sekretär und nahm ihn 1049, nach seiner Wahl zum Papst (Leo IX. † 1054), nach Rom mit. 1050 ernannte er ihn zum Erzbischof von Sizilien und bald darauf zum Kardinalbischof von Silva Candida. Als enger Vertrauter des Papstes war H. wiederholt Gesandter bei den Normannen. 1053 nahm er die literarische Auseinandersetzung mit der byzantinischen Kirche um dogm.-liturg. Fragen auf und führte die röm. Delegation nach Konstantinopel an, die am 16. Juli 1054 die Bannbulle gegen Patriarch Michael Kerullarios auf dem Hauptaltar der Hagia Sophia niederlegte und damit den Bruch zwischen Rom und Byzanz besiegelte. Auch unter Leos Nachfolgern spielte H. – seit 1057 im Amt des Bibliothekars – eine zentrale Rolle an der röm. Kurie. Er strebte nicht nach der Papstwürde, sondern wirkte durch seine Schriften wie durch Führung der päpstlichen Geschäfte bis zu seinem Tod am 5. Mai 1061.

H. war ein gebildeter und v. a. kampfbereiter Theologe. Bei zwei Gelegenheiten nahm er entschieden Stellung zu Problemen der Abendmahlslehre. In Auseinandersetzung mit der Ostkirche verteidigte er 1054 die im Abendland üblich gewordene Verwendung ungesäuerten Brots. Im Kampf gegen die symbol. Abendmahlsauffassung ↑Berengars von Tours zwang er seinen Gegner 1059 zu einem Eid, der die massive Vergewisserung der Gegenwart von Leib und Blut Christi in Brot und Wein einschloß. Doch die eigentliche Bedeutung H.s liegt in seiner Lehre von der Kirche. Er war der große Theoretiker der aus den monast. Reformbewegungen des 10.–11. Jh.s herauswachsenden Kirchenreform, die unter Papst Gregor VII. ihren Höhepunkt und ihre Krise erlebte (Investiturstreit). Im Zentrum seines Denkens stand der Primat des röm. Bischofs, dem er uneingeschränkte Autorität und volle Gesetzgebungsgewalt zusprach. Durch seine Sentenzensammlung, das erste Rechtsbuch der Kirchenreform, wollte er die jur. Grundlage für diese Lehre schaffen, die dem überkommenen Verständnis der christl. Verantwortung des Herrschers wie altkirchl. episkopalist. Vorstellungen widersprach. In seinen *Drei Büchern gegen die Simonisten* nahm er nicht nur einen unerbittlichen Kampf gegen die seit langem geächtete und trotzdem übliche Simonie (Übertragung geistl. Ämter gegen Bezahlung) auf, sondern dehnte ihren Begriff auf jede Investitur durch Laien aus, verurteilte sie als Häresie und behauptete die Ungültigkeit der von Simonisten gespendeten Sakramente. Mit seiner Theorie des Papalismus hat H. dem Investiturstreit theol. Argumente geliefert; sein Kampf gegen die Simonie war weitgehend erfolgreich; aber seine extremen Forderungen (v. a. zur Sakramentenlehre) ließen sich nicht durchsetzen.

Lit.: KdTh I, 150–164 (K.-H. Kandler).
U. K.

Hunn(ius), Ägidius (1550–1603).
Geb. am 21. Dez. 1550 in Winnenden
(Württemberg), in Tübingen Schüler
von Jakob Heerbrand (1521–1600),
1576 Prof. in Marburg, 1592 in
Wittenberg, gest. 4. Apr. 1603. Der
bedeutendste der vielen Theologen
württembergischer Herkunft und
Prägung, die Ende des 16. und Anfang des 17. Jh.s in Mitteldeutsch-
land wirken. In ‚Oberhessen‘, der
Marburger Landgrafschaft Ludwigs IV., kann er zwar die Annahme
der Konkordienformel infolge Widerstandes des die irenische Politik
seines Vaters Philipp fortsetzenden
Landgrafen Wilhelm IV. von Kassel
nicht erreichen, wohl aber die
luth.-theol. Schulbildung bewirken,
aus der ↑Mentzer kommt. In Wittenberg ist H. führend an der endgültigen Wiederherstellung des Konkor-
dienluthertums in Kursachsen (nach
dem Zusammenbruch der theol. und
polit. Annäherung an die Kurpfalz
1586–91) beteiligt. Für diese Konsolidierung des Luthertums ist die emi-
nente syst. Begabung H.'s von nicht
zu überschätzender Bedeutung gewesen. Die zwölf dogm. Monographien und die Thesensammlungen
von schließlich 67 Disputationen, die
er seit 1585 veröffentlicht, zusammen mit den Kommentaren zu Paulus, Matthäus, Johannes und dem
1. Buch Mose, behandeln den christl.
Glauben nach seinem ganzen Umfang und vor allem seinem inneren
Zusammenhang. Insbesondere ist die
Prädestinationslehre, die H. streng
nach Maßgabe der Rechtfertigungslehre als Vorherbestimmung Gottes
aufgrund des von ihm vorhergesehenen Glaubens an Christus gestaltet,

und in der Christol., die er über
↑Chemnitz hinaus weiterentwickelt,
hat H. gegenüber der ref. Lehrbildung für das Luthertum maßgeblich
gewordene Konzeptionen vorgelegt.
Auch der in der Orth. gebräuchliche
Allgemeinbegriff von „Sakrament"
geht bis auf ihn zurück.

Gegenüber der röm. Kirche hat er
1591 erstmals die bis dahin vorsich-
tig behandelte oder vermiedene Unterscheidung von unsichtbarer Kirche (der wahrhaft an Christus Glaubenden und so Erwählten) und sichtbarer Kirche (der öffentl. Institution
der Heilsmittel Wort und Sakrament) als zweier verschiedener, aber
untrennbarer Aspekte in die Ekklesiol. eingeführt. 1601 hatte er in Regensburg für das damals luth. Do-
naufürstentum Pfalz-Neuburg die
alleinige Autorität der Hl. Schrift in
Glaubenssachen vor allem gegen
↑Tanner zu verteidigen. Die Publizi-
tät dieses Gesprächs hat offensichtlich das Bewußtsein der Notwendigkeit abschließender Lehrbildung in
dieser Frage verstärkt (↑Gerhard).

Lit.: TRE 15, 703–707 (Th. Mahlmann). *Th. M.*

Hus, Jan (ca. 1370–1415). H. ist
um 1370 in dem kleinen Ort Husi-
nec in Südböhmen geb., dem er seinen Beinamen verdankt. Er studierte
an der Prager Artistenfak. und wurde dort 1396 Mag. und Doz. Als
phil. Lehrer vertrat er in der Universalienfrage gegen den Nominalismus
seiner deutschen Kollegen einen Realismus in Anschluß an ↑Wyclif, dessen Lehren durch zahlreiche Oxforder Studenten nach Böhmen ge-

bracht worden waren. H. nahm auch an der allg. tschech. Opposition innerhalb der Univ. gegen die deutschen Mitglieder teil, ohne doch ihr Führer zu sein. 1400 empfing er die Priesterweihe und begann ein Theol.studium, das er aber nie mit der Doktorpromotion abschloß. Nachdem König Wenzel IV. 1409 die Universitätsstatuten zugunsten der böhmischen Nation geändert hatte und ein großer Teil der deutschen Doz. und Studenten nach Leipzig ausgewandert war, wurde H. 1409/10 Rektor der Univ. Inzwischen hatte er sich als Befürworter kirchl. Reformen einen Namen gemacht. Wie in der Phil., so war er in der Theol. in hohem Maße durch Wyclif beeinflußt, ohne ihm jedoch in allem zu folgen (z. B. nicht in seiner Abendmahlslehre). Er wandte sich zunächst gegen äußere Mißstände wie den kirchl. Umgang mit Besitz. Seit 1402 war er auch Prediger an der großen Prager Bethlehemkapelle, die eigens für die Betreuung der tschech. Bevölkerung gestiftet war und an der er viele Hörer erreichte. Konflikte konnten nicht ausbleiben. 1410 verhängte der Erzbischof ein Predigtverbot, das sich indirekt gegen H. richtete, und als dieser an den Papst appellierte, exkommunizierte er ihn. 1412 bestätigte die röm. Kurie das Urteil, worauf H. an Christus appellierte. Da er sich auch mit dem König überwarf, war er jetzt auf Schutz durch den Adel angewiesen, auf dessen Burgen er Zuflucht fand. Hier verfaßte er u. a. ein Werk *De ecclesia,* das in Grundgedanken (Kirche als Gemeinschaft der Prädestinierten) wie in ganzen Abschnitten von Wyclif abhängig ist. Im Bewußtsein seiner Rechtgläubigkeit stellte er sich 1414 dem Konstanzer Konzil, wurde aber trotz des Geleitbriefs König Sigismunds verhaftet. Die Anklage spitzte sich auf sein Verhältnis zu Wyclif zu, von dem das Konzil 45 Artikel verurteilt hatte. Da H. sich zwar von diesen Artikeln distanzierte, aber den Widerruf verweigerte, um seine Anhänger nicht zu kompromittieren, wurde er als Ketzer verurteilt und am 6. Juli 1415 verbrannt. Sein Tod entmutigte seine Anhänger nicht, und sein Name wurde 4 Jahre später zum Fanal für einen Aufstand, der Mitteleuropa nachhaltig erschütterte. H. hat darin wie in späteren Jh.en weniger durch seine Theol. als durch sein Schicksal gewirkt.

Lit.: G. A. Benrath (Hrsg.), Wegbereiter der Reformation, Bremen 1967, 342–361 (Texte); P. de Vooght, L'hérésie de J. H., Louvain 1960.   *U. K.*

Hutter(us) (**Hütter**), **Leonhart** (**1563–1616**). Seit 1596 Prof. in Wittenberg, schrieb H. das für den Unterricht aller Schulstufen bestimmte, verbreitetste und mehrfach bearbeitete *Compendium locorum theologicorum* (1610, Neuausgabe Berlin 1961), das ebenso wie seine schon 1602 vollendete, aber erst von der Wittenberger Fakultät posthum hrsg. Dogm. (*Loci communes theologici* 1619) sachlich wie method. das Luthertum der Konkordienformel (deren Geschichte H. schrieb: *Concordia concors* 1614) nach ↑Hunnius und vor ↑Gerhard repräsentiert.

Ignatius von Antiochien († spätestens 117). I. zählt zu den Apostol. Vätern. Apostol. Väter sind Schriftsteller der frühchristl. Zeit, die nach dem derzeitigen Forschungsstand persönlich als Schüler oder Hörer der Apostel glaubhaft auszuweisen sind und zugleich, oder auch ohne persönliche Bekanntschaft mit den Aposteln in ihrer gesamten Lehre in hohem Grad als Träger und Verkünder der apostol. Überlieferung angesprochen werden dürfen, aber nicht den ntl. Autoren zugehören. I., der sich selbst Theophoros (= Gottesträger) nennt, war der zweite oder, mit Einschluß des Apostels Petrus, der dritte Bischof der besonders angesehenen Ortskirche von Antiochien in Syrien, heute Antakya in der Osttürkei. Wie lange I. sein Bischofsamt ausüben konnte, läßt sich nicht exakt bestimmen. Seine Gefangennahme und sein Märtyrertod fallen in die Regierungszeit Kaiser Trajans (98–117). Auf der Gefangenschaftsreise von Antiochien nach Rom verfaßte er 6 Briefe an folgende Kirchen: Ephesus, Magnesia, Tralles, Rom, Philadelphia, Smyrna. Ein Schreiben widmete er Bischof Polykarp von Smyrna.

Zwei eng miteinander verknüpfte Hauptthemen sind es, die der Charismatiker und Mystiker I. in 5 Briefen an die kleinasiat. Kirchen immer wieder vorträgt und die auch im Brief an †Polykarp anklingen: die Mahnung zur Eintracht in der jeweiligen Ortskirche, die vorhandene schismat. und häret. Strömungen überwinden und ihren Ausdruck finden soll in Gehorsam, achtungsvollem Zusammenhalten mit dem Klerus, insbesondere mit dem Bischof, in einmütigem Gottesdienst und brüderlicher Verbundenheit. Zugleich wird vor den durch Wanderprediger propagierten häret. Lehren (Judaismus, Doketismus) gewarnt. In dem Schreiben an die Röm. Kirche fehlen solche Warnungen und Mahnungen völlig. Einerseits betont I. die bischöfl. Autorität innerhalb der einzelnen Ortskirche, andererseits räumt er der Röm. Kirche einen Vorrang in der Gesamtkirche ein, der zur Vorgeschichte des röm. Primates zu rechnen ist. I. prägt erstmals die Bezeichnung „katholische Kirche". Die bes. Bedeutung der ignatianischen Briefe liegt darin, daß sie Einblicke in Glaube, Ethik, Leben und Organisation der Kirche, vor allem des kleinasiatisch-syr. Raumes zu Anfang des 2. Jh.s vermitteln. Zudem ist I. der Hauptzeuge für die bereits bestehende Ämter-Dreiheit: Bischof, Presbyter, Diakone. Der dem Einzelbischof (Monepiskopat) schuldige Gehorsam wird dem Christus gebührenden Gehorsam gleichgestellt. Um die Person des Bischofs versammeln sich die Gläubigen. Nur in seiner Gegenwart oder in seinem Auftrag geschieht die rechtmäßige Eucharistiefeier. Er nimmt die seelsorgerlichen Aufgaben (z.B. Taufe, Eheschließung) wahr und garantiert die Zuverlässigkeit der Lehre im Gegenüber zu den Häretikern.

Lit.: J.A. Fischer, Die Apostolischen Väter, Darmstadt 1981[8]; H.Paulsen, Die Briefe des I. v. A. und der Brief des Polykarp von Smyrna, Tübingen 1985.
W.G.

Ignatius v. Loyola (1491–1556). Gründer des Jesuitenordens (Societas Jesu = SJ). Studium der Phil. und Theol. in Paris, Rom und Venedig; 1537 Priester; 1544 Abfassung der Konstitutionen der SJ in Rom. Seine theol. Grundgedanken: Wende zur Welt, weil in ihr Gott gefunden werden kann; enger Zusammenhang von Geist und Kirche. Trägt durch seine „Exerzitien" wesentl. zur Erneuerung der Kirche bei. 1622 Heiligsprechung.

Ihmels, Ludwig (1858–1933). Seit 1883 Pfarrer, 1894 Studiendirektor des Predigerseminars Loccum, 1898 als Nachfolger seines Lehrers †Frank Prof. für Syst. Theol. in Erlangen, 1902 Leipzig, 1922 Bischof der Ev.-Luth. Landeskirche Sachsen. I. versteht Theol. grundlegend als Off.-Theol. und zwar (im Sinne Vilmars) als auf objektive Heilstatsachen gegründete Theol., die insofern auch mit dem Anspruch der Wissenschaftlichkeit auftreten kann. Hauptwerke: *Die christl. Wahrheitsgewißheit* (1901, 1914[3]); *Zentralfragen der Dogm. in der Gegenwart* (1910, 1920[4]).

Irenäus von Lyon († um 202). Seit dem 6. Jh. wird Eirenaios von Lugdunum, so sein Name in griech. Schreibweise, als Märtyrer verehrt. Er dürfte zwischen 140 und 160 in Kleinasien, wohl in Smyrna (heute Izmir), geb. worden sein. Dort hatte er offensichtlich die Predigten des †Polykarp von Smyrna gehört. I. zählt daher noch zum apostol. Zeitalter. Wann und warum I. Kleinasien verließ und sich Gallien zuwandte,

ist unbekannt. Jedenfalls ist er im Jahre 177 oder 178 Presbyter der Kirche von Lugdunum. Von dort aus wurde I. im Auftrag der Märtyrer von Lyon und Vienne mit einem Empfehlungsschreiben nach Rom entsandt, um den etwas streitbaren röm. Bischof Eleutherus zur Milde gegenüber den Montanisten, einer eschatol.-rigorist. Bewegung, zu bestimmen. Als er nach Lyon zurückkehrte, war Bischof Photinus als Märtyrer gestorben. I. wurde zum Nachfolger gewählt. Zur Zeit des Osterfeststreites (Quartadezimaner) schaltete sich I. in die Diskussion ein. Es gelang ihm, den röm. Bischof Viktor I. zum Frieden mit den Kirchen Kleinasiens zu bewegen. Deshalb bezeichnete ihn †Eusebius in seiner Kirchengeschichte als Friedensstifter. Möglicherweise ist die Missionierung größerer Teile Ostgalliens auf I. zurückzuführen. Seine letzten Lebensjahre entschwinden im Dunkeln. Selbst das Datum seines Todes, bzw. Martyriums kann nicht exakt festgestellt werden.

I. gilt als der bedeutendste Theologe des 2. Jh.s. Von seinen, in der griech. Muttersprache abgefaßten Werken sind nur zwei vollständig erhalten. Das Werk *Adversus haereses* (Entlarvung und Widerlegung der falschen Gnosis) will insbesondere das gnostische System des Valentinus als widerchristlich ausweisen. I. stellt die valentinian. Lehre dar und konfrontiert sie mit einem Abriß der kirchl. Lehre. Dann folgt ein Überblick über die Gesch. des Gnostizismus (ein in bibl.-kirchl. Form gekleideter Selbsterlösungsmythos von teilweise erhebl. Tiefe), der nach ihm von Simon Magus ausgegangen ist. Die irenäische Widerlegung argumentiert mit Vernunftgründen, mit der Tradition und der Lehre der Apostel und mit Zitaten aus dem AT und NT. Die letzte Abteilung handelt von den „Letzten Dingen" und betont die Auferstehung des Fleisches. „Die Darlegung der apostol. Verkündigung" setzt sich zum Ziel, den orth. Glauben zu erläutern, Gott, Trinität, Schöpfung, Sündenfall und Erlösung zu behandeln. Zum Erweis, daß Jesus, Sohn Davids, Christus, Gottes Sohn ist und das Gottesreich bereits erschienen, wird das AT bemüht. Das aus älteren, uns unbekannten Autoren schöpfende Werk vermeidet wohltuend die bei Apologeten übliche Polemik.

I. ist ein hervorragender Zeuge dafür, daß die Bezeichnung „Schrift" bereits vom AT auf das NT ausgedehnt worden ist und daß das NT inzwischen eine abgeschlossene Sammlung bildet, deren Inspirationscharakter und Beweiskraft mit den Büchern des AT.s auf gleiche Stufe gestellt wird. Für die Frage, welche Bücher des AT.s und NT.s zur kirchenamtl. Sammlung der Hl. Schriften zählen, ist nicht nur das Prinzip der Apostolizität, sondern auch die kirchl. Überlieferung bedeutsam. Auf I. scheinen Bildsymbole für die Evangelisten zurückzugehen. Im Anschluß an die vier Cherub-Gestalten und außerchristl. Traditionen weist er dem Mattäusevgl. den Menschen, dem Markusevgl. den Adler, dem Lukasevgl. den Stier und dem Johannesevgl. den Löwen zu. Zur endgültigen Widerlegung der bekannten gnostischen Systeme vertieft I. in in-direkter Anlehnung an Hegesipp das Prinzip der apostol. Sukzession und Tradition. Glaubensquelle und Glaubensnorm (regula fidei) ist die in den rechtgläubigen Kirchen fortlebende Lehrüberlieferung der Apostel. Für die korrekte Glaubensüberlieferung kommen vornehmlich die von den Aposteln gegründeten Kirchen in Betracht. Die ununterbrochene Nachfolge der Bischöfe von den Aposteln bis zum gegenwärtigen Inhaber des bischöfl. Amtes verbürgt die Wahrheit der Lehre. Da es überflüssig ist, die Bischofslisten aller von den Aposteln begründeten Kirchen vorzuführen, genügt es, von der größten, sehr alten, allen bekannten und von den glorreichen Aposteln Petrus und Paulus gegründeten Kirche zu Rom den Beweis zu liefern, daß die Reihe ihrer Bischöfe auf die genannten Apostel zurückgeht. Welche Kirche auch immer mit dieser Kirche übereinstimmt, ist im Besitz der rechten Lehre. Zur Abwehr einer Häresie genügt also das Traditions- und Sukzessionsprinzip, wobei die apostol. Sukzession Garant für die richtige Tradition der Glaubenslehren ist. Indirekt betont hier I. die ausschlaggebende Bedeutung des Amtes für die Kirche. Gegen den gnost. Dualismus lehrt I. den einen Schöpfer Gott, der gleichzeitig Vater Jesu Christi ist, den einen Heilsplan (Heilsökonomie) Gottes und die eine göttl. Off. Sohn und Hl. Geist sind Instrumente der Schöpfung und Off. Der Hl. Geist ist Prinzip der Gnade. Christus schafft als neuer Adam die gesamte Schöpfung neu und stellt sie wieder her, indem er sie auf ihren Ursprung zurückführt (Anakephalaiosis). Die Schöpfung ist gut. In der Eva-Maria-Parallele sieht I. neben dem neuen Adam Christus Maria als die neue Eva. Die Jungfrau Maria hat durch ihren Gehorsam den Ungehorsam der Eva wieder gutgemacht. Wegen ihres Gehorsams ist sie Mitursache des Heiles für das ganze menschl. Geschlecht. I. bezeugt die Lehre von der Ursprungssünde, die auf alle Menschen überging (Erbsündenlehre). Die ersten Menschen waren nach dem Bild und Gleichnis Gottes geschaffen worden, haben aber durch ihre Sünde die Gottebenbildlichkeit verloren. Diese hat Christus wiederhergestellt. Konsequent ist I. der erste klare Zeuge für die Notwendigkeit der Kindertaufe. I. erklärt den Hades (Unterwelt) zum Aufenthaltsort der Seelen der Verstorbenen. Da das Grab das Haus des Toten ist, gleichsam eine Filiale des Hades, halten sich die Seelen der meisten Verstorbenen dort bis zur allg. Auferstehung auf. Jedoch herrscht Christus mit den wenigen bereits zum Leben Erweckten 1000 Jahre vor dem Weltende (Chiliasmus).

Die Eucharistie ist nach I. Teilnahme am Leib und Blut des Herrn. Und diese habe nur einen Sinn, wenn es eine Auferstehung der Toten gäbe. Brot und Wein, Gaben der Schöpfung, sind als Fleisch und Blut Jesu das neue Opfer der Kirche auf der ganzen Welt. Die Eucharistie ist das vom Propheten Maleachi verkündete neue Opfer. Manche Gedanken des I. wurden anläßlich der Liturgiereform des II. Vatikan. Konzils in die Texte der Eucharistiefeier eingearbeitet.

Lit.: F. R. M. Hitchcock, Irenaeus of Lugdunum, Cambridge 1914; A. Bengsch, Heilsgeschichte und Heilswissen: Eine Untersuchung zur Struktur und Entfaltung des theologischen Denkens im Werk „Adversus haereses" des hl. I. v. L., Leipzig 1957; H.-J. Jaschke, I. v. L.: Die ungeschminkte Wahrheit, Rom 1980.   *W. G.*

Isidor von Sevilla (560–633). Erzbischof von Sevilla; Kirchenlehrer. Umfassende past. Tätigkeit; bemüht sich bes. um wiss. und aszet. Ausbildung des Klerus, fordert profundes Wissen der Hl. Schrift und der Kirchendisziplin. Umfangreiche schriftstellerische Tätigkeit: In der *Regula monachorum* Zusammenfassung des Traditionsgutes aus Ost und West; in den *Sententiarum librtires* behandelt er die Lehre von Gott, Schöpfung und Erlösung sowie die Ethik; seine *Etymologiae* (oder *Origines*) sind eine Enzyklopädie des profanen und theol. Wissens seiner Zeit.

Ivo von Chartres (ca. 1040–1115). Seit 1090 Bischof von Ch. trug I. dazu bei, daß der Investiturstreit in Frankreich noch vor einer Verhärtung der Fronten beigelegt werden konnte. Theol. bedeutend ist seine kanonistische Arbeit *(Collectio tripartita, Decretum, Panormia)*, durch die er für das ma. KR maßgebliche Bedeutung erhielt.

Iwand, Hans Joachim (1899–1961). Seit 1934 Prof. für NT in Riga, 1935 ff. Entzug der Lehrerlaubnis und Redeverbot. 1945 Prof. für Syst. Theol. in Göttingen, ab 1952 in Bonn. I.s Theol. ist – vor allem aufgrund der intensiven Beschäftigung mit ↑Luther – ganz um die Person Jesu Christi zentriert. Weil in Christus Gott „mitten unter uns" ist, deshalb sind für I. (nur) von hier aus die Fragen der Glaubensgewißheit, der Glaubensgerechtigkeit und der christl. Weltverantwortung (Friedensfrage) beantwortbar.

Jansen, Cornelius (1585–1638). C. J. der Jüngere, geb. am 28. Okt. 1585 in Leerdam (Niederlande), ist der Begründer des Jansenismus. Stationen seines Lebens waren Löwen (Studienzeit), Paris (Aufenthalt bei einem Freund aus Gesundheitsgründen) und Bayonne (Leitung eines Kollegs). 1618 wurde J. Prof. der Theol. in Löwen, 1636 Bischof von Ypern. J. kämpfte an verschiedenen Fronten: gegen den niederl. Calvinismus, gegen den Jesuitenorden, gegen die franz. Außenpolitik. Jedoch waren es durchaus lautere Motive, die ihn bewegten und inspirierten. J. starb am 6. Mai 1638 in Ypern.

Da J. seit 1630 auch noch speziell Exegese vertreten hatte, ist es nicht verwunderlich, daß er Schriftkommentare hinterlassen hat: einen Kommentar zu den vier Evangelien (1639), einen weiteren zu den 5 Büchern Mose (1639). Sein *Mars Gallicus* (1635) ist polit. Inhalts. Sein Hauptwerk jedoch, das ihm seinen besonderen theologiegesch. Platz einräumt, ist *Augustinus* (begonnen 1628, von Freunden erstmals 1640 veröffentlicht).

Beim Jansenismus, dessen Hauptwerk J.s *Augustinus* gewissermaßen darstellt, handelte es sich um eine äußerst komplexe Bewegung, in der sich dogm., ethische und polit. Gesichtspunkte verbanden. Auch kann man nach Verbreitungsgebieten einen belg., franz., holländ., ital. und dt. Jansenismus unterscheiden, wobei die beiden erstgenannten sicher von besonderer Bedeutung sind. J. meint, mit seiner Hauptschrift nichts anderes zu tun, als den großen Kirchenlehrer ↑Augustinus zu referieren und auszulegen. Das Interesse bezieht sich besonders auf die Anthropol.

In der Situation des Menschen werden drei Stadien unterschieden: Die „unschuldige" Natur des Menschen (Adam vor dem Fall in „aktiver Indifferenz"); die durch die Ursünde gefallene Natur, die für immer von der Konkupiszenz gekennzeichnet bleibt; die „geläuterte Natur", die von Gott selbst durch sein erwählendes Handeln hergestellt wird. Diese Lehre, nach dem Tod des J. von seinen Freunden und Anhängern verteidigt, führte in der Praxis zu einem pastoralen Rigorismus und (wegen der päpstl. Verurteilungen) zur Infragestellung des päpstl. Lehramtes zugunsten bischöfl. Autorität.

J.s Freund, J. A. Duvergier, vertrat solche Gedanken noch viel mehr unter prakt. Gesichtspunkten: Der von Port-Royal (einem Zisterzienserinnenkloster in Paris) aus vertretene, christl. Lebensstil hatte die menschl. Demut im Zentrum, kämpfte gegen den Laxismus und gegen die Wissenschaften zugunsten einer „Herzensmystik". Die später von A. Arnauld in Port-Royal vertretene, theol. spirituelle Position beschäftigte sich besonders mit der Ethik und mit der Sakramentenmoral. Theol. muß im Jansenismus eine Richtung gesehen werden, die versuchte, den Ansatz des molinist. jesuit. Gnadensystems im Geiste des Kirchenlehrers Augustinus abzuweisen. Dahinter stand das Ringen um die Anthropol., insbes. das Verhältnis des Menschen zu Gott im Ringen um sein Heil. Daß diese zunächst für die breite Öffentlichkeit eher trockene Fragestellung so hohe Wellen schlug, hing sowohl mit der umstrittenen innerkirchl. Position des Jesuitenordens als auch mit den ekklesiol. Implikationen zusammen, durch die Rom seine Position berührt sah, und letztlich auch mit allg. polit. Konstellationen.

Lit.: Handbuch der Kirchengeschichte, hrsg. v. H. Jedin, Bd. V: Die Kirche im Zeitalter des Absolutismus und der Aufklärung, Freiburg/Basel/Wien 1970, bes. 26–64 (Lit.).   *H. W.*

Jewel, John (1522–1571). J., der prominenteste Verteidiger der Rel.politik von Elisabeth I. von England, wurde am 24. März 1522 in Buden (Devon) geb. und studierte in Oxford am Merton College und am Corpus Christi College. Ab 1548 lehrte er dort Rhetorik und wurde unter dem Einfluß des zu dieser Zeit in Oxford lehrenden Peter Martyr Vermigli (1500–62) ein reformatorisch orientierter Theologe. Nach dem Regierungsantritt der röm.-kath. Königin Maria I. (1553) war J., der sein Fellowship am Corpus Christi College verlor, in den Prozessen gegen die Reformatoren Cranmer, Ridley und Latimer deren Rechtsbeistand. Unter diesem Eindruck unterschrieb J. eine Zustimmungserklärung zum röm. Verständnis von Abendmahl und Messe. Als

er dennoch verfolgt wurde, setzte sich J. auf den Kontinent ab: erst nach Frankfurt, dann zu dem schon vorher geflohenen Peter Martyr Vermigli nach Straßburg und Zürich. Nach dem Tod Marias und dem Regierungsantritt von Elisabeth I. (1558) kehrte J. nach England zurück und trat in der Westminster Disputation (1559) als Verteidiger der neuen Rel.politik auf. Kurz danach zum Bischof von Salisbury ernannt, wurde J. beauftragt, eine theol. Verteidigung der Rel.politik Elisabeths gegenüber ihren röm. und puritanischen Kritikern auszuarbeiten. Zu diesem Zweck und vor dem Hintergrund der Diskussionen über die Einladung der Engländer zum Trienter Konzil verfaßte J. seine 1562 publizierte *Apologia Ecclesiae Anglicanae:* die erste syst. Darstellung der Stellung der anglik. Kirche gegenüber Rom. J. starb am 23. Sept. 1571 in Monkton Farleigh (Wiltshire).

J.s *Apologia,* der von den Schweizer Reformatoren hohe Anerkennung zuteil wurde, während die röm.-kath. engl. Emigranten in Louvain zwischen 1564 und 1568 allein 41 Gegenschriften verfaßten, hat eine doppelte Zielsetzung: sie soll die röm. Auffassungen über die engl. Kirche zurückweisen und dient zugleich der Darstellung der Irrtümer der röm. Kirche, die die Ablehnung der Engländer, am Trienter Konzil teilzunehmen, begründeten. Einerseits stellt J. positiv die Bekenntnisgrundlage der engl. Kirche dar, wobei er bemüht ist, einen mittleren Kurs zwischen den extremen Positionen der Reformation auf dem Kontinent zu steuern. Andererseits bestreitet er vehement, daß die röm. Kirche, gemessen an den Kriterien der Schrift und der Alten Kirche, die wahre Kirche sei. J.s *Apologia* ist ein entscheidender Schritt auf dem Weg zur kirchl. und theol. Standortbestimmung des Anglikanismus. Seine Zusammenstellung der Autorität der Schrift und der Autorität der Alten Kirche ist für das kirchl. Selbstverständnis und die theol. Prägung der anglik. Kirche maßgeblich geblieben. J.s Protégé ↑Hooker fügte diesen beiden Kriterien die Vernunft als drittes Kriterium hinzu und gab so der theol. Methode des Anglikanismus ihre bestimmende Gestalt.

Lit.: An Apology of the Church of England, hrsg. von J. E. Booty, Ithaca N. Y. 1963. *C. S.*

Joachim von Fiore (1130/35–1202). J. wurde zwischen 1130 und 1135 in Celico bei Cosenza (Kalabrien) geb. und trat vielleicht nach einer Palästinareise in das Zisterzienserkloster Sambucina bei Luzzi ein, für dessen Tochterkloster Corazzo (Catanzaro) er seit 1177 als Abt bezeugt ist. 1182–84 hielt er sich zu schriftstellerischer Arbeit im Kloster Casamari (Frosinone, südöstl. Roms) auf. Um 1190 verließ er sein Kloster und zog sich in die Einsamkeit von Pietralata, dann in das Silagebirge zurück, wo er beim Mte. Nero das Kloster S. Giovanni in Fiore gründete. Wie er sich immer um Billigung seiner Schriften durch die Kurie bemüht hatte, so ließ er sich 1196 durch Papst Cölestin III. seine neuen (jetzt verlorenen) Konstitutionen be-

stätigen, durch die sich der Florenserorden als eine strengere Reformbewegung im benediktinischen Mönchtum vom Zisterzienserorden ablöste. Auch nach J.s Tod 1202 wurde der neue Orden von den Päpsten gefördert, die sich von ihm (wie vom Franziskanerorden) einen Beitrag zur Reform der Kirche erhofften. Nachdem er zur Zeit seiner Blüte in Italien 38 Klöster umfaßt hatte, setzte im 14. Jh. sein Niedergang ein. 1570 wurden seine Reste dem Zisterzienserorden einverleibt.

J. hat nicht nur wiederholt hochgestellten Personen Weissagungen gemacht, die seinen Ruf als Prophet begründeten, sondern hat anscheinend auch durch Visionen Anregungen zu seiner theol. Arbeit empfangen. In einer frühen (1215 auf dem 5. Laterankonzil verurteilten, heute verlorenen) Schrift *De essentia seu unitate trinitatis* setzte er sich mit dem Pariser Theologen ↑Petrus Lombardus auseinander, dem er die Verfälschung der christl. Trinität zu einer Quaternität vorwarf. Wichtiger als diese dogm. Polemik, deren Spuren sich auch in späteren Werken finden, ist aber die Anwendung der Trin.slehre auf die Deutung der Heilsgeschichte in mehreren exeget. Schriften. J.s Hermeneutik beruht auf dem typologischen Verständnis der Bibel, nach dem das AT auf das NT vorausweist, und stellt in ausgeprägtem Symbolismus Entsprechungen in den verschiedensten Bereichen her. Seine Geschichtsdeutung gliedert den Ablauf der Heilsgeschichte in 3 Stadien: das Zeitalter des Vaters (des AT und der Synagoge, des Gesetzes, der Dienstbarkeit, des Wis-

sens), das des Sohnes (des NT und
der Kirche, der Gnade, der kindli-
chen Abhängigkeit, der Weisheit)
und das des hl. Geistes (der Mönche,
der Vollkommenheit, der Freiheit,
der Erkenntnisfülle). Diese Zeiten
sind nicht chronologisch scharf ge-
geneinander abgegrenzt, sondern
überschneiden sich; das 3. Stadium
beginnt nicht erst mit dem wieder-
kehrenden Elia, sondern insgeheim
schon mit Benedikt von Nursia. Neu
ist, daß J. die letzte Stufe nicht mehr
innerhalb der Entwicklung der Kirche ansetzt, sondern mit ausgeprägtem Epochenbewußtsein eine grundlegende Wende annimmt, von der er
u. a. die endgültige Bekehrung der
Juden und die Wiedervereinigung
mit der griech. Kirche erhofft. Es ist
umstritten, wie konkret seine eschatol. Vorstellungen im einzelnen waren. Gewirkt hat seine Geschichtsdeutung erst zwei Generationen später, v. a. in der Übernahme durch
radikale franziskanische Theologen
seit den 40er Jahren des 13. Jh.s, die
in ihr die Sendung des †Franz von Assisi und seiner Gemeinschaft vorgezeichnet fanden. J.s Geschichts theol.,
aber auch seine Sehergabe riefen zahlreiche Schriften hervor, die unter seinem trotz der Verurteilung von 1215
hochgeachteten Namen umliefen
und erst von der neueren Forschung
als unecht erkannt wurden. Wesentliche Gedanken J.s wirkten in urspr.
oder veränderter Gestalt in Rel., Phil.
und Politik bis in unsere Zeit fort.

Lit.: H. Grundmann, Studien über
J. v. F., Darmstadt 1966²; ders., Neue
Forschungen über J. v. F., Marburg
1950.   *U. K.*

**Johannes Cassianus (um 360–
430/35).** Kirchenschriftsteller; län-
gerer Aufenthalt bei Mönchen in der
Wüste; um 404 Priesterweihe, Gründung von zwei Klöstern in Marseille.
Hervorragender Lehrer des geistl.
Lebens; unterscheidet zwei Lebensformen: *vita activa* (= Reinigung
des Herzens) u. *vita contemplativa*
(= Streben nach ununterbrochener
Vergegenwärtigung Gottes). Wendet
sich in seiner Gnadenlehre gegen
†Augustinus und wird deshalb als Se-
mipelagianer angesehen.

**Johannes Chrysostomus (um 350–
407).** Der später „Goldmund"
(= Chrysostomus) genannte J. wurde um 350 in Antiochien geb., wo er
eine rhetor. Ausbildung durch Liba-
nios erhielt, nach der Taufe aber
„heilige Wissenschaften" unter Anleitung des Diodor von Tarsus studierte, und so in antiochenische
Schriftauslegung eingeführt wurde.
Von einem asketischen Aufenthalt in
der Wüste zu kirchl. Aufgaben zurückgerufen, widmete er sich alsbald
dem Dienst am Wort, der seinen
Ruhm als Prediger begründete. Neben zahlreichen Gelegenheitsreden
entstanden so die fortlaufenden Erklärungen zu den Schriften des NT,
unter denen die Homilien zum Mt-
Evgl. in die Anfangsphase der antiochenischen Tätigkeit gehören. Starke
Faszination übte auf J., der 386 zum
Priester geweiht wurde, die Gestalt
des Apostels Paulus aus, und sie
wirkte über die Auslegung seiner
Schriften auf die eigene Persönlichkeit zurück. Kaiser Arkadios
(395–408) berief 397 den angesehenen Prediger als Nachfolger des

Nektarios zum Patriarchen von Konstantinopel, ein Amt, das den auf kirchl. Verantwortung ausgerichteten Antiochener bald in Schwierigkeiten brachte. Verkündigung des Wortes Gottes, Sorge für die gemischte Bevölkerung der östl. Hauptstadt und die Beziehungen zum Hof nahmen den Bischof voll in Anspruch, wobei er sich durch sein freimütiges Auftreten den Unmut bischöflicher Kollegen und höfischer Kreise zuzog. Das Aufbrechen der origenistischen Frage verstand Patriarch Theophilos von Alexandrien († um 412) geschickt zu einem Tribunal gegen J. zu gestalten, so daß dieser in der Tat von der sog. Eichensynode (403) aufgrund lächerlicher Vorwürfe (Eingreifen in Ephesos, Beleidigung des Hofes, isoliertes Leben „wie ein Zyklop") verurteilt wurde. Wegen eines Unglücks am Kaiserhof wurde der Patriarch vom Weg in die Verbannung zurückgerufen; er hielt jedoch mit seiner Kritik nicht zurück, so daß sich die Spannungen steigerten, bis er schließlich 404 endgültig den Weg in die Verbannung antreten mußte, die ihm nach einem Aufenthalt im südöstl. Taurus schließlich den Tod (14. Sept. 407) brachte.

Angesichts dieses Leidensweges überrascht der reiche lit. Nachlaß des J., der eine Kommentierung fast aller ntl. Schriften umfaßt; dazu treten zahlreiche Gelegenheitsreden und Briefe. Verpflichtet antiochenischer Exegese, pflegte er eine nüchterne Auslegung, die nat. im christol. Bereich an örtliche Leitbilder gebunden blieb. Gegen alle Vermischungstendenzen hob er die Eigenständigkeit der beiden Naturen hervor, ohne ihre Einheit angemessen zu beschreiben. Das Kreuzesgeschehen blieb ihm vom paulinischen Ansatz her vollauf in seinem Skandaloncharakter bewußt, doch suchte er es bezeichnenderweise „von oben" her zu bewältigen. Wie im Kosmos, so erblickt J. das Kreuz allerorts in seiner Umwelt, nicht zuletzt als Ausdruck der gewandelten polit. Verhältnisse. Der unverkennbare Realismus in seinem theol. Denken schlägt nicht nur durch auf sein Verständnis der Heilsmysterien, insbes. der Eucharistie, er wird auch zum Impuls christl. Lebensgestaltung. Diese Ausrichtung der Verkündigung auf den christl. Lebensvollzug zielte im Grunde auf eine christl. Gesellschaft, in der das Mönchtum geradezu eine Modellfunktion übernahm. Insofern spiegelt das Werk des Antiocheners mehr das Glaubensbewußtsein seiner Zeit, und zwar bis in den Bereich der Volksfrömmigkeit hinein, und weniger den Fortgang theol. Reflexion. Dennoch gewann er bald hohe Autorität als Ausleger der Off. und großer Kirchenvater des Ostens.

Lit.: Quellen CPG II 4305–5197. – Chr. Baur, Der heilige J. C. und seine Zeit. I. Antiochien. II. Konstantinopel, München 1929–30; P. Stockmeier, Theologie und Kult des Kreuzes bei J. C. Ein Beitrag zum Verständnis des Kreuzes im 4. Jahrhundert, Trier 1966; R. Kaczynsky, Das Wort Gottes in Liturgie und Alltag der Gemeinden des J. C., Freiburg/Basel/Wien 1974; A. Stötzel, Kirche als neue Gesellschaft. Die humanisierende Wirkung des Christentums nach J. C., München 1984.

P. St.

Johannes Climacus. J. wurde wahrscheinlich gegen Ende des 6. Jh.s geb. und ist nach der Mitte des 7. Jh.s gest. Seine schriftstellerische Arbeit sollte in das 7. Jh. gesetzt werden. Als junger Mann trat er in das Katharinenkloster am Sinai ein. In dessen monastischer Tradition wurde er geschult. Eigene Erfahrung – Leben als Einsiedler und Aufenthalt in einem ägypt. Kloster – vertiefte die Schulung und ließ ihn zum „geistlichen Vater" der Mönche und der zahlreichen Besucher des bekannten Klosters werden. Schließlich wurde er Abt (Hegumen) des Sinaiklosters.

Als Abt schrieb er die *Leiter zum Paradies/Himmel* (daher sein Beiname: Klimakos = „Der von der Leiter") und einen *Oberenspiegel* (Buch für die Hirten). Durch die *Leiter* wurde er zum einflußreichen geistlichen Lehrer. Ihre Bedeutung für die Ostkirchen ist mit der *Nachfolge Christi* im Westen zu vergleichen. Durch den Franziskanerspiritualen Angelus Clarenus (gest. 1337) wurde das Werk erstmals ins Lat. übersetzt (*Scala paradisi*).

Die *Leiter* ist ein Handbuch des asket.-spirit. Lebens, das den Mönch zur Vollkommenheit führen möchte. Zu ihr gelangt der Mönch nur durch Mühe (Kopos) und durch göttl. Gnade (Charisma). Daß die dreißig Stufen der Leiter mit den irdischen Lebensjahren Jesu korrespondieren, ist wohl spätere Deutung. J. selbst meinte, daß er die Leiter als „schlechter Architekt" aufgebaut habe (27. Stufe). Trotz dieser bescheidenen Selbsteinschätzung darf man dem Werk die durchdachte Struktur und den sachgemäßen Aufbau nicht

absprechen: 1. Weltentsagung (Stufe 1–3); 2. Einübung in die grundlegenden Tugenden: a) Gehorsam, Buße, Vergegenwärtigung des Todes, Trauer (4–7); b) Kampf gegen die Leidenschaften: Zorn, Neid, Geschwätzigkeit, Gefräßigkeit, Eitelkeit, Stolz u. a. (8–23); c) Einübung in die höheren Tugenden: Einfalt, Demut, Unterscheidung der Geister (24–26); 3. Einigung mit Gott: Schweigen, Gebet, Leidenschaftslosigkeit, Liebe (27–30). 2 umfaßt das „aktive Leben", 3 das „kontemplative". In der Ausführung weiß sich J. vertraut mit den besten Meistern des asket.-monast. Lebens: Nilus, †Euagrios, †Basilius, †Gregor von Nazianz, auch †Gregor d. Gr. Bei allem hohen Anspruch bleibt seine spirituelle Theol. nüchtern, praktisch und sehr realistisch. „Wenn wir sterben, wird uns Gott nicht vorwerfen, wir hätten keine Wunder gewirkt; er wird uns nicht vorhalten, wir seien keine Theologen oder Kontemplative gewesen. Doch wir werden ihm sicher darüber Rechenschaft geben müssen, daß wir nicht ständig unsere Sünden beweint haben." (7. Stufe, Schluß). Die Leidenschaften werden nicht abstrakt beschrieben, sondern ungemein anschaulich und unausweichlich: „Die Gefräßigkeit ist die Heuchelei des Bauches; denn der Gefräßige klagt noch, daß es ihm schlecht gehe, und, vollgestopft bis zum Platzen, schreit er noch, daß er am Verhungern sei." (14. Stufe). Schonungslose Offenheit zeigt ihn als nüchternen Realisten: „Wenn die Faulen merken, daß ihnen Schweres aufgetragen wird, dann geben sie vor, daß sie doch beten müssen. Sehen sie aber, daß der Auftrag leicht ist, dann fliehen sie das Beten wie das Feuer." (4. Stufe). Im Gebet muß der Stillgewordene (Hesychast) schließlich zur Monologie finden, in der sich der Geist ganz mit der Erinnerung an Jesus füllt: „Der Name Jesu hafte an deinem Atem und deinem ganzen Leben, dann wirst du den Wert der Ruhe erkennen." (27. Stufe). Die letzten Stufen, die der Leidenschaftslosigkeit und der Liebe, sind kaum zu beschreiben: „Das Sehen kann man nicht lernen, denn es ist eine Wirkung der Natur. Die Wirkung des Gebetes kann man nicht lernen durch den Unterricht eines anderen. Es hat seinen eigenen Meister, nämlich Gott." (28. Stufe). J. bietet eine anspruchsvolle spirituelle Theol., die ganz auf das asket. Leben des Mönches ausgerichtet ist. ↑Kierkegaard hat den Namen des J. als eines seiner Pseudonyme verwendet.

Lit.: Werke PG 88, 631–1210. Dt. v. F. Handwercher, Landshut 1834 (2. Aufl. Regensburg 1874); Engl. v. C. Luibheid/N. Russel, New York/Ramsey/Toronto 1983. – Viller/Rahner, Aszese und Mystik in der Väterzeit, Freiburg 1939, 155–164; G. Couilleau in: Dictionnaire de spiritualité 8, 369–389.   *K. S. F.*

Johannes von Damaskus (um 675–749?). Obwohl J. einer der bedeutendsten Kirchenväter und Theologen der gesamten Kirche ist, besitzen wir nur spärliche sichere Nachrichten über ihn; sie sind verstreut in seinen Werken, den Werken von Zeitgenossen und den Entscheidungen von Synoden seiner Zeit zu finden

(vgl. seine Heiligenvita: PG, 94, 501–504). Ausführliche, jedoch in vielem nicht zuverlässige Viten (arab. und griech.) stammen erst aus dem 11./12. Jh. Aus vornehmer, unter dem Namen Mansur bekannter, griech.-syr. christl. Familie stammend, wurde J. in Damaskus, dem Sitz des arab. Kalifats, um 675 geb. Gemeinsam mit seinem Adoptivbruder Kosmas erhielt er vom griech. Mönch Kosmas seine christl. und profane Ausbildung. Wohl unter dem Kalifen Walid I. (705–715) folgte er seinem Vater nach dessen Tod im Amt des Logotheten, d. h. des für die christl. Bevölkerung Zuständigen. Mit seinem Adoptivbruder Kosmas, dem späteren Bischof von Majuma bei Gaza (ab 743), trat J. als Mönch noch vor dem Ausbruch des Ikonoklasmus in das Kloster des Hl. Sabas bei Jerusalem ein. Dort erhielt er vom Patriarchen von Jerusalem, Johannes V. (706–735), die Priesterweihe. Im Kloster, wo J. wohl bis zu seinem Tod gelebt hat, widmete er sich nicht nur der Askese und der Frömmigkeit, sondern auch einer theol. überaus beachtlichen schriftstellerischen Tätigkeit. Wann er starb, ist nicht bekannt. Die Hypothese, daß die Anathematismen der Synode unter Kaiser Konstantin V. im Jahr 754 J. lebend voraussetzen, ist genauso unbegründet wie das hier angegebene Sterbedatum (um 749?), zu dem einige Forscher neigen. Die Tatsache, daß er nach dem schweren Angriff gegen die Ikonen und seine Person in der oben genannten Synode keine erneute Verteidigung bzw. Rechtfertigung geliefert hat, ist als Indiz zu werten, daß er bereits vorher gest. war. Sein Fest wird in der Orthodoxen Kirche am 4. Dez., in der Westkirche am 27. März begangen.

Der Damaskener setzt sich in seinem Hauptwerk *Quelle der Erkenntnis*, aber auch an anderen Stellen seiner Schriften mit Entschiedenheit für die Tradition ein und erklärt sogar zu seinem Programm, nichts Eigenes sagen zu wollen. Trotzdem kennzeichnet sein theol. Denken bemerkenswerte Vielseitigkeit, akkurate theol. Sachkenntnis und erstaunliche Systematik und Klarheit. Denn die Tradition bedeutet für ihn nicht museale Erhaltung der Glaubenswahrheiten, sondern den theol. einzig richtigen Ansatz einer fruchtbaren Vertiefung und Darstellung des rechten Glaubens. Der Konsens und die Kontinuität mit dem von Anfang an überlieferten Glauben gewährleistet die Rechtgläubigkeit der Theol. und der Kirche: „Das Wort Gottes und die von alters her herrschende Tradition der Kirche" bilden den Leib Christi der Lehre nach (*De imag.* I, 1). Die Auseinandersetzung mit dem tradierten Glaubensgut schließt nach J. die Heranziehung der Phil. und der profanen Wissenschaft, insbesondere die Anwendung der Vernunft, unbedingt ein: „Nachdem ich als allererstes das Aufrechterhalten der kirchlichen Gesetzgebung, durch welche Heil zu erlangen ist, wie einen Schiffskiel oder Fundament im Verstand befestigt habe, habe ich die Rennbahnschranke der Vernunft geöffnet und sie (d. h. die Vernunft), wie ein gut gezäumtes Pferd, vom Ausgangspunkt angespornt" (*De imag.* I, 2).

Aufgrund dieser Einstellung dem überlieferten Glauben der Kirche gegenüber und seiner tiefen Kenntnis der patristischen Tradition gelang es J., in der genannten Schrift *Quelle der Erkenntnis* (verfaßt nach 743?) eine dogm. theol. Summe von bleibender Bedeutung und großer Nachwirkung im Osten und im Westen zu hinterlassen. Im ersten Teil dieses Werkes (der „Dialektik") behandelt er, besonders in Anlehnung an Aristoteles, phil. Begriffe als Einleitung in die Dogm., während er im zweiten eine Häresiengeschichte und im dritten eine „Genaue Darstellung des orth. Glaubens" bietet. Dieser dritte Teil liefert in 100 Kap. eine ausgezeichnete Zusammenfassung der dogm. Lehre der griech. Kirchenväter und ist der weitaus bedeutendste. Außer diesem Werk hat J. auch andere kleinere Abhandlungen verfaßt: dogm. (z. B. *Libellschrift über die rechte Gesinnung*, *Elementare Einführung in die Dogmen*), polemische (z. B. gegen die Nestorianer, die Monophysiten, die Monotheleten etc.), exegetische (Kommentar zu den Paulusbriefen), hagiographische (vgl. bes. den Mönchsroman *Barlaam und Joasaph*) und asketisch-moralische (die wichtigste: *Sacra Parallela* in drei Büchern).

Unter den Streitschriften bes. erwähnenswert sind die drei *Reden über die heiligen Ikonen*, die zwischen 726 und 731 verfaßt wurden und die Selbständigkeit seines theol. Denkens auf bes. Weise dokumentieren. Sie sind eine klassische Apologie der Bilder. Und obwohl der Verf. außerhalb des byzant. Reiches lebte, sind sie wertvolle Zeugnisse auch für die Ikonentheol. und -verehrung innerhalb des Reiches. Es ist das Verdienst des Damaskeners, die christol. Bedeutung der Bilder im Sinne des Chalkedonense erkannt und somit die Entscheidung des 7. Ök. Konzils (787) vorbereitet zu haben.

Die große Bedeutung des Damaskeners für die Orthodoxe Kirche erweist sich auch auf dem Gebiet der Hymnographie. Er ist einer der wichtigsten Dichter der Ostkirche, vor allem auf dem Gebiet des Kanons. Er gilt als der Hauptverf. der *Oktoëchos* (hymnisches Sammelwerk), zu der er offensichtlich viele Hymnen der Vesper und des *Orthros* (morgendliche Gottesdiensteröffnung) beigesteuert hat.

Lit.: PG, 94–96; neu hrsg. v. B. Kotter, Berlin/New York 1969 ff. (bisher 4 Bde.). – B. Studer, Die theologische Arbeitsweise des J. v. D., Ettal 1956; B. Kotter, Die Überlieferung der Pege Gnoseos des hl. J. v. D., Ettal 1959; K. Rozemond, La christologie de saint Jean Damascène, Ettal 1959; G. Richter, Die Dialektik des J. v. D., Ettal 1964; A. Kallis, Der menschliche Wille in seinem Grund und Ausdruck nach der Lehre des J. Damaskenos, Diss. Münster 1965; Th. Nikolaou, Die Ikonenverehrung als Beispiel ostkirchlicher Theologie und Frömmigkeit nach J. v. D., in: Ostkirchliche Studien 25, 1976, 138–165; weitere Bibliographie: B. Altaner/A. Stuiber, Patrologie, Freiburg/Basel/Wien 1978[8], 525–532, 661–662.   *Th. N.*

Johannes Scotus Eriugena (9. Jh.). Der nach Ausweis seiner Beinamen in Irland geb. J. wird erstmals 845 in Laon greifbar, wo er an der Hofschule des westfränk. Königs Karl des Kahlen ohne feste kirchl. Funktion wirkte. Wie andere irische Gelehrte seiner Zeit war er wohl durch das blühende fränk. Bildungswesen angezogen. In seinem Wirkungskreis reformierte er die Grundausbildung, indem er als Lehrbuch das enzyklopäd. Werk des Martianus Capella einführte. Mit dem Tode Karls des Kahlen 877 verschwindet auch sein Name aus den Quellen.

Seine Bedeutung liegt v. a. auf 3 Gebieten: 1. J. besaß – für seine Zeit ungewöhnlich – Kenntnis des Griechischen und übersetzte mehrere wichtige Kirchenväter: ↑Gregor von Nyssa, ↑Maximus Confessor, v. a. aber Pseudo-Dionysius, dessen Werk er (nach der unbeholfenen Arbeit des Abts Hilduin von St. Denis erstmals brauchbar) ins Lat. übertrug und teilweise auch kommentierte. 2. Als theol. Kritiker griff er 851 mit einer eigenen Schrift in den Streit um die Prädestination ein, den ↑Gottschalk, ehemals Mönch von Fulda, ausgelöst und in dem der Mainzer Erzbischof ↑Hrabanus Maurus bereits negativ Stellung genommen hatte. Obwohl sich J. gegen Gottschalk wandte, verfiel auch seine Schrift aus inhaltlichen wie method. Gründen der kirchl. Verurteilung. 3. Als spekulativer Theologe von hohem Niveau erwies sich J. in seinem Hauptwerk *Periphyseon,* einem Dialog zwischen Lehrer und Schüler. Das Werk ist äußerlich eine Auslegung von Gen 1–3. Sachlich stellt es ein umfassendes System der Wirklichkeit auf (neu)platonischer Grundlage dar. Mit Hilfe des log. Distinktionsverfahrens werden aus dem Verhältnis von Schaffen und Geschaffenwerden vier Seinsbereiche bzw. Seinsweisen entwickelt. Im Blick auf sie wird dann der Text ausgelegt.

J. ist in seiner Zeit eine singuläre Gestalt. Als erster Denker des lat. MA unternimmt er mit *De praedestinatione* und *Periphyseon* den Versuch, eine Theol. nach Regeln der Logik zu entwerfen, indem er die auf Begriffe gebrachten bibl. Vorstellungen in klaren und eindeutigen Aussagen formuliert, seine Argumente krit. überprüft und sie in ein allgemeines, in sich schlüssiges und widerspruchsfreies System von Sätzen zu bringen sucht. Dabei setzt er voraus, daß in der Hl. Schrift die Wahrheit enthalten ist, daß Schrift und Vernunft grundsätzlich miteinander harmonieren und daß im Falle von Widersprüchen letztlich die Vernunft eine Lösung bietet. Obwohl J. damit eigentlich Begründer einer wiss. Theol. hätte werden können, blieben seine Gedanken ohne Widerhall. Gewirkt hat er v. a. als Vermittler griech., neuplatonisch-christl. Überlieferungen. Seine Verurteilung zu Beginn des 13. Jh.s hat eine Wirkung seiner eigenständigen Ideen weitgehend verhindert.

Lit.: G. Schrimpf, Das Werk des J. S. E. im Rahmen des Wissenschaftsverständnisses seiner Zeit, Münster 1982.

U. K.

Johansson, Gustaf (1844–1930). Prof. der Dogm. und Ethik in Helsinki (1877), Finnlands Erzbischof von 1899–1930. Bis heute hat J.s Denken, das in Fortführung von ↑Beck die inspirierende Kraft des Geistes Gottes in den bibl. Schriften betont, entscheidenden Einfluß in der finn.

Theol. J. verstand Kirchengemeinschaft als die eines Volkes und nicht eines bestimmten Bekenntnisses.

Julianus v. Eclanum († nach 454). Bischof v. Eclanum bei Benevent; bedeut. Vertreter des Pelagianismus. Als größter Gegner des ↑Augustinus bekämpft er dessen Lehre von der Erbsünde und der Konkupiszenz als Manichäismus; Vorkämpfer der antiochen. Exegese.

Justin († ca. 165). J., der bedeutendste christl. Apologet des 2. Jh.s, Philosoph und Märtyrer, hat durch seine bewußt vollzogene Synthese zwischen griech. Phil. (Platonismus) und Christentum der Theol. insgesamt entscheidende Impulse gegeben.

Nach eigener Angabe stammte er aus Flavia Neapolis, einem Ort in der Nähe des alten Sichem in Palästina, wo er zu Beginn des 2. Jh.s geb. sein dürfte. Obwohl er die Samaritaner einmal als „sein Volk" bezeichnet, ergibt sich aus seinen Schriften, daß er sich vom Heidentum zum Christentum bekehrte. Er selbst schildert seine Bekehrung als Erfüllung seiner Suche nach der wahren Phil. Begonnen habe er bei einem Stoiker, sei dann zu einem Peripatetiker gewechselt, dann zu einem Pythagoreer und schließlich zu einem Platoniker, ehe er von einem ehrwürdigen Greis auf die Propheten des AT hingewiesen worden sei, die das Kommen Christi vorhergesagt hätten. Die von den Propheten im Hl. Geist angekündigte und in Christus erfüllte Wahrheit erschien J. als die

höchste, auch den Platonismus über-
bietende Phil., für die er von da an
als Lehrer im Philosophengewand
wirkte. Ort und Zeitpunkt der Bekehrung sind nicht gesichert. Zu-
meist wird Ephesus (um 135) vermu-
tet, da der *Dialog mit dem Juden
Tryphon* (geschrieben in Rom um
160), dem wir die Nachricht verdanken, in diesen Zusammenhang ge-
rückt wird.

In seiner *Apologie* an Kaiser An-
toninus Pius (138–61), die wohl
bald nach 151 geschrieben und später um einen Anhang vermehrt wurde, hebt J. zur Verteidigung des Christentums gegenüber falschen Verdächtigungen die Wahrhaftigkeit,
Keuschheit, Geduld und den Beken-
nermut ihrer Anhänger hervor. Für
J. ist dies zugleich ein weiterer Beweis für die Wahrheit des Christentums. In Rom, wo J. als christl. Philosoph lehrte, stieß er wegen seiner
Kritik an der heidn. Mythologie und
Phil. auf die erbitterte Feindschaft
des Kynikers Crescens, von der auch
J.s Schüler †Tatian berichtet. Diese
Feindschaft hat mit dazu beigetragen, daß J. zusammen mit sechs seiner Schüler unter dem Stadtpräfek-
ten Rusticus (163–67) in Rom das
Martyrium erlitt. Dieser Tod unterstreicht die Entschiedenheit, mit der
J. an seiner Überzeugung festhielt
und für die er als Christ mit dem Juden Tryphon um die Christlichkeit
des AT ebenso stritt wie gegen Heiden und Häretiker, vor allem gegen
†Marcion, der den Christengott vom
Schöpfergott des AT trennen wollte.
Theologiegeschichtlich bedeutsam
wurde J.s Logoslehre, in der J. das
Wesen Christi mit dem phil. Weltlogos identifizierte, so daß vorchrist.
Philosophen – wie z.B. Sokrates –
von ihm als ‚Christen‘ betrachtet
werden können. Für J. ist Christus
die Off. des Weltlogos, der keimhaft
überall da wirkt, wo Vernunft und
Weisheit sich zeigen. Das bedeutet
zugleich, daß auch die phil. Fragen
ihre Antworten von der christl. Off.
erhalten, von deren Überlegenheit J.
überzeugt ist.

Lit.: Werke: E. J. Goodspeed, Die ältesten Apologeten, Göttingen 1914,
26–77; 90–265; dt. BKV[2] Bd. 13
(1913), 55–155; Bd. 33 (1917). –
E. F. Osborn, Justin Martyr, Tübingen
1973; GKG 1, 51–68 (C. P. Bammel).
W. B.

**Kabasilas, Nikolaus (ca. 1320–
1363/90).** Mystiker aus Thessalonich (sakramentale Christusmystik);
vermutlich Laie; Stellungnahmen in
Reden und Predigten zu großen Fragen seiner Zeit.

Kähler, Martin (1835–1912). K. gehört theol. fast noch ganz ins 19. Jh.,
und doch ist er mit seiner zentralen
Fragestellung bis heute gegenwärtig.

Geb. am 6. Jan. 1835 in Neuhau-
sen bei Königsberg, studierte er in
Königsberg, Heidelberg (†Rothe),
Tübingen (†Beck) und Halle. Hier
wurde er außer von J. Müller entscheidend durch †Tholuck gefördert.
Die Verbindung von Erweckungs-
theol. und -frömmigkeit mit refor-
matorischem Erbe kennzeichnet seitdem K.s Denken. Seit 1867 war er
Prof. in Halle und für viele ein prägender theol. Lehrer (u. a. J. Schnie-
wind, H. E. Weber) bis zu seinem Tode am 7. Sept. 1912.

Man rechnet K. neben †Cremer und †Schlatter zu den Vertretern einer Bibl. Theologie, und getreu dem reformatorischen Formalprinzip galt seine Arbeit in hohem Maße der theol. Erschließung der Bibel, die als „aus sich selbst ausgelegte Schrift" das Fundament der Theol. ist. Dabei markierte K. das bis heute theol. aktuelle Problem, wie sich die Resultate hist.-krit. Erforschung und die bibl. orientierte Glaubenserfahrung von Gottes Off. zueinander verhalten, so nachdrücklich, daß z.B. †Bultmann an diese Frage nach Glaube und Geschichte anknüpfen mußte.

K. kritisierte die lib. Leben-Jesu-Forschung, weil nicht das Evangelium Jesu, verstanden als Resultat hist. Quellenforschung, sondern das Evangelium von Christus gegenwärtiger Glaubensgrund sei. Es geht ihm um eine theol. Einbettung (und insofern auch Begrenzung) der Ergebnisse hist.-philologischer Exegese und Kritik. Dabei gehört zum wiss. Umgang mit der Bibel als hist. Dokument für K. der kirchl. Umgang mit der Hl. Schrift prinzipiell hinzu; denn erst die Vergangenheit mit dem gegenwärtig-wirksamen Glauben zusammen konstituiert die wahre Geschichtlichkeit, die K., beides umgreifend, „Übergeschichte" nannte. Theol. adäquat muß danach die Bibel als „Urkunde für den Vollzug der kirchengründenden Predigt" aufgefaßt werden.

Die syst. Summe von K.s Denken findet sich in seiner großen Dogm., der *Wissenschaft der christl. Lehre* (1883. 1905[3]. Nachdruck 1966). Sie ist in allen drei Teilen (Apologetik, Dogm., Ethik) ganz vom reformatorischen Materialprinzip her entworfen, denn alle Themen werden in diesem Werk „vom Standpunkte des Rechtfertigungsglaubens" aus betrachtet und entwickelt. Der Fundamentalartikel der Reformation kommt hier, was durchaus ungewöhnlich ist, zu universaler syst. Bedeutung.

Gerade was diese fundamentale Bedeutung des Rechtfertigungsprinzips angeht, hat sich in unserem Jh. vor allem †Tillich als Schüler K.s betrachtet.

Lit.: Der sog. hist. Jesus und der geschichtliche, biblische Christus, Leipzig 1892, 1896[2] (Neudruck München 1953, 1969[4]). Theologe und Christ. Erinnerungen und Bekenntnisse (hrsg. v. A. Kähler), Berlin 1926. – H. G. Link, Geschichte Jesu und Bild Christi, Neukirchen 1975; U. Wimmer, Geistestheologie, Neuß 1978.   *J. R.*

Kaftan, Julius (1848–1926). Bruder des Theologen Theodor K. (1847–1932); Prof. in Basel (1873) und Berlin (1883). Zur Schule von †Ritschl gehörend, entwickelt er eine streng christozentrische, an der gesch. Off. ausgerichtete Theol., deren Gehalt er trotz der von Ritschl übernommenen Metaphysik-Kritik als auch rel. phil. einsichtig zu erweisen sucht.

Karrer, Otto (1888–1976). Kath. Ökumeniker der ersten Stunde. 1920 Priester; Seelsorger u. theol. Schriftsteller in Luzern. Entscheidender Trennungsfaktor ist für ihn das Amt, das er theol. neu zu bestimmen sucht.

Bekannt auch durch Übersetzung des NT.

Kattenbusch, Ferdinand (1851–1935). Seit 1878 Prof. für Syst. Theol. in Gießen, 1904 in Göttingen, 1906 in Halle. Schüler †Ritschls, der sich in seinen (überwiegend theol. gesch. und konfessionskundl.) Arbeiten vor allem von †Luther und dessen Ringen um die christl. Freiheit bestimmt zeigt.

Kierkegaard, Søren (1813–1855). Während seines kurzen Lebens hat der theol. Kandidat und Mag. der Phil. K. das heimatliche Kopenhagen, wo er am 5. Mai 1813 geb. und am 11. Nov. 1855 gest. ist, kaum verlassen. Psychosomatisch leidend, belastet durch rel. Schwermut des Vaters und den selbst herbeigeführten Bruch seiner Verlobung, geriet er mit seiner spannungsreichen, genialen Begabung zu rastloser Reflexions- und Phantasietätigkeit in eine gesellschaftl. Außenseiterstellung, ohne Amt aus abnehmendem Vermögen nur der Schriftstellerei lebend.

In unvergleichlichem Produktionsschub entstand in nur 11 Jahren ein phil.-theol. Werk von ca. 6000 Druckseiten, das bis heute fasziniert. Durch †Hamann mit angeregt, wurde er zu einem eigenwilligen Denker des Christentums von Weltrang. K.s nachromantisches und antiidealistisches Denken hat mit seiner Betonung der konkret-einmaligen Existenz des „Einzelnen" und ihrer Probleme erst im 20. Jh. eine weitreichende Wirkung auf Existenzphil., moderne Dichtung und die sich nach dem 1. Weltkrieg radi-

kal neu formierende Theol. auszuüben begonnen.

Alle zu Selbstverständlichkeiten akad. Theol. und gewohnheitsmäßigen Christentums nivellierten rel. Hauptbegriffe werden von ihm in ihrem existentiellen Ernst wiederentdeckt und in leidenschaftlich-eindringlicher Sprache eingeschärft. Bei diesem Versuch, das Christentum in der Christenheit einzuüben, hat er in bohrender, z. T. skrupulöser Denkbewegung die subj. Innerlichkeit als Ort der Wahrheit bis an äußerste Grenzen ausgelotet und so ein reiches Bild der glaubenden Existenz von einer Tiefenschärfe ohnegleichen entworfen. Alle Mittel lit. Bildung, beweglichster Dialektik, scharfsichtiger Tiefenpsychologie, subtiler Ästhetik und einer unerschöpflichen seelsorgerlichen Phantasie mit dichterischer Kraft einsetzend, thematisiert K. noch die feinsten Probleme einer subj. Aneignung des Christentums. Dabei sind ihm, persönlichem Durchleiden abgerungen, Einsichten über Phänomene human-religiöser Geistigkeit der Moderne, wie Angst, Verzweiflung, Schwermut, Langeweile, Schuldbewußtsein u. a., zugewachsen, die bis in die Gegenwart diskutiert werden. K. verhalf damit den vom zeitgenöss. Vernunftoptimismus verdrängten Tiefendimensionen und Schattenseiten menschl. Existenz zur Geltung.

Authentisches Selbstsein im Übernehmen eigener Gegebenheiten aus der Unbedingtheit des antinomisch durchlebten Gottesverhältnisses bzw. seiner paradoxen Verschärfung im christl. Erlösungsglauben ist das unermüdlich variierte Anliegen von K.s erbaulichen und theoret. Schriften. Am Ende seines Lebens wird es ihm – vom Christentum des NT her – zum Maßstab einer unerbittlichen Abrechnung mit dem bürgerl. verflachten Staatskirchentum seiner Umwelt. Dieser radikale letzte Kampf gegen die etablierte Kirche und ihre Repräsentanten besiegelte die aufrüttelnde Tendenz seines Werkes durch den persönl. Einsatz.

Lit.: Ges. Werke, übers. u. hrsg. v. E. Hirsch (36 Abt.), Düsseldorf/Köln 1950–1966 (Nachdruck als GTB); Die Tagebücher, übers. v. H. Gerdes (5 Bde.), Düsseldorf/Köln 1962–1974. – E. Hirsch, K. Studien (2 Bde.), Gütersloh 1930/33; H. Gerdes, S. K., Berlin 1966 (Sammlung Göschen 1221); J. Ringleben, Aneignung, Berlin 1983.

J. R.

Klee, Heinrich (1800–1840). Die Lebensstationen des am 20. Apr. 1800 in Münstermaifeld bei Koblenz geborenen K. stehen in besonders engem Zusammenhang mit der Entwicklung seiner Theol.: Durch den Umzug seiner Eltern nach Mainz kam der Zehnjährige bereits ins Kleine Seminar und später ins Priesterseminar, in welchem ↑Liebermann (Begründer des 1. Mainzer Kreises) mit seinem neuschol. Anliegen, die kath. Tradition gegen ihre aufklärerische Leugnung zu bewahren, einen beherrschenden Einfluß ausübte. Der Student (1817–24) und der Prof. für Dogm., Exegese und KG in Mainz (1824–29) wußte daher um die Notwendigkeit, Christentum und Kirche als eine gesch. Realität – anders als ↑Lessing und die Aufklärung

– ernstzunehmen. Andererseits verspürte sein wacher Geist, offenbar bes. von ↑Möhler inspiriert, das Ungenügen einer bloßen Wiederbelebung von Vergangenem und wandte sich, von Möhler und Windischmann veranlaßt, dem romantischen Organismus- und Idee-Gedanken zu. So ist K.s Theol. von zwei Anliegen geprägt: von der Wahrung der Geschichte und von der denkerischen Systematisierung von Glaube, Kirche und Theol. nach dem Modell der idealistischen Phil. Idee und Geschichte bilden eine Spannungseinheit parallel zur Gestalt Jesu, der in seiner ird. Existenz und als „Logos" beides verkörpert hat. Das gleiche Anliegen hat Möhler; seine Wirkung auf ↑Döllingers Rede vom hist. und spekulativen Auge der Theol. ist unverkennbar. K. vertieft sein Anliegen in seiner Bonner Zeit (1829–39) in der Auseinandersetzung mit dem ungesch. Denken von ↑Hermes. Schließlich ist die Berufung nach München als Nachfolger Möhlers, die, von Döllinger betrieben, nur ein Jahr dauerte (plötzlicher Tod am 28. Juli 1840), Ausdruck der Anerkennung, die K.s Theol. zu seiner Zeit genoß, während er heute nahezu vergessen ist.

K. verteidigt gegen den Rationalismus den „Supranaturalismus": Das Christentum ist eine freie, gnadenhafte Tat Gottes in der menschl. Geschichte; die Erfassung dieser gesch. Gott-Mensch-Beziehung ist Aufgabe der hist. Theol. Die „innere Weiterentfaltung" des „einmal Gegebenen" führt zur Idee: Weil „Gott der Lebendige" (K.s theol. Grundbegriff!) es gewollt hat, können wir glauben. *Glaube* als Gottesidee und inneres Bedürfnis erfährt durch die Tat Gottes ein „helleres Bewußtsein", ist Hingabe an Gott, verquickt mit einem Moment der Überzeugung. Als gnadenhaft gewirkt, ist die menschl. Aktion des Glaubens das Offenbarwerden des Göttlichen. Als Geschichte und Überlieferung in zeitlich-räumlicher Erscheinung ist sie Kirche. *Kirche* ist aus dem Glauben entstanden, ist seine gesch. Objektivation; sie ist nicht Gesellschaft mit einem bestimmten Zweck. Die Erfassung des vom lebendigen Gott gewirkten Lebens der Kirche nach außen – in der Geschichte – wie nach innen – im Glauben – ist nach K. Aufgabe der *Theol.* Sie realisiert sich im *Dogma*, in dem wir wissen, was Gott ist und will und was wir sind und sollen. Das Dogma hat seine Existenz, Erkennbarkeit und Berechtigung nur in der Kirche.

Nach dem Urteil von J. Ulacia versuchte K., die durch die Zeitphil. gefährdete Kirche in ihrer ganzen Tiefe neu zu entdecken. Der Weg über Idee und Geschichte war zeitbedingt; die Mittel unzureichend und die Aufgabe zu umfassend; daher ist K. der Vergessenheit anheimgefallen.

Lit.: Werkverzeichnis und Lit. bei J. Ulacia, H. K., KThD 1, 398 f. *F. W.*

Kleutgen, Josef (1811–1883). Neuscholastiker; Studienpräfekt an der röm. Gregoriana. Will die gesamte dogm. Theol. aus Patristik und Schol. neu sichten und systematisieren. Frontstellung gegen ↑Hermes, ↑Günther, ↑Hirscher, den Deutschen Idealismus und Ontologismus. War intensiv an den Vorbereitungsarbeiten des I. Vatikanums beteiligt.

Klüpfel, Engelbert (1733–1811). Prof. der Dogm. in Freiburg i. Br. Verteidigt augustin. Gnadenlehre; lehnt Unfehlbarkeit des Papstes ab; ist Vorkämpfer einer gesch. Theol. Seine *Institutiones theologiae dogmaticae* (1789) sind lange Vorlesungsbuch an den österreich. Universitäten.

König, Johann Friedrich (1619–1664). 1651 Prof. in Greifswald, 1659 in Rostock; seine *Theologia positiva acroamatica* (1664, 1775[17]) zeigt „die Systematik der orth. Schultheol. auf ihrem Gipfelpunkt".

Lit.: C. H. Ratschow, Luth. Dogm. zwischen Reformation und Aufklärung, Gütersloh 1 (1964), 2 (1966).

Kuhn, Johannes Evangelist (1806–1887). K. wurde am 19. Febr. 1806 in Wäschenbeuren bei Schwäbisch Gmünd geb. Die Lebensstationen sind schnell aufgezählt: 1825–30 Studium der Phil. und Theol. in Tübingen; 1831 Priesterweihe in Rottenburg; 1831/32 wiss. Reise zur Erlangung der Hochschullehrerqualifikation nach München, Köln und Gießen; 1832–38 Exeget in Gießen, 1838/39 in Tübingen; danach bis 1882 Dogmatiker in Tübingen; nach 5-jährigem Ruhestand Tod am 8. Mai 1887.

K.s Theol. ist – anders als die seiner Lehrer ↑Drey und ↑Möhler, anders auch als die von ↑Hermes, ↑Günther und ↑Klee – von unterschiedlichen Phasen geprägt, die in

Zusammenhang mit seinem Werdegang stehen: Als Exeget befaßt sich K. eingehend mit ↑Strauß „Leben Jesu". Dessen These von der „absichtslos dichtenden Sage", die dem Menschen Jesus die Messiasidee zuschreibt, setzt er eine Analyse des lit. Charakters der ntl. Schriften entgegen: Sie sind historisch voll glaubwürdig; aber der Zweck der „historischen Relationen" ist der Glaubensbeweis. Deshalb dient das Historische nur dazu, den lebendigen Glauben an Jesu Messianität zu wecken. Von diesem Tatbestand aus wird rückwärts die atl. Verheißung gedeutet und vorwärts das in Überlieferung gewachsene Dogma gebildet. K.s Auseinandersetzung mit Strauß wird von ↑Schweitzer als das Gründlichste aus kath. Feder zur Sache bezeichnet.

Die 2. Phase hat zum Hauptinhalt das aller Theol. der ersten Jahrhunderthälfte gemeinsame Thema Glaube-Wissen. K. sieht zwischen 1839 und 1846 in der Phil. des Dt. Idealismus den Versuch, Glauben in reines Wissen aufzulösen. Das ist für ihn wiss. unhaltbar; denn solches Wissen müßte bewußtseinsimmanent bleiben. Jede Transzendenz des eigenen Bewußtseins ist vertrauendes Vernehmen von anderer Wirklichkeit und als solches Glaube. Anfang und Grund aller Erkenntnis ist daher ein Glaubensakt, der in einem langen Prozeß gedanklicher Bewährung bis zum Erweis der Richtigkeit des Anfangs fortschreitet. So wird jeder Glaube durch das Wissen bewährt oder problematisiert. Das gilt auch für den übernat. Glauben, der durch die Theol. in seiner Geltung nur bestätigt wird u. der in seiner Analogie zum natürlichen Glauben als Vertrauen beschrieben ist.

Nach einem Intermezzo als Politiker im Landtag der Revolutionszeit (1846–50) gelingt K. eine großartige Synthese zwischen spekulativer und hist. Theol., wie sie Drey, Möhler und ↑Döllinger gefordert, aber in dieser Geschlossenheit in ihrem Werk nicht erreicht haben: Nun entwirft K. ein heilsgesch. System, in dem die Off. (erkenntnismäßig) und die Gnade (praktisch-real) Grund, Ermöglichung und Norm des Glaubens nach Akt u. Inhalt sind. Dieses Heilswerk fächert sich in der Glaubenserkenntnis in die Dogmen auf, in der Vergegenwärtigung des Heils sind es die Sakramente. Wegen der Geschichtlichkeit menschl. Existenz gibt es eine Entwicklung des Glaubensverständnisses (Dogmenentwicklung) trotz abgeschlossener Off., u. Kirche als Ganze wird zu dessen Instanz. Off. und Gnade in Geschichte, personaler Glaube, eine daran orientierte Gottes- u. Trinitätslehre, Schrift u. Trad. in kirchl. Vermittlung und eine erste Form einer „hierarchia-veritatum-Lehre" sind weitere Themen.

K. mußte seine Theorie vom natürlichen Wissen der Theol., das es trotz der Übernatürlichkeit seines Objekts, des Glaubens, bleibt, unter vielen Anfeindungen (J. Clemens, ↑Schäzler) gegen die Neuschol. verteidigen – ein lit. Streit, der zwischen 1859 u. 1868 das ganze kath. Deutschland erregte.

Lit.: Werkverzeichnis und Lit. bei F. Wolfinger, J. E. K., KThD 2, 160 ff.

F. W.

Kutter, Hermann (1863–1931).
Pfarrer in Zürich, neben ↑Ragaz führender Vertreter des Rel. Soz. in der Schweiz. K. bejahte die (atheistische) Sozialdemokratie als Ausdruck des lebendigen Gotteswillens angesichts des soz. Elends (*Sie müssen!* 1903), blieb jedoch gegenüber jeder Verwandlung des Evangeliums in ein polit. Aktionsprogramm ablehnend. Während des 1. Weltkriegs übte K. starken Einfluß auf ↑Barth aus.

Kuyper, Abraham (1837–1920).
Der niederländische Theologe, Kirchenführer und Politiker K. wurde am 29. Okt. 1837 geb. Nach seinem Studium in Leiden, das er 1862 mit einer Diss. über die ref. Ekklesiol. abschloß, wurde er zunächst Pfarrer in der Betuwe und in Utrecht, wo er begann, die volkskirchl. Praxis der Hervormde Kerk radikal in Frage zu stellen. Nach seinem Wechsel nach Amsterdam (1870) erlangte er als Prediger, durch die von ihm herausgegebene Wochenzeitung *De Heraut* und vor allem durch die 1872 gegründete Tageszeitung *De Standaard* breite öffentl. Wirkung. Als Abgeordneter der zweiten Kammer der Volksvertretung (1874–77) plädierte er für eine Reorganisation des kirchl., soz. und kulturellen Lebens nach den Prinzipien des Calvinismus, die auch zum Programm der von ihm gegründeten „Christl. Hist. Partei" erhoben wurde. Nach einem Zusammenbruch 1876 suchte K. nach einer strenger theol. fundierten Sozial- und Kulturgestaltung, die er auch durch die Gründung der Freien Univ. Amsterdam 1880, an der er selbst einen Lehrstuhl besetzte, vorantreiben

wollte. Um dieser Ausrichtung auch in der Kirche zur Wirkung zu verhelfen, begann K. eine innerkirchl. Restaurationsbewegung zu organisieren. Die von ihm zusammengeführten Gemeinden vereinigten sich 1892 mit den Gemeinden, die in der „Afscheiding" (Abspaltung) von 1834 ein ähnliches Programm vertreten hatten, und bildeten zusammen „Die Gereformeerde Kerken en Nederland". Nach dem Wahlsieg der Christl.-Konservativen 1901 war K. bis 1905 als Innenminister auch Ministerpräsident. Als charismat. Führerpersönlichkeit hochverehrt starb K. am 8. Nov. 1920.

K.s Theol., die als eine um Aktualisierung des Calvinismus bemühte konservative Kulturtheol. bezeichnet werden kann, dient der Grundlegung seiner kirchl. und polit. Arbeit. K. sieht die Wirklichkeit vom Gegensatz zwischen dem seit dem Fall Adams wirkenden Reich des Satans und dem Reich Gottes bestimmt. Die Kirche ist die Gemeinschaft der Wiedergeborenen, wobei die Wiedergeburt als Realisierung der Prädestination verstanden wird. Die Kirche wirkt als Organismus zur Gestaltung der Kultur und des Sozialwesens. Der schroffe Dualismus von Kirche und Welt wird durch die Annahme einer allg. Gnade modifiziert, durch die Gott die Strukturen der Schöpfung durch die Gegenwirkung gegen die Macht der Sünde erhält (*De gemeene gratie*, 3 Bde., 1902–05). Die allg. Gnade ermöglicht es, daß die Arbeit der Kirche kulturell und soz. wirksam werden kann. K.s theol. Ideen und polit. Programme blieben in ihrer Wirkung auf seine Zeitgenossen beschränkt. Die durch ihn ins Leben gerufenen kirchl. und polit. Zusammenschlüsse und Bildungsinstitutionen bestimmen heute ihre Identität weitgehend unabhängig von den Lehren ihres Gründers.

Lit.: J.C.Rullmann, K.-Bibliographie, 's-Gravenhage 1923–1940; GKG 9.2, 289–307 (C.Augustijn).　　　　*C.S.*

Lagrange, Marie-Joseph (1855–1938). Dominikaner, Exeget. Prof. f. KG und Phil. in Salamanca und Toulouse. Trug entscheidend zur Herausbildung der hist.-krit. Methode in der Kath. Exegese bei. Gründer der École Biblique. Hauptwerk: *La Méthode historique* (1903).

Lanfrank (ca. 1005–1089). Geb. in Pavia, gest. in Canterbury. Wanderlehrer, Abt in Bec/Normandie (1042), danach in Caen (1066), seit 1070 Erzbischof von Canterbury, wo er die Kirchenreform in England vorantrieb. Sein bedeutendster Schüler (und Nachfolger) war ↑Anselm v. Canterbury. Im Abendmahlsstreit mit ↑Berengar vertrat L. die (bis dahin nicht so genannte) Lehre von der Transsubstantiation. 1068 wurde der Streit durch Betreiben Gregors VII. zugunsten von L. entschieden.

Lit.: M.Gibson, L. of Bec, Oxford 1978

Lang, Albert (1890–1973). Prof. für Fundamentaltheol. in Regensburg, München und Bonn. Einer der Wegbereiter des gegenwärtigen Verständnisses dieses Faches. Hauptwerk: *Fundamentaltheologie,* 2 Bde (1954).

Latomus, Jacobus (ca. 1475–1544). Prof.; Kontroverstheologe. Theol. überwiegend scholast. Ausrichtung. Konflikt mit ↑Erasmus und mehreren Reformatoren, u.a. ↑Luther.

Laurentius v. Brindisi (1559–1619). Kirchenlehrer, Kapuziner, 1881 Heiligsprechung. Ehrentitel: „Doctor apostolicus". 1602–05 Ordensgeneral; großer Einfluß auf die Religionspolitik kath. Fürsten; seine Marienpredigten bilden eine vollständige Mariologie. Bewirkte im Rahmen der Gegenreformation Rekatholisierung von Böhmen, Österreich und Deutschland. Polemische Ablehnung des Luthertums.

Lavater, Johann Caspar (1741–1801). Pfarrer und Schriftsteller in Zürich, u.a. mit Goethe und ↑Herder bekannt, die sich später von ihm abwandten. In seinem Hauptwerk *Aussichten in die Ewigkeit* (4 Teile, 1768–78) vertritt L. eine bibl.-spiritualist. Frömmigkeit, die jedoch seiner Meinung nach auch vor dem krit. Urteil der Vernunft besteht. Sein Denken ist verbunden mit starkem rel. Gefühlsleben (mit oft lebendiger Phantastik). L. trat auch als Kirchenliederdichter hervor.

Leeuw, Gerardus van der (1890–1950). 1918–50 Prof. für Rel.gesch., Theol. und ägypt. Philologie in Groningen; 1945–46 niederl. Kultusminister. Führender Vertreter der Rel.phänomenologie. Hauptwerk: *Phänomenologie der Religion* (1933, 1974[4]).

**Leibniz, Gottfried Wilhelm (1646–
1716).** Geb. am 1. Juli 1646 in Leipzig, phil., theol., jur. und mathema-
tisch gebildet in Leipzig und Altdorf,
1667 im Hofdienst in Mainz, seit
1677 in Hannover, mehrfache ausgedehnte Reisen nach West- und Südeu-
ropa, gest. 14. Dez. 1716 in Hannover
(Grab in der Neustädter Kirche).

L. nimmt die Tradition der luth.
Schulphil. und -theol. und gleichzeitig die neue Phil. und Wissenschaft
des 17. Jh.s auf und verbindet sie zur
ersten modernen phil. Theol., die inhaltlich eine Philosophia Christiana
ist. In seinem vielgefächerten Lebenswerk nehmen theol. Abhandlungen und das Wirken für die Einheit
der Kirche einen bedeutenden Platz
ein. Nach seinem unzweideutigen
Selbstzeugnis gelangte er durch Entwicklung und Nachdenken dahin,
sich „in den maßvollen Ansichten
der Kirchen Augsburgischer Konfession zu befestigen", die er „sehr billi-
ge". Dem entspricht der breite
Raum, den Theologen und Theol. der
Reformation und Orth. vor allem in
seiner *Theodizee* (1710) einnehmen,
die er auf Anregung der preuß. Königin Sophie Charlotte schrieb. L.' Phil.
basiert auf zwei Grundsätzen: dem
der Widerspruchsfreiheit (alles, und
nur das, was logisch möglich ist,
kann existieren) und dem des zurei-
chenden Grundes (nichts geschieht
unmotiviert). Aus dem ersten folgt
notwendigerweise die Übereinstimmung von Glaube und Vernunft. Mit
beiden führt L. den Beweis der Existenz Gottes aus der Kontingenz
(Nicht-Notwendigkeit) des Universums (der mit Hilfe der von ↑Scholz
treffend sog. „L.-Sprachen" der mo-

dernen Logik z. B. von ↑Hubbeling
strenger geführt werden kann). Aus
der Existenz des Universums folgt,
daß Existenz offensichtlich den Vorrang hat vor Nichtexistenz. Ist nun
eine Konzeption von ‚Gott' ohne
vollkommene Weisheit, Macht und
Güte inadäquat, so folgt, daß die
‚aus der Hand' des Schöpfers hervor-
gegangene Welt „die beste aller möglichen" ist. Der von der Orth. zur
Bewältigung des „Ursprungs des
Übels" verwendete Ausdruck des
„Zulassens *(permissio)* Gottes" erhält
jetzt erstmals eine einsehbar strenge
Bedeutung, da Gott nur eine von sich
verschiedene Welt endlicher Wesen
schaffen konnte und unter diesen
fehlbarfreie als sein „Ebenbild"
wollte. Das L. wie sein Jh. bewegen-
de Problem „der Prädestination und
der Gnade" löst er durch einen das
Universum umspannenden Heilsrat-
schluß Gottes. Diese „prästabilierte
Harmonie" ist zwar faktisch un-
durchschaubar, aber eben nicht prinzipiell; sie rechtfertigt so das Vertrauen auf die „Güte der Werke
Gottes" und „die Liebe, die wir Gott
‚über alle Dinge' schulden" (wie L.
mit Luthers Katechismus sagt).

Lit.: Zweisprachige Studienausgabe,
bisher 3 Bde., Darmstadt 1959–85;
Confessio philosophi, hrsg. v. O. Saa-
me, Frankfurt 1967. – K. Müller/Gise-
la Krönert, L.-Chronik, Frankfurt
1969, Nachdruck 1985; K. Kindt, Vor-
schule christl. Phil., Hamburg 1951,
190–226; W. Sparn, Das Bekenntnis
des Philosophen, in: NZSTh 28/1986,
139–178.   *Th. M.*

Leo der Große († 461. L. d. Gr., ab
440 Papst Leo I., gehörte einer Zeit

an, die tief von polit. und kirchl. Unruhen aufgewühlt war. An der
Schwelle zum 5. Jh. geb., betrachtete
er Rom als seine Vaterstadt und hier
hat er sich seine Bildung angeeignet.
Offenbar trat er schon frühzeitig in
den Dienst der röm. Christengemeinde. Zum Diakon bestellt, nahm er
bereits kirchenamtl. Aufgaben wahr;
in staatspolit. Friedensmission nach
Gallien entsandt, erreichte ihn dort
die Nachricht von der Erhebung
zum Papst. Als Bischof von Rom und
Patriarch des Abendlandes sorgte er
sich zunächst um die Reinheit des
christl. Glaubens gegen Manichäer
und Pelagianer. In Predigten und im
Briefverkehr brachte er abendländ.
Theol. und röm. Kirchenbewußtsein
zur Geltung; sein ausgeprägtes Bewußtsein von der Nachfolge Petri
hinderte ihn nicht, die italischen Bischöfe immer wieder auf Synoden zu
versammeln, um gemeinsam anste-
hende Problemlösungen zu erarbei-
ten. Es gelang ihm, sowohl in Gallien
(Arles) wie in Illyrien (Thessalonich),
die Rombindung zu verankern, wobei die harmonische Kooperation
mit dem Staat die Grundlage für die
Verwirklichung einer christl. Gesellschaft bot. Eine besondere Herausforderung stellte für L. die ungelöste
Christusfrage im Orient dar, die
durch den monophysitisch gesinnten
†Eutyches in ein neues Stadium ge-
drängt wurde. Das Lehrschreiben
des Papstes *(Tomus Leonis)* in dieser
Angelegenheit wurde von der Synode von Ephesus (449) ignoriert.
Erst der Herrscherwechsel im Osten
verschaffte den päpstl. Interventio-
nen wieder Resonanz, so daß auch
auf dem von Kaiser Markian und

seiner Frau Pulcheria einberufenen
Konzil von Chalkedon (451) die
Christol. des Westens zur Geltung
kam; gegen die kirchl. Rangerhö-
hung Konstantinopels (28. Kanon)
konnte L. freilich nur Protest einle-
gen. Während sein Einfluß auf die
divergierenden Kirchengruppen des
Ostens unbedeutend blieb, vermochte er die abendländ. Christenheit ent-
schlossen zu führen, auch im diszi-
plinären Bereich. Das furchtlose
Auftreten des Papstes gegen Attila
veranlaßte 452 die Hunnen zum
Rückzug; vom Vandalenkönig Geise-
rich erreichte er 455 wenigstens
Schonung der röm. Bevölkerung.
Papst L. starb am 10. Nov. 461.

Die zahlreichen Predigten und eine umfangreiche Korrespondenz bieten Einblick in Denkweise und
Theol. L.s, auch wenn jeweils der Anteil seiner Kanzlei zu berücksichtigen
bleibt. Grundlegend für sein Amtsverständnis ist das Bewußtsein der
Petrusnachfolge, das zur vollen Ausgestaltung des röm. Primats führte.
Er zögerte dabei nicht, die Idee von
der Roma aeterna ganz ins Christliche zu übertragen und so das Leit-
bild einer christl. Gesellschaft im Gepräge der Romanitas zu favorisieren.
Der Staat, insbesondere die Herrscher, erschienen in dieses Weltbild
integriert, und L. zögerte nicht,
christl. Herrschern aus alter Trad.
auch Verantwortung für die Kirche
zuzuschreiben. Die Durchsetzung
kirchl. Disziplin, das Zurückdrängen
der Häresie und die Verlebendigung
des Glaubens blieben zeitlebens
drängende Anliegen seiner Hirten-
sorge. Vor allem galt es, das unver-
fälschte Christusbekenntnis sicher-

zustellen, wobei er wegweisend die Eigentümlichkeit von göttl. und menschl. Natur in personaler Einheit formulierte. Die diskussionsbedingte Konzentration auf die Christol. hinderte L. freilich nicht, den Kontext der Theol. insgesamt zu berücksichtigen und auf die christl. Lebensverwirklichung im Alltag zu pochen. Seine gestalterische Hand wird faßbar in der röm. Liturgie; aber auch manche Kirchen Roms verdanken ihm den Fortbestand. Die Nachwelt hat ihm nicht mit Unrecht den Beinamen „der Große" zuerkannt.

Lit.: Quellen CPL 1656–1657. A. Chavasse (Hrsg.), Sancti Leonis Magni Romani Pontificis tractatus septem et nonaginta, Turnhout 1973. – T. Jalland, The Life and Times of St. Leo the Great, London 1941; P. Stockmeier, L. d. Gr. Beurteilung der kaiserlichen Religionspolitik, München 1959; H. Arens, Die christologische Sprache L. d. Gr. Analyse des Tomus an den Patriarchen Flavian, Freiburg/Basel/Wien 1982.

P. St.

Lessing, Gotthold Ephraim (1729–1781). Am 22. Jan. 1729 wurde L. als Pastorensohn in Kamenz (Sachsen) geb. Er besuchte die Fürstenschule St. Afra in Meißen und wurde im Geist des orth. Luthertums erzogen. In Leipzig und Wittenberg studierte er Theol. und Philologie, vorübergehend auch Medizin. Nach dem Mag.examen suchte er jedoch keine feste Anstellung, sondern lebte als freier Schriftsteller. Von 1760–65 war er Sekretär des preuß. Generals Tauentzien in Breslau. 1767 wurde er als Dramaturg an das neugegründete Hamburger National-theater berufen. Während des Jahrzehnts als Hofrat und Bibliothekar in Wolfenbüttel (1770–81) trat die Beschäftigung mit theol. Fragen und Problemen immer mehr in den Vordergrund seines Schaffens.

Als Dichter, Dramatiker und Lit.kritiker ist L. mit führenden Vertretern der deutschen Aufklärung befreundet gewesen, vor allem mit dem Berliner Verleger Fr. Nicolai und dem jüd. Schriftsteller Moses Mendelssohn. In die Hamburger Jahre (1767–70) fällt die Bekanntschaft mit Elise und Joh. Albert Heinrich Reimarus, die L. ein unveröffentlichtes Manuskript ihres verstorbenen Vaters überlassen haben. Mit der Herausgabe wichtiger Teile dieses Manuskriptes (1774–78) löste L. den die damalige Christenheit erregenden Fragmentenstreit aus und provozierte eine Flut von Streitschriften. Obwohl er sich der Betrugstheorie des †Reimarus nicht angeschlossen hatte, wurde L. in eine lit. Fehde mit dem Hamburger Hauptpastor J. M. Goeze verwickelt.

In seinen theol. Schriften will L. zum vernünftigen und krit. Denken über Kirchenlehre und Christentum anregen. Die Bibel ist nicht die Rel., wie der Buchstabe nicht der Geist ist. Deshalb bekämpft er den Biblizismus und die Lehrgesetzlichkeit der Orth., aber auch oberflächliche Formen der zeitgenöss. Neologie. Eine Sinngebung der Geschichte erfolgt durch den Gedanken der Entwicklung zu größerer sittl. und intellektueller Vollkommenheit. Die göttl. Erziehung des Menschengeschlechts vollzieht sich in drei Stadien (AT, NT und Zeit der Vollendung) und führt vom Off.glauben zur eigenständigen Vernunft- und Humanitätsrel. Das Tun des Guten um seiner selbst willen, prakt. Nächstenliebe und Toleranz im Umgang mit Andersgläubigen sind Kennzeichen der wahren Rel.

Beachtung verdient L.s dynamisches Wahrheitsverständnis. Weil Wahrheit nichts Statisches oder definitiv Abgeschlossenes ist, wäre es falsch, bei dem Wahrheitsbesitz formulierter Lehren und schon gewonnener Einsichten zu verharren. Echter Erkenntnisdrang äußert sich vielmehr in einem unablässigen Wahrheitsstreben.

L.s Werke und Gedanken besitzen eine bis auf unsere Gegenwart reichende Wirkungsgeschichte und sind Gegenstand einer internationalen Forschung.

Lit.: Sämtl. Schriften, hrsg. v. K.Lachmann u. F.Muncker, 3.Aufl., 23 Bde., Stuttgart/Leipzig 1886–1924. – S.Seifert, L.-Bibliogr., Berlin/Weimar 1973; H.G.Göpfert (Hrsg.), Das Bild L.s in der Geschichte, Heidelberg 1981; K.S.Guthke, G.E.L., Stuttgart 1973[3] (Forschungsbericht mit Lit.angaben); A.Schilson, L.s Christentum, Göttingen 1980. *G.H.*

Liebermann, Bruno Franz Leopold (1759–1844). Theol. Wegbereiter der Neuschol. 1805–23 Regens des Priesterseminars in Mainz; Kopf der ersten Mainzer Theologenschule, aus der u.a. ↑Klee, A.Räß und J.v.Geissel hervorgingen.

Liguori, Alfons Maria di (1696–1787). Der am 27.Sept. 1696 in der Nähe von Neapel geborene L. stu-

dierte Rechtswissenschaften an der Univ. Neapel. Schon 1713 schloß er mit dem Dr. iur. ab. Mindestens veranlassend für seine Abwendung von der Jurisprudenz und seinen Eintritt in den geistl. Stand war ein äußerst wichtiger Prozeß, an dem er als Jurist intensiv mitwirkte, der jedoch verlorenging. Verursachend wird eine tiefe Wandlung in seiner Persönlichkeit und Einstellung gewesen sein. 1726 empfing er die Priesterweihe. Er nahm sich dann besonders der armen Leute an und wirkte intensiv durch sog. Volksmissionen. Diesem Zweck vor allem diente der 1732 von ihm gegründete Redemptoristenorden („Kongregation des allerheiligsten Erlösers"). L. wirkte in diesem Rahmen als ausgezeichneter Seelsorger bei Klerus und Volk. 1762–75 war er Bischof von Sant'Agata de' Goti. Er starb am 1.Aug. 1787. 1839 wurde er heiliggesprochen, 1871 zum Kirchenlehrer erhoben.

In seinem umfangreichen und vielgestaltigen theol. Werk versucht er u.a. eine Neukonzeption der Gnadenlehre, auf die man erst in neuerer Zeit wieder aufmerksam wurde. Die Mariologie, mit der sich L. sehr intensiv befaßt, ist für ihn Konkretisierung und Verdeutlichung für seine Auffassung von der Gnade. Vor allem aber ist er eine Zentralfigur der kath. Moralthcol. Hier leistet er eine gründliche Auseinandersetzung mit dem jansenist. Rigorismus und damit mit der Tendenz des Rigorismus in der kath. Moralthcol. überhaupt.

Hauptwerk ist seine *Theologia moralis* von 1743. Der *Homo Apostolicus* (1759) diente über Generationen hin kath. Priestern in ihrer Tätigkeit als Beichtväter als Handbuch. L. ist auch der Verf. zahlreicher aszet. und hagiograph. Werke. Über seine Arbeiten, vor allem aber über seinen Orden, ist L. bis heute in der kath. Theol. und Religiosität präsent.

Lit.: LThK 1, 330–332 (B. Häring/ E. Zettl), (Lit.). *H.W.*

Linsenmann, Franz Xaver v. (1835–1898). Prof. f. Moral- u. Past. Theol. in Tübingen. Wendet sich gegen Moralpositivismus, einseitige Kasuistik und überbetonte Pflichtenlehre. Wichtiger Vertreter der Moraltheol. im 19. Jh.

Löhe, Wilhelm (1808–1872). L. ist nie etwas anderes gewesen als ein bayerischer Dorfpfarrer (ab 1837 in Neuendettelsau) und hat doch der Kirche seiner Heimat und der Theol. seiner Zeit mächtige Impulse mitgegeben.

Geb. am 21. Febr. 1808 in Fürth und gest. am 2. Jan. 1872 in Neuendettelsau, hat L., gleichermaßen als mitreißender Prediger und erbaulicher Schriftsteller, als Liturgiehistoriker und als vielseitiger Organisator tätig (Gründung der Diakonissenanstalt 1853, Arbeit für die missionarische Betreuung des nordamerik. Luthertums, für die innere Mission u. a.), doch den Schwerpunkt seines Denkens und Wirkens in den Bemühungen um die rechte Lehre von der Kirche, wie sie überhaupt für die 2. Hälfte des 19. Jh.s theol. kennzeichnend sind. Obwohl lebenslang in eine Reihe theoret. und prakt. Schwierigkeiten mit dem bayeri-

schen Landeskirchentum verstrickt, die bis zu Austrittsgedanken führten, war L. doch der eigentliche Vater des bayerischen Konfessionalismus.

Insbesondere sind es die Schriften *Drei Bücher von der Kirche* (1845), *Kirche und Amt* (1851) und *Der evangelische Geistliche* (1852/8), mit denen L. der Wortführer des selbstbewußten Neuluthertums in Bayern wurde – einschließlich deutlicher Abgrenzung von den Reformierten (Verweigerung der Abendmahlsgemeinschaft). Im Zentrum steht dabei L.s Anschauung von der luth. Konfessionskirche als der reinsten Gestalt der einen echten apostolischen Kirche, deren voller Wahrheitsgehalt an der Schriftmäßigkeit ihrer Lehre und ihres Bekenntnisses (vollendet mit der Konkordienformel) sichtbar wird. Das Luthertum verkörpert so die einigende Mitte aller Konfessionen und sieht noch weltweite Zukunftschancen vor sich.

Der Vollendung in dem Entscheidenden der Lehre entsprechen aber nach L. andauernde Unvollkommenheiten in Verfassung, Leben und Amt der Kirche. So wünscht er sich eine Episkopalverfassung und strebt eine Reihe von liturg.-agendarischen Reformen an: wie Rückkehr zur alten Perikopenordnung, zur luth. deutschen Messe, zur Privatbeichte mit Kirchenzucht des Pfarrers u. a.

Seit etwa 1849 bildet er eine bes. Lehre vom kirchl. Amt aus. Christus als der erste Amtsträger hat – gemäß einer apostolischen Sukzession im Predigtamt und in der Lehre – seine Stellvertreter in allen ordinierten Amtsträgern, d. h. Predigern, die als solche vollmächtig der Gemeinde gegenüberstehen. So folgenreich dieses Amtsverständnis evangelischerseits bis heute sein mag (Ökumene!), seine Verträglichkeit mit reformatorischen Grundeinsichten ist noch heute umstritten.

Lit.: Ges. Werke (Hrsg. K.Ganzert), Bde 3,1–7,2, Neuendettelsau 1951–66. – F.W.Kantzenbach (Hrsg.), W.L., Anstöße für die Zeit, Neuendettelsau 1971; G.Müller, W.L.s Theol. zwischen Erweckungsbewegung und Konfessionalismus, in: NZSTh 15, 1973, 1–37.

J.R.

Löscher, Valentin Ernst (1673–1749). Luth. Theologe, 1707 Prof. in Wittenberg, 1709 Superintendent in Dresden. L. war der bemerkenswerteste Gegner des Pietismus. Er bekämpfte dessen dogm. Ungenauigkeit und Uninteressiertheit sowie seine Abweichungen von der reformator. Lehre. L. gab die Zeitschrift *Unschuldige Nachrichten von alten und neuen theol. Sachen* (1701, seit 1702 unter diesem Titel) heraus, die ebenso antipietistisch orientiert war wie seine Schrift *Vollständiger Timotheus Verinus* (1718/1722).

Lit.: M.Greschat, Zwischen Tradition und neuem Anfang, Witten 1971

Løgstrup, Knud Ejler (1905–1981). In Kopenhagen geb., lehrte L. von 1943–75 in Aarhus als Prof. für Ethik und Rel.phil. Seine phil.gesch. Arbeiten (über Kant, ↑Kierkegaard und Heidegger) sowie seine syst. Entwürfe auf den Gebieten der Ethik, Ästhetik und Metaphysik machen ihn zum markantesten dän. Theologen des 20. Jh.s. Sein Hauptwerk *Die ethische Forderung* (dän. 1958[4]; deutsch 1968[2]) nimmt die theol. Tradition von ↑Herrmann und ↑Bultmann auf und führt sie konstruktiv weiter.

Loisy, Alfred (1857–1940). L. wurde am 28.Febr. 1857 in Ambrières geboren, studierte Theol. in Châlon und nahm kurz nach seiner Priesterweihe 1881 seine wiss. Arbeit am Institut catholique in Paris auf, wobei er sich zunächst der Exegese des AT widmete. In diesen Jahren hörte er E.Renan. Veröffentlichungen über die Inspirationslehre und die Irrtumslosigkeit der Schrift führten zu seiner Absetzung als Prof. Er hatte schon in diesen Jahren ernste Probleme mit dem kirchl. Dogma und seiner Geltung.

1902 veröffentlichte er als Gegenschrift zu ↑Harnacks *Das Wesen des Christentums* (1900) das Buch *L'Evangile et l'Eglise*, in dem er die Entwicklung vom hist. Jesus zur frühen Kirche und ihrem Dogma als notwendig und damit als legitim verteidigte. Diese Entwicklung war der einzige Weg, auf dem die Botschaft Jesu in einer weitergehenden Geschichte lebendig bleiben konnte. L. stimmte mit Harnack überein im Ausgang von der Differenz zwischen hist. Jesus und der Entwicklung zu Kirche und Dogma. Damit erwies sich das Buch letztlich als Kritik am neuschol. Bibel- und Dogmenverständnis. Es sollte damit zur „Magna Charta" des Modernismus werden.

Während des Pontifikats Papst Pius X. wurden alle Erneuerungsbestrebungen als ein geschlossenes System verstanden, als „Modernismus" unterdrückt, ihre Vertreter verurteilt. Die Lehrschreiben gegen den „Modernismus" verurteilten weitgehend Sätze L.s. L. protestierte leidenschaftlich und wurde daraufhin am 7. März 1908 exkommuniziert. Er brach nun auch von sich aus mit der Kirche und fühlte sich fortan, im Gegensatz zu seinen Weggefährten im Modernismus, nicht mehr als Katholik und Christ.

Ein Jahr später übernahm L. als Nachfolger Renans die Professur für Rel.gesch. am Collége de France. Doch enthielt er sich jeder plumpen anti-kirchl. Kritik. Neben seiner Arbeit in der vergleichenden Rel. galt sein Hauptinteresse nach wie vor der Erforschung des NT. In seinen zahlreichen großangelegten Arbeiten vertrat er verschiedentlich krit. Positionen, die sich so als nicht haltbar erwiesen.

Die radikalste Phase seines Denkens wurde durch den I. Weltkrieg ausgelöst. Die Erfahrung, daß auch die Theologen auf beiden Seiten dem Nationalismus verfielen, und daß alle kriegführenden Parteien Gott um den Sieg über die Feinde anriefen, veranlaßte ihn, sich von diesem Gott abzuwenden und nun ein „grand être humanité" zu verehren. Gegen den Vorwurf des Immanentismus hat er sich aber immer verwahrt, und die Transzendenz dieser Wirklichkeit betont. Gegen Ende seines Lebens bezeichnete er sie auch wieder mit dem Namen „Gott". Er starb am 1. Juni 1940 in Paris.

Lit.: L'Evangile et l'Eglise, Paris 1902, 1929[5]; dt. Evangelium der Kirche, München 1904; Choses passées, Paris 1913; Mémoires pour servir à l'histoire religieuse de notre temps (3 Bde.), Paris 1930 f. – F. Heiler, Der Vater des katholischen Modernismus. A. L., München 1947; J. Hulshof, Wahrheit und Geschichte. A. L. zwischen Tradition und Kritik, Essen 1973; D. Bader, Der Weg L.s zur Erforschung der christlichen Wahrheit, Freiburg/Basel/Wien 1974; P. Neuner, A. L., in: KdTh II, 221–240. *P. N.*

Lukian von Antiochien (ca. **240/50–312**). L. starb als Märtyrer. Aus den Schriften seiner zahlreichen Schüler (Syllukianisten), deren bedeutendster ↑Arius war, ist zu schließen, daß L. eine sich auf ↑Origenes gründende subordinatianische Logos-christol. in Verbindung mit der Lehre von drei göttl. Hypostasen vertreten hat.

Luther, Martin (1483–1546). Geb. am 10. Nov. 1483 in Eisleben, 1501 Student in Erfurt, bricht L. 1505 das Jurastudium plötzlich ab und wird – im Konflikt mit dem Vater – Mönch (L. 1537 hellsichtig: „Meine Eltern durch strenge Erziehung trieben mich schließlich ins Kloster"). 1507 Priester, Theol.studium, seit 1512 Prof. in Wittenberg. Aus seelsorgerlich-theol. Verantwortung aufgestellte 95 Disputationsthesen über „die Kraft der ‚Ablässe'" vom 31. Okt. 1517 lösen einen Konflikt aus, in dem es – nach L.s eigener, überzeugender Darstellung – 1518 zu einem Durchbruchserlebnis aus seinen Depressionen ‚unter der Hand Gottes' und, gestützt auf Paulus, zur endgültigen Gewinnung des Fundamentes seiner Theol. kommt. Diese wird, wie L. erfahren muß, allein schon wegen des Autoritätskonfliktes mit dem röm. Lehramt als häretisch betrachtet. Dem Widerrufsverlangen †Cajetans 1518 und Kaiser Karl V. 1521 (Reichstag zu Worms) setzt L. als Konsequenz aus der Wahrheit und Gewißheit des Evgl.s entgegen, „durch" keine anderen Instanzen als „Schriftzeugnisse oder klare Vernunft überwunden" zu werden. Dies führt einerseits 1520 zu seinem Ausschluß aus der röm. Kirche und 1521 zu seiner Rechtloserklärung (‚Acht und Bann'); andererseits, aufgrund der Entfaltung von L.s Theol. und Reformvorschlägen und deren überraschend breiter Akzeptation in der Öffentlichkeit, seit 1522, unter weiterer polit. Rükkendeckung Kurfürst Friedrichs des Weisen, zur Reformation in Kursachsen. L.s Leben und Lehre ist von nun an Faktor und Teil der Reformationsgeschichte, die bei seinem Tode (auf einer Reise in Eisleben am 18. Febr. 1546) ihren Höhepunkt noch nicht überschritten hat. Von ihm wurde sie im Licht der entdeckten Wahrheit endzeitlich gedeutet, in ihren offenbar gewordenen Brüchen ‚bewältigt' mit kollektiver Verteufelung der „Papisten", „Schwärmer" und – Juden. Insgesamt hat L. – allein schon durch seine Bibelübersetzung – eine neue Epoche der Christianisierung eingeleitet.

L.s (bloß scheinbar unsyst.) Theol. hat *einen* alles bestimmenden „Gegenstand": „den rechtfertigenden Gott und den Menschen als Sünder". Das Kriterium wahrer Theol. aber ist nicht schon dieses Thema, sondern erst „der Unterschied zwischen Gesetz und Evangelium", zwischen „der

Gerechtigkeit des Gesetzes und des Evangeliums". Dieser bedeutet, daß der Mensch seine Annehmbarkeit bei Gott weder schaffen („verdienen") kann noch – das ist das Anstößige – überhaupt soll, daß er vielmehr Gottes „Annahme des Unannehmbaren" (†Tillich) als Lebensfundament akzeptiert. „Allein" das Vertrauen darauf, „der Glaube" daran, ist die Rechtfertigung. Dieser Glaube ist der einzige und wirkliche Ursprung „guter Werke", d.h. Erfüllung der ethischen Grundnormen im Handeln. Umgekehrt sind die Taten des Menschen in keiner Weise und zu keinem Zeitpunkt Bedingung der Gnade, d.h. sie schließen das Erbarmen Gottes weder aus noch ein. Gott darin recht zu geben, ist das, was einzig er vom Menschen will: Erfüllung des ‚ersten Gebotes'. Was nicht aus Glauben geschieht, ist Produkt der Befangenheit des „alten Adam" (Menschen) in falschem Gottes- und Selbstverständnis, der Sünde, mit deren persönl. und soz. destruktiven Konsequenzen. In jedem Falle bestimmt die Person die Werke, die umgekehrt das Personzentrum niemals umschaffen können: es ist angewiesen auf Gottes „fremde Gerechtigkeit", seiner selbst in dieser Dimension nicht mächtig. Das Gesetz steht aber gleichwohl in einer ständigen inneren Beziehung zum Glauben. In seinem „ersten Gebrauch" *(usus civilis)* bedient sich Gott des Gesetzes, in der allg.-menschl. Ethik und Politik, zur Bewahrung des Lebens, bis zum „Jüngsten Tag", durch „bürgerl. Gerechtigkeit". Im „zweiten Gebrauch" aber überführt (daher *usus elenchti-*

cus) Gott Menschen in ihrer, sei es stumpf indifferenten, ängstlich konformen oder anspruchsvoll pharisäischen, immer aber oberflächlichen Einstellung zum Rechtfertigungsproblem ihrer wahren Situation „unter dem Gesetz": durch wirkliche Erkenntnis des Gebotes der Gottes- und Nächstenliebe den Konsequenzen des eigenen Verhaltens unrettbar konfrontiert, „verloren und" dem (Selbst- und End-)Gericht ausgeliefert, „verdammt" zu sein. Demgegenüber ist die Erfahrung des Evangeliums die Befreiung des Gewissens vom Gesetz überhaupt und die Befähigung zu einer schöpferisch neuen Ethik, zur „Freiheit eines Christen(menschen)". Diese beiden Formen der Beziehung Gottes zum Menschen (weltl. und geistl. Regiment) währen das ganze Leben hindurch „heiligend"; der Mensch ist immer in bestimmter Weise „gerecht und Sünder zugleich" (simul iustus et peccator): das Gesetz klagt an und das Evangelium spricht frei. Die (allg.-rel.) Mystik des ‚Sich-selbst-Loslassens' *(humilitas)* gehört *in* diese Glaubenstheol.; für sich genommen ist auch sie, selbst als ‚Kreuzes'-Theol., eine Methode der Selbstrechtfertigung. Umgekehrt ist L.s Christol. zuerst eine Darstellung des Kampf- und Sühnegeschehens, in dem Jesus Christus, „Spiegel" „glühender" Vaterliebe Gottes zum Menschen, die Glaubensgerechtigkeit „für mich" siegreich gegen Sünde, Tod und Teufel (den Versucher zur und Verkläger in der Selbstzerstörung) durch die Hölle (der Verzweiflung) hindurch erstreitet. In diesem Zusammenhang entstehen L.s Formeln vom „verborgenen und offenbarten Gott", von „gesetzlicher und evangelischer Gotteserkenntnis", von „Zorn" und „Liebe" als Gottes „fremdem und eigenem Werk", der „unterm Gegenteil" *(sub contrario)* sich durchsetzt. Den Hl. Geist versteht L. als das „nicht aus eigener Vernunft noch Kraft" mögliche persönl. Erschließen des Wahrseins dieses Evangeliums. Es vollzieht sich „durch das Evangelium", d. h. das „äußere" (Absolutions-, Vergebungs)Wort Gottes in brüderlicher „gegenseitiger Tröstung". Ihrem inneren Zusammenhang nach steht L.s Theol. in Kontinuität zum trin. und christol. Dogma der Kirche. L.s Kirchenbegriff gibt das Augsburgische Bekenntnis präzise wieder als „die Versammlung aller Gläubigen, bei welchen das Evangelium rein gepredigt und die heiligen Sakramente (Taufe und Abendmahl) lauts des Evangelii gereicht werden". Das heißt auch: nicht die Tradition dieser Kirche, sondern „allein" das Wort Gottes, das die Kirche in der Hl. Schrift als ihren Grund anerkennt, schafft „Klarheit" des Glaubensinhaltes. Albrecht Dürer in seinem ‚Vier-Apostel'-Bild hat dies 1526, Lukas Cranach im Altarbild der Stadtkirche von Weimar hat 1555 die ganze Theol. L.s vollendet veranschaulicht.

L.s Reformation und die Orth. beider prot. Konfessionen bilden in der Frühneuzeit gegenüber dem Kath. und dem linken Flügel der Reformation (Spiritualisten, Täufern und Unitariern) eine Einheit im Begreifen dieser Rechtfertigungslehre als „Artikel, mit dem die Kirche steht

und fällt" („da doch Luther recht gesagt: dieser Articul sey fundamen-
tum stantis et cadentis Ecclesiae":
Johannes Hülsemann 1653). Mit
dem „Glauben" bearbeitet L., wie
nachträglich erkennbar wird, aber
auch den ‚Gotteskomplex' der Neuzeit, ihre Allmachts-Ohnmachts-am-
bivalenten Phantasien gegenüber
Gott: „Der Glaube ist der Schöpfer
der Gottheit – nicht in Person (d.h.
an sich), aber in uns. . . . wie du von
Gott denkst, so ist er."

Lit.: Ausgew. Schriften, hrsg. v.
K. Bornkamm u. G. Ebeling, 6 Bde.,
Frankfurt 1982. – Hirsch, Hilfsbuch,
Teil 1; Andrea van Dülmen, L.-Chro-
nik, München 1983; Bildbiographien
von H. Lilje (Reinbek 1965), P. Manns
(Freiburg und Lahr 1982), J. Rogge
(Gütersloh 1982), G. Ebeling (Frank-
furt 1983); Ricarda Huch, L.s Glaube,
1916, Neudruck Frankfurt 1983;
B. Lohse, M. L. Eine Einführung in sein
Leben und Werk, München 1982²;
H. A. Oberman, L. Mensch zwischen
Gott und Teufel, Berlin 1982.   *Th. M.*

Marcion (2. Jh.). Geburts- und Todesjahr dieses meistbekämpften Hä-
retikers der Alten Kirche sind unbekannt. Was wir über M. und sein
Werk wissen, stammt fast ausschließlich aus Schriften seiner Gegner und ist polemisch gefärbt. Aus
den wenigen zuverlässigen Nachrichten läßt sich nur schwer ein hist.
gesichertes Bild gewinnen. Die Heftigkeit der Auseinandersetzung mit
ihm zeigt jedoch, welche Bedeutung
M.s Auftreten für die werdende Kirche gehabt hat.

M. stammte aus Sinope am
Schwarzen Meer, wo er wohl gegen
Ende des 1. Jh.s geb. wurde. Daß sein

Vater dort Bischof war und ihn wegen seiner Irrlehren exkommuniziert
habe, gehört in den Bereich der Legende. Gesichert ist, daß M. als offenbar begüterter Schiffseigner um
139 nach Rom reiste und in die dortige Gemeinde eintrat. Im Sommer
des Jahres 144 kam es zum Bruch.
M. trennte sich von der Gemeinde,
und diese schloß ihn ihrerseits aus
ihrer Gemeinschaft aus. Das Datum
dieses Ereignisses ist als einziges genau überliefert. Den Anhängern M.s,
die sich zunächst wohl „Christen"
und später „Marcionisten" nannten,
galt es offenbar als Geburtsstunde
ihrer kirchl. Gemeinschaft. In Kleinasien, Syrien und darüber hinaus
breitete sich diese Gemeinschaft
rasch aus, beeindruckte durch ihren
Eifer und ihre strenge Askese und
zwang die Kirchen, sich auf ihre
Grundlagen zu besinnen und Maß-
stäbe zur Unterscheidung von Orth.
und Häresie zu entwickeln. Bis ins
4. Jh. ist die Kirche M.s nachweisbar;
später scheint sie im Manichäismus
aufgegangen zu sein.

Hinter dieser ersten tiefgehenden
Kirchenspaltung steht M.s Versuch,
das Christentum von seinen jüd.
Wurzeln zu trennen und das Neue
des christl. Glaubens in Antithese
zum Judentum zu bestimmen. *Anti-
thesen* heißt nicht zufällig sein wichtigstes literarisches Werk. Im Evangelium Jesu offenbart sich für M. ein
neuer, bis dahin unbekannter Gott
der Liebe und Güte, der zugleich mit
der geschaffenen Welt nichts gemein
hat. Diese Welt ist die Schöpfung eines zwar „gerechten", aber zugleich
eifersüchtigen, kleinlichen und
rechthaberischen Gottes, der unfähig

ist, eine vollkommene Welt zu schaffen. Der Schöpfergott des Judentums und der Gott Jesu haben nichts miteinander zu tun. In seinem dualist. Gottesbild und seiner Verachtung der Welt berührt sich M. mit gnost. Vorstellungen. Aber sein Ausgangspunkt sind die Schriften des Paulus, insbes. der Galaterbrief, in dem der Apostel das Evangelium als Freiheit vom Gesetz verkündet und zugleich vor der Verfälschung seines Evangeliums warnt. Jede positive Äußerung in den Briefen des Paulus über den Gott des AT und sein Gesetz bedeutet darum für M. eine Verfälschung des paulinischen – unmittelbar von Gott offenbarten – Evangeliums, die durch jüd. Tradenten erfolgt sein muß. Sie versucht M. mit textkrit. Mitteln wieder zu entfernen. Dem jüd. Schriftenkanon aus Gesetz und Propheten stellt M. ferner einen Kanon aus Evangelium (Lukasevangelium) und 10 Paulusbriefen entgegen – den ersten Kanon ntl. Schriften –, beides jedoch von ‚jüd. Verfälschungen gereinigt'. Dieser bildet die Grundlage seines Christentums, das den Gott des AT, sein Gesetz und seine Schöpfung verwirft und dazu aufruft, die Welt und alles Leibliche zu verachten, um stattdessen dem welt-fremden Gott der Liebe zu dienen.

Lit.: A. v. Harnack, M. Das Evangelium vom fremden Gott, Darmstadt 1960[3]; B. Aland, M. Versuch einer neuen Interpretation, in: ZThK 70, 1973, 420–447; GKG 1, 69–81 (K. Beyschlag).   *W. B.*

Marheineke, Philipp Konrad (1780–1846). Seit 1807 Prof. in Heidelberg, 1811 in Berlin. Neben ↑Daub herausragender Vertreter der spekulativen Theol. Phil. an Schelling, später zunehmend an Hegel orientiert, behauptet M. eine Identität von Denken und Sein in Gott, an der auch der menschl. Geist Anteil hat. Seinen *Grundlehren der christl. Dogm.* (1819, 1827[2]) legt er die im Sinne Hegels interpretierte Trinitätslehre zugrunde. Hegel hat M.s (wie Daubs) Schriften, die seine Phil. theol. umsetzen, gewürdigt als Werke, die „noch die Lehre des Christentums wie das Recht und die Ehre des Gedankens bewahren".

Markellos v. Ankyra († ca. 374). Bischof von Ankyra. Im Umfeld des Kampfes gegen die ↑Arianer mehrfach verurteilt und abgesetzt; schließlich nur vom Westen anerkannt; Verteidigung des ↑Photin führte zu Bruch mit ↑Athanasius; verficht die absolute Einheit Gottes; Verf. zahlreicher Schriften, bes. von Briefen.

Martensen, Hans Lassen (1808–1884). In Flensburg geb. dän. luth. Theol., 1840 Prof. für Syst. Theol. in Kopenhagen, 1854 Bischof von Seeland. In seinem Hauptwerk *Den kristelige Dogmatik* (1849, 1883[4]; deutsch: 1856, 1886[3]) verbindet M. spekulative Elemente mit der kirchl. Lehre zu einer mystisch-theosophischen Theol. Dadurch sucht er eine Synthese zwischen Christentum und seinem Zeitalter zu finden. Das darin zum Ausdruck kommende Christentumsverständnis wurde von ↑Kierkegaard mit großer Heftigkeit attakkiert.

Lit.: H. Brandt, Gotteserkenntnis und Weltentfremdung, Göttingen 1971.

Maurice, (John) Frederick Denison (1805–1872). M., einer der bedeutendsten engl. Theologen des 19. Jh.s, wurde am 29. Aug. 1805 in Normanston (Suffolk) als Sohn eines unitarischen Geistlichen geb. Seine unitarische Herkunft führte dazu, daß er nach erfolgreichem Studium die Univ. Cambridge ohne akad. Grad verließ, da er den 39 Artikeln der Kirche von England seine Zustimmung verweigerte. M. war für einige Jahre als Autor und Herausgeber literarischer Journale tätig und wurde von †Coleridge tief beeindruckt. Nach einem rel. Überzeugungswandel suchte M. Anschluß an die Kirche von England. Er studierte Theol. am Exeter College (Oxford) und wurde 1834 ordiniert. Als Chaplain am Guy's Hospital wurde er 1840 auf eine Professur für engl. Lit. und Geschichte am King's College London berufen. 1846 wechselte er auf einen theol. Lehrstuhl. 1848 wurde er mit Charles Kingsley und John Malcolm Ludlow einer der Initiatoren der Bewegung des Christl. Soz. 1853 wurde er wegen seiner angeblich heterodoxen Auffassungen über das Endgericht entlassen. M. widmete sich in der Folgezeit den Aufgaben christl. Erwachsenenbildung und gründete 1856 das Working Men's College. 1866 wurde M. auf eine Professur für Moralphil. in Cambridge berufen und arbeitete bis zu seinem Tod am 1. Apr. 1872 an einer ethischen Konzeption.

M. war zeitlebens ein erklärter Gegner aller theol. und kirchl. Parteien und jeder Form von theol. Posi-

tionalismus. Obwohl seine Theol. in der Bemühung um Einheit ihr bestimmendes Motiv hat, setzte er sich von allen Versuchen ab, die Einheit der Wahrheit in einem umfassenden System zu begründen. Auch lehnte er es ab, sie in einem Ideal der Katholizität oder in liberaler Toleranz zur Geltung zu bringen. Die Einheit der Wahrheit darf nicht durch ihre einseitige und partielle Wahrnehmung verstellt werden.

Diesem Grundzug der Methode M.s entspricht sein theol. Programm, das er zuerst in *The Kingdom of Christ* (1838, hrsg. v. A. Vidler, 1958) entwickelte. Christus ist König und Herr der ganzen Menschheit, ob sie es anerkennt oder nicht. Ansatzpunkt und Horizont aller Theol. kann darum nicht die Sünde sein, sondern die in Christus gewährte Gnade der Versöhnung, die allererst Erkenntnis der Sünde ermöglicht. Sünde ist Lüge und bewußte Verkehrung der Wahrheit von der Einheit der Menschheit in Christus und damit die Selbstisolierung des Sünders von Gott und den Mitmenschen. Der Gedanke von Christus als Haupt der Menschheit, der von M. in Anlehnung an Coleridge auch trinitarisch entfaltet wird, ist die Begründung des christl. Soz. Indem sie die Einheit der Menschheit in Christus bekennt, ist die Kirche der Ort der Versöhnung mit Gott und der Erwartung des Reiches Gottes.

Der antipositionalist. Grundzug von M.s Theol. machte es nach dem 2. Weltkrieg, als sein Werk wieder aktuell wurde, möglich, daß ganz unterschiedliche Positionen ihn als geistigen Vater reklamierten.

Lit.: A. Vidler, The Theology of F. D. M., London 1948.   *C. S.*

Mausbach, Joseph (1861–1931). O. Prof. für Moraltheol. und Apologetik in Münster; bemüht sich in der Moraltheol. um Einschränkung der Kasuistik; Synthese v. bibl.-hist. und spekulativer Aufarbeitung des Stoffes; setzt sich für Frauenstudium ein. Hauptwerk: *Kath. Moraltheologie* (1915–18).

Maximus Confessor (580–662). M. wurde um 580 in Konstantinopel als Sohn einer vornehmen Familie geb. Nach einer hervorragenden Ausbildung wurde er zunächst Geheimsekretär des Kaisers Herakleios. Im Jahre 613/614 zog er sich jedoch als Mönch nach Chrysupolis (Üsküdar) zurück. Um das Jahr 624/625 ging er zum Georgios-Kloster nach Kyzikos (Erdek); von hier aus zog er 626 nach Afrika, um der Persergefahr auszuweichen. In Afrika bekämpfte er den Monotheletismus (Lehre vom Einen Willen Jesu); 645 hielt er in diesem Zusammenhang eine siegreiche Disputatio mit dem monotheletisch gesinnten Expatriarchen Pyrrhos I. von Konstantinopel. Diese Kämpfe führten M. im Jahre 646 nach Rom, wo er geistiger Führer im Kampf gegen den Monothelet. wurde; er veranlaßte dessen Verurteilung auf der vom Papst Martin I. einberufenen Lateransynode (649). Hier erreichte ihn aber der kaiserliche Arm; Konstans II. ließ ihn 653 festnehmen. M. wird nach Konstantinopel verschleppt, dort verurteilt und erst (655) nach Bizye in Thrakien verbannt, dann nach Perberis (656). 662 wurde ihm abermals der Prozeß gemacht; an der rechten Hand und an der Zunge verstümmelt, wird M. nach Lazika verbannt, wo er im selben Jahr auch stirbt.

M. ist der bedeutendste byz. Theologe des 7. Jh.s. Seine Schriften erweisen ihn als scharfsinnigen Dogmatiker und tiefsinnigen Mystiker. Sein Einfluß erstreckt sich nicht nur auf die gesamte byz. Theol., sondern wird durch Übersetzungen einiger seiner Werke auch im Westen wirksam.

Als Universaltheologe verfaßte M. zahlreiche und mannigfaltige Werke. Seine *exegetischen Schriften* sind hauptsächlich Erklärungen zu einzelnen wichtigen und schwierigen Stellen der Hl. Schrift; dabei bedient er sich der allegorischen Auslegung und zieht die Meinungen früherer Kirchenväter heran. Seine *Kommentare zu Kirchenväterschriften* sind Scholien zu Werken des (Pseudo-) †Dionysius Areopagita und †Gregors von Nazianz. Zu M.s *Dogmatischpolemischen Schriften* gehört eine größere Anzahl von Abhandlungen gegen den Monophysitismus und Monotheletismus. Viele von seinen 47 *Briefen* sind polem. Schriften mit dogmat. Inhalt, während andere normale Korrespondenz mit verschiedenen, um das Mittel-, Marmara- und Schwarze Meer lebenden Personen darstellen, in der oft Antworten auf ihm gestellte Fragen gegeben werden. Zu M.s *Liturgischen Schriften* gehören seine *Mystagogia,* eine symbol. Auslegung der Liturgie, und eine Schrift über die Berechnung der Festzeiten, d. h. eine Anleitung zum Verständnis der christl.

Festrechnung und der bibl. wie der profanen Chronologie. Schließlich verfaßte M. eine Reihe *Asketisch-mystischer Schriften* zu denen auch einige Werke gezählt werden, die sich als unecht erwiesen haben. Bei M. erlebt die byz. Mystik einen Höhepunkt; er versucht den Rigorismus und die Widersprüche früherer Systeme auszugleichen.

Die Gedankenwelt des M. stellt eine Verschmelzung altgriech. (besonders Aristoteles) und patrist. (besonders Dionysius Areopagita) Gutes in eine genuin christliche Gesamtschau dar. In ihr nimmt Christus einen zentralen Platz ein. In den Kämpfen gegen den Monophysitismus und Monotheletismus verteidigt er die zwei Naturen Christi; Jesus ist wahrer Gott und vollkommener Mensch. Der Unterschied der Naturen fordert nicht die Trennung der Person, und die Einheit der Person bedingt nicht eine Vermischung der Naturen. Aus dieser Zweiheit folgt die Zweiheit der Willen und Wirkungsweisen. Die schwere Frage der Apokatastasis (endzeitliche Wiederherstellung) beschäftigt M. auch; dabei wird seine Sympathie für die Meinung des †Origenes deutlich, daß die Seelen derjenigen, welche gesündigt haben, im Diesseits oder Jenseits Sühne leisten und Strafe erdulden müssen; dann steigen alle – auch der Teufel – allmählich Stufe für Stufe höher, bis sie schließlich, ganz geläutert, in ätherischen Leibern auferstehen. Diese Wiederherstellung (restitutio) bedeutet nicht das eigentliche Weltende, sondern nur den vorübergehenden Abschluß eines endlosen Kreislaufs von Fall und Wiederher-

stellung, Mannigfaltigkeit und Einheit. M. schränkt ein, daß diese Lehre nicht für Anfänger und Unvollkommene gedacht sei, sondern für solche, die ein tiefes myst. Verständnis besitzen.

Lit.: A.Ceresa-Gastaldo, M.C., in: LThK 7, 208–210; B.Altaner/A.Stuiber, Patrologie, Freiburg/Basel/Wien 1980, 521–524; H.-G.Beck, Kirche und theol. Literatur im byzantinischen Reich, München [2]1977, 436–442; W. Buchwald/A. Hohlweg/O. Prinz, Tusculum-Lexikon griech. und lat. Autoren des Altertums und des MA, München/Zürich 1982[3], 512–514; J.Karayannopulos/G.Weiß, Quellenkunde zur Geschichte von Byzanz (324–1453), 2.Halbbd., Wiesbaden 1982, 315–316.   A.F.

Mechthild v. Magdeburg (ca. **1210– 1285**). Mystikerin. Verließ mit ca. 20 Jahren ihr Elternhaus und lebte in Magdeburg als Begine nach der Regel der Dominikaner. Ihr Werk *Fließendes Licht der Gottheit* stellt das erste große deutsche Werk der Mystik dar.

Meisner, Balthasar (1587–1626). Geb. am 3.Febr. 1587 in Dresden, nach dem Studium in Wittenberg, Gießen, Straßburg und Tübingen 1611 Prof. in Wittenberg, dort früh gest. am 29.Dez. 1626. Sein Hauptwerk ist die *Nüchterne Philosophie (Philosophia sobria), d.h. fromme Betrachtung der philosophischen Fragen, die in den theologischen Streitfragen, welche die Calvinisten den Orthodoxen verursacht haben, wiederholt begegnen* (1611). Der (übersetzte) Titel drückt genau aus, womit sich M. befaßt: mit den logischen, ontolog. und weltbildlichen Problemen, die insbes. mit den zwischen den beiden prot. Konfessionen strittigen Fragen der Abendmahlslehre und Christol. verbunden waren. M. repräsentiert dabei zusammenfassend die wiss. produktive Kraft der in allen Konfessionen um die Wende vom 16. zum 17. Jh. gleichzeitig und unabhängig voneinander über Melanchthon hinausgehenden Entwicklung der Logik und Wiss.methodologie und ihre notwendige Erweiterung um die Metaphysik als allgemeinste Realwiss. M. zeigt, daß sich die um die Frage der Realpräsenz des Christusleibes zentrierten logischen Probleme von Schriftaussagen und deren Widersprüche zu anerkannten Tatsachenbehauptungen dann auflösen, wenn es gelingt, die ihnen zugrundeliegenden ontolog. Verhältnisse zu klären, ihnen einen Ort in der Metaphysik zu geben. Das muß möglich sein, denn die absolute Trennung von Theol. und Phil. ist nicht nur als grundsätzlich method. und sachlich unhaltbar (und auch unreformatorisch) zurückzuweisen, vielmehr ist das Postulat der einen Wahrheit aufzustellen. Und dies aus theol. Grunde, denn „wahr ist . . . das Wirkliche, weil es von Gott so . . . existiert . . . Natur und rechte Vernunft sind immer in beider Grund schon vermittelt" (Sparn). M.s Werk, das auch eine Metatheorie der Theologie als Wissenschaft und den Ansatz zu einer Theorie der Fundamentalartikel des Glaubens enthält, ist, über †Gerhard hinaus, von der Hochorth. rezipiert worden. Diese Anerkennung beruht gleichzeitig auf der Leidenschaft, mit der M. das Bild

des „Christen" in der Welt zeichnete und, wie seine Wittenberger Freunde und Kollegen Wolfgang Franz und Nikolaus Hunnius, die Einheit von Wahrheit der Lehre und Reform des Lebens vertrat.

Lit.: W. Sparn, Wiederkehr der Metaphysik, Stuttgart 1976 (Rez. ThLZ 104/1979, 522–525); J. Baur, Salus christiana, Gütersloh 1968, 81–86; H. Leube, Die Reformideen in der dt. luth. Kirche zur Zeit der Orth., Leipzig 1924. *Th. M.*

Melanchthon, Philipp (1497–1560). Geb. am 16. Febr. 1497 in Bretten (Kurpfalz), unter dem Einfluß von Reuchlin, †Erasmus und Rudolf Agricola in Heidelberg und Tübingen humanistisch gebildet, 1518 Prof. in Wittenberg. Von †Luther bekennt er (in seinem Testament von 1540): „Ich habe von ihm das Evangelium gelernt." 1521 veröffentlicht er, als Einführung in die Hl. Schrift, verstanden durch die Rechtfertigungslehre, die erste ev. Dogm. (*Loci communes rerum theologicarum,* Grundwahrheiten der Theol.), die mit ihren Neubearbeitungen 1535 und 1543 bis zu ihrer Endgestalt 1559 M.s Leben begleitet und spiegelt. Ihm her bekennt Luther (1542): „Es gibt kein besseres Buch nach der Hl. Schrift." In dieser wechselseitigen Anerkennung steckt aber auch die persönl. wie sachlich von beiden ausgehaltene Spannung der Zuordnung von Reformation und Reform, Christentum und Humanismus, Wahrheit und Tradition. Im Unterschied zu Erasmus ist bei M. der Humanismus „formendes Element, nicht wahrheitsbestimmender

Inhalt" (Maurer). Schrieb M. 1521 seinen berühmtesten Satz: „Das heißt Christus erkennen: seine Wohltaten erkennen ...", so bezieht sich „erkennen" existentiell auf „Sünde, Gesetz, Gnade", stellt sich aber in wiss., syst. und method. Form dar. M. will, in Wahrnehmung seiner Aufgabe als Philologe und Philosoph, bilden und erziehen *(erudire)*. Seine letzte Absicht ist, „das Leben zu bessern" *(vitam emendare)*. Sein so an der Gesellschaft, der societas hominum, in der und aus der Gott seine Kirche bildet, orientiertes, dabei ausgeprägt unordnungsfeindliches Denken hat entscheidend den Übergang der Bildungsinstitutionen in die Frühneuzeit befördert und ihr die Synthese eines Christl. Humanismus *(erudita pietas)* mitgegeben. Dazu schafft M. Lehrbücher der Logik, Rhet., Psychologie, Ethik und Physik ebenso wie ein Prüfungsbuch für einzustellende Pfarrer *(Examen ordinandorum,* 1552/58, seine zweite Dogmatik) und die beiden grundlegenden Bekenntnisschriften der Reformation: die Augsburgische Konfession (1530) und deren Apologie (1531). Lebenslang ist M. um Ausgleich(sverhandlungen) zwischen den sich bildenden Konfessionen der im Bewußtsein der Zeit noch *einen* Kirche bemüht; dabei schiebt er Luthers Schmalkaldische Artikel ebenso beiseite wie Luther umgekehrt die Rechtfertigungslehre für unverhandelbar erklärt.

M. baut seine Dogm. auf Luthers Unterscheidung von „Gesetz und Evangelium" auf. Aber er verbindet diese mit den zwei, „Phil." und „Theol." regierenden Prinzipien „Vernunft" und „Off.". Unter Vernunft und Gesetz fällt das gesamte allg. Wissen der Menschen einschließlich seiner existentiellen Probleme, die sich auch und gerade in der Hl. Schrift als natürl. Theol. und als Ethik (im Dekalog und Liebesgebot) spiegeln. Off. und Evangelium befassen unter sich das Wissen der Kirche um die Gewißheit der Rechtfertigung des Menschen durch Gott, streng gefaßt als „Gerecht-Erklärung durch den Glauben um Christi willen". Mit diesem wiss. Rahmen, in den er zunehmend theoret. Probleme der Kosmol. und Anthropol., der Gotteslehre, Christol. und Abendmahlslehre, andererseits Praxisprobleme der Ethik, Politik, Geschichte und der Lehre von der Kirche, zusammen mit Reflexionen über die Gewißheitsquellen des Wissens, sowie über die Methode seiner Darstellung einbezieht – ist M. schlechthin schulbildend geworden. M. ist in der Hinordnung dieses seines Systems auf die Rechtfertigung ein Luther gegenüber eigenständiger Theologe geworden, wenn er „drei im Werk der Bekehrung zusammenlaufende Ursachen" annimmt: „Wort Gottes, Hl. Geist und menschl. Wille". Nicht die Inkonsistenz, aber die Schwäche dieses Systems wie seines Verf. zeigte sich, als M., nach Luthers Tod und dem militärischen Sieg des Kaisers im Schmalkaldischen Krieg, bereit war, 1548 innerhalb des Leipziger „Interim" des Kurfürsten Moritz, der polit. erzwungenen ‚vorläufigen' Rückkehr zu einem Reform-Kath., die Pseudomorphose des Rechtfertigungsglaubens, derzufolge des Menschen „Wille auch mitwirkt" und

„gute Werke zur Seligkeit nötig seien" (Sätze, die seine Schüler Johannes Pfeffinger bzw. Georg Maior 1555 bzw. 1552 ausdrücklich verteidigten), neben der Wiedereinführung einiger kath. Riten als „irrelevant" (adiaphora) zu dulden. Die Anfälligkeit von M.s Theol. zeigte sich nochmals, als er, zunächst nicht öffentl., kurz vor seinem Tod am 19. Apr. 1560 dann aber auch öffentl. die Entwicklung der Kurpfalz von Luthers Abendmahlslehre weg hin zu der ↑Calvins guthieß. Damit brach M.s große Schule in einen Flügel der Rückwendung zu Luther (↑Flacius; ↑Brenz; Heshusius, ↑Chemnitz) und einen Flügel der Hinwendung zu Calvin (↑Ursin; Christoph Pezel) auseinander. Diese Entwicklung bedeutet dort die inhaltliche Distanzierung von M.s Anthropol., Abendmahlslehre und Christol.; hier die Rezeption nicht nur der ref. Abendmahlslehre und Christol., sondern sogar der Prädestinationslehre, indem M.s Argumentation *aposteriori* vom (beharrlichen) Glauben auf die Erwählung um eine solche *apriori* von der Erwählung auf den (unverlierbaren) Glauben vervollständigt wird. Die ganze M.schule hält aber gegen ↑Osiander M.s Rechtfertigungslehre fest. Verschränkt in diesen ersten Prozeß folgt dann auch die method. Abgrenzung von M.: seine Phil. wird gegen Ende des 16. Jh.s durch die syst. Methodenlehre Zabarellas ersetzt und um die syst. Metaphysik Cornelius Martinis und ↑Suarez' erweitert; auch das Fortleben der Logik M.s in Verbindung mit der Logik von Petrus Ramus (1515–72), vor allem, aber nicht nur bei Refor-

mierten, überdauert das frühe 17. Jh. nicht. Umgekehrt ist M. selbst unter diesen neuen hist. Bedingungen – ↑Calixt und ↑Leibniz zeigen das – wie kein anderer Reformationstheologe das Vorbild einer Kirchen-Union und einer Vermittlung zwischen Vernunft und Glaube, Frömmigkeit und Bildung geblieben.

Lit.: Studienausgabe, hrsg. von R. Stupperich u. a., bisher 7 Bde., Gütersloh 1951–75; Grundbegriffe der Glaubenslehre, übers. v. F. Schad, München 1931. – Hirsch, Hilfsbuch, Teil 1; RGG³ IV, 834–841 (W. Maurer); GKG 6, 75–101 (H. Scheible). *Th. M.*

Meliton v. Sardes († ca. 190). Apologet. Verf. einer Apologie, die der Zusammenarbeit von Staat und Kirche das Wort redet; entschiedener Verteidiger der Gottheit und Menschheit Christi; bietet ältestes Verzeichnis der Bücher des AT.

Mentzer, Balthasar (1565–1627). Geb. am 27. Febr. 1565 in (Bad-Sooden-)Allendorf, 1583 Student in Marburg, 1589 Pfarrer, seit 1596 Prof. in Marburg. Wegen Ablehnung der nach dem Tod des Marburger Landgrafen Ludwig IV. durch den Kasseler Landgrafen Moritz ‚den Gelehrten' 1605 in ‚Oberhessen' eingeleiteten Calvinisierung abgesetzt. Vom Darmstädter Landgrafen Ludwig V. aus theol. und polit. Gründen aufgenommen, wird er ‚der Vater der Univ. Gießen' (1607; sein Porträt an der Spitze der Professorengalerie im dortigen Senatssaal). Nach der 1625 erzwungenen Abdankung Moritz' ist M. als Reorganisator der Univ. wieder in Marburg und auch sonst maßgeblich für die Ausgestaltung des hess. Schulwesens. Gest. am 6. Jan. 1627.

M., schon für P. Tarnov „der glänzendste Theologe unserer Zeit" (1624), ist als „der beste Kopf aus den Anfängen der Hochorth." (Weber, 1951) zu bezeichnen: das gilt für ihn als Schüler von †Hunnius wie als Lehrer von †Gerhard und †Meisner. Durch M. wird Gießen zwischen Nord und Süd ein neuer Mittelpunkt des Luthertums. Aber seine theol. Bedeutung für die gesamte Orth. ist gleichwohl schwer zu erkennen: sie ist in den zahlreichen Bänden „Marburger" und „Gießener Disputationen" und seinen vielen, gegen ref. und kath. Theologen seiner Zeit gerichteten Kontroversschriften versteckt, und umgekehrt in seinen Lehrschriften, dem *Bericht von vier vornehmen Stücken christl. Lehre* (1614) und dem *Handbüchlein* (1619; 1938 hrsg. v. G. Hoffmann) – beide in Form eines Katechismus – sowie in seiner *Exegesis Augustanae Confessionis* (1613; noch 1704 gedruckt; Auslegung des Augsburgischen Bekenntnisses) nicht leicht wahrnehmbar. In der trotz der Konsolidierung des Luthertums der Konkordienformel gegen Ende des 16. am Anfang des 17. Jh.s als überaus bedrohlich erlebten Vorkriegssituation hat M. deutliche theol. Fortschritte erzielt: 1. in der Begründung der Lehre von der Hl. Schrift als Prinzip der Theol. – gegenüber der (hist. neuen!) röm. Lehre von ihrer Unklarheit, Unzulänglichkeit und Zweitrangigkeit (†Bellarmin: Gottes Wort sei größtenteils in den inneren Gedächtnis der Kirche verblieben!). – 2.

in der Christol. Gegenüber den scharfsinnigen, von M. als ernstzunehmend erkannten Argumenten der Reformierten, die auf die Absurdität selbst der von Hunnius über †Chemnitz hinaus ausgebildeten gemäßigten Ubiquitätslehre württembergischer Form hinauslaufen, hat es M., hinter †Brenz zurückgehend und in erneutem Anschluß an Chemnitz *und* †Melanchthon, unternommen, die Auffassung von Gott und seinem Weltverhältnis in widerspruchslose innere Einheit mit dem Verhältnis Gottes zu Jesus zu bringen. M. zitiert gern Luthers „Er ist bei uns wohl auf dem Plan mit seinem Geist und Gaben" (aus: „Ein feste Burg . . ."), um den Reformierten zu zeigen, daß (dies) Handeln die Gegenwart des (als Gott) Handelnden (Jesus) voraussetzt, während umgekehrt (Gottes) Gegenwart (bei Jesus) als solche kein Handeln (Jesu als Gott) ist. Das ist, ohne die Klammern gelesen, eine unwidersprechliche logisch-metaphysische Argumentation. Die Christol. kann folglich nur von dem in der Hl. Schrift bezeugten dreifachen Amt Jesu ausgehen: seinem Lehren, Leiden und Lenken – in der Welt als dem Reich der Macht, in der Kirche als dem Reich der Gnade, in der Ewigkeit als dem Reich der Herrlichkeit. Dazu ist Jesu ebenfalls in der Hl. Schrift bezeugte Personeinheit mit Gott – Gottes unteilbar innerste Bindung an Jesus – die notwendige, aber keineswegs – wie Theodor Thumm (1586–1630) mit Brenz annimmt – eine hinreichende Bedingung. Eine solche ist erst das, was Gott im Rahmen dieser Einheit mit Jesus tatsächlich will und tut. Ei-

von Brenz ,gemalten' Christusbild zu vergleichenden) Christol. ist der von Ludwig V. (anstelle des dem Bildersturm Moritz' zum Opfer gefallenen gotischen) 1626 errichtete Altar der Luth. Pfarrkirche in Marburg: er zeigt, zwischen Taufe und Verklärung Jesu in der Waagerechten, Abendmahl und Auferstandenem in der Senkrechten, den blutig Gekreuzigten vor dem bestirnten blauen Himmel und trägt die Unterschrift: „Est Christi crux, nostra salus: qua adscendit in axem", d.h.: Christi Kreuz ist unser Heil: durch das (!) er aufstieg zur ,Himmelsachse', dem Punkt, von dem aus Gott (symbolisch) das Universum lenkt. Die in dieser Bildaussage enthaltene Behauptung, daß Jesus in seiner Erdenexistenz „ex definitione nicht allgegenwärtig ist" (1614), verwickelt M. 1619 in einen unglücklich verlaufenden Streit mit Tübingen; er erlebte aber, daß seine Neuerungen von dem (seit 1621 unter dem kursächs. Oberhofprediger Matthias Hoe von Hoenegg als Entscheidungsinstanz fungierenden) Dresdner Theologenkonvent im wesentlichen rezipiert wurden (*Decisio Saxonica* 1623, gedruckt 1624). Seitdem werden sie Bestandteil der Dogmatiken. 3. M. hat 1610 als erster Lutheraner eine *Synopsis theologiae analytico ordine comprehensa* (Überblick der Theol. in analytischer Ordnung gefaßt) vorgelegt und ist damit zum Vorgänger †Calixts geworden.

Lit.: J. Baur, in: Theologen und Theol. an der Univ. Tübingen, Tübingen 1977, 195–269. *Th. M.*

Mercier, Désiré (1851–1926). Philosoph; Primas von Belgien. 1874 Priester; 1877 Prof. für Phil. in Mecheln und Löwen; 1906 Erzbischof v. Mecheln, 1907 Kardinal; in seiner Zeit führender Vertreter der Neuschol.; Gegner des Positivismus und v.a. v. Kant; leitet 1921–25 die „Mechelner Gespräche".

Methodios v. Olymp († ca. 311). Christl. Lehrer und Theologe; Bischof v. Olymp. Zahlr. Schriften; als Verfechter des jungfräul. Ideals Vorläufer des Mönchtums; stark beeinflußt v. Platon und †Clemens v. Alexandrien.

Minucius Felix, Marcus (2./3. Jh.). M. galt bis ins 19. Jh. hinein als der älteste lat. schreibende christl. Apologet. In einem in ciceronischem Stil verfaßten Dialog läßt M. die gängigen Vorurteile gegen Lebensweise und Glauben der Christen zu Worte kommen und widerlegt sie, ohne dogm. Fragen anzusprechen. Der Dialog erinnert stark an †Tertullians *Apologeticum* (197), das wohl als Vorlage diente.

Möhler, Johann Adam (1796–1838). M. wurde am 6. Mai 1796 in Igersheim bei Bad Mergentheim geb. Er studierte Theol. in Ellwangen und Tübingen, wohin die Ellwanger Fak. verlegt worden war (1815–18). Seine Lehrer waren teilweise von aufklärerisch-krit. Einstellung geprägt, teilweise nahmen sie sehr eigenständige bis vermittelnde Positionen ein. Unter ihnen ragte †Drey, eigentlicher Begründer der Kath. Tübinger Schule, hervor. Nach kurzer Vikars- und

Repetentenzeit lernte M. als Privatdoz. (1822) bei Gelegenheit einer
(damals üblichen) „literarischen Reise" in verschiedene Universitätsstäd-
te die ev. Theologen G. J. Planck,
↑Neander, ↑Marheinecke und
↑Schleiermacher kennen und wurde
von ihnen nachhaltig beeindruckt.
Besonders der Einfluß Schleiermachers, vermittelt auch durch Drey
sowie unmittelbare Lektüre, durchzieht wie ein roter Faden die frühen
Werke M.s. Neben KG vertrat M. als
Privatdoz. (1823–26) auch KR
(1823–25), von 1823–38 jedoch
hauptsächlich KG (seit 1826 Extraordinarius, 1828 o. Prof.), von
1826–28 auch Apologetik. In den
Rahmen der letzten fällt M.s Beschäftigung mit Symbolik (als ver-
gleichender Darstellung des Kath.
und des Prot.). Er hatte diese Disziplin dem Namen und der Sache nach
von ev. Seite übernommen. Seine eigene *Symbolik* (1832, bis heute in
25 Auflagen erschienen) begründete
seinen Ruf, der kath. Symboliker
schlechthin und Wegbereiter des ök.
Gedankens im kath. Raum gewesen
zu sein.

M. lehnte Rufe nach Freiburg,
Breslau und Münster ab. Vielleicht
wegen der aufsehenerregenden, M.
physisch-psychisch sehr belastenden
Kontroverse mit ↑Baur nahm er
1835 einen Ruf nach München an,
konnte aber wegen häufiger Erkran-
kung dort nicht mehr lange aktiv
sein. M. starb im Alter von nur
knapp 42 Jahren am 12. Apr. 1838.

Die Hauptwerke M.s (neben der
genannten *Symbolik* vor allem die
Einheit in der Kirche, 1825, und
Athanasius der Große und die Kirche

seiner Zeit, 1827) sind auf den ersten
Blick kirchengeschichtlicher Art.
Auch die *Symbolik* enthält umfangreiche gesch. Passagen. M. will aber
das Vergangene nicht historisierend
erfassen. Leitend ist für ihn der Gedanke, daß das Christusereignis in
der Geschichte fortlebt: Als „Tradition" ist sie das eigentliche Leben des
Christentums, wie es sich vor allem
in der Kirche und in ihren Vollzügen
artikuliert. Wer den christl. Glauben
begreifen will, muß sich der Überlieferung zuwenden. Die hist. Frage
wird so zur systematischen. Dabei
spielt der Anfang, weil einmalig und
(deshalb) normativ, nochmals eine
besondere Rolle („Anfang in Fülle").
Für die Herausarbeitung dieses Gedankens sind humanist. und romant.
Einflüsse auf M. nachweisbar und
prägend.

Da die Kirche der eigentliche Ort
der im Hl. Geist präsentgehaltenen
Christusüberlieferung ist, spielt die
Ekklesiol. in der Theol. M.s eine entscheidende Rolle. Ist sein Kirchenverständnis anfangs überwiegend
pneumatologisch geprägt, so tritt
für ihn dann immer mehr der inkar-
natorische Ansatz in den Mittelpunkt. Kirche wird begriffen als
„der unter den Menschen in mensch-
licher Form fortwährend erschei-
nende, stets sich erneuernde, ewig
sich verjüngende Sohn Gottes, die
andauernde Fleischwerdung desselben" (*Symbolik*, § 36). Beide Ansätze,
sowohl der pneumatolog. als auch
der inkarnatorisch-christolog., sind
für die weitere Entfaltung kathol.
Ekklesiol. (bis hin zum II. Vatikanum) richtungsweisend geworden.
Die Frage nach der Einheit der Kir-

che begreift M. sowohl als die nach innerkathol. Einheit, aber auch nach christl. Einheit überhaupt. So ist die ök. Perspektive nicht nur Auswirkung äußerer Erlebnisse und Einflüsse, sondern im Ansatz seiner Theol. mitgegeben. Die ihn in der *Symbolik* im übrigen stark beschäftigende Frage nach der Anthropol. führt ihn zu Überlegungen und Entwürfen, die ebenfalls für die neuere kath. Theol. prägend geworden sind (z. B. sein Versuch, das klass. Modell von „Natur" und „Übernatur" in Abhebung von einem neuschol. Zweistockwerkdenken neu zu reflektieren). M. hat darüber hinaus zu verschiedenen, kirchenaktuellen Fragen Stellung genommen (so zu liturg. Problemen, zum Zölibat u. ä.). Eine Reihe von Rez., die er in der *Tübinger Theol. Quartalschrift* veröffentlichte, sind eine Fundgrube zu seiner Position hinsichtlich von Einzelfragen der Theol.

Man hat versucht, verschiedene „Brüche" und „Kehren" im Leben und in der Theol. M.s zu konstatieren, insbesondere in der Ekklesiol. Solche Versuche sind nur mit Vorbehalten zu akzeptieren: Häufige „Kehren" sind schon angesichts der relativ knappen Schaffenszeit des Tübingers unwahrscheinlich. Genauere Analysen zeigen eher durchgängige Kontinuität auf. Auch der Weg von der *Einheit* zur *Symbolik* läßt sich in dieser Hinsicht als logisch folgerichtig erweisen.

Die Wirkungsgesch. M.s ist nicht nur Wirkung seiner *Symbolik* und des (insgesamt eher schmalen) literar. Werkes, sondern reichte über seine unmittelbaren und mittelbaren

Schüler in weite Theologenkreise. Nicht zuletzt durch das Möhler-Institut in Paderborn (gegründet 1957) und die dort geleistete Arbeit ist die ök. Arbeit bis zur Stunde auch namentlich mit M. verbunden. Das Interesse an M.s Theol. hat eigentlich niemals stagniert und ist derzeit vor allem im nichtdeutschsprachigen Raum auffällig.

Lit.: Die „Einheit in der Kirche oder das Prinzip des Katholizismus, dargestellt im Geist der Kirchenväter der drei ersten Jahrhunderte" und die „Symbolik oder Darstellung der dogmatischen Gegensätze der Katholiken und Protestanten nach ihren öffentlichen Bekenntnisschriften" sind krit. neu hrsg. v. J. R. Geiselmann (Köln 1957 und Köln 1958–61); J. Döllinger (Hrsg.), J. A. M., Ges. Schriften und Aufsätze, 2 Bde., Regensburg 1839/40. – H. Wagner, Die eine Kirche und die vielen Kirchen. Ekklesiologie und Symbolik beim jungen M., Paderborn 1977. *H. W.*

Mogilas, Petrus (1597–1647). Russ. Theologe, seit 1633 Metropolit von Kiew und der Ukraine; wandte sich gegen jesuit. und röm. Bestrebungen, die russ. und die anatol. Kirche zu integrieren, während Mogilas das kath. Denken in die russ.-orth. Dogm. einzubringen versuchte; verfaßte zwecks Grundlegung der Eigenständigkeit der Litauischen orth. Kirche die *Confessio Fidei Orthodoxae.*

Molina, Luis de (1535–1600). M., geboren im September 1535 in Cuenca, studierte zunächst Rechtswissenschaften, dann Theol. Er war hintereinander Prof. der Phil., Theol.

und Moraltheol. Der Angehörige des Jesuitenordens starb am 12. Okt. 1600 in Madrid.

Sein Hauptwerk, *Liberi arbitrii cum gratiae donis ... concordia* (1588) steht für eine der beiden Hauptrichtungen der kath. Gnadenlehre. Für die andere steht der Name ↑Bañez. Die Auseinandersetzung zwischen beiden Richtungen war zugleich eine Kontroverse zwischen den beiden großen Orden der Dominikaner und der Jesuiten. M. betont in seinem Werk sehr stark die menschl. Freiheit. Demgegenüber tritt die göttl. Mitwirkung zurück, so sehr, daß man M. den Vorwurf des Semipelagianismus gemacht hat. Die göttl. Aktivität bedeutet lediglich, daß Gott seinen ontisch – nicht intentional – indifferenten Einfluß den Menschen bei ihrem Handeln gewissermaßen zur Verfügung stellt. Somit stehen göttl. Tun und menschl. Handeln in unmittelbarem, kooperativem Zusammenhang *(concursus simultaneus)*. Daß Gott jeweils in einer ganz bestimmten Weise tätig wird, hängt mit seiner *scientia media* zusammen: Er kann auch künftige Eventualentscheidungen der Menschen erkennen, die als bloße Möglichkeiten, also ohne realisiert zu werden, in der Zukunft liegen *(futuribilia)*. Diese Annahme ist der eigentlich zentrale, aber auch dunkelste Punkt des thomist. Systems. Nicht zuletzt der theol. Einfluß des Jesuitenordens im 19. und 20. Jh. bewirkte, daß der Molinismus im theol. Schulbetrieb vielfach vertreten wurde und – unter Berücksichtigung neuer theol. Fragestellungen, aber im sachl. Kern identisch – noch vertreten wird.

Lit.: Art. „M., L. de" und „Molinismus" (beide F. Stegmüller), in: LThK 7, 526, 527 ff.   *H. W.*

Montanus (Montanismus) (2. Jh.).

Die seit der Mitte des 2. Jh.s auflebende Bewegung des Montanismus sah in M. den verheißenen Parakleten (Joh. 14,16) als Zeichen des nahen Weltendes, auf das sich die Gläubigen in strenger Askese vorbereiten sollten. Anhänger einer späteren Form des Montanismus wurde ↑Tertullian (207). Neben staatl. Verurteilungen und literar. Bekämpfungen liegt die Hauptursache des Scheiterns der Bewegung im Ausbleiben der von M. verkündeten Parusie.

Morus, Thomas (1478–1535).

Bedeutender engl. Staatsmann, Schriftsteller, Humanist, Lordkanzler Heinrichs VIII; 1935 Heiligsprechung. Zahlreiche und verschiedenartige Schriften zeigen ihn als geistreichen Humanisten und Kontroversisten. Seine *Utopia* ist eine Kritik der soz. und polit. Verhältnisse in Europa und zeigt das Idealbild eines „kommunistischen" Inselstaates auf. Unter den Schriften ragt ferner *The Dialog of Comfort in Tribulation* hervor. Hingerichtet wegen Nichtanerkennung der königl. Suprematie.

Mosheim, Johann Lorenz von (1693–1755).

M. lehrte seit 1723 in Helmstedt, 1747 Prof. und Kanzler in Göttingen; führender Kirchenhistoriker der beginnenden Aufklärung, der u. a. mit seinen *Institutiones historiae ecclesiasticae Novi Testamenti* (1726) anstelle von konfessioneller Polemik und Apologetik

Objektivität als oberstes Ziel der KG-schreibung sichern wollte, indem er eine „pragmatische", d.h. an den Tatsachen orientierte Methode verfolgte.

Müntzer, Thomas (1490?–1525). Geb. in Stolberg, ausgezeichnet gebildeter Theologe, Seelsorger in verschiedenen Nonnenklöstern, seit 1519 „Lutheraner", 1520 Prediger in Zwickau, 1521 entlassen und – vergeblich – in Prag und wieder in Wittenberg Anschluß suchend, 1523 Prediger in Allstedt, wo er (vor ↑Luther) die deutsche Messe und den Gemeindegesang schafft. M.s Aufforderung der Landesherrschaft zu radikalem Vorgehen gegen die „Gottlosen", d.h. alles, was mit den alten Verhältnissen noch zu tun hat, beantwortet diese mit Pressionen und Luther 1524 mit der Warnung vor dem „aufrührischen Geist". M. entweicht nach Mühlhausen, von dort nach Süddeutschland, wo er ↑Denck inspiriert; kehrt 1525 vor dem nach Norden sich ausbreitenden, als Kairos erlebten Bauernkrieg her nach Mühlhausen zurück, schürt diesen und tritt in seine Führung ein; nach der Schlacht bei Frankenhausen gefangengenommen, gefoltert und am 27. Mai 1525 hingerichtet.

M. hat als erster, schon aufgrund seiner Zwickauer Erfahrungen, die Reformation Luthers als längst nicht weitgehend genug beurteilt: „eine treffliche (richtige) unüberwindliche zukünftige Reformation ... muß vollführet werden." Prophetisches Erwählungs- und Sendungsbewußtsein führt ihn in atemberaubender Konsequenz innerhalb kürzester

Zeit, von theol. und psychischer Dynamik vorangetrieben, in die sozialrevolutionäre Bewegung seiner Zeit hinein, mit der er scheitert. Der Kern seines Handelns ist die auf die Spitze getriebene Polarisierung seiner selbst und Luthers, dessen „gedichtetem (= fiktivem) Glauben" er seinen „erfahrenen Glauben" gegenüberstellt. „Ungedichteter Glaube", das heißt mit der Sprache deutscher Mystiker ausgedrückt: „Soll anders jemand mit den ewigen, göttl. Gütern erfüllt werden, so wird er nach langer Zucht (Erziehung) dazu leer gemacht durch sein Leiden und Kreuz ... durch mächtig hohes Herzleid und schmerzliche Betrübnis ..." Diese Kreuzestheol. des Sich-selbst-Loslassens ist bei M. mit Spiritualismus (radikaler Antithese von Geist und Schrift) verbunden: „Es muß ein jeder die Kunst Gottes, den rechten Christenglauben nicht durch stinkenden Atem teuflischer Schriftgelehrten überkommen (bekommen), sondern durchs ewige, kräftige Wort des Vaters im Sohn (Christus) mit Erläuterung (durch das Klarmachen) des Hl. Geistes ... durch unausschlahlich (unwiderstehliches) Verwundern (Entzücken)." Diese Gedanken können und müssen einerseits als Rezeption Luthers verstanden werden, andererseits sind sie von Luthers Denken grundsätzlich geschieden. Denn M. bekämpft mit dem „gedichteten Glauben" der „Schriftgelehrten" die Lehre von der Rechtfertigung aus Glauben allein, während sein „erfahrener Glaube" zentral Lehre vom Gesetz ist: „Welche verfluchen das Alte Testament, disputieren viel aus Paulus von Werken,

verschimpfieren das Gesetz aufs äu-
ßer(lich)ste und haben dennoch
nicht die Meinung Pauli ... Das Gesetz Gottes ... ist eine untadlige Lehre, wenn der Geist der rechten reinen
Furcht Gottes dadurch erklärt wird
..." Dies Gesetz fordert als das vom
Inneren ins Äußere gebrachte Werk
Gottes die „Veränderung der Welt",
und das heißt, die „Absonderung der
Gottlosen von den Auserwählten".
Daß diese mißlingt, erklärt M.
schließlich – in genialer Antizipation
des Ideologietheorems – aus der Sozialordnung der Herrschenden, die
„die armen dürftigen Leute ...
schinden und schaben. Wann will
(der arme Mann) dann lernen die
Schrift lesen?" Doch nicht daraus,
sondern aus M.s von ma. Quellen ge-
speister Apokalyptik ergibt sich als
letzter Schritt die Rechtfertigung der
Anwendung von Gewalt von unten
– als Ziel schwebte M. vor (nach
dem Protokoll der „peinlichen" Be-
fragung): „Omnia sunt communia
(alle Güter sind Gemeineigentum) ...
Welcher ... Herr das nicht hätte tun
wollen ..., dem sollte man den Kopf
abschlagen oder hängen." M.s Deutung „als Theologe der Revolution",
„des (utopischen) Sozialismus" (En-
gels 1850, Kautsky 1895, Bloch
1921) widerspricht nicht den Tatsachen.

Lit.: Krit. Gesamtausgabe, hrsg. v.
G. Franz, Gütersloh 1968. – GKG 5,
335–352   (S. Bräuer/H.-J. Goertz);
H. Gerdes, Luthers Streit mit den
Schwärmern um das rechte Verständ-
nis des Gesetzes Mose, Göttingen
1955; G. Brendel, Martin Luther.
Theol. und Revolution, Berlin 1983,
Kap. 6.11.12; E. Starke, in: Ernst Blochs

Vermittlungen zur Theol., München/
Mainz 1983, 61–113.   *Th. M.*

Musäus, Johannes (1613–1681).
Geb. am 7. Febr. 1613 in Langewie-
sen (Thüringen), studierte in Jena,
dort 1643 Prof., gest. am 4. Mai
1681; der bedeutendste Theologe der
Hochorth. im Ernestinischen Sachsen. Mit ihm zeichnete sich das Aus-
einandertreten von drei Gruppen
luth. Theologen (und damit das Ende
der Orth.) ab: mit M. habe, schreibt
J. G. Walch 1730, „ein gewisser Teil
der Theologen, sonderlich auf hiesi-
ger Univ., gleichsam die Mittel-Stra-
ße erwählet ... und sich weder allein
zu der kursächs. noch der helmsted-
tischen Theologenpartei geschla-
gen", jene um ↑Calov, diese um ↑Ca-
lixt zentriert. Der Grund davon ist,
daß M. erstmals durchschaute: „Es
müssen bisweilen Differenzen in der
Art, die Glaubenslehre zu lehren, zu
erklären und zu verteidigen, zwischen sonst rechtgläubigen und reinen Theologen entstehen." Da er sich
nach dieser Einsicht dort, wo er es
für begründet ansah, verhielt, scheiterte an M. der um 1655 von Wittenberg und Leipzig (Calov und Johannes Hülsemann) ausgehende Versuch, nochmals eine bis ins einzelne
ausformulierte Lehrkonkordie zu erreichen wie 1577. Ohne irgendeine
Differenz zur Orth. spürte M. doch
deutlicher als andere das mit Descartes und Spinoza heraufkommende
Aufklärungszeitalter der Kritik an
Christentum, Kirche und Rel. ↑Herbert
von Cherbury setzte er 1667 die
Disputation *De luminis naturae et ei
innixae theologiae naturalis insuffi-
cientia ad salutem* (Über das Unge-

nügen der Vernunft und auf sie gestützter natürl. Theol. zum Heil, 1668 gedruckt) entgegen. Andererseits aber weitete gerade M. die sog. „natürl. Theol." als ‚Anknüpfungspunkt' für den Rechtfertigungsglauben syst. aus. Das bedeutete in apologet. Absicht eine Verstärkung des allg.-wiss. Charakters der ihrem Formalobjekt nach in der Off. Gottes fundierten Theol. Die Probleme theol. Prinzipienlehre behandelte M. mehrfach, zuletzt in seinem, von hoher phil. Bildung und Denkschulung geprägten Hauptwerk *Introductio in theologiam* (1679, Einführung in die Theol.), dem abschließenden Werk luth.-orth. Theoriebildung. Eine Gesamtdarstellung veröffentlichte er nicht, doch ist Johann Wilhelm Baiers *Compendium theologiae positivae* (1686, 1750[12], Neuausgabe 1864) in seinem Auftrag geschrieben und schließt sich weitgehend seiner Theol. an.

Lit.: Hirsch, Hilfsbuch, 302.308. 314–316.318 f.   *Th. M.*

Neander, Johann August Wilhelm (1789–1850). Geb. als David Mendel, nahm er 1806 nach seinem Übertritt zur ev. Kirche den Namen N. an. Seit 1813 Prof. in Berlin, gilt N. als Begründer der neueren ev. KG-schreibung, wobei er KG als Frömmigkeitsgeschichte versteht und betreibt – getreu seinem Motto: *„Pectus est, quod theologum facit"* (Pectoraltheol.).

Nestorius († ca. 451). N., der im Streit um die Christol. dem damaligen Primas der ägypt. Kirche, †Cyrill

von Alexandrien, unterlegene Erzbischof von Konstantinopel (428–31), wurde nach 381 im syr. Germanicia geb. Schon früh wurde er Mönch und trat in das in der Nähe Antiochiens gelegene Euprepios-Kloster ein. In Antiochien erhielt er seine theol. Ausbildung und wurde Presbyter. Seine Predigten, die ihn rasch berühmt machten, verraten deutlich den Einfluß der antiochenischen Schule (†Diodor von Tarsus, †Theodor von Mopsuestia). Im Jahre 428 berief ihn Kaiser Theodosius II. auf den vakanten Bischofssitz von Konstantinopel, als sich der dortige Klerus nicht über einen Nachfolger einigen konnte. Der leidenschaftliche Prediger und erklärte Feind aller Häresien wurde zunächst zwar begeistert aufgenommen. Aber schon bald kam es zu einem tiefgreifenden Konflikt, der – verstärkt durch Intrigen und Rivalitäten – im Jahre 431 zu seiner Absetzung führte. Ausgangspunkt dieses Konfliktes war ein Streit um den Titel „Gottesgebärerin" (ϑεοτόκος) für Maria, den N. durch „Christusgebärerin" (χριστοτόκος) ersetzen wollte, um damit einerseits die Ewigkeit des göttl. Logos gegenüber dem Arianismus zur Geltung zu bringen und andererseits einer Vergötzung Mariens entgegenzuwirken. Er erweckte jedoch den Verdacht, als trenne er zwischen der göttl. und menschl. Natur Christi und spreche von zwei Söhnen Gottes. Daß er die Einheit der Person (πρόσωπον) herausstellte, überzeugte seine Gegner nicht, weil der Personbegriff im Hinblick auf die Frage der Natur Christi noch ungeklärt war. N. unterschätzte nicht nur die Bedeutung der kirchl. Tradition, in der der Titel „Gottesgebärerin" bereits verankert war, sondern auch die von der Frage nach dem Heil bestimmte rel. Kraft, die in Cyrills Lehre von der hypostatischen (bzw. physischen) Einheit Christi lag, obwohl auch sie wegen ihres apollinaristischen Klanges nicht unproblematisch war. Verschärft wurde dieser Konflikt durch kirchenpolit. Rivalitäten zwischen Alexandrien und Konstantinopel, die schon bei der Absetzung des ↑Johannes Chrysostomus eine entscheidende Rolle gespielt hatten. Die röm. Kirche wurde in diesen Konflikt einbezogen, und Papst Cölestin I. (422–32) unterstützte die Position Cyrills, der sich dadurch auch auf dem Konzil von Ephesus (431) gegen N. durchsetzen konnte. Als sich schließlich auch dessen antiochenische Freunde, Johannes von Antiochien und ↑Theodoret von Kyros, von ihm abwandten, war sein weiteres Schicksal besiegelt. 433 kam es zur Verständigung zwischen Cyrill und Johannes. Der Titel „Gottesgebärerin" für Maria wurde offiziell anerkannt; Cyrill rückte von bestimmten Extrempositionen ab und näherte sich antiochenischen Vorstellungen an. Zugleich einigte man sich über die Verurteilung des N., der dann verbannt wurde. Dort hörte er noch von der Einberufung des Konzils von Chalkedon (451), von dem er sich den Sieg der Rechtgläubigkeit versprach. Kurz darauf ist er in der Verbannung gest. Kirchenpolit. ähnelt sein Schicksal dem des Chrysostomus. Im Unterschied zu diesem ist sein Name jedoch verbunden geblieben mit dem Makel der als

Häresie verurteilten Trennungschristol., obwohl es N. nicht um die Trennung, sondern um eine klare Unterscheidung der beiden Naturen Christi ging.

Das literarische Werk des N. wurde z. T. von der ostsyr., „nestorianischen" Kirche überliefert. Anderes findet sich in den Akten des Konzils von Ephesus.

Lit.: L. Abramowski, Untersuchungen zum Liber Heraclidis des N., Louvain 1963; A. Grillmeier, Jesus der Christus im Glauben der Kirche I, Freiburg 1982, 646–672.702–726; GKG 2, 215–225 (G. Podskalsky). *W. B.*

Newman, John Henry (1801–1890). N. wurde am 21. Feb. 1801 in London geboren. Mit 15 Jahren erlebte er nach seinen eigenen Worten eine innere rel. Bekehrung, die sein ferneres Leben bestimmte. Er studierte in Oxford und wurde 1827 zum Tutor, zum akad. Lehrer am dortigen Oriel College gewählt. Am 25. Mai 1825 empfing er die anglik. Weihen und wurde Seelsorger in einer Oxforder Gemeinde, ohne die wiss.-theol. Arbeit aufzugeben, sie trug vielmehr ihre ersten lit. Früchte. Nach einer Mittelmeerreise 1832 findet er in Rom das „katholische System zum Weinen verdorben". Im Bewußtsein, daß für ihn ein Werk in England zu tun sei, schloß er sich 1833 mit einigen Freunden der sog. Oxfordbewegung an und vertritt dabei den Standpunkt der sog. „Via Media", zwischen „Romanismus und populärem Protestantismus". Diese Position sah er in der anglik. Kirche verwirklicht. Er wurde ihr energischer Anwalt in den Predigten an der Universitätskirche in Oxford sowie in bedeutenden Vorlesungsreihen über das prophetische Amt in der Kirche und über die Rechtfertigung. Zweifel an der anglik. Kirche kamen N. durch das vertiefte Studium der frühen KG und der dort erkennbaren Positionen, die in der Gegenwart N.s eine Parallele gefunden haben. Als er den Versuch machte, die 39 Artikel der anglik. Kirche in einem kath. Sinn zu interpretieren, stieß er auf den entschiedenen Protest von Univ. und Bischöfen, der ihn tief betroffen machte.

Zur Klärung seiner Position legte N. 1843 seine Ämter nieder und zog sich mit einigen Freunden in eine klösterliche Einsamkeit nach Littlemore bei Oxford zurück. Nach einer umfassenden, geschichtlichen und syst. Untersuchung über die Entwicklung der christl. Lehre konvertierte er am 8. Okt. 1845 zur kath. Kirche. 1847 empfing er in Rom die Priesterweihe und schloß sich dem Oratorium des hl. Philipp Neri, einer Priestergemeinschaft, an. 1848 und 1849 gründet er in London und Birmingham Oratorien.

N.s Wirken in der kath. Kirche stand „unter der Wolke". Seine großen Pläne: Die Gründung einer kath. Univ. in Dublin (1852–58), die Errichtung eines Studentenheims in Oxford, eine Übersetzung der Hl. Schrift, die Leitung einer Zeitschrift, scheiterten oder wurden im Keim erstickt. N.s Idee: Die Versöhnung von Glaube und Wissen, von Theol. und Wiss. von Kirche, Kultur und Bildung eilte der damaligen inferioren Lage der kath. Kirche weit

voraus und blieb ohne Resonanz und Unterstützung. Dazu kamen Verdächtigungen seiner theol. Positionen, etwa in der Frage der Mitwirkung der Laien in Sachen der kirchl. Lehre. Die Vorgänge auf dem I. Vatikanum beobachtete N. mit Sorge, er hatte große Bedenken gegen die Dogmatisierung des päpstl. Primats und der Unfehlbarkeit des außerordentlichen Lehramts des Papstes; er befürchtete eine Belastung für manche Katholiken und einen Schaden für die Ök. Das hat N. nicht abgehalten, das Dogma in seiner endgültigen Fassung zu interpretieren, es von Mißverständnissen und Übertreibungen fernzuhalten.

Nachdem N. durch die Schrift *Apologia pro vita sua* 1864, in der er seinen theol. Weg darlegte und gegen alle Verdächtigungen verteidigte, ein hohes Ansehen in der engl. Öffentlichkeit erlangt hatte, bedeutete seine Ernennung zum Kardinal durch Papst Leo XIII. (1879) die völlige Rehabilitation seiner Person und seines Werkes innerhalb der kath. Kirche. N. starb am 12. Aug. 1890 in Birmingham.

Für N.s Werk ist es bezeichnend, daß es mit seinem Leben und den jeweiligen Forderungen des Tages verbunden ist. Zeugnis dessen sind die vielen Bände seiner Predigten, Dokumente einer bibl. orientierten Spiritualität und eines existentiell verstandenen Glaubens, und die bis heute noch nicht ausgeschöpfte Korrespondenz. Seine theol. Arbeiten liegen auf dem Gebiet der frühen Kirchen- und Dogmengesch., zu denen er zahlreiche Monographien lieferte und die er immer wieder in die Relation zur Gegenwart brachte und in das Programm einer Erneuerung der Kirche einbezog.

Diese Beschäftigung führte ihn zu einer grundsätzl. Betrachtung über die Entwicklung der christl. Lehre, in der er die Kriterien für echte Entwicklung und für Korruption bestimmte und die Auffassung vertrat, daß in der Geschichte die Wahrheit über die Off. zur vollen Gestalt komme.

In der Konversion zur kath. Kirche sah N. keinen Bruch mit seiner anglik. Vergangenheit, sondern deren legitime Entwicklung. So ist N. zum Brückenbauer zwischen Anglikanismus und Kath. geworden; bis zur Stunde wird er als solcher gesehen und geschätzt.

Aus dem Auftrag, Gründer einer kath. Univ. in Dublin zu sein, sind seine Überlegungen sowohl zur Geschichte der Univ. wie über deren „Idee" hervorgegangen – Schriften, die heute noch aktuell sind. In ihnen werden N.s Vorstellungen über Kirche, Kultur und Bildung, über das Verhältnis der Theol. zu anderen Wissenschaften und über ihre Unverzichtbarkeit an einer Univ. eindrucksvoll dargelegt.

Das Problem des Glaubens, den er als personalen Akt beschrieb, hat N. ein Leben lang beschäftigt. In dem großen syst. Werk *Essay über die Grammatik der Zustimmung* (1869) sucht er sich darüber Rechenschaft zu geben. Er macht den Begriff der realen Zustimmung, der Zustimmung zur konkreten personalen Realität, zum Schlüsselbegriff und ordnet ihm ein bes. Vermögen zu, den *illative sense,* den realen Folge-

rungssinn, der seine Gewißheit aus einer Konvergenz gut begründeter Tatsachen gewinnt. In Sachen von Rel. und Glaube ist dieser Folgerungssinn mit dem Gewissen identisch.

Der Primat des Gewissens ist für N. in allen Stadien seines Lebens und Denkens unbestritten geblieben. Das Gewissen ist der Grundbegriff seiner Religionsphil. Als Katholik und angesichts der Definition des I. Vatikanums stellte er den bekannt gewordenen Satz auf: „Zuerst das Gewissen, dann der Papst".

Person und Werk N.s sind bis zur Gegenwart lebendig und wirksam geblieben. Das zeigt die wiederholte Neuausgabe seiner Hauptwerke, die über 40 Bände umfassen. Ein N. Kuratorium, das International Centre of N. Friends, die Newmanstudien (1948–80, 11 Bände), die internationalen Newmankongresse sowie die kaum noch übersehbaren Untersuchungen aus aller Welt zu N.s Person und Werk geben davon Zeugnis, daß N. zu den maßgeblichen Wegbereitern der gegenwärtigen Theol. gehört.

Lit.: Engl. Gesamtausgabe 40 Bde., London 1878–1921; 7 Bde., ed. C. F. Harrold, New-York/London 1947–49; The Letters and Diaries of J. H. N., ed. Ch. St. Dessain, London/Paris/New York 1961 ff., auf 30 Bde. programmiert. Dt. Ausg.: Ausgew. Werke, hrsg. von M. Laros und W. Becker, Mainz ²1951 ff. (8 Bde. und Registerbd.); Predigten, Gesamtausg., Stuttgart 1950–1961 (10 Bde.). Weitere Bibliogr.: N.-Studien, hrsg. von H. Fries/W. Becker, Nürnberg 1948–1980, 11 Bde.   *H. F.*

Niebuhr, H(elmut) Richard (1894–1962). N., der jüngere Bruder von †Reinhold N., wurde am 3. Sept. 1894 in Wright City (Miss.) geb. Nach seinem Studium (Eden Theol. Seminary, Washington Univ., Yale Divinity School und Yale Univ.) und nach Lehrtätigkeiten am Eden Theol. Seminary und am Elmhurst College lehrte er von 1931 bis zu seinem Tod am 5. Juli 1962 als syst. Theologe an der Yale Divinity School.

In seinem sehr eigenständigen theol. Denken ist N. von den ganz unterschiedlichen Einflüssen †Barths und †Troeltschs geprägt. Mit Barth distanzierte er sich von einem humanist. rel. Liberalismus und deutete Theol. grundsätzlich als Off.theol. Durch Troeltsch erkannte er die hist. und soziokulturelle Prägung der Rezeptionsgestalten der Off. Beide Anstöße verband er zu einem selbständigen theol. Forschungsprogramm zum Verhältnis von christl. Glauben und Gesellschaftsstrukturen mit weitgehenden kirchen- und gesellschaftskrit. Implikationen.

Lit.: Radikaler Monotheismus. Theol. des Glaubens in einer pluralist. Welt (amerik. Orig. 1960), Gütersloh 1965. – P. Ramsey (Hrsg.), Faith and Ethics. The Theology of H. R. N., New York 1957.   *C. S.*

Niebuhr, Reinhold (1892–1971). N. wurde am 21. Juni 1892 als Sohn des aus Deutschland ausgewanderten Pfarrers Gustav N. in Wright City (Miss.) geb. Nach seiner theol. Ausbildung am Eden Theol. Seminary (1910–13) und an der Yale Divinity School (1914–15) wurde er 1915 Pfarrer der im Aufbau befindlichen Arbeitergemeinde Bethel Evangelical Church in Detroit. Seit 1928 lehrte er am Union Theol. Seminary in New York, zuerst als Associate Prof. für Rel.phil., von 1930–60 als Prof. für Sozialethik (Applied Christianity). N. starb am 1. Juni 1971 in Stockbridge (Mass.).

Als Gemeindepfarrer gehörte N. zum linken Flügel der Social Gospel Bewegung und vertrat eine schöpfungstheol. begründete und am Begriff des Reiches Gottes ausgerichtete sozialreformerische Ethik der Liebe (*Does Civilization Need Religion?*, 1928). Nach den Erfahrungen der Weltwirtschaftskrise orientierte sich N. stärker an der marxist. Gesellschaftstheorie und konzipierte seinen grundsätzlich pessimistischen ethischen Entwurf vom Begriff der Sünde als der ebenso individuellen wie soz. Gegenmacht der Liebe her (*Moral Man and Immoral Society*, 1932). Obwohl N. nach seinem Selbstverständnis zeitlebens eher christl. Sozialethiker als christl. Theologe war, werden diese gegensätzlichen Konzeptionen ab 1934 in einer explizit theol. Dialektik integriert, die im Kreuz Christi ihr theol. Orientierungszentrum findet. N.s Dialektik dient grundsätzlich der Darstellung der Beziehung der horizontalen Dimension der Gesellschaft und der Geschichte zu der in Mythos und Symbol erfahrenen vertikalen Dimension der Transzendenz. Darüber hinaus ist die Dialektik für ihn die adäquate begriffl. Erfassung der Realdialektik von Gott als Person und als Existenzgrund, von Geschichte als Drama und als strukturelle Ordnung, pragmat. Ethos und sittl. Ideal. Seinen umfassendsten theoret. Ausdruck fand N.s Denken in seiner von ↑Kierkegaards Existenzdialektik beeinflußten Anthropol., die er 1939 in seinen Gifford Lectures vortrug (*The Nature and Destiny of Man* I, 1941; II, 1942). In der Schlußphase seines Denkens distanzierte N. sich teilweise von den dial. Denkmustern, die ihm eine fruchtbare Auseinandersetzung mit ↑Barth, ↑Brunner und ↑Tillich ermöglicht hatten, und verwendete unter dem Einfluß Martin Bubers den Begriff des Dialogs als Modell zur Darstellung des Verhältnisses des Menschen zu Gott, zu sich selbst und zu anderen Menschen. Die herausragende Bedeutung N.s für die amerik. Theol. ist darin zu sehen, daß er die für die Bewegung des Social Gospel charakteristische Verbindung von christl. Glauben und soz. Handeln aus den Denkkategorien des 19. Jh.s löste und im Kontext theol. Konzeptionen des 20. Jh.s fruchtbar machte.

Lit.: C. W. Kegley/R. W. Bretall (Hrsg.), R. N. His Religious, Social and Political Thought, New York 1956; D. Lange, Christl. Glaube und soz. Probleme. Eine Darstellung der Theol. R. N.s, Gütersloh 1964.   *C. S.*

Nikolaus von Kues (1401–1464). N. ist 1401 als Sohn eines Schiffers in Kues an der Mosel geb. Sein artist. Studium, das er 1416 in Heidelberg begann, stand im Zeichen des Nominalismus. Wann und mit welchem Grad er es abschloß, ist unbekannt. Nach mehrjährigen Studien in Padua, durch die er nicht nur jur. Kenntnisse, sondern auch eine breite humanist. Bildung und bedeutende

Freunde erwarb, promovierte er 1423 zum Dr. iur. can. 1425 nahm er in Köln eine jur. Lehrtätigkeit und zugleich ein Theol.studium auf, brach beides aber bald wieder ab, um in den Dienst des Erzbischofs von Trier zu treten, der ihm in den folgenden Jahren zahlreiche Pfründen verlieh. Die akad. Laufbahn reizte ihn offenbar nicht: 1428 und wieder 1435 schlug er Berufungen auf eine Professur für KR an der neu gegründeten Univ. Löwen aus. Schon in Köln hatte er rechtsgesch. Studien getrieben, die ihn u. a. befähigten, die Konstantinische Schenkung als Fälschung zu erweisen. Einen Aufenthalt an der Kurie 1427 benützte er zu Forschungen in röm. Bibliotheken und zu Kontakten mit führenden Humanisten. In unermüdlichem Einsatz verband er seine Tätigkeit als Berater und Rechtsvertreter des Erzbischofs, als Gutachter und Schiedsrichter, mit der sorgfältigen Verwaltung und geistl. Betreuung seiner Pfründen (die erste überlieferte Predigt hielt er 1431, wurde aber erst 1436/40 zum Priester geweiht) und mit gründlichen Studien. Seit 1432 nahm er am Basler Konzil teil, wo er durch sein Wissen rasch eine führende Rolle spielte. Hatte er anfangs den konziliarist. Standpunkt vertreten, so schlug er sich 1437 auf die päpstliche Seite und bemühte sich jahrelang erfolgreich darum, die deutschen Fürsten für den Papst zu gewinnen. Während seine Verhandlungen mit den Böhmen ergebnislos blieben, nahm er 1437 an einer Gesandtschaft nach Konstantinopel teil, die die Unionsgespräche voranbrachte. 1448 wurde N. zum Kardinal ernannt (Titelkirche: S. Pietro in Vincoli, wo N. auch begraben ist), 1450 zum Bischof von Brixen. Er sanierte, reformierte und verwaltete sein Bistum erfolgreich, mußte aber 1458 nach einem Konflikt mit dem Tiroler Landesherrn weichen. Seine letzten Jahre verbrachte er an der Kurie, wo er verantwortungsvolle Aufgaben wahrnahm (z. B. 1459 als Generalvikar des abwesenden Papstes). Am 11. Aug. 1464 starb er in Todi (Umbrien) auf einer Reise im Auftrag Papst Pius II.

N. war ein gründlicher Gelehrter, origineller Denker und fruchtbarer Schriftsteller. Am Anfang seines literar. Schaffens stehen von seinen kirchenrechtl. und -polit. Interessen veranlaßte Arbeiten zur Lage und Reform der Christenheit. Die 1432/33 verfaßte Schrift *De concordantia catholica* entwirft eine Ekklesiol. nach den Schemata der dreigliedrigen platonischen Anthropol. und der pseudo-dionysischen Hierarchienlehre, eine hist. argumentierende Konzilstheorie und das konkrete Programm einer Reichsreform. Den Begriff *concordantia* (Eintracht, Harmonie) verdankt N. v. a. dem großen katalanischen Denker ↑Raimundus Lullus (✝ 1316), dessen Werk er seit 1428 gründlich studiert hatte. Mit ihm klingt ein Thema an, das all seine Schriften, aber auch seine Verhandlungen durchzieht. In *De pace fidei* (1453 nach dem Fall Konstantinopels) führt es zum Gedanken einer Einheit der Rel. in der Verschiedenheit der Riten, und in der *Untersuchung des Korans* (1461) läßt es die Konvergenz des Islam zum christl. Glauben erkennen.

Eine 2. Gruppe von Werken ist seit 1436 (Schrift zur Kalenderreform) mathematisch-naturwiss. Problemen gewidmet, auf die N. durch seine Studien in Padua vorbereitet war. So hat er sich mit der Quadratur des Kreises oder mit der exakten Messung bei physikal. Versuchen befaßt und bereits die Bedeutung von Beobachtung und Experiment gegenüber der im MA üblichen Kommentierung von Büchern hervorgehoben. All diese mathematisch-naturwiss. Überlegungen ruhen aber nicht selbstgenügsam in sich, sondern führen letzten Endes zu Gott hin, wie das *Complementum theologicum* (1453) besonders deutlich zeigt, in dem mathematische Größen und Figuren als Symbole für theol. Sachverhalte gedeutet werden.

N.s Denken mündet in eine unkonventionelle theol. Systematik. Der theol. Autodidakt hat keine schulmäßige Literatur verfaßt – weder Sentenzenkommentar oder Quaestionen noch Bibelkommentare. Seit 1440 *(De docta ignorantia)* schrieb er eine Reihe phil.-theol. Abhandlungen in freier Form von Traktaten, Dialogen u. ä., in denen er bes. an neuplatonische und mystische Trad. anknüpfte. Leitend ist auch hier die Idee einer Harmonie: einer *coincidentia oppositorum,* des Zusammenfallens aller Gegensätze, die sich in der Welt der geschaffenen, endlichen Dinge finden, in der Unendlichkeit Gottes. Während Gott alles Seiende umschließt und ihm seine Einheit verleiht, sind die vielen seienden Dinge die „Ausfaltung" Gottes und haben an ihm gemäß ihrer Individualität teil. Wie die Welt ein

„sichtbarer Gott" ist, so begreift der Mensch als Mikrokosmos die ganze Welt in sich. Deshalb geht der Weg zu Gott auch nur durch die geschaffene Welt hindurch: Welterkenntnis führt zur Gotteserkenntnis.

N. hat durch einzelne Schriften und Lehren in seiner Zeit gewirkt. An den Begriff der *docta ignorantia* und ihr Verhältnis zur *theologia mystica* schloß sich um die Mitte des 15. Jh.s ein Streit zwischen monast. Theologen in Süddeutschland und Österreich an, in dessen Verlauf sich N. auch offen zu Meister ↑Eckhart und ↑Johannes Scotus Eriugena bekannte. Seine zukunftsträchtigen Ideen zur Naturwiss. wurden zwar zur Kenntnis genommen, konnten aber ihre Sprengkraft nicht entfalten. Wie stark sein Denken in die Neuzeit vorausweist, erkennt erst heute der Beobachter, der sein Werk als Ganzes überschauen und hist. einordnen kann.

Lit.: Schriften dt. (bzw. lat.-dt.), Leipzig 1936 ff., Hamburg 1949 ff. – M. de Gandillac, N. v. Cues, Düsseldorf 1953; E. Meuthen, N. v. K. 1401–1461, Münster 1976[3]. *U. K.*

Nikolaus v. Lyra (1270–1349). Exeget, Franziskaner, Ehrentitel „Doctor planus" oder „Doctor utilis". Prof. in Paris, Ordensprinzipal. Hervorragender Exeget des MA, der dieses mit der Exegese der Neuzeit verbindet; sehr bemüht um Ideale des ↑Franz v. Assisi. Exeget. Einfluß auf ↑Luther: „Si Lyra non lyrasset, Lutherus non saltasset."

Nitzsch, Karl Immanuel (1787–1868). 1817 Prof. am Predigerseminar in Wittenberg, 1822 Prof. in Bonn, 1847 Nachfolger von ↑Marheineke in Berlin. ↑Schleiermacher nahestehender, aber eigenständiger Dogmatiker der Vermittlungstheol. (*System der christl. Lehre* 1829) und Vertreter einer „Konsensus-Union". Das von ihm aus Worten der Hl. Schrift zusammengestellte Bekenntnis- und Ordinationsformular („Nitzschenum") blieb ohne Wirkung. Dagegen ist sein *System der prakt. Theol.* (3 Bde., 1847–67, 1859–62[2]) richtungsweisend für die Etablierung der Prakt. Theol. als wiss. Disziplin geworden.

Novatian (3. Jh.). Presbyter und führender Theologe in Rom. Sein Werk *De Trinitate* ist eine der wichtigsten theol. Abhandlungen seiner Zeit und stellt die Trinitätslehre und Christol. des Westens zusammenhängend dar. Persönl. Differenzen führten zu Spaltung und Sektentum: Der *Novatianismus* zeichnet sich durch bes. Rigorismus aus.

Nygren, Anders (1890–1978). N. wurde am 15. Nov. 1890 in Göteborg geb. Er studierte Theol., Rel.geschichte und Rel.phil. an der Univ. Lund. Seit 1912 war er im Kirchendienst tätig. Nach einem Studienaufenthalt in Deutschland 1920, vor allem in Berlin (↑Harnack, ↑Troeltsch), legte er das Lic.examen ab und habilitierte sich 1921 mit einer Abhandlung über das „Religiöse Apriori". Er beschäftigte sich intensiv mit Kant und ↑Schleiermacher. Die Untersuchungen der folgenden Jahre sind der wiss. Begründung der Dogm., der phil. und christl. Ethik sowie rel.phil. Problemen gewidmet. Von 1924 bis

1948 hat er als Prof. für Syst. Theol. an der Univ. Lund, danach als erster Präsident des Luth. Weltbundes (1947–52) und als Bischof von Lund (1948–58) eine einflußreiche akad. und kirchl. Tätigkeit ausgeübt.

Durch seine syst. Analysen und theol.gesch. Interpretationen hat N. wesentlich zur Ausbildung der Konzeption beigetragen, die später als „Lunder Theol." bezeichnet worden ist. Weltweit bekannt geworden ist sein zweibändiges Werk *Eros und Agape* (1930–36), das in zahlreiche Sprachen übersetzt wurde. Motivforschung muß nach N. betrieben werden, weil die Frage nach dem Grundmotiv der verschiedenen Rel.en von entscheidender Bedeutung ist, um ihre Eigenart genauer zu bestimmen. Ist das Judentum vom Nomosmotiv und der Hellenismus vom Erosmotiv geprägt, so das ntl. Christentum vom Agapemotiv, das in der paulinischen Kreuzestheol. seinen deutlichsten Ausdruck findet. Im Verlauf der Kirchen- und Theol.geschichte ist jedoch der Gedanke der sich selbst schenkenden göttl. Liebe häufig durch andere Motive verdunkelt worden und erst in der luth. Reformation wieder zum Durchbruch gelangt.

Auch als Exeget ist N. hervorgetreten. In einem Kommentar zum Römerbrief, der 1951 auch in deutscher Sprache erschienen ist, hat er sich bemüht, die Einheitlichkeit der Gedankenführung des Apostels Paulus nachzuweisen.

In seinem wiss. Spätwerk hat N. sich wieder der Rel.phil. zugewandt. Er ist um den Nachweis bemüht, daß es eine Gültigkeit der Rel. und der rel. Erfahrung gibt. Zu unterscheiden sind vier selbständige Erfahrungsbereiche und Sinnzusammenhänge: der theoret., der ethische, der ästhet. und der rel. Bereich.

Das zunächst in engl. Sprache (1972), dann aber auch in dt. Übersetzung (1979) erschienene Werk *Sinn und Methode* zeigt, daß N. der Rel.phil. und wiss. Theol. die Funktion einer sprachl.-log. Klärung der Problemzusammenhänge zuweist.

Beachtung haben N.s Werke vor allem in Skandinavien und Nordamerika gefunden.

Lit.: The Philosophy and Theology of A. N., ed. by Ch. W. Kegley, London/Amsterdam 1970; Th. Hall, A. N., Waco (Texas) 1978; G. Hornig, Rel.phil. und theol.geschichtliche Motivforschung bei A. N., in: HDThG 3, 1984, 227–231 (Lit.). *G. H.*

Oberthür, Franz (1745–1831). Prof. für Dogm. und Polemik in Würzburg; Rationalist, im Denken der Aufklärung verhaftet, betont bes. die verbindenden Aspekte des Christentums; Gegner der Schol.; bemüht um Annäherung der Konfessionen.

Ockham, Wilhelm von (1285/90–ca. 1348). O. dürfte zwischen 1285 und 1290 südwestl. Londons geb. sein. Vermutlich trat er schon früh in den Franziskanerorden ein. Sein erstes sicheres Lebensdatum ist die Weihe zum Subdiakon 1306. Er studierte in Oxford, wo er wohl 1317–19 die Sentenzen des ↑Petrus Lombardus kommentierte. Obwohl er die Voraussetzungen für eine Prom. zum Dr. theol. erfüllt hatte, erreichte er dieses Ziel aus äußeren

Gründen nie (daher sein Titel [*venerabilis*] *inceptor*). Seit 1321 wirkte er wohl an der Lehranstalt seines Ordens in London, kehrte dann aber wieder nach Oxford zurück. 1324 endete seine akad. Karriere plötzlich. Der Weltkleriker John Lutterell, ehemals Kanzler der Univ. Oxford, der auf Drängen der Univ. 1322 von seinem Amt abgelöst worden war, hatte sich 1323 an die päpstliche Kurie nach Avignon begeben und Anklage wegen Häresie gegen O. erhoben. Dieser reiste im Herbst 1324 an die Kurie, um sich persönl. zu verteidigen. Die päpstliche Untersuchungskommission gab zwar mehrere negative Gutachten ab; doch zu einer offiziellen Verurteilung O.s ist es nie gekommen. Während seines Aufenthalts in Avignon setzte O. seine Studien fort. Hier wurde er aber auch in den 1321 ausgebrochenen Streit zwischen seinem Orden und Papst Johannes XXII. um das rechte Verständnis franzisk. Existenz, insbes. um das Armutsideal, hineingezogen. Dem Ordensgeneral Michael von Cesena, der Ende 1327 an der Kurie eintraf, gelang es bald, O. vom Recht seiner strengen Auffassung des Armutsgebots zu überzeugen. 1328 entwichen der General, O. und einige Mitbrüder heimlich aus Avignon und begaben sich in den Schutz Kaiser Ludwigs des Baiern, der mit der Kurie im Streit lag und die Flüchtlinge 1329 mit sich nach Deutschland nahm. Fast 20 Jahre, bis zu seinem Tod (wohl 1348), lebte O. mit seinen Gesinnungsgenossen im Münchner Franziskanerkloster und führte einen erbitterten lit. Kampf gegen Johannes XXII. und seine Nachfolger.

Den beiden Phasen in O.s Lebensgang entsprechen zwei Gruppen von Schriften: 1. Akad. Werke: mehrere Aristoteleskommentare (Zeugnis seines unvollendeten Plans, alle theoret. Schriften des Philosophen zu kommentieren); eine umfangreiche *Summa logicae*, daneben aus den späteren Jahren Kompendien der Logik; als theol. Hauptwerk ein Sentenzenkommentar (Bd. 1 von O. selbst bearbeitet: *Ordinatio*; Bde. 2–4 nur als Nachschrift: *Reportatio*) u. a. 2. Seit etwa 1332 eine Reihe von 16 polit.-kirchenpolit. Streitschriften.

Grundlegend für O.s Denken ist seine Stellungnahme in der Universalienfrage. Er verwirft jede Form des Realismus und behauptet, daß den Allgemeinbegriffen außerhalb der Seele bzw. der Worte kein wirkliches Sein zukomme. Allerdings sind sie auch nicht bloße Erzeugnisse des Denkens, sondern Abbilder des Wirklichen, die dadurch zum Allgemeinen werden, daß sie Zeichen für eine Menge von Dingen sind. Da nur das Individuelle wirkliches Sein besitzt, fordert O. die Hinwendung zum einzelnen, durch Intuition erfaßten Objekt, aus dem erst in einem zweiten Schritt durch abstraktive Erkenntnis das Allgemeine im unserem Geist gebildet wird. Die erkenntnistheoret. Hochschätzung des einzelnen und der Erfahrung, die man mit dem franziskanischen Interesse am Individuellen in Verbindung bringen kann, hat einschneidende Folgen für die Sicht der Welt und ihres Verhältnisses zu Gott. Alles Seiende läßt sich als einzelnes hinreichend begreifen; eine Suche nach universalen Zusammenhängen ist überflüssig. Mit diesen Gedanken führte O. eine neue, krit. Betrachtungsweise in Phil. und Theol. ein. Andererseits erwuchs aus der Einsicht in die Grenzen menschl. Wahrheitserkenntnis ein neues Verständnis für die Notwendigkeit der Off. Gottes in der Hl. Schrift. In der Gotteslehre führt O. den Ansatz des ↑Duns Scotus fort. So sehr er die absolute Freiheit Gottes *(potentia absoluta)* betont, die nur im log. Unmöglichen an ihre Grenzen stößt, so nachdrücklich weist er darauf hin, daß Gott sich durch seine einmal gesetzte Ordnung gebunden hat *(potentia ordinata)*. Nach dieser Ordnung hat er sich in der geschichtlich kontingenten Gestalt seiner Off. mitgeteilt, und nach ihr hat er dem Menschen auch einen bestimmten Heilsweg gewiesen. Obwohl er nach seiner absoluten Macht den Sünder ohne Vorbedingung zur ewigen Seligkeit annehmen könnte, hat er nach seiner Ordnung verheißen, ihn auf Grund eines geschaffenen Gnadenhabitus zu akzeptieren.

In seinen kirchenpolit. Schriften bietet O. zwar keine geschlossene Ekklesiol.; aber er entwickelt wesentliche Elemente einer Lehre von der Kirche wie Ansätze zu einer Theorie der Politik. Franziskanisches Selbstverständnis und scharfsinnige Analyse der konkreten Verhältnisse verbinden sich zu entschiedener Kritik an der zeitgenöss. Kirche, v. a. an der Institution des Papsttums. O. lehnt die Berufung der Kirche auf ihre göttl. Autorität als Grund polit. Machtansprüche ab und beschuldigt den Papst der Häresie, weil er sich der Forderung nach einer Nachfolge Jesu in apostolischer Armut wider-

setzt. Ganz deutlich trennt er Kirche und weltl. Macht und weist ihnen ihre spezifischen Wirkungsbereiche zu. Aus naturrechtl. Überlegungen kommt er zu einer Lehre vom übergesetzl. Notstand, ja zu Strategien einer Notwehr, die – urspr. auf den Orden bezogen – zu Folgerungen für die ganze Christenheit führen.

O.s Lehren – v. a. seine Erkenntnistheorie und Logik – haben zunächst in Oxford, bald aber auch in Paris, eine breite Anhängerschaft bei den verschiedenen Bettelorden wie im Weltklerus gefunden. Der Nominalismus in seinen verschiedenen Ausprägungen hat als *via moderna* an vielen Universitäten des Spät-MA eine wichtige, an manchen sogar eine dominierende Rolle gespielt. Auch ↑Luther ist durch seine Schule gegangen. Aber O. hat weit über die Prägung einer phil.-theol. Richtung hinaus gewirkt. Seine krit. Haltung wird von Historikern verschiedener Standpunkte teils als Anstoß zur Auflösung der hochma. Systeme krit., teils als Beitrag zur Ausbildung neuzeitl. Denkens positiv, auf jeden Fall aber als epochemachend beurteilt.

Lit.: Texte zur Theorie der Erkenntnis und der Wissenschaft, lat.-dt. v. R. Imbach, Stuttgart 1984 (Reclam UB 8239). – L. Baudry, Guillaume d'Occam I, Paris 1949; H. Junghans, O. im Lichte der neueren Forschung, Berlin/Hamburg 1968; J. Miethke, O.s Weg zur Sozialphil., Berlin 1969. *U. K.*

Ökolampad, Johannes (1482–1531). Mit seinem *Iudicium de Luthero* stellte Ö. sich 1521 auf die Seite der Reformation. Seit 1523 Reformator von Basel. 1525 wies er in einem „seinen in Christus geliebten Brüdern in Schwaben" (vor allem ↑Brenz) gewidmeten Buch nach, daß die Alte Kirche wie ↑Zwingli eine symbolische Auffassung vom Abendmahl hatte – was ↑Melanchthon tief und nachhaltig beeindruckte.

Oetinger, Friedrich Christoph (1702–1782). Seit 1738 an verschiedenen Orten in Württemberg Pfarrer, Dekan und Prälat. Pietist eigener Prägung, der den Biblizismus ↑Bengels zu einer von ↑Böhme und ↑Andreä beeinflußten mystischen Theosophie weiter entwickelte, in deren Zentrum die Vorstellung von der pneumat. Leiblichkeit steht, an der Gott seinen Geschöpfen Anteil gibt. Dieser Grundgedanke wirkte in so unterschiedlichen Richtungen wie dem Pietismus ↑Blumhardts, dem Idealismus Hegels und der Anthroposophie Steiners weiter. O.s Hauptwerk ist die *Theologia ex idea vitae deducta* 1765 (dt. 1852).

Olivi, Petrus Johannes (1248/51–1298). Theologe, Franziskaner. Studium in Paris; Ordenslektor; leidenschaftl. Verfechter eines strengen Armutsprinzips, das ihn zum Führer der Spiritualen machte und in Konflikt mit der Ordensleitung brachte. Insgesamt geprägt von spiritualist. Ideen.

Optatus v. Mileve († ca. 400). Bischof v. Mileve. Verfaßte mehrere Bücher gegen die Donatisten; bemüht sich, durch versöhnliche Darstellung die Rückkehr der Donatisten zur kath. Kirche zu erleichtern (*cathedra Petri*). ↑Augustinus entnimmt seinem Werk viele Bausteine für seine Ekklesiol. und Sakramentenlehre.

Origenes († 253/54). Wahrscheinlich wurde O. als Sohn begüterter, christl. Eltern um 185 in Alexandrien geb. Als der Vater Leonides im Jahre 201 den Märtyrertod starb, ergriff auch seinen Sohn die Sehnsucht nach dem Martyrium. Eine List seiner Mutter verhinderte, daß er sich den Behörden freiwillig stellte und seine Demonstrationen gegen die Tempel weiterführte. Da das Familienvermögen eingezogen worden war, mußte der älteste Sohn O. für den Unterhalt seiner Mutter und der sechs jüngeren Geschwister sorgen. Bischof Demetrius von Alexandrien vertraute dem noch jungen O. die sog. Katechetenschule an, die er durch die Ausstrahlung seiner Person und seine Vorträge zur Blüte führte. Zugleich widmete er sich dem Bibelstudium. Daneben sprach er bei Besuchen im Gefängnis den Glaubensbrüdern Trost zu.

O. begleitete häufig Märtyrer auf ihrem Gang zur Richtstätte. Wohl in diese Zeit (zwischen 202 und 210) fällt der Bericht des Kirchenhistorikers ↑Eusebius über die Selbstentmannung des O. Vermutlich ist hier Eusebius einem späteren Gerücht zum Opfer gefallen. Denn seiner ungeheueren Schaffenskraft, die bis in die letzten Tage seines Lebens anhielt, widerspräche die infolge einer Kastration eintretende körperl. Vergreisung. Als Kaiser Caracalla 215 die Philosophen und ihre Schulen verfolgte, verließ O. Alexandrien und ging nach Cäsarea in Palästina.

Um 217 wurde O. von Demetrius nach Alexandrien zurückgerufen. Auf einer Reise nach Griechenland über Palästina wurde er 230 in Cäsarea zum Presbyter ordiniert. Daraufhin ließ ihn Demetrius auf zwei Synoden in Alexandrien wegen „unrechtmäßiger" Ordination absetzen und exkommunizieren. O. mußte endgültig seine Heimat verlassen. In Cäsarea gründete er mit Hilfe des dortigen Ortsbischofs eine der alexandrinischen ähnliche Schule, deren Bedeutung rasch über die Grenzen der Stadt und des Landes hinauswuchs. Julia Mammäa, die Mutter des Kaisers Alexander Severus, rief ihn nach Antiochien zu Vorträgen. Um 244 wurde O. nach Bostra entsandt, um Bischof Beryllus von seinen Irrtümern abzubringen. Zur Zeit des Kaisers Decius wurde O. im Gefängnis gefoltert. Im 70. Lebensjahr starb er an den Folgen der Folterungen.

Schon zu Lebzeiten wurde O. zu den bedeutendsten und umstrittensten Theologen der griech. Kirche gezählt. O. selbst wollte immer ein Mann der Kirche sein und bleiben. An lit. Fruchtbarkeit hat O. alle altchristl. Schriftsteller übertroffen.

Als Arbeitsgrundlage hatte sich O. für seine zahlreichen bibelwiss. Arbeiten die *Hexapla* geschaffen. Er ließ in sechs Spalten den hebr. Urtext und die ihm bekannten Übersetzungen des AT nebeneinanderstellen. Mit diesem Arbeitsinstrument erläuterte er beinahe alle Bücher der Hl. Schrift Satz für Satz. In *De principiis* (über die Grundlagen) führte er in die bedeutendsten Probleme des christl. Glaubens ein, ohne definitive Lösungen in syst. Absicht vorzulegen. In *Gegen Celsus* war er bemüht, die Behauptung des Philosophen Celsus, Jesus sei ein Betrüger gewesen, zu widerlegen. Trotz gelegentlich schwacher Beweisführung besticht die Arbeit durch ihren ruhigen Ton und ihre überlegene Gelehrsamkeit. *Über das Gebet* ist ein schönes Zeugnis von der tiefen Frömmigkeit des Verf.s, die auch heute noch den Leser zu überzeugen vermag. Im Anschluß an die in Alexandrien betriebene Bibelerklärung unterscheidet O. einen dreifachen Schriftsinn: den buchstäblichen, den moralischen und den pneumatischen. Die Erforschung des höheren und geistigen Sinnes der Bibel war in der Regel Leitmotiv seiner Bibelerklärung. Er vertritt die Auffassung, daß in der Bibel alles einen geistigen, nicht aber alles einen hist. Sinn habe.

In ewiger Ausstrahlung geht von Gott der Sohn aus und von diesem der Hl. Geist. Das Verhältnis der drei göttl. Personen wurde von O. als heilsökonom. Subordinatianismus bestimmt, d. h. im Blick auf die Menschwerdung Gottes steht der Sohn in gewisser Weise unter dem Vater. Der Hl. Geist ist geringer als der Sohn. Die Schöpfung faßt O. als ewigen Akt auf. Der sichtbaren Welt sei eine Welt von vollkommenen Geistern vorangegangen, von denen ein Teil von Gott abgefallen sei, der in die erst jetzt geschaffene Materie eingebannt wurde. Die Verschiedenheit der Menschen und die Zumessung von Gnaden richte sich nach einer vorweltl. Verschuldung. O. gebraucht als erster Theologe den Ausdruck Gottmensch zur Beschrei-

bung der Inkarnation. Möglicherweise war es auch O., der erstmals
Maria Gottesgebärerin nannte. Da
jede Seele, die im Fleische geboren
wird, mit dem Schmutz der Sünde
behaftet ist, verlangt O. die Kindertaufe. Der Glaube an die wirkliche
Gegenwart Christi in der Eucharistie
ist für ihn „gemeinchristlich", d.h.
als Glaube für die einfachen Christen
hilfreich, die symbolisch-allegorische
Auffassung von Leib und Blut Christi werde von den fortgeschrittenen
Christen festgehalten. Einerseits vertritt er bei der Eucharistie einen sakramentalen Realismus, andererseits
identifiziert er das Hören des Wortes
Gottes mit dem Empfang der eucha-
rist. Speise. Beiden kommt die gleiche Wirkung zu. O. billigt dem Christen die Möglichkeit zu, gegen ihn
begangene Sünden selbst zu verzei-
hen. Die „Sünden zum Tode" (z.B.
Götzendienst und Ehebruch) sind in
einer öffentl., lange Zeit beanspru-
chenden Exkommunikationsbuße zu
sühnen. Wegen seiner Wiederherstellungslehre (Apokatastasis panton)
wurde O. nicht nur von Zeitgenossen, sondern noch Jh.e nach seinem
Tod heftigst angegriffen: Die Seelen
derer, die auf Erden gesündigt haben, gelangen nach dem Tod in einen
Läuterungszustand, der allmählich
alle, auch den Teufel, von Stufe zu
Stufe der endgültigen Reinigung zu-
führt. Sie werden in ätherischen Leibern auferstehen und Gott ist ihnen
dann wieder alles in allem. Diese
Wiederherstellungslehre meint nicht
das Weltende, sondern deren vorläufigen Abschluß. Vor dieser Welt wä-
ren andere Welten gewesen und nach
ihr würden weitere Welten kommen.

Das wichtigste Erfordernis für die
Nachfolge Christi ist die Selbsterkenntnis. Ständiger Kampf gegen die
Leidenschaften und den Geist dieser
Welt ist Voraussetzung für die Gott-
verbundenheit. Als asket. Übungen
empfiehlt er: häufige Nachtwachen,
Meditieren, Fasten und tägl. Schrift-
lesung.

O. war ein Bibelausleger, ein Autor der Spiritualität und ein spekulativer Theologe, mit dem sich die heu-
tige Theol. auseinanderzusetzen hat.

Lit.: H.Crouzel, Bibliographie critique
d'Origène, Steenbrugge 1971 (1982
fortgesetzt); H.-J. Vogt, Das Kirchenverständnis des O., Köln-Wien 1974;
W.Gessel, Die Theologie des Gebetes
nach ‚De oratione' von O., München/
Paderborn/Wien   1975;   H.Crouzel,
Origène, Paris 1985.   W.G.

Osiander, Andreas (1496?–1552).
Geb. in Gunzenhausen (Altmühltal),
gest. am 17.Okt. 1552 in Königsberg. 1515 Student in Ingolstadt,
1520 Hebräisch-Lehrer (O. mußte
sich als Kenner und Verteidiger des
Judentums Anfeindungen als ‚Ju-
denfreund' gefallen lassen), 1522
Prediger in Nürnberg, seit 1524 Reformator dieser bedeutenden Reichsstadt und darüber hinaus in Franken.
1543 gab er (anstelle des nach Wittenberg berufenen Astronomen Joachim Rheticus) im Todesjahr Kopernikus' dessen Werk *De revolutionibus
orbium coelestium* (Über die Umläu-
fe der Himmelskörper) heraus. Daß
er in seiner anonymen Vorrede den
Heliozentrismus, den Ruhezustand
der Sonne als „Hypothese" bezeichnete, sollte im Sinne längst geläufi-
ger wiss.theoret. Überlegungen eine

Empfehlung der umwerfenden Theorie sein: die Beschreibung einer Bewegung ist nur von einem (realen oder angenommenen) ruhenden (Beobachterstand-)Punkt her möglich, dessen Wahl nach dem Prinzip der „einfachsten Auffassung" erfolgt. Dies Relativitätsprinzip unterstellte O. Kopernikus aber gegen dessen offensichtliche Absicht, die Irrealität der Behauptung vom Ruhen der Erde zu beweisen; O. wollte Platz für deren Wahrheit als „von Gott dem (Natur-)Philosophen offenbart" behalten. Nach diesem Argumentationsmuster verlief noch der Prozeß gegen Galilei (1632).   Als entschiedener Gegner des „Interim" (wie ↑Flacius, ↑Brenz und ↑Bucer) verließ O. 1548 Nürnberg und wurde 1549 Pfarrer und Prof. in Königsberg. Seine in der Disputation vom 24. Okt. 1550 entwickelte Rechtfertigungslehre, der ↑Chemnitz opponierte, leitet (zeitlich und sachlich den aus dem „Interim" und dem „Züricher Konsens" seit 1551 erwachsenden soteriologisch-christol.   Problemen benachbart) die lange theol. Krise des Luthertums (bis zur Konkordienformel) ein. O.s, von einem spiritualist. Gottesbegriff aus konstruierte, gegen ↑Melanchthon (den er 1551 als „Praeceptor Germaniae" verhöhnt) gerichtete und vermeintlich auf ↑Luther gestützte Behauptung, die Rechtfertigung bestehe in der inneren Einwohnung der göttl. Natur Christi im Glaubenden und nicht im Glauben an seinen Versöhnungstod am Kreuz, wird (außer von dem durch O. schon 1524 für die Reformation gewonnenen Herzog Albrecht und O.s erfolglos um Vermitt-

lung bemühtem Freund Brenz) allg. abgelehnt, auch von ↑Calvin. Das Eph. 3,17 bezeugte „Einwohnen Christi durch den Glauben in unseren Herzen" geht aber, als „Form des rechtfertigenden Glaubens" (1618) verstanden und, seit Anfang des 17. Jh.s, als *unio mystica* (mystische Einigung) bezeichnet, in die luth. Frömmigkeit und Theol. ein, in die Dogm. 1625, endgültig 1640 durch Joh. Hülsemann.

Lit.: Gesamtausgabe, hrsg. v. G. Müller, bisher 6 Bde., Gütersloh 1975–85. – Hirsch, Hilfsbuch, 138–140; GKG 6, 59–73 (Müller); Scholder, Kap. 3 u. 6 (Rez. ThLZ 94, 1969, 193–197).

Th. M.

Otto, Rudolf (1869–1937). Prof. für Syst. Theol. in Göttingen (1897), Breslau (1914) und Marburg (1917). O. verarbeitete die vielfältigen Anregungen, die er von ↑Luther, Kant, Fries, ↑Schleiermacher und aus rel. wiss. Studien gewonnen hatte, zu einer eigenständigen rel. phil. Grundlegung christl. Theol. Im Zentrum seiner Auffassung vom Wesen der (christl.) Rel. stehen die „Ahndungen des Gefühls", in denen das Heilige als das „ganz Andere" in seiner unaufhebbaren Doppelheit als grauenerregendes und zugleich faszinierendes „Numen" erfaßt wird („Kreaturgefühl"). Die Anlage hierzu ist nach O. jedem Menschen von Natur aus eigen (mit ↑Troeltsch: „rel. Apriori"). O.s Hauptwerk, *Das Heilige* (1917, 1987, 49. Tsd.) ist das meistverbreitete dt.sprachige theol. Werk des 20. Jh.s.

Lit.: H. W. Schütte, Rel. u. Christentum in der Theol. R.O.s, Berlin 1969   *W. H.*

Overbeck, Franz Camille (1837–1905). O. wurde am 16. Nov. 1837 in Petersburg geb. Seine Kindheit verbrachte er in Paris und Dresden. Von 1856–60 studierte er in Leipzig und Göttingen Theol. Er habilitierte sich 1864 für das Fach NT in Jena und wurde 1870 als Prof. für NT und ältere KG an die Univ. Basel berufen. Dort lernte er alsbald Nietzsche kennen, befreundete sich mit ihm und wurde durch ihn in seiner Christentumskritik bestärkt. O. ließ sich 1897 vorzeitig in den Ruhestand versetzen. Er starb am 26. Juni 1905 in Basel.

O. verstand sich insoweit als Schüler ↑Baurs, als er dessen Programm einer rein hist. Betrachtung des Christentums konsequent durchzuführen versuchte. Dabei richtete er sein wiss. Interesse vorwiegend auf das Grenzgebiet zwischen Urchristentum und Alter Kirche. Auf diesem Gebiet erbrachte er seine großen wiss. Leistungen. Von hier aus gewann er aber auch die Argumente für seine radikale Christentumskritik. Zwei grundlegende Einsichten (mit denen er wesentliche Forschungsresultate der ntl. Wissenschaft vorwegnahm) waren dabei für O. in analytischer und krit. Hinsicht maßgebend: die Bedeutung lit. Formen und die zentrale Stellung der Eschatol. im Urchristentum.

Bei der Betrachtung der lit. Formen entdeckte O. einen kategorialen Unterschied zwischen der von ihm sog. „Urliteratur" (NT und apostolische Väter) einerseits und dem späteren Schrifttum andererseits. Während letztere sich profaner Vorbilder bedient, ist die Urliteratur formgesch. eine einmalige Größe. Die Diskontinuität der lit. Formen wurde nun für O. ein Indiz für einen Bruch zwischen dem eschatol., weltverneinenden Urchristentum und der späteren gesch., weltbejahenden Kirche. Jene „Urgeschichte" ist nach O.s Meinung unwiederbringlich vergangen, und damit hat auch das Christentum schon längst aufgehört zu existieren. D. h., dasjenige, was unter dem Namen „Christentum" oder „christl. Theol." existiert, ist eine große Selbsttäuschung.

O. wurde zu Lebzeiten als wiss. Außenseiter behandelt, blieb aber relativ unbehelligt, da er die radikal christentumskrit. Konsequenzen aus seinen hist. Analysen sowie seine grundsätzlich agnostische Position in rel. Fragen weitgehend für sich behielt. Aufgrund der posthumen Veröffentlichung dieser Gedanken durch seinen Freund C. A. Bernoulli (*Christentum und Kultur* 1919) wirkte O. auf die Entstehung der Dial. Theol. ↑Barths ein. Der frühe Barth übernahm von O. nicht nur den Begriff „Urgeschichte", sondern auch die grundlegende Überzeugung vom weltverneinenden, eschatol. Charakter des Christentums.

Lit.: Über die Christlichkeit unserer heutigen Theol. (1873), 1903[2] (Nachdruck Darmstadt 1981). – A. Pfeiffer, F. O.s Kritik des Christentums, Göttingen 1975.   *W. H.*

Pachomius (287–347). Eremit und Asket. Zahlr. Klostergründungen mit koinobistischer Lebensform; sein bedeutendes Schriftgut hat ↑Hieronymus ins Lat. übersetzt.

Papias von Hierapolis (1./2. Jh.). P., einer der sog. Apostolischen Väter, war Bischof in H. Er verfaßte 5 Bücher *Auslegung von Herrenworten,* von denen nur wenige Fragmente bei ↑Eusebius (und ↑Irenäus) erhalten sind: Mit Nachrichten und kommentierenden Bemerkungen über Worte und Taten Jesu zur Sicherung der echten Jesus-Überlieferung. Dabei stellt P. die mündl. Tradition der schriftl. gleichwertig an die Seite, ja stellt sie darüber. Die nicht immer leicht zu deutenden Fragmente des P. sind vor allem kanongesch. bedeutsam.

Lit.: J. Kürzinger, P. v. H. und die Evangelien des NT, Regensburg 1983.

Pascal, Blaise (1623–1662). P. ist am 19. Juni 1623 in Clermont (Auvergne) geb. Mit drei Jahren verlor er seine Mutter. Der humanistisch gebildete Vater nahm sich der Erziehung und Ausbildung P.s und seiner zwei älteren Schwestern selbst an. Er führte ihn frühzeitig in die Mathematik ein. Mit zwölf Jahren entwickelte P. selbständig die euklidische Geometrie. Mit sechzehn Jahren veröffentlichte er einen *Essai pour les Coniques;* mit neunzehn entwickelte er eine Rechenmaschine. Rel. Erziehung führte ihn zu den alten Quellen, vor allem zur Bibel. Glaube und Vernunft wurden deutlich unterschieden und die Transzendenz Gottes betont. Außerhalb der Familie begegnete er in Pfarreien dem Geist des Oratoriums, der sich mit dem von Saint-Cyran verband. Sein geistl. Leben wurde schon früh nüchtern und streng auf die Betrachtung der gro-

ßen christl. Wahrheiten und der Nachfolge Christi ausgerichtet. 1646 vollzog sich eine Bekehrung der Familie. Bisherige Ausrichtungen wurden vertieft und entschiedener verfolgt. P. las bevorzugt ↑Augustinus und neuere Werke aus dem Umkreis von Port-Royal. P. unterbricht zeitweise seine Experimente über Luftdruck und leeren Raum. Nach einer schweren Krankheit 1647 besuchte er mit seiner Schwester Port-Royal. Er gewinnt die Freundschaft des Herzogs de Roannec, wendet sich offener weltl. Dingen zu, kehrt zu seiner wiss. Arbeit zurück und entwickelt die Wahrscheinlichkeitsrechnung. Aber der Überdruß am Getriebe der Welt wächst. In der Nacht des 23. Nov. 1654 hat er ein Erlebnis der Gegenwart Gottes in Gewißheit und Freude, das er im *Mémorial* bezeugt. Welt und alles außer Gott will er vergessen. Zeitweise zieht er sich nach Port-Royal zurück und stellt seine Kräfte in den Dienst dieser Bewegung und ihrer Auseinandersetzung mit den Jesuiten (*Lettres provinciales* 1556–57). Nach einer wunderbaren Heilung einer Verwandten 1556 beginnt P., eine Apologie des christl. Glaubens zu schreiben *(Pensées).* Zwischendurch kehrte er wieder zu den Wissenschaften zurück und gibt sie dann endgültig auf. Im Winter 1661 auf 62 zog er sich wieder zurück und nahm schließlich auch Abstand von den theol. Streitigkeiten. Er suchte mehr und mehr eine einfache und volkstümliche Form der Frömmigkeit, begab sich auch in den Dienst der Armen. Es gelang ihm nicht, seine Frömmigkeit und sein wiss. Forschen miteinander zu versöhnen. Er lebte in der ständigen Auseinandersetzung zwischen Stolz und Demut, wiss. Arbeit und Liebe zu Gott. Er ist nicht so sehr Theologe oder Philosoph, sondern mehr Zeuge eines geistl., von Gott ergriffenen Lebens.

Lit.: Über die Religion und über einige andere Gegenstände (Pensées), hrsg. v. E. Wasmuth, Heidelberg 7. Aufl. 1972; Lettres provinciales. Briefe an einen Freund in der Provinz, übers. und eingel. v. A. Schorm, Köln 1968. – J. Mesnard, Pascal, in: Dictionnaire de Spiritualité XII, 1 279–291 (Lit.); R. Guardini, Christliches Bewußtsein. Versuche über P., Leipzig 1935.   *Ph. S.*

Paschasius Radbertus (Ende 8. Jh. –ca. 865). Geburts- und Todesjahr R'. (mit Beinamen Paschasius) sind unbekannt. Von Nonnen zu Soissons erzogen, trat er wahrscheinlich unter Abt Adalhard ins Kloster Corbie ein. 822 findet er sich unter den Mönchen, die Kloster Corvey gründeten, und diesem Konvent blieb er auch verbunden, nachdem er in sein Profeßkloster zurückgekehrt war. Etwa 843/44–49 war er Abt von Corbie, gab aber das Amt wieder auf, um sich ganz seinen Studien widmen zu können.

Der vorzüglich gebildete, auch in der antiken Lit. wohlbewanderte R. gehört zu den bedeutendsten theol. Autoren des Westfrankenreichs. Sein Hauptwerk, an dem er über Jahrzehnte hin arbeitete, ist ein Mt-Kommentar in 12 Büchern, in dem er ausgedehnte Kenntnis der lat. Bibelübersetzungen und der Kirchenväter mit einem für seine Zeit ungewöhnlich selbständigen Urteil verbindet

und auch auf aktuelle dogm. Fragen eingeht. Andere Kommentare sind Ps 44 und den Klageliedern gewidmet. Aus dem engeren Bereich der Dogm. stammen kleinere mariologische Arbeiten und eine formal wie inhaltlich von ↑Augustin beeinflußte Schrift *De fide, spe et caritate.* Aber nicht dieses dogm. Kompendium hat R.' Ruf als Theologe begründet, sondern seine Abhandlung über das Abendmahl *De corpore et sanguine Christi,* die einen großen Streit unter den fränk. Theologen auslöste. In ihr entwickelt R. mit Argumenten aus Bibel, Kirchenvätern und Liturgie die Auffassung, daß sich im Meßopfer durch Konsekration der Elemente täglich neu die Menschwerdung und Opferung Christi vollziehe. Es handle sich um einen innerlichen, unsichtbaren Vorgang, dessen Realität jedoch durch die Verwandlung der Substanzen von Brot und Wein gesichert ist: ein Wunder, das Gott auf Gebet und Rezitation der Einsetzungsworte durch den Priester hingegen die Regeln der Natur wirkt. Solche Verbindung massiver Abendmahlsauffassung mit subtiler Begründung erregte Anstoß. Auf Verlangen des westfränk. Königs Karl des Kahlen verfaßte R.' Corbierer Mitbruder und Schüler Ratramnus ein Gutachten, in dem er – vom Empfänger her argumentierend – den symbolisch-geistl. Charakter des Abendmahls betonte. In dem Streit, an dem sich auch andere fränk. Theologen beteiligten, setzte sich die massivere Auffassung R.' durch und wurde für die weitere Entwicklung der abendländischen Abendmahlslehre bis hin zum Dogma

der Transsubstantiation 1215 wegweisend.

Lit.: H. Peltier, Pascase Radbert,
Amiens 1938.   *U. K.*

Passaglia, Carlo (1812–1887). P. gilt
als der größte Theologe der „Röm.
Schule". Am 2. Mai 1812 in Lucca
(Toscana) geb., trat er schon mit
15 Jahren in den Jesuitenorden ein.
Von 1838 bis 1839 hörte er Theol.
am Collegium Romanum, und zwar
vor allem bei Giovanni Perrone. Neben diesem war er dort von 1850 bis
1857 Prof. für Dogm. Die polit. Umstände führten ihn zeitweise ins Ausland (England, Belgien, Frankreich).
In den Jahren 1847 bis 1857 erschienen seine großen Werke. In der vor-
bereitenden Theologenkommission
des I. Vatikanums für die Definition
der Unbefleckten Empfängnis Mariens spielte er die entscheidende
Rolle. Eines seiner Hauptwerke ist
diesem Thema gewidmet: *De imma-
culato Deiparae semper virginis con-
ceptu* (1854–55). Das brachte ihn
bei Pius IX. zu höchstem Ansehen.
Als enger Freund und Mitarbeiter
von ↑Schrader brachte er mit diesem
zusammen 1857 das *Opus de theologicis dogmatibus* des ↑Petavius heraus. In der programmat. Vorrede
wird deutlich, daß es P. darum ging,
ein weiteres Vordringen der Neuschol. zu verhindern. Sein leidenschaftl. Temperament sowie einige
Unklugheiten führten zu Spannungen mit dem Orden, aus dem er
1859 verbittert austrat. Seine bald
folgenden polit. Tätigkeiten (Vermittlungsversuche zwischen dem
Papst und Piemont) sind sehr un-

terschiedlich beurteilt worden. P.
starb, zurückgezogen und von der
Umwelt fast vergessen, am 12. März
1887, jedoch ausgesöhnt mit seiner
Kirche.

Wenn sich P. auch entschieden gegen Versuche wandte, das Studium
am Röm. Kolleg im Sinne der Neuschol. zu vereinheitlichen, so kann er
doch nicht als Gegner der Meister
der Schol. bezeichnet werden, sondern bestenfalls von deren Epigonen.
Für ihn hat Theol. nämlich die doppelte Aufgabe von Analysis und Syn-
thesis. Was die analyt. Aufgabe betrifft, so muß Theol. aus der Tradition schöpfen, wobei die Schol.
weder ausgeklammert noch absolut
gesetzt werden darf. Die synthet.
Aufgabe möchte die Zusammenschau der einzelnen Off.wahrheiten
leisten, wobei es letztlich darum
geht, die sie durchwaltende göttl.
Idee (= der Logos selbst) zu finden.
Bei dieser Aufgabe ist die Phil. als In-
strument wichtig und unverzichtbar.

Was theol. Inhalte angeht, so hat
sich P. vornehmlich mit der Kirche
befaßt. Sein diesbezügliches Hauptwerk, *De Ecclesia Christi* (1853–
56), stellt eine Wende gegenüber seiner eigenen, früheren Ekklesiol. dar,
die sich weitgehend in trad. Bahnen
bewegte. Die neue Sicht von der Kirche ist vor allem durch Rückbindung
an Schrift und Väterlehre gekennzeichnet. P. will auch hier nicht nur
analytisch vorgehen. Durch Verbindung der Ekklesiol. mit anderen Bereichen der Theol. kommt P. zu einer
trinitarisch heilsökonom. Sicht von
der Kirche, in der die pneumatozen-
trische und die christozentrische Perspektive synthetisch verbunden sind.

Von daher fällt neues Licht auf die Lehre von der Tradition: Diese wird nicht mit der kirchl. Lehrverkündigung identifiziert. Vielmehr ist Kirche (nur) das instrumentale Gefäß, ist der Ort, wo sich die normierende göttl. Tradition kundtut.

Durch solche Klärungen hat P. nicht nur auf die Röm. Schule selbst gewirkt, sondern letztlich Gedanken bewahrt und vertieft weitergegeben, die Gestalten wie ↑Möhler und ↑Newman im weitesten Sinn zu Vätern des II. Vatikanums werden ließen.

Lit.: H. Schauf, Carl Passaglia und Clemens Schrader. Beitrag zur Theologiegeschichte des 19. Jahrhunderts, Rom 1938; W. Kasper, Die Lehre von der Tradition in der Römischen Schule, Freiburg/Basel/Wien 1962.   *H.W.*

Paulus von Samosata († nach 272). Staatsbeamter und seit ca. 260 Bischof von Antiochien, wurde P. auf der antiochenischen Synode (268) nach der „Entlarvung" durch den Presbyter Malchion exkommuniziert, aber erst 272 mit Unterstützung Kaiser Aurelians abgesetzt. P. gilt als Hauptvertreter einer „Christol. von unten", die in Christus nur einen von Gottes Geist inspirierten Menschen erblickt (Adoptianismus bzw. dynamistischer Monarchianismus). Die komplizierte Quellenlage macht eine genauere Bestimmung seiner Christol. unmöglich. Im 4. Jh. wurde Photin von Sirmium (gest. 376) als P. bezeichnet, später wurden ↑Nestorius und die Vertreter der antiochenischen Christol. mit diesem Ketzernamen belegt.

Pelagius († frühestens nach 418). P. wurde in Britannien oder Irland geb. Gegen Ende des 4. Jh.s befindet er sich in Rom. Dort führt er das Leben eines Mönches ohne einer klösterlichen Genossenschaft anzugehören. Der literarisch gebildete Mann stand im Ruf großer Frömmigkeit. Auf der Flucht vor den Scharen Alarichs nahm er im Jahr 410 in Nordafrika Zuflucht. Vermutlich 411 wandte er sich nach Palästina. Dort wurde P. wegen seiner Lehren angeklagt. Zwei Synoden, die eine zu Jerusalem am 30. Juli 415 und die andere zu Diospolis am 20. Dez. 415, ließen sich durch P. täuschen. Weitere Synoden zu Karthago und Mileve im Herbst 416 verwarfen seine Lehren und warnten den röm. Bischof Innozenz I. nachdrücklich vor dem Irrlehrer. Am 27. Jan. 417 schloß Innozenz I. P. und seinen Schüler Caelestius aus der Kirche aus. Der Nachfolger, Papst Zosimus, ließ sich durch elegant verfaßte Rechtfertigungsschreiben der beiden Exkommunizierten zunächst umstimmen. Auf wiederholte Vorstellungen der nordafrikan. Bischöfe hin versandte Papst Zosimus im Frühjahr 418 ein Rundschreiben an alle Bischöfe, das die Verurteilung der pelag. Lehren erneut bestätigte. Das weitere Schicksal des P. ist unbekannt. Nach seiner Verbannung durch Kaiser Honorius im Jahre 418 verliert sich jede Spur von ihm.

Da von P., dem „Häresiarchen", wenig Schriftliches erhalten ist, muß seine Lehre aus den Werken des Caelestius, den Widerlegungen ↑Augustins und den zeitgenöss. synodalen Äußerungen erschlossen werden.

Der Pelagianismus wurde gegen den Manichäismus und dessen Leugnung des sittlich Guten entwickelt. Durch die Mehrdeutigkeit des von P. gebrauchten Wortes „Gnade", unter der er ein rein natürliches Geschenk Gottes verstand, wird das System des Pelagianismus charakterisiert. Es bleibt dem Naturhaften verhaftet und stellt einen seichten, rationalisierenden Moralismus dar, der für eine den Menschen innerlich erfassende, erleuchtende und stärkende übernatürliche Gnade kaum Raum läßt: Adam wäre auch ohne Sünde gestorben. Die Sünde Adams habe nur ihm allein geschadet, nicht dem ganzen Menschengeschlecht. Die neugeborenen Kinder befänden sich in dem Zustand, in dem Adam vor dem Sündenfall war. Das gesamte Menschengeschlecht sterbe wegen des adamitischen Falles so wenig, wie es wegen der Auferstehung Christi auferstehe. Die Beobachtung des Gesetzes führe ebenso zum Reiche Gottes, wie das Evangelium. Schon vor der Ankunft Christi habe es Menschen ohne Sünde gegeben. Durch diese Thesen verliert die Erlösung durch Christus ebenso ihre Bedeutung wie das Sakrament der Taufe; die Erbsündenlehre ist durch P. für sinnlos erklärt. Faktisch lehrt der Pelagianismus eine Art Selbsterlösung durch tugendhaftes Leben aus eigener Kraft.

Lit.: J. Ferguson, Pelagius. A Historical and Theological Study, Cambridge 1956; J.Gross, Geschichte des Erbsündendogmas, Bd.I., Basel-München 1960; R.Pirenne, La morale de Pélage, Rom 1961. W.G.

Perkins, William (1558–1602). Seit 1584 Prof. und wirkungsvoller Prediger in Cambridge; gestaltete die ref. Dogmatik als pietistische Praxis des Bekehrungsernstes und der Gewissenserforschung und wurde dadurch der eigentliche theologische Vater des Puritanismus; wirkte über Amesius auf ↑Voetius. P. war der erste, durch Übersetzungen seit 1607 in Deutschland bekannt werdende englische Theologe.

Lit.: Works, 3 Bde., Nachdruck der Ausgabe 1613. – A.Lang, Puritanismus und Pietismus, 1941, Nachdruck 1972.

Petavius, Dionysius (1583–1652). Humanist, Historiker, positiver Theologe, Jesuit. Verf. von humanist. u. apol. Schriften sowie von Schriften gegen Prot. und Jansenismus. Bes. Bedeutung auf dem Gebiet der DG. Wiederentdecker des Begriffes der „ungeschaffenen Gnade". Sonderlehre hinsichtl. der „Einwohnung" der göttl. Dreifaltigkeit im Menschen.

Peterson, Erik (1890–1960). P. wurde am 7. Juni 1890 in Hamburg geb. Er habilitierte sich 1920 in Göttingen und übernahm 1924 in Bonn die o. Professur für NT und KG. Seine eigentlichen Forschungsgebiete waren Religionsgesch. des Hellenismus und christl. Antike. Als P. 1930 zur kath. Kirche übertrat, wurde er in der ev.-theol. Fak. Bonn Honorarprof. 1934 ging er nach Rom und übernahm am Päpstl. Institut für Archäologie die Professur für christl. Lit. und allgemeine Religionsgesch.

P. ist eine ausgesprochene Forscherpersönlichkeit. Er verfügte über ein umfassendes, aus den Quellen geschöpftes Wissen über sein Forschungsgebiet. Der Ertrag dieser Arbeit liegt nicht in großen Monographien vor, sondern in einer Fülle von äußerst dichten und konzentrierten Abhandlungen, die sich indes in ein überschaubares Ganzes fügen. Man hat sein Werk mit der Kunst des Mosaiks verglichen.

P. hat indes nicht nur hist. interessante, aufschlußreiche und weiterführende Beiträge veröffentlicht. Er hat die Gesch. als Auslegung der Sache selbst verstanden, auf die Gegenwart und ihre Probleme bezogen und dafür fruchtbar gemacht. Dabei hat er der Theol. wichtige Anregungen gegeben, so für die Bestimmung ihrer selbst in einer Abhandlung *Was ist Theologie* und in einem bekannt gewordenen Briefwechsel mit †Harnack. Theol. ist nach P. nur möglich unter der Voraussetzung der Kirche und des Dogmas. Für die theol. Bestimmung der Kirche stellt er die These auf: Kirche gibt es nur unter der Voraussetzung, daß das von Gott auserwählte Volk nicht an Jesus den Christus geglaubt hat. Die Kirche ist wesentlich Heiden-Kirche.

Außerordentlich wirksam geworden ist P.s Abhandlung *Der Monotheismus als politisches Problem*. Dazu bemerkt er selbst: Die europäische Aufklärung hat von dem christl. Gottesglauben nur den Monotheismus übriggelassen, der in seinem theol. Gehalt ebenso fragwürdig ist wie in seinen polit. Konsequenzen. Für den Christen kann es polit. Handeln immer nur unter der Voraussetzung des Glaubens an den dreieinigen Gott geben. Dieser Glaube steht jenseits von Judentum und Heidentum, von Monotheismus und Polytheismus. Dadurch ist, sagt P., der christl. Glaube aus der Verkettung mit dem Imperium Romanum – ihm liegt seit Augustus die Idee des Monotheismus zugrunde, der durch Konstantin wieder aufgenommen wurde – befreit worden und damit ist der Bruch mit jeder „politischen" Theol. vollzogen, die die christl. Verkündigung zur Rechtfertigung einer polit. Situation mißbraucht. Daß sich die polit. Theol. der Gegenwart gerade nicht so versteht, sondern als das Gegenteil davon, ist auch den Überlegungen zu verdanken, die P. in dieser Frage vorgelegt hat.

Lit.: Theologische Traktate, München 1950; Marginalien zur Theologie, 1956; Frühkirche, Judentum und Gnosis, Freiburg 1959.   *H.F.*

Petrus von Ailly (1350–1420). 1389 Kanzler der Univ. Paris, seit 1396 Bischof von Cambrai, 1411 Kardinal, Führer der gallikanischen Reformbewegung, bedeutender Mitgestalter des Konstanzer Konzils (1414–18). Von †Ockham beeinflußt, vertrat er die neuzeitl. Phil. vorbereitende Einsicht, daß Selbsterkenntnis sicherer sei als die Wahrnehmung äußerer Objekte. P. bestreitet die Stringenz der Gottesbeweise und betont die Gewißheit der Existenz Gottes im Glauben. Er ordnet das Konzil der Autorität des Papstes über.

Petrus Damiani (1007–1072). Kirchenlehrer, Benediktiner, 1057 Kardinal. Strenger Reformer, der eine echte Kirchenreform jedoch nur im gemeinsamen Bemühen der geistl.

und der weltl. Macht für möglich
hielt. Hinterließ umfassendes Werk,
das zu fast allen damaligen Fragen
und Streitpunkten Stellung nimmt
(u. a. zur Simonie), jedoch kein geschlossenes theol. System.

**Petrus Lombardus (um 1095–
1160).** Auch Mag. sententiarum,
Sentenzenmeister genannt; geb. um
1095 im Gebiet von Novara/Lom-
bardei, Studien in Bologna, Reims,
Paris, St. Victor; um 1140 Lehrer an
der Kathedralschule Notre-Dame/
Paris. 1148 nimmt er am päpstl.
Konsistorium in Reims teil, das die
Lehre des Gilbert v. Poitiers prüft; P.
steht hier auf der Seite des ↑Bern-
hard v. Clairvaux, der Klage gegen
den Bischof v. Poitiers erhebt. 1159
wird P. Bischof v. Paris, stirbt aber
bereits 1160.

Zum Frühwerk des P. gehören die
Glossen zu den Psalmen (PL 191,
55–1296) und sein *Pauluskommen-
tar* (PL 191, 1297–1696; 192,
9–520). Beide Schriften erfahren eine rasche Verbreitung. Schon 1142
erwähnt ↑Gerhoh v. Reichersberg
P. unter den angesehensten Paulus-
kommentatoren seiner Zeit; zugleich
übt er Kritik an dessen Christol.
(Adoptianismus). Sein bedeutendstes
Werk sind die in vier Bücher einge-
teilten *Sentenzen* (ed. Quaracchi
1971/81). Sie haben insofern gewal-
tigen Einfluß ausgeübt, als sie zu
dem theol. Leitfaden des Hoch- und
Spät-MA.s wurden. Das traditionelle
Schulbuch der Theol. war bis dahin
die Bibel, die man in beigefügten
Glossen erläuterte. Nach dem IV. Laterankonzil (1215) wurde sie langsam durch das Sentenzenbuch ver-

drängt. Nach Roger Bacon († nach
1292) (*Opus minus*; ed. Brewer, 329)
hat ↑Alexander v. Hales als erster auf
dem Katheder die Bibel durch die
Sentenzen ersetzt. Bis zum 16. Jh.
blieben sie *das* Schulbuch, das immer
von neuem kommentiert wurde
(Fr. Stegmüller, *Repertorium com-
ment. in Sent. Petri Lombardi I–II*,
Würzburg 1947). Zur großen Reichweite der *Sentenzen* haben beigetragen: ihre didaktischen Vorzüge, ihr
Maßhalten in der Anwendung der
Dialektik, die Bindung an die Überlieferung; vor allem aber ist es die
kirchenamtl. Verteidigung ihrer Trinitätslehre auf dem IV. Laterankonzil gegenüber Angriffen des ↑Joa-
chim von Fiore (DS 804). Eine besondere Wirksamkeit kommt der in
den *Sentenzen* entfalteten Sakramentenlehre zu: P. zählt sieben, er
beschreibt jeweils ihre Wesensele-
mente (res et verba) und wendet als
einer der ersten den Ursachenbegriff
auf sie an.

Die geistige Gestalt des P. ist nicht
so sehr durch einen neuen, originellen Gesprächsbeitrag gekennzeichnet. Ihn bestimmt vielmehr das Bemühen, die Vätertheol. ausgiebig zur
Sprache zu bringen wie auch die zeitgenöss. Diskussion behutsam auf-
zugreifen. Von den krit. Zeitgenossen gehören ↑Abaelard und ↑Porreta-
nus mit seiner Schule zu den Haupt-
gesprächspartnern; von den mehr
spirituell-heilsgesch. denkenden
Theologen jener Zeit ist vor allem
der Einfluß des ↑Hugo v. St. Victor
spürbar. Die *Sentenzen* versuchen
eine Synthese des gesamten theol.
Wissens jener Epoche.

Bei aller positiven Rezeption blieb

auch Kritik nicht aus. In der Christol. sprach 1170 der Abaelard-Schüler Papst Alexander III. (1159–81) (Roland Bandinelli) von der „prava doctrina" des ehemaligen Bischofs von Paris (DS 749); er wiederholte seine Vorbehalte 1177, als sich herausstellte, daß man in Paris immer noch die angebliche Lehre des Lombarden vortrug (DS 750). In der Pneumatologie hat die Identifizierung des Hl. Geistes mit der Gottes- und Nächstenliebe des Menschen dazu geführt, die Lehre von der geschaffenen Gnade zu entwickeln, um die Einwohnung des Hl. Geistes nicht unmittelbar mit einer geschaffenen Seelenkraft verknüpfen zu müssen.

Lit.: Sententiae in IV libros distinctae, 2 Bde., Grottaferrata 1971/81. L.Ott, P. L. Persönlichkeit und Werk, MThZ 5 (1954) 99–113; J.Pieper, Scholastik, München 1978, 88–90; F.Courth, Trinität. In der Scholastik (HDG II/1 b), Freiburg/Basel/Wien 1985, 80–92 (Lit.).   *F.C.*

Photius (820–897/98). Im Stande eines vornehmen Laien und führenden byzantin. Gelehrten wurde P. 858 Patriarch von Konstantinopel in der Nachfolge des verbannten Ignatius; trotz Intervention von Papst Nikolaus I. blieb er bis 867 Patriarch und erklärte seinerseits 867 diesen für abgesetzt, indem er das lat. filioque, das Ausgehen des Hl. Geistes von Gott und Sohn zur Häresie erklärte; dies wurde zu einem allerdings gewichtigen Meilenstein auf dem Weg der Abspaltung der Ostkirche; die zweite Phase P.' als Patriarch 877–86 endete mit seiner Verbannung.

Pigge (Pighius), Albert (1490–1542). Kontroverstheologe und Humanist. Theol. und naturwiss. Studien in Löwen und Paris; entwickelt in aller Schärfe und Konsequenz das Papalsystem und die päpstl. Unfehlbarkeit, womit er bis zum I. Vatikanum nachwirkt. Das Tridentinum übernimmt seine Ideen teilweise (über die Tradition), teilweise lehnt es sie ab (über die „Doppelte Gerechtigkeit").

Pinsk, Johannes (1891–1957). Einer der einflußreichsten Vertreter der liturg. Bewegung in Deutschland. Mystagoge; versucht kompromißlos die „klassische" Liturgie zu erneuern und ihre theol. Grundlage herauszuarbeiten.

Polanus (von Polansdorf), Amandus (1561–1610). 1596 Prof. in Basel; als Logiker Petrus Ramus folgend, führte P. dort die calvinist. Orth. ein, dargestellt in seinem großen und bedeutenden Hauptwerk *Syntagma theologiae christianae* (1609/10, 1655⁵), nach dem Johannes Wolleb ein kurzgefaßtes Lehrbuch gestaltete: *Christianae theologiae compendium* (1626, 1638³; hrsg. von E. Bizer, Neukirchen 1935).

Lit.: H.Faulenbach, Die Struktur der Theol. des A.P.v.P., Zürich 1967.

Polykarp von Smyrna († zw. 155 u. 168). P., einer der sog. „Apostolischen Väter", war Bischof von S., hatte regen Briefwechsel mit christl. Gemeinden und starb als Märtyrer. Der P.brief (vermutlich aus 2 Briefen zusammengefügt) an die Gemeinde von Philippi ist erhalten. In ihm bekämpft P. Irrlehrer und zitiert reichlich die Paulusbriefe und die synopt. Trad. P. beruft sich auf die Apostel als die Urheber der in der Kirche geltenden Überlieferung.

Porretanus, Gilbert (1076–1150). G. v. Poitiers. Die Lehre der Porretaner u. Gilbertiner, v. a. über den Unterschied von Natur und Person in Gott, ist nach ihm benannt; Einfluß auf die Folgezeit durch Erweiterung des patrist. Quellenmaterials und Ausbildung theol. Terminologie (z. B. *opus operans – opus operatum*). Bestimmte Positionen (z. B. Subsistenztheorie in der Christol.) gelten bis heute.

Prierias, Silvestro (1456–1523). Thomist. Dogmatiker, Moraltheologe, Philosoph, Dominikaner. Erster lit. Gegner ↑Luthers, seit 1517 mit dessen Ablaßthesen befaßt.

Prosper von Aquitanien (ca. 390 –nach 455). P. vertritt die Lehre ↑Augustins, gegen den im Mönchtum verbreiteten Semipelagianismus, gibt ihr aber insofern einen neuen Akzent, als er gegenüber der doppelten Prädestination stärker die Gnade Gottes betont. Aber er hält daran fest, daß es Rettung nur durch die (bestimmten Menschen geltende) Erwählung Gottes gibt.

Przywara, Erich (1889–1972). P. wurde am 12. Okt. 1889 in Kattowitz (Oberschlesien) geb. 1908 trat er in den Jesuitenorden ein. Er machte seine phil. und theol. Studien in Valkenburg (Holland). Von 1922–41 lebte er in München, war Mitglied der Redakt. der Zeitschrift *Stimmen der Zeit* bis zu deren Aufhebung durch die Gestapo 1941. Von 1941–45 war P. Akademiker-Seelsorger in München. Seit 1951 bis zu seinem Tod am 26. Sept. 1972 lebte er zurückgezogen auf dem Lande in der Gegend von Murnau (Oberbayern).

P. hatte nie eine offizielle Stelle bekleidet, er war nie akad. Lehrer und hat keine Schule gegründet, obwohl er viele Theologen und Philosophen inspirierte. P. war freier Schriftsteller und verband damit eine weitausgedehnte Vortragstätigkeit in ganz Europa. Er gehörte neben ↑Guardini und ↑Adam in der Zeit zwischen den beiden Weltkriegen zu den hervorragendsten Repräsentanten des deutschen Katholizismus. Er war ein hoch angesehener und von allen respektierter Gesprächspartner fast aller bedeutenden Philosophen und Theologen seiner Zeit. P. war sowohl Theologe wie Philosoph. Er war beides in einer ungewöhnlich schöpferischen und originalen Weise. Er verfügte über ein geradezu enzyklopäd. Wissen und hatte die Kraft zur umfassenden konstrukt. Synthese.

Die ersten Publikationen P.s galten Themen der Spiritualität. Diesem Thema ist er ein Leben lang treu und verpflichtet geblieben. Er hat vor allem die ignatianische Spiritualität unter dem Titel: *Deus semper maior. Theologie der Exerzitien* (1938) höchst eindrucksvoll dargestellt. Bekannt geworden ist P. durch seine Arbeit über ↑Newman, dessen Werke er in einer themenorientierten Aus-

wahl vorstellte und mit einer bis
heute maßgebl. Einführung versah.
Daraus erwuchs sein erstes religionsphil. Werk: *Religionsbegründung
nach J.H.Newman und M.Scheler*
(1923). Seitdem begleiteten die Themen der Religionsphil., vor allem die
Gottesfrage, sein weiteres lit. Schaffen.

Das Grundprinzip seiner Religionsphil. und seines phil. und theol.
Denkens sah er im Prinzip der *analogia entis* gegeben. Er verstand diese
im Sinn der Aussagen des IV. Late-
rankonzils. „Vom Schöpfer und Geschöpf kann keine Ähnlichkeit aus-
gesagt werden, ohne daß sie eine
größere Unähnlichkeit zwischen beiden einschlösse." Sie war für ihn die
Grundlage für die Bestimmung der
Transzendenz und der Immanenz
Gottes, die er als „in" und „über"
formulierte. Man hat dieses Prinzip
das spezifisch kath. Prinzip genannt;
der frühe ↑Barth hat es als eine Er-
findung des Antichrists bezeichnet.
Er war – zu Unrecht – der Meinung,
daß dadurch von seiten einer bestimmten Phil. über Gott und sein
Wort verfügt werde. Dieses Verdikt
hat K.Barth später zurückgenommen.

Seine phil. und theol. Reflexion
führte P. in die Begegnung mit den
großen Gestalten der Geistesgeschichte: mit ↑Augustinus, ↑Thomas
von Aquin, ↑Ignatius von Loyola,
Kant, Hölderlin, ↑Kierkegaard,
Nietzsche, ↑Newman, ↑Scheler; über
sie alle hat P. eindrucksvolle Monographien verfaßt. Dabei hat er immer, oft in kühner Weise, geistesgesch. Zusammenhänge gesucht und
beschrieben.

Die geistigen Strömungen jeder
Gegenwart, wie sie in Phil. und
Theol., aber auch in Literatur und
Dichtung Gestalt gewannen, hat P.
mit großer Sensibilität aufgenommen, gewürdigt und beurteilt; so in
den zwei Bänden: *Ringen der Gegenwart* (1928) und *In und Gegen*
(1955). Dabei ist ihm nichts Wesent-
liches entgangen. P.s Spätwerk gilt
einer umfassenden phil.-theol. orientierten Anthropol.: *Humanitas. Der
Mensch gestern und morgen* (1952);
Mensch. Typologische Anthropologie
(1955).

In P.s Werk spielt die Beschäftigung mit der Hl. Schrift eine große
Rolle. Davon zeugt nicht nur sein
ganzes lit. Werk, sondern die Mono-
graphie: *Christentum gemäß Johannes* (1954) und *Alter und neuer
Bund* (1956). Dabei hat er die Schrift
in seiner eigenen Sprache übersetzt
und dadurch neu erschlossen.

Es ist selbstverständlich, daß für
P. auch das Thema Kirche zur theol.
Aufgabe wurde. P. war ein Anwalt
des Katholischen auch und gerade in
der Ausprägung des Röm.-Katholi-
schen. Er sah im Katholischen das
Prinzip der Polarität wirksam. Polarität, die nicht bei den Gegensätzen
stehen bleibt, sondern sie in einer höheren Synthese zu vermitteln sucht
(was allerdings oft nicht ohne Konstruktion gelingt), ist wie die Analogie ein Grundprinzip im Denken P.s.
Die Polarität im Katholischen erkennt P. in der Verbindung von Analogia Entis und Mysterium Crucis. In
der Konkretion der Kirche bestehen
die Gegensätze in der Polarität von
Modernismus – Integralismus, Organismus – Organisation, Wort –

Sakrament, innerzeitliches und end-
gültiges Christentum, Einheit und
Vielfalt. In solchen Gedanken sieht P.
auch seinen Beitrag zur Ök., zur Frage nach der Einheit der Kirchen des
Ostens und des Westens. Aber jeder-
zeit ist P.s Denken mit dem Einge-
ständnis verbunden, daß die Unab-
schließbarkeit das Stigma von Phil.
und Theol. ist.

H. U. von Balthasar spricht von P.s
theol. Auftrag, „an Tiefgang und
Breite mit keinem anderen dieser
Zeit vergleichbar", der, wenn er rezipiert worden wäre, „das entscheidende Heilmittel für das christliche
Denken heute hätte werden können". Ein Hindernis für die Rezeption P.s ist einerseits die fast erdrük-
kende Fülle des Stoffes, andererseits
die Kompliziertheit seiner Sprache
und seines Stils. ↑Rahner spricht die
Hoffnung aus, daß der ganze und
wahre P. noch am Kommen ist. „Er
steht an einem Ort des Weges, an
dem die vielen in der Kirche erst
noch vorbeiziehen müssen."

Lit.: Vom Himmelreich der Seele.
Christliche Lebensführung, Freiburg
1922; Religionsbegründung M. Scheler
– H. J. Newman, Freiburg 1923; Got-
tesgeheimnis der Welt, München 1923;
Religionsphilosophie katholischer
Theologie, München/Berlin 1927;
Analogia Entis, Band I, München
1932; Deus semper maior. Theologie
der Exerzitien, Band I–III, Freiburg
1938; Kirche in Gegensätzen, Düsseldorf 1962. *H. F.*

**Quenstedt, Johann Andreas (1617–
1688).** 1649 Prof. in Wittenberg,
verfaßte *iuxta ductum ‚Theologiae
positivae'* *Joh. Frid. Königs* vorge-

hend und in bewußter Anknüpfung
an „alle" großen luth. Dogmatiken
von ↑Melanchthon über ↑Chemnitz,
↑Hutter, ↑Gerhard, Kaspar Erasmus
Brochmand (*Universae theologiae systema,* Kopenhagen 1633, 1664[6]) bis
zu ↑Calov „und andere um die Kirche Christi hochverdiente Theologen
mehr" (↑Hunnius; Matthias Hafenreffer, *Loci theologici,* Tübingen
1600, 1603[2] u. ö.; ↑Mentzer; ↑Meis-
ner; Nikolaus Hunnius, *Epitome cre-
dendorum,* Wittenberg 1625, eine
deutsche Laiendogm., gedruckt noch
1738; Johannes Hülsemann, *Exten-
sio* [1648] *breviarii theologici,* Leipzig 1640, 1667[5]; Johann Konrad
Dannhauer, *Hodosophia christiana
seu theologia positiva,* Straßburg
1649, 1713[4]; ↑Musäus) die nach
Reichtum und Durchdringung nicht
mehr überbotene *Theologia didacti-
co-polemica sive systema theologicum* (1685, 1715[5]).

Lit.: J. Baur, Die Vernunft zwischen
Ontologie und Evgl., Gütersloh 1962.

Quesnel, Pasquier (1634–1719).
Frz. Theologe, Oratorianer. Wegen
des gallikan. Kommentars zu seiner
Ausgabe ↑Leos d. Gr. indiziert. Be-
wegtes Leben, verfolgt wegen seiner
angeblich dem Bajanismus (↑Bajus)
und dem Jansenismus (↑Jansen) na-
hestehenden Thesen. Seine gallikan.
Ideen hatten großen Einfluß auf den
Utrechter Klerus.

Rade, Martin (1857–1940). Seit
1882 Pfarrer in Schönbach, Sachsen,
1892 (nach Ablehnung eines Rufs als
Prof. für Prakt. Theol. nach Gießen)
Pfarrer an der Paulskirche in Frank-

furt. 1900 Priv. Doz., 1904 ao. Prof., 1921 o. Prof. für Syst. Theol. in Marburg. Von ↑Luther und ↑Ritschl theol. geprägt, versucht R. angesichts der soz. Frage zu konkreten ethischen und polit. Lösungsansätzen zu kommen. Sein eigentl. Lebenswerk ist jedoch die Gründung und redaktionelle Leitung der Zeitschrift *Die Christliche Welt* (1886, so der Name vom 2. Jahrgang an; der urspr. Name wurde dann Untertitel), die über Jahrzehnte hin das Organ des freien Prot. und dessen Forum für die aktuellen rel., theol., kulturellen und polit. Auseinandersetzungen wurde.

Lit.: Ausgewählte Schriften, Bd. 1 ff. (Hrsg. Ch. Schwöbel), Gütersloh 1983 ff.

Ragaz, Leonhard (1868–1945). Seit 1902 Pfarrer in Basel, 1908–21 Prof. in Zürich, danach Sozial- und Bildungsarbeit unter der Arbeiterschaft. Durch seinen Vortrag *Das Evangelium und der soz. Kampf der Gegenwart* (1906) wurde er – zus. mit ↑Kutter – zum Begründer und führenden Vertreter des rel. Soz. in der Schweiz, dessen aktivistischen, am Gedanken des Reiches Gottes und der Nachfolge orientierten Flügel er repräsentierte.

Rahner, Karl (1904–1984). R. wurde am 5. März 1904 in Freiburg i. Br. geb. Mit 18 Jahren trat er in den Jesuitenorden ein. Nach den ordensüblichen Studien in Phil. und Theol. widmete er sich einem Spezialstudium der Phil. in Freiburg bei Martin Heidegger. Der Versuch, in Freiburg in Phil. zu promovieren – mit der später als Buch erschienenen Untersuchung *Geist in Welt* – scheiterte. Der zuständige Referent, ein Philosoph neuschol. Prägung, hielt die Arbeit für hist. ungenau und für syst. verfehlt. 1936 wurde R. in Innsbruck zum Dr. theol. promoviert und ein Jahr später habil. Er wurde dort Priv. Doz. bis zur Aufhebung der Theol. Fak. der Univ. Innsbruck durch die Nationalsozialisten 1939. Während des Krieges war R. in der Seelsorge, vor allem in Wien, tätig. Von 1948–64 war er Prof. für Dogm. in Innsbruck. Am II. Vatikan. Konzil nahm er als Konzilstheologe teil und hat dabei eine intensive und maßgebliche Wirksamkeit entfaltet. 1964 wurde R. Nachfolger ↑Guardinis auf dem Lehrstuhl für christl. Weltanschauung und Religionsphil. in München. 1967 folgte er einem Ruf für Dogm. und DG an der Theol. Fak. in Münster. 1973 war er als Honorarprof. für Grenzfragen von Theol. und Phil. an der Hochschule der Jesuiten für Phil. in München tätig. 1982 übersiedelte R. nach Innsbruck. Wenige Wochen nach seinem 80. Geburtstag, der noch einmal Anlaß zu großen Ehrungen für ihn und sein Lebenswerk wurde, starb er am 30. März 1984.

R. war Mitglied des Ordens pour le mérite und der Britisch Academy, er erhielt Ehrendoktorate der Univ. Münster, Strasbourg, Notre Dame (USA), Yale, Saint Louis, Löwen, Innsbruck, Chikago, Pittsburgh, Comillas (Spanien), Georgetown (USA), sowie zahlreiche Ehrenpreise für Wissenschaft und Kultur. Das Verzeichnis seiner Bücher und Aufsätze umfaßt über 4000 Nummern. Die über seine Theol. veröffentlichten Abhandlungen liegen nahe bei 1000. Seine Veröffentlichungen wurden in viele Sprachen übersetzt. Man kann ohne Übertreibung sagen, R. war der bedeutendste und einflußreichste kath. Theologe zu seiner Zeit. Seine Ausstrahlungskraft erstreckte sich über alle Bereiche der Theol. und wirkt bis zur Stunde.

Wenn man das theol. Werk von R. beschreiben will, kann man es auf die Formel bringen: Theologie als Anthropologie. Er hat selbst diese Formulierung geprägt und immer deutlicher in seinem großen Werk zur Darstellung gebracht. Es gibt keinen Gegenstandsbereich, der nicht in die theol. Anthropol. hineinbezogen wäre. Das macht die Eigenart einer solchen Anthropol. aus; sie ist auch das Ganze der Theol.

R. ist der Überzeugung, daß in der gegenwärtigen Welt und Zeit eine Theol. der bloßen Behauptung und Verkündigung, eine Theol. des Anspruchs, nicht mehr möglich ist und nicht mehr genügt. Die Sache der Theol. muß dem Menschen menschlich vermittelt werden. Die Off. Gottes erfolgte um des Menschen willen – nicht zum Zweck der Vermehrung seines Wissens, sondern zur Zielbestimmung seiner Existenz. Deshalb gehört der Mensch in den Bereich und Horizont der Off., und zwar nicht zufällig und äußerlich, sondern ursprünglich und von ihrer Mitte her, und nicht als ein beliebiger Inhalt, sondern als umfassende Bestimmung. Wenn die Off. einen so ausgeprägten existenzbestimmenden Bezug zum Menschen hat, dann gibt es notwendigerweise auch einen existentialen und existentiellen Bezug des Menschen zur Off.

Theol. wird als Anthropol. dargestellt durch die für R. charakteristische transzendental-theolog. Fragestellung (hier wird der Einfluß von J. Maréchal spürbar, der um eine Zuordnung von ↑Thomas und Kant bemüht war), die nach den im Menschen liegenden Bedingungen für die Möglichkeit einer besonderen geschichtl., in Jesus Christus kulminierenden Off. Gottes fragt. Sie bestimmt den Menschen als Wesen der Frage, als sich selbst transzendierende Person, als Hörer des Wortes, als Sucher des Heils, als das für die Übernatur bestimmte Geschöpf. Die Off. Gottes versteht sich demgemäß nicht als etwas, das äußerlich und fremd dem Menschen gegenübertritt, sondern als „Interpretation des Innersten im Menschen, die letzte Tiefe seiner Existenz".

Theol. als Anthropol. wird von R. andererseits so vermittelt, daß gezeigt wird, welchen Bezug die konkreten Inhalte der Off., die in der Theol. zur Sprache kommen, zum Menschen haben und in welcher Weise der Mensch auf sie verwiesen ist, also konkret auf die Inkarnation, auf die Gestalt Jesu Christi, auf Kreuz und Auferstehung, auf Trinität und Gnade, auf Kirche und Sakrament.

Von diesem theol. Grundprinzip her beleuchtet R. alle Themen der Theol. und alle Fragen und Herausforderungen, die von Zeit, Geschichte und Gegenwart an den christl. Glauben gestellt werden und die R. in außerordentlicher geistiger Sensi-

bilität aufgreift. R. wird Gesprächspartner mit Vertretern der Phil., der
Naturwissenschaften, des Marxis-
mus, der nicht-christl. Religionen.
   Dieses Grundprinzip gibt der
Theol. R.s einen universalen und
wahrhaft kath. Rang mit einer au-
ßerordentl. Kraft der Bejahung. Daraus folgt für ihn, daß Weltgeschich-
te, als Geschichte des Menschen, und
Heilsgeschichte identisch sind, daß
Gottes- und Nächstenliebe in unlös-
licher Einheit stehen, daß das Christliche „die bewußte Inbesitznahme
des Geheimnisses des Menschen" ist.
Auch die viel diskutierte Formel vom
„anonymen Christen" hat in diesem
Grundprinzip ihr Fundament.
   R. läßt selbst keinen Zweifel darüber aufkommen, daß seine Theol.
die Theorie konkreter christl. Praxis
sein will, daß ihm der Dienst am
Menschen wichtiger erscheint als die
theol. Spekulation, ja daß er sie um
der Menschen willen versucht. Deshalb waren ihm seine „frommen Bücher" nicht weniger wichtig als die
wiss.-theologischen.

Lit.: Geist in Welt, München 1939;
Hörer des Wortes, München 1941;
Schriften zur Theologie, Einsiedeln/
Zürich/Köln 1957–1984 (16 Bde.);
Grundkurs des Glaubens. Einführung
in die Begriff des Christentums, Frei-
burg/Basel/Wien 1976[12], 1985; H.
Fries/K.Rahner, Einigung der Kirchen reale Möglichkeit, Freiburg/Ba-
sel/Wien 1983, 1985[7]. – H.Vorgrim-
ler, K.R., Leben-Denken-Werke, München 1963; K.-H. Weger, K.R. Einführung in sein theol. Denken, Freiburg
1978.   *H.F.*

**Raimundus   Lullus   (1232–
1315/16).** Theologe, bedeutender

Missionar von Muslimen und Juden,
Antiaverroist, Mystiker. Reichhaltiges Schrifttum. Seine *Ars generalis
magna* ist zusammenfassende Aufarbeitung frühscholast. Phil. Nach ihm
sind die Lullisten benannt.

Ratramnus (✝ nach 868). Seit ca.
825 Mönch in Corbie, vertrat R. in
Anknüpfung an ↑Augustin mit
↑Gottschalk die Lehre von der doppelten Prädestination. In der Abend-
mahlsfrage verfaßte er auf Verlangen von König Karl d.Kahlen ein
Gutachten gegen seinen Lehrer ↑Pa-
schasius Radbertus, in dem er den
symbolisch-geistl. Charakter des
Abendmahls betonte. An diese Auffassung knüpfte später ↑Berengar
von Tours an.

**Rauschenbusch, Walter (1861–
1918).** R. wurde am 4.Okt. 1861 in
Rochester N.Y. als Sohn eines aus
Deutschland ausgewanderten luth.
Pfarrers, der sich in den USA den
Baptisten angeschlossen hatte, geb.
Nach Kindheit (1865–69) und
Schulabschluß (1879–83) in
Deutschland studierte R. in Roche-
ster Theol. Als Pfarrer an der Second
German Baptist Church in New
York City (1886–97) begegnete R.
der soz. Verelendung in den amerik.
Großstädten und begann nach einer
Synthese von christl. Glauben und
soz. Engagement zu suchen. Bei ei-
nem Europaaufenthalt 1891 studier-
te er die Sozialarbeit der engl. Kir-
chen in London, Birmingham und
Liverpool und begann soziologische
Studien in Greifswald und Berlin.
Nach seiner Rückkehr 1892 gründe-
te er die Vereinigung „Brotherhood

of the Kingdom" als Gesprächsforum soz. engagierter Theologen zur geistl. Vertiefung der kirchl. Sozialarbeit. 1897 übernahm R. einen Lehrstuhl im German Departement des Rochester Theol. Seminary. 1902 wurde er dort – wie schon sein Vater – Prof. für KG. Mit seinem Buch *Christianity and the Social Crisis* (1907) wurde R. zur Führungspersönlichkeit der Social Gospel Bewegung. Das Buch erschien während eines längeren Europaaufenthaltes, den R. dazu nutzte, mit ↑Rade und den Freunden der Christl. Welt, aber auch mit ↑Kutter und ↑Ragaz in Kontakt zu kommen. Seine letzten Lebensjahre bis zu seinem Tod am 25. Juli 1918 widmete R. der Ausarbeitung seines Programms einer Christianisierung der Sozialordnung. Im 1. Weltkrieg geriet er als Apologet deutscher Politik und Kriegsführung in die Kritik der öffentl. Meinung der USA.

R.s Theol. ist – angeregt von ↑Ritschl – durch die Idee des Reiches Gottes geprägt, die er allerdings nicht wie Ritschl als Organisationszentrum der christl. Dogm. interpretierte, sondern als soz. Handlungsorientierung der christl. Gemeinde. Seine Erlösungslehre wie sein Sündenverständnis sind von scharfer Kritik am Heilsegoismus und an einem rein individuellen Sündenverständnis bestimmt. Stattdessen begreift er Erlösung primär als Erlösung der Gesellschaft, als Aufrichtung eines Reiches organisierter Gerechtigkeit gegenüber dem Reich des Bösen. Diese soz. Interpretation des christl. Glaubens ist mit einer Sicht der Christentumsgeschichte verbunden, nach der das urspr. Christentum als revolutionäre Bewegung mehr und mehr von den Herrschaftsinteressen der Kirche verdeckt wurde. Für R. ist die Rückkehr zum urspr. Christentum und die Christianisierung der Sozialordnung eine Überlebensfrage der Industriegesellschaft. Da R.s Theol. des Social Gospel sich nicht auf die Lehrgrundlagen einer Kirche stützte, sondern eine ausschließlich bibl. Begründung suchte, konnte sie von den biblizistisch orientierten Theologen der verschiedensten Denominationen rezipiert werden.

Lit.: Die rel. Grundlagen der soz. Botschaft (A Theol. for the Social Gospel). Mit einer Einl. von L. Ragaz, Eibenbach/Zürich 1922.   *C. S.*

Reimarus, Hermann Samuel (1694–1768). Philosoph und Orientalist, seit 1728 Prof. am Akad. Gymnasium in Hamburg. R. gilt als Vertreter des Deismus, der die „natürl. Rel." verteidigen will, indem er den Glauben ausschließlich auf die Vernunft gründet und die Unverbindlichkeit der Off. Jesu für die Menschen behauptet. In seiner *Apologie oder Schutzschrift für die vernünftigen Verehrer Gottes* (erstmals vollständig veröffentlicht: Frankfurt 1972!) deutet R. Jesus als polit. Messias. Die ntl. Auferstehungsberichte sind für ihn betrügerische Machwerke der Jünger, die eine Umdeutung des weltl. in einen geistl. Erlöser vollzogen hätten. Die von ↑Lessing hrsg. Reimarus-Fragmente (1774–78) haben eine umfangreiche und heftige lit. Diskussion ausgelöst.

Richard v. St. Victor († 1173). R. ist schottischer Abkunft, Eintritt in die Augustinerchorherren-Abtei St. Victor b. Paris; dort Schüler ↑Hugos, den er als bedeutendsten Theologen jener Zeit preist; 1159 Subprior, 1162 Prior; er stirbt am 10. März 1173. R. ist von der exegetisch-spirituellen und heilsgeschichtlich-meditativen Theol. seines Klosters geprägt und trägt selbst erheblich mit zur Profilierung dieser Eigenart bei. Gelegentlich ist R. als Rationalist gekennzeichnet worden. Dieser Vorwurf übersieht jedoch die eigentümliche Methode des Victoriners. Sie ist seiner bedeutendsten Schrift *De Trinitate* zu entnehmen. Wenn er hier in der Gefolgschaft ↑Anselms v. Canterbury von notwendigen Begründungen (rationes necessariae) spricht, meint er damit Analogien und Konvenienzargumente. Überdies ist R.s Motiv zur theol. Reflexion die Glut des Herzens, die Suche nach Gott; dem ist alle intellektuelle Kraft dienstbar zu machen. Theol. Mühen ist für R. eingebunden in die theol. Tugenden des Glaubens, der Hoffnung und der Liebe; diese sollen die Reflexion formen. Sie kann auch nur gelingen, wenn sie von der Reinheit des Herzens begleitet ist.

Das inhaltlich Originelle von R.s trinitätstheol. Beitrag besteht darin, daß er vom Dreischritt der Liebe her das göttl. Leben zu erschließen sucht. Die Liebe ist deswegen die passende Analogie für das dreieine Leben Gottes, weil sie sich nur in einer Dreierbeziehung wahrhaft verwirklicht. Bis dahin war die augustinisch-anselmianische Trinitätslehre von der menschl. Erkenntnis und vom Geist als Leitbegriff ausgegangen. Statt ihrer wählt R. die Liebe. Vor allem die Franziskanertheol. greift diese trinitätstheol. Anregung des Victoriners auf. Mit seiner Gotteslehre wie auch mit seinen spirituellen Schriften über den Aufstieg des Menschen zu Gott gehört R. zu den wirkmächtigsten Theologen des 12. Jh.s.

Lit.: Die Dreieinigkeit, Einsiedeln 1980 (Einl., Übers. u. Anm. v. H. U. v. Balthasar); Über die Gewalt der Liebe. Ihre vier Stufen, Einf. u. Übers. v. M. Schmidt, München u. a. 1969. – J. Beumer, R. v. St. Viktor, Theologe und Mystiker; Scholastik 31 (1956) 213–238; H. C. van Elswijk, R. of Saint-Victor, New catholic encyclopedia XII, 483 f. (Quellen u. Lit.); F. Courth, Trinität. In der Scholastik (HDG II/1 b), Freiburg/Basel/Wien 1985, 63–68. *F. C.*

Ritschl, Albrecht (1822–1889). Der Göttinger Systematiker R., geb. am 25. März 1822 in Berlin als Sohn des späteren Bischofs von Pommern und gest. am 20. März 1889 als Prof., ist der beherrschende ev. Theologe des wilhelminischen Zeitalters gewesen, mit dessen Denken sich auch seine entschiedenen Gegner auseinandersetzen mußten. R.s Theol. verkörperte den zeitgemäßen Prot. in solcher Prägnanz, daß erst mit ihr die Epoche ↑Schleiermachers definitiv beendet war. Ihr gewaltiger Einfluß überdauerte jedoch kaum zwei Generationen, so daß man heute von einem „fast verschollenen System" (Schäfer) reden kann.

R. studierte in Bonn (↑Nitzsch), Halle (↑Tholuck, J. Müller) und kurz in Heidelberg (↑Rothe) und Tübingen. Vorübergehend übte ↑Baur Einfluß auf ihn aus. R. lehrte von 1846 bis 1864 in Bonn NT, KG und DG, später auch Syst. Theol. Das erste größere Buch über *Die Entstehung der altkath. Kirche* (1850, 1857²) führt zum Bruch mit Baur. In Göttingen (seit 1864), wo er über ntl. Fächer, Dogm., Ethik und Symbolik liest, entstehen die Hauptwerke, die langsam seinen Ruhm begründen. R. hat hier 25 Jahre lang gelehrt, aber seine Wirkung ging fast ausschließlich von den Büchern aus; sie riefen trotz ihres spröden, kanzleiartignüchternen Stils die neue theol. Schule der R.ianer hervor.

Das Eigentümliche von R.s Theol. liegt in der energischen Verbindung von bibl. Ausrichtung und kantisch gefärbtem Ethizismus, beides stark mitgeformt durch den Versuch, ↑Luthers genuinem Anliegen wieder Geltung zu verschaffen. So kommt einerseits ein gesch. Zug in diese Theol., die aber, für hist. Kritik nicht verschlossen, vom konservativen Biblizismus unterschieden bleibt. Vielmehr ermöglicht der exklusive Ansatz bei der Off. in Jesus Christus – ohne „natürl. Theol." – auf ganz positivistische Weise vom Eigenverständnis des wirklichen Christentums auszugehen und Theol. als strenge Fachwiss. ohne erkenntnistheoret.-phil. Anleihen zu begründen. Wie gegen die romantisch-idealistische Vermischung von Rel. und Spekulation, so gegen jede Metaphysik überhaupt gerichtet, wird die ethisch orientierte Dogmatik von einem personalistischen Theismus bestimmt. Die Berufung auf Luther andererseits dient dem verwandten Anliegen, die reformatorische Gestalt des Evangeliums schroff von Kath., Mystik und ihren prot. Entsprechungen (wie Pietismus und restaurativem Konfessionalismus) abzusetzen. R.s Theol. fand die heftigsten Bestreiter im orth. ebenso wie im liberalen Lager. Die Wahlverwandtschaft zum Kantianismus schließlich – R.s Betonung des prakt. Glaubens gegenüber der Lehre, der Sittlichkeit gegenüber der Metaphysik (Wert- statt Seinsurteile), des Reiches Gottes als sittl. Endzweck gegenüber der Kirche als dessen untergeordnetem Mittel – ist pragmatischer Natur. Rel. ist vorrangig tätiges und gemeinschaftliches Leben anstelle von asket. Weltflucht, Kontemplation und ästhet. Kulturidealismus. Die Rechtfertigung befreit zur Sittlichkeit, und Glaube ist Herrschaft über die Welt. Damit ist ebenso der sittl. bemühte und in täglichem Pflichtgehorsam seinen Beruf erfüllende Christ wie zugleich die Gemeinde als konkreter Ort eines nicht-privaten Gottesverhältnisses und einer wirksamen Erfahrung von Rechtfertigung und Versöhnung vor dem kath. Vollkommenheitsideal ausgezeichnet. R.s Theol. hat sich den Zeitgenossen als nüchterner christl. Realismus dargestellt, der zugleich entschiedenen Prot. und bürgerl. Ethik, gesch. Selbstbewußtsein und fortschrittliche Gegenwartsbezogenheit, wissenschaftliche Sachlichkeit und sittl. Weltgestaltung umschloß.

Dementsprechend führt R. in seinem Hauptwerk *Die christl. Lehre von der Rechtfertigung und Versöhnung* (1870–74), nach gründlicher hist. Darbietung des dogmengesch.

und bibl. Stoffes, im 3. Band die positive, dogm. Entwicklung des Lehrzusammenhanges durch, den er als Herzstück des reformatorisch verstandenen Evangeliums ansieht. Einen knappen syst. Grundriß seiner Dogmatik bietet der *Unterricht in der christl. Rel.* (1875, Neuausgabe 1966). Er geht aus vom Gedanken des Reiches Gottes als höchstem Gut und Gottes als der Liebe, zeigt die Konkretisierung im Versöhnungsglauben, entwickelt am ausführlichsten die Lehre vom christl. Leben in der Welt und schließt mit der Gottesverehrung in der Gemeinde. Neben bedeutenden kleineren Abhandlungen ist bes. noch R.s auf zehnjährige Forschungen zurückgehende große *Geschichte des Pietismus* (1880–86, Nachdruck 1966) zu nennen, die seine krit. Urteile über den Pietismus ref. und luth. Spielart als rekatholisierende Abgleitungen von der Reformation hist. untermauert.

Bei aller Umstrittenheit seiner Theol. und ihrer scharfen Ablehnung bei den konfessionellen Richtungen sind die führenden Theologen der nächsten Generation R.s Schüler gewesen: †Herrmann, †Harnack, †Troeltsch, †Kattenbusch, Th. Häring, †Kaftan u. a. Bemerkenswert ist R.s Einfluß auf die große neuere DG.schreibung (Harnack, Loofs, †Seeberg) bzw. KG (K. Müller) oder auch die Lutherforschung. Bei allen möglichen Abweichungen im einzelnen bildeten die R.ianer eine deutliche Schule. Sie hatte in der ThLZ ein lit. Organ und war in der Fak.politik spürbar.

Allerdings brachen im Gefolge R.s

auch Neuansätze auf, die seine Theol. überholten, so z. B. die – freilich von R. selbst mitveranlaßte – Entdeckung des Problems radikaler Eschatol. War auch R.s mächtige Wirkung nach dem 1. Weltkrieg schlagartig vorbei, so hat sein Denken doch, wie u. a. an den Themen „natürl. Theol" und „Christozentrismus" ersichtlich, über W. Herrmann vermittelt, auch bei den radikalen Erneuerern der Theol. nach 1918 (†Barth, †Bultmann) nachhaltige Spuren hinterlassen.

Lit.: O. Ritschl, A. R.s Leben (2 Bde.), Freiburg/Br. 1892–96; R. Wrzecionko, Die phil. Wurzeln der Theol. A. R.s, Berlin 1964; R. Schäfer, R. Grundlinien eines fast verschollenen dogm. Systems, Tübingen 1968.   *J. R.*

Rosmini–Serbati, Antonio Conte di (1797–1855). Philosoph, Theologe, polit. Denker; Gründer der Rosminianer. Gr. Einfluß auf den Risorgimento durch den Versuch, das nationale Einheitsstreben Italiens mit christl. Trad. zu verbinden. In der Phil. bemüht er sich um Überwindung des Sensualismus und Subjektivismus. Wichtige Anstöße für die Apologetik.

Rothe, Richard (1799–1867). R. war der bedeutendste spekulative Systematiker der Vermittlungstheol. und zugleich von einer die Zeitgenossen tief beeindruckenden persönl. Religiosität. In ihm verbanden sich auf seltene Weise völlig unbefangene Aufgeschlossenheit für die humane Bildung, Wissenschaft und Kultur der Neuzeit mit einem lebendigen Christusglauben von pietist. Fär-

bung. In völliger Stimmigkeit ergänzten bei ihm die innere Freiheit
und die tiefe Frömmigkeit einander.

Geb. am 28. Jan. 1799 in Posen in
einer preuß. Beamtenfamilie, studierte R. vor allem bei Hegel in Heidelberg und Berlin, aber auch bei
↑Daub, ↑Schleiermacher und ↑Nean-
der. Weitere entscheidende Bildungs-
einflüsse empfing er als preuß. Ge-
sandtschaftsprediger in Rom im
Kreise romant. Künstler und Wissenschaftler (K. J. Bunsen). Von 1837 an
war R. – mit vierjähriger Zwischen-
zeit in Bonn – bis zu seinem Tode am
20. Aug. 1867 Theol.prof. in Heidelberg, berühmtestes Mitglied der Fak.
und später auch dem badischen
Oberkirchenrat angehörend. In seine
kirchenpolit. Mitwirkung hinein
gehört auch die Gründung des
lib. Deutschen Protestantenvereins
1863.

R.s Hauptwerk ist die gewaltige
Theologische Ethik (3 Bde. 1845–48;
5 Bde. 1867–71²). Unter diesem Titel gibt er in streng spekulativer Ge-
dankenentwicklung eine vollständige begriffl. Konstruktion des absoluten Personlebens Gottes und der –
evolutionär aufgefaßten – noch
fortgehenden Weltschöpfung, die
auf der Stufe der Menschheit ihr Te-
los erfaßt: in freier, rel.-sittl. Selbstbestimmung sich mit Gott als dem
Grund vollendeter Gemeinschaft
persönlicher Geister ewig vereinigen
zu lassen. Damit erst ist das eigentliche Feld dieser Ethik eröffnet. R. hat
in der unter solchen theol. und kos-
mologischen Voraussetzungen (ein-
schließl. einer Christol.) entworfenen
Güter-, Tugend- und Pflichtenlehre
dann den unvergleichlichen Reich-

tum seiner theol.-phil. und lit. Bildung wie seiner feinsinnigen, frommen Lebensweisheit ausgebreitet.

Für das Selbstverständnis des neuzeitl. Prot. ist R. vor allem aber mit
seiner These über die teleologische
Aufhebung der Kirche in den Staat
von Wichtigkeit. Danach sind, spätestens seit der Reformation, die Ge-
schicke des Christentums nicht mehr
an die verfaßte Kirche bzw. die Konfessionen gebunden, sondern die eigentliche Wirkung des Christentums
als geistiger Geschichtspotenz zeigt
sich gerade in der außer- bzw. un-
kirchl. freien Humanität: das Zeitalter der Kirchlichkeit wird überholt
durch die Neuzeit als Epoche einer
weltl. Omnipräsenz des Christlichen
im Bereich der allg. Sittlichkeit. Die
Kirche hat noch Bedeutung, indem
sie ständig über sich als Institution
hinausweist auf die Sache des Christentums, die größer ist als sie. Darin
liegt die tendenzielle Selbstaufhe-
bung der Kirche zugunsten einer völlig vom Christentum rel.-sittl. durch-
drungenen freien Menschheit. Dieses
Letztziel, in dem es keine partikulare
Kirche mehr gibt, weil alle weltl. Ge-
meinschaftsformen („Staat") vom
Geist Christi durchdrungen sind, hat
R. aber nicht mehr fortschrittsim-
manent, sondern allein von Gottes
eschatol. Handeln heraufführbar gedacht.

Lit.: Zur Dogmatik, Gotha 1863,
1869²; Stille Stunden, Wittenberg
1872, 1888². – A. Hausrath, R. R. und
seine Freunde, 2 Bde., Berlin 1902–06;
H.-J. Birkner, Spekulation und Heilsgeschichte. Die Geschichtsauffassung
R. R.s, München 1959.   *J. R.*

Rupert v. Deutz (1075/80–1129).
Führender Vertreter der sog. monast.
Theol. 1106 Priester; 1120 Abt in
Deutz. Versucht durch Allegorisie-
rung und Typisierung eine umfassen-
de Darstellung der Heilsgesch. (un-
terstreicht Christozentrik der
Gesch.).

**Ruysbroek, Johannes (Jan) van
(1293–1381).** Größter fläm. Mystiker. Versucht trin. u. christol. Gedanken harmonisch zu verbinden. Ehrentitel: „Doctor divinus", „ein anderer Dionysius".

Sabellius (Sabellianismus) (3. Jh.).
Sabellianismus bezeichnet die moda-
listisch-monarchianist. Lehre, deren
Grundlage die Auffassung ist, daß
die Dreifaltigkeit (Vater, Sohn und
Geist) vergängliche Erscheinungsformen der gleichen Person sind. Benannt nach Sabellius, einem Libyer,
der nach 217 nach Rom kam und
dort Haupt einer Sekte wurde. Nach
Exkommunikation des Sabellius ist
die Richtung dort praktisch überwunden.

**Sailer, Johann Michael (1751–
1832).** S. wurde am 17. Nov. 1751 in
einem Dorf bei Schrobenhausen geb.
Nach dem Besuch des Jesuitengym-
nasiums in München (1762–70) und
dem Studium der Theol. in Ingolstadt (1772–77; hier war u.a. †Statt-
ler sein Lehrer) wurde er 1775 zum
Priester geweiht. 1780/81 wirkte er
neben Stattler als Dogmatikprof. in
Ingolstadt, von 1748 an lehrte er als
Prof. für Ethik und Pastoraltheol. in
Dillingen. Aufgrund kirchenpolit.
Auseinandersetzungen wurde S.

1794 mit einigen anderen – als an-
gebl. „Aufklärer" – dort entlassen.
1799 berief man ihn an die (1800
nach Landshut verlegte) Univ. Ingolstadt. Hier dozierte er Pastoraltheol.,
Homiletik, Liturgik, Katechetik, Pädagogik, vor allem aber Moraltheol. In
Landshut sammelte sich ein Kreis von
rel. interessierten Persönlichkeiten
um ihn („Sailerkreis"). Intensive Bemühungen des Kronprinzen Ludwig
von Bayern führten zu seiner Berufung in das Regensburger Domkapi-
tel und schließlich zu seiner Ernennung zum Bischof von Regensburg
(1829). S. starb am 20. Mai 1832.
Man rühmte ihn als „erste Leuchte"
der kath. Kirche und als „bayerischen
Kirchenvater". Ludwig I. von Bayern,
der zu S. sehr engen Kontakt unter-
hielt, bezeichnete ihn als den größten
Bischof von Deutschland.

S. hat nicht nur durch sein unmit-
telbares Wirken auf das geistig-rel.
Leben Deutschlands in der ersten
Hälfte des 19. Jh.s Einfluß genommen, sondern auch ein umfangreiches lit. Werk geschaffen. Seine ge-
sammelten Werke umfassen 40 Bände. Die Interessen S.s waren sehr
breit. Dies schlägt sich auch in seinem Werk nieder. So verfaßte er
1785 ein großes phil. Werk: *Vernunftlehre für Menschen, wie sie
sind.* Hier versucht er die Übereinstimmung phil. Ethik mit den Lehren
des Christentums aufzuweisen. In
seinem großen moralphil. Werk von
1787 *Glückseligkeitslehre aus Vernunftgründen, mit Rücksicht auf das
Christentum* entfaltet er (in erster
Auseinandersetzung mit Kant) eine
eigenständige Vernunftlehre. Mit der
Veröffentlichung seiner *Vorlesungen*

aus der Pastoraltheologie (3 Bände, München 1788/89) wird S. zum Vater dieses Faches überhaupt. Die *Grundlehren der Religion* (1805) versuchen, einen religionsphil. verantwortbaren Zugang zum Christentum zu eröffnen. Die *Religionslehre* (1807) stellt eine Vertiefung des genannten Werkes dar. Das *Handbuch der christlichen Moral* (1817) ist eine völlige Neukonzeption kath. Moraltheol. Im übrigen hat S. auch pädagog. und liturg. Schriften sowie Predigten verfaßt, dazu eine große Zahl von Gelegenheitsschriften.

Seine Bedeutung für die Theol. ergibt sich aus der Zusammenschau seiner Neukonzeptionen auf verschiedenen Gebieten der Theol. Sie alle sind von dem Bemühen gekennzeichnet, die kath. Theol. aus aufklärerischer Enge herauszuführen und ihr – vor allem aus dem romant. Gedankenpotential – bereichernde Impulse zu geben. Von besonderer Bedeutung ist seine Ekklesiol. Hier ist der Begriff der „lebendigen Überlieferung" der eigentl. Schlüsselbegriff. Ohne seine Vorarbeiten wäre die Ekklesiol. der kath. Tübinger Schule nicht möglich gewesen.

S. hat auf viele Zeitgenossen einen äußerst intensiven, geistl. und theol. Einfluß ausgeübt. Er prägte eine ganze Priestergeneration und beeinflußte über Ludwig I. auch zahlreiche Bischofsernennungen. Seine theol. Grundgedanken wirkten nicht nur auf die Tübinger, sondern auch auf bedeutende Theologen aus der zweiten Hälfte des 19. Jh.s, wie ↑Schell und S. Merkle. Das II. Vatikanum hat seine Grundgedanken in vielem bestätigt.

Lit.: G. Schwaiger, J. M. S., in: KdTh II, 53–73 (Lit). *H. W.*

Sawicki, Franz (1877–1952). Religionsphilosoph und Apologet. Prof. am Priesterseminar in Peplin; Verf. zahlreicher dogm., apolog. und rel.phil. Schriften in dt. und poln. Sprache.

Schäzler, Konstantin Freiherr v. (1827–1880). Studium der Theol. in Löwen und Rom; 1863–73 Priv. Doz. in Freiburg. Seit 1874 Berater an der Glaubenskongregation in Rom. Möchte den Thomismus als „streng traditionelle Fortschrittstheologie" beleben. Gerät so in Gegensatz zur Kath. Tübinger Schule.

Schatzgeyer, Kaspar (1463/64–1527). Kontroverstheologe, Franziskaner. Lernt auf zahlr. Reisen die rel. Situation näher kennen; kommt durch Argumentation aus der Schrift den Reformatoren entgegen; versucht eine von innen her legitimierte Darstellung der kath. Lehre (bes. Ekklesiol. und Meßopferlehre).

Scheeben, Matthias Joseph (1835–1888). S. wurde am 1. März 1835 in der Nähe von Bonn geb. Nach Gymnasialjahren in Münstereifel und Köln kam er als Student des Collegium Germanicum an die Päpstl. Univ. Gregoriana nach Rom (1852–59). Die geistl. und theol. Formung, die er hier erfuhr, war für sein ganzes Leben bestimmend. Seine Lehrer Perrone, ↑Passaglia, ↑Franzelin und ↑Schrader (die sog. „Römische Schule") kamen zwar von der Schol. her, hatten diese aber durch Anregungen aus den Kirchenvätern und aus der hist.-bibl. Theol. vertieft und bereichert. S. war schon früh ein ausgezeichneter, selbständiger Kenner der griech. und lat. Väter sowie der wichtigsten Theologen der Schol. 1853 wurde er zum Priester geweiht und nach kurzer Tätigkeit in Seelsorge und Schule als Prof. an das Priesterseminar in Köln berufen (1860). Hier schuf er sein großes theol. Werk, das ihn zu einem der am meisten geschätzten kath. Theologen Deutschlands bis weit ins 20. Jh. hinein machte. Er starb nach fast drei Jahrzehnten der Lehr- und Forschungstätigkeit am 2. Juli 1888. Einer seiner Freunde schrieb bei seinem Tod: „Auf Erden wird sein Andenken gesegnet sein, solange es eine theol. Wissenschaft für Katholiken gibt."

Unter seinen Hauptwerken, die in sieben Bänden gesammelt sind, ragen im einzelnen hervor: *Natur und Gnade* (1864); *Mysterien des Christentums* (1865) und das *Handbuch der katholischen Dogmatik* (1874 ff; von einem Schüler zu Ende geführt). Der eine theol. Schwerpunkt bei S. ist das theol. Grundproblem der Beziehung zwischen göttl. Gnade und menschl. Freiheit bzw. Gnade und Natur. Bei den Ausarbeitungen im einzelnen läßt er sich zum einen von der Grundüberzeugung leiten, daß die göttl. Gnade tief in die psychisch-affektive Sphäre des Menschen hineinwirkt, aber dennoch ganz Werk und Geschenk Gottes bleibt, zum anderen von der Erkenntnis, daß Christus ganz im Organismus der Kirche wirkt und diese gleichsam instru-

mental verwendet. Der andere Schwerpunkt ist für ihn die theol. Erkenntnislehre. Hier leistet er eine ausgewogene Darstellung des Zusammenwirkens von Hl. Schrift, Tradition, Lehramt und Glaubenssinn bei der Findung der theol. Wahrheit. In diesem Zusammenhang entwickelt er auch ein Verständnis von Theol., das die Vernunft in keiner Weise ausschaltet, aber sich im strengen Sinn als Glaubenswiss. versteht. Der Glaube ist notwendiger Ausgangspunkt theol. Erkenntnis. Diese ist nur möglich, wenn der Glaube „innerliche Grundbedingung" und „bleibende Wurzel" dieser Erkenntnis bleibt. Freilich ist die im Vollzug des Glaubens eingeschlossene Vernunfttätigkeit nicht identisch mit der theol. Vernunft. Die eine hat mehr intuitiven, die andere mehr diskursiven Charakter.

S.s Werk beeinflußte sehr lange den theol. Lehr- und Schulbetrieb. Besonders lebte sein Denken und Wirken bei M. Grabmann und †Fekkes fort.

Lit.: Ges. Schriften, hrsg. v. J. Höfer u. a., 7 Bände, Freiburg 1941–57. – K. Eschweiler, Die zwei Wege der neueren Theologie. Georg Hermes/M. J. S., Augsburg 1926.   *H. W.*

Scheler, Max (1874–1928). Philosoph. Gehört zu den bedeutendsten akadem. Lehrern der Phil. nach dem Ersten Weltkrieg. Versucht aus kath. Geist heraus einen phänomenolog. erneuerten Augustinismus. Hauptwerk: *Der Formalismus in der Ethik und die materiale Wertethik; neuer Versuch der Grundlegung des ethischen Personalismus* (1913–16).

Schell, Herman (1850–1906). Geb.
ist S. am 28. Febr. 1850 in Freiburg. 1868 tritt er ins Theologen-
konvikt ein und beginnt das
Theol. studium an der Univ. Ihn bereits jetzt prägende Wissenschaftler
sind J. Sengler (Philosoph), J. Wörter
(Nachfolger von †Staudenmaier)
und †Schäzler. 1870 siedelt er nach
Würzburg über. 1872 promoviert S.
bei Sengler in Freiburg mit dem von
Brentano (Würzburg) gestellten Thema: „Die Einheit des Seelenlebens
aus den Principien der aristotelischen Philosophie entwickelt." 1872
erfolgt auch der Eintritt ins Priesterseminar in Würzburg; am 17. Aug.
1873 empfängt S. die Priesterweihe.
Sechs Jahre ist er in der praktischen
Seelsorge tätig (–1879) und wird
dann zum Studium nach Rom beur-
laubt. Hier bereitet er von 1879–
81 seine theol. Diss. *Das Wirken
des dreieinigen Gottes* vor, die er
1883 statt in Würzburg in Tübingen
abschließt. 1884 wird S. zum ao.
Prof. für Apol. ernannt mit Lehrver-
pflichtungen für Christl. Kunstgeschichte und Archäologie. Mit der
Ernennung zum o. Prof. 1888 rundet
sich seine akad. Laufbahn; sie endet
mit seinem Tod am 31. Mai 1906.
S. sah sich als Theologe in die
Auseinandersetzung von Neuschol.
und Tübinger Schule hineingestellt
und versuchte seinerseits eine Synthese. Dafür war ihm das Geheimnis
der Trinität gleichsam das entscheidende und alles bestimmende Prinzip
hinsichtl. Lehre und Leben und im
Zusammenhang damit der Gottesbegriff der „Causa sui". Der verständ-
lichmachenden Ausdeutung und
Sinndeutung widmete er sein intensi-

ves theol. Bemühen. Alles Theologi-
sieren wollte er nicht allein auf der
theoret. Ebene ansiedeln; ihm ging es
um die ständige dialog. Auseinandersetzung mit der langen Reihe „der
radikalen neuzeitlichen Irrtümer, die
das Wesen der Offenbarungsreli-
gion, der Kirche und ihrer Lehre in
der Wurzel zu zerstören drohten.
Diese Irrtümer sind nichts anderes
als der radikale Subjektivismus, Liberalismus, Evolutionismus, Kritizis-
mus und Historismus, angewandt
auf die kirchliche Lehre, näherhin
auf die Theologie" (J. Lortz). Als innerkirchl. Herausforderung zählten
Modernismus und Neuschol. Wie
viele andere zeitgenöss. Theologen
stellte er sich auch anderen Problemen in Diagnose und Lösungsvor-
schlägen. Sein Mühen kristallisierte
sich in den beiden sog. Reform-
schriften *Der Katholizismus als Prinzip des Fortschritts* (1897) und *Die
neue Zeit und der alte Glaube*
(1898). Gerade das Aufgreifen theol.
und kirchl. Tagesfragen wurde S.
zum Verhängnis; am 15. Dez. 1898
erfolgte die Indizierung seiner meisten Werke. Ein Lehrverbot wurde
nicht erteilt, aber es entwickelte sich
ein sogar über seinen Tod hinausrei-
chendes persönl. Verleumden und
Kesseltreiben, das ihn vollkommen
aufgerieben hat. Der sogenannte
„Schellstreit" hat ihn lange Zeit vergessen gemacht. Theol. „auferweckt"
wurde er durch Prof. J. Hasenfuß
und das S.-Institut in Würzburg
(18. Nov. 1970 eröffnet).

Lit.: J. Hasenfuß, H. S. als existentieller
Denker und Theologe, Würzburg
1955; P.-W. Scheele, H. S., Verherrli-

chung und Gemeinschaft, Paderborn 1957; K. Mühlek, Dynamische Gemeinschaft. Zur Lehre H. S.s von der Kirche, München/Paderborn/Wien 1973 (Lit.).   *K. M.*

Schlatter, Adolf (1852–1938). S. wurde am 17. Aug. 1852 in St. Gallen geb. Von 1871–75 studierte er in Basel und Tübingen Theol. (sowie Philologie, Phil. und Geschichte) und war dann 5 Jahre lang in verschiedenen schweizerischen Gemeinden als Pfarrer tätig. 1880 folgte er der Aufforderung, sich in Bern für NT zu habilitieren und als Doz. tätig zu werden. 1888 übernahm S. eine Professur für NT in Greifswald, wo er zugleich Dogm. lehrte. Rufe nach Basel, Heidelberg, Marburg und Bonn lehnte er ab, ging aber 1893 auf Drängen des Ministeriums nach Berlin und übernahm die als Gegengewicht zu †Harnack eingerichtete „positive" Professur (sog. Strafprofessur) mit dem Schwerpunkt Syst. Theol. Als auch in Württemberg von pietist. Seite die Forderung nach einer zusätzlichen „positiven" (ntl.) Professur erhoben wurde, übernahm S. 1898 diese Aufgabe in Tübingen. Hier veröffentlichte er seine großen theol. Werke über: *Die Theol. des Neuen Testaments* (1909/10), *Das christl. Dogma* (1911) und *Die christl. Ethik* (1914). Als der Einfluß der Lib. Theol. im Gefolge des 1. Weltkriegs zurückging, erlangte S. in Univ. und Kirche eine große Breitenwirkung, die weit über seine Emeritierung im Jahre 1922 hinausreichte. Bis zu seinem 78. Lebensjahr hielt S. vor einer großen Hörergemeinde regelmäßig Vorlesungen. Danach veröffentlichte er noch 9 Kommentarwerke zum NT. Er starb am 19. Mai 1938.

S.s theol. Wirken war bestimmt vom Pathos der Wahrheitssuche durch Wahrnehmung der Wirklichkeit. Dabei verstand er die Wirklichkeit in Natur und Geschichte als das Werk Gottes, durch das Gott sich indirekt zu erkennen gibt. Die Geschichte Jesu als der Ort der direkten Selbstoff. Gottes ist für S. Höhepunkt und Einheitsprinzip der Wirklichkeit. Weil von diesem Heilswerk Gottes in Jesus Christus nur die Bibel zuverlässige Kunde gibt, steht ihre Auslegung für S. im Zentrum der theol. Arbeit. Dabei vollzieht er die wiss. Arbeit primär und grundlegend als einen immer neuen „Sehakt", d. h. als konzentrierte, aufmerksame Wahrnehmung am Text, die im „Denkakt" verarbeitet und im „Lebensakt" christl. Existenz zur Wirkung gebracht werden muß. Aus dem grundlegenden „Sehakt" gewinnt S. das für ihn einheitliche ntl. Christusbild, demzufolge bereits der irdische Jesus sich als Messias und Sohn Gottes wußte und offenbarte – den also nicht erst die Urgemeinde nachträglich so beschrieben und gedeutet hat.

Die Konzentration auf Jesus Christus verdrängt bei S. nicht den Bereich des Natürlichen, sondern läßt ihn in seinem Eigenwert gelten. Von daher bekommt der Schöpfungsgedanke in S.s Dogm. und Ethik eine so positive Bedeutung, wie er sie weder in der Lib. noch in der Dial. Theol. hatte. Diesen Hauptströmungen des ausgehenden 19. und frühen 20. Jh.s gegenüber war und blieb S. ebenso ein Einzelgänger wie gegenüber der zeitgenöss. Exegese. Dies hat – neben einer weitgehenden pietist. Vereinnahmung S.s – dazu beigetragen, daß sein empirischer Ansatz in der akad. Theol. kaum rezipiert wurde und noch der Verarbeitung harrt.

Lit.: Die Freude des Glaubens (GTB 253), Gütersloh 1978; Rückblick auf meine Lebensarbeit, Stuttgart 1977². – A. Bailer, Das syst. Prinzip in der Theol. A. S.s, Stuttgart 1968. *W. H.*

Schleiermacher, Friedrich (1768–1834). S. ist am 21. Nov. 1768 in Breslau als Sohn eines ref. Feldpredigers geb. Vom 14. Lebensjahr an auf herrnhutischen Instituten erzogen (Niesky, Barby), erkämpfte er sich nach tiefgreifenden Zweifeln an orth. Hauptlehren ein Studium an der neologisch geprägten Univ. Halle, ohne aufzuhören, sich als Herrnhuter „von einer höheren Ordnung" zu verstehen. Dort studierte er 1787–89 Theol., ließ sich aber, bes. durch den Philosophen J. A. Eberhard, zum lebenslangen Studium der griech. u. der Phil. Kants anregen. Nach Jahren als Hauslehrer und Hilfsprediger war er seit 1796 ref. Prediger an der Berliner Charité. Hier entstand in engem Kontakt zu den gebildeten Kreisen (Henriette Herz) und mit Vertretern der Frühromantik (F. Schlegel, Novalis) 1799 das Grunddokument romantischer Rel. phil.: *Über die Religion. Reden an die Gebildeten unter ihren Verächtern.* Die anonyme Schrift machte den jungen Theologen berühmt. Seine gegen Orth., Metaphysik und aufgeklärte Moralphil. behauptete Unabhängigkeit der Rel. als „Sinn und

Geschmack fürs Unendliche" bzw. „Anschauung und Gefühl" vom Universum eröffnete neuartig-kühne Perspektiven auf das genuine Wesen der Rel., den Status des Gottes- und Unsterblichkeitsgedankens, die rel. Erziehung, die Struktur rel. Gemeinschaft (Trennung von Staat und Kirche) sowie eine idealtypisch differenzierte Sicht der Rel. gesch. und des Christentums. In diesem höchst originellen Frühwerk ist die Keimzelle für das ausgereifte phil.-theol., von einer allumfassenden Systematik bestimmte Lebenswerk S.s zu sehen.

Nach einer Übergangszeit in Stolp (Pommern) mit weiteren Veröffentlichungen (u. a. Plato-Übersetzung) wurde S. 1804 Theol. prof. in Halle. In dieser Zeit skizziert er die Grundzüge seiner späteren syst. Werke. Allerdings bilden den Hauptanteil seiner Vorlesungen lebenslang diejenigen über Exegese fast aller ntl. Bücher. Mit einigen Veröffentlichungen gehört er auch in die Geschichte der hist.-krit. Erforschung des NT.

Als S. schließlich von 1809/10 an sowohl ref. Prediger an der Dreifaltigkeitskirche wie auch Prof. für Theol. an der neugegründeten Univ. in Berlin (neben de Wette und ↑Marheineke, später ↑Neander) ist, hat er mit diesem Doppelamt als akad. Lehrer und Pastor seine endgültige Stellung gefunden. In Berlin stirbt er 65jährig am 12. Febr. 1834 und wird – weithin berühmt – unter enormer öffentl. Anteilnahme zu Grabe getragen.

Bereits den Zeitgenossen war bewußt, daß S.s theol. Lebenswerk epochale Bedeutung zukommt. Diese Einschätzung wird von seiner Wirkungsgeschichte im 19. Jh., als dessen „Kirchenvater" er apostrophiert wurde, ebenso bestätigt wie von der im frühen 20., aber auch von der erneuten internationalen Aktualität S.s nach dem 2. Weltkrieg. Sie gründet sich sowohl auf die Universalität seines Wirkens wie auch auf die wegweisenden Konzeptionen, mit denen er auf verschiedenen Gebieten neue Grundlegungen erreicht hat. Er ist damit der Klassiker des neuzeitl. prot. Christentums geworden.

Muß hier von den bedeutenden Erträgen seiner phil. Arbeit (Hermeneutik, Ästhetik, Pädagogik) weitgehend abgesehen werden, so sind doch als für Theol. und Rel.phil. zentral wichtig S.s *Dialektik* und *Phil. Ethik* nicht zu übergehen. In diesen nur durch Vorlesungskonzepte und -nachschriften erhaltenen, lebenslang überarbeiteten Werken begründet S. seine eigentümliche Verhältnisbestimmung von Theol. und Phil. im Ganzen der Wissenschaften. Er hat damit eine Systematik entworfen und in vielen Hinsichten ausgeführt, die den großen idealistischen Systemkonzeptionen eigenständig zur Seite tritt.

Für die Prakt. Theol. ist er als gesuchter Prediger seiner Zeit und vor allem als Neubegründer dieser Fachdisziplin von bleibendem Interesse.

In der Syst. Theol. sind es – neben Vorlesungen über *Christl. Sittenlehre* u. a. – vor allem zwei Bücher, die S.s theol.gesch. Rang ausmachen. Das eine ist die unter dem Titel *Kurze Darstellung des theol. Studiums* zuletzt 1830 erschienene theol. Enzyklopädie. Sie bietet einen formellen Aufriß der inneren Wiss.systematik der gesamten Theol. mit der fundamentalen Dreiteilung in Phil., Hist. (incl. Dogmatik!) und Prakt. Theol. Ihre spezifische Modernität dürfte im funktionalen Verständnis der Theol. liegen; sie wird begriffen als Konsortium verschiedener Fachwissenschaften, die allein durch ihre bes. Aufgabe, das hist. gegebene Christentum wissenschaftlich zu bearbeiten, sich zum Ganzen der Theol. zusammenschließen.

Eine geradezu revolutionäre Neugestaltung hat S. der Dogm. zuteil werden lassen mit seinem Werk *Der christl. Glaube nach den Grundsätzen der ev. Kirche im Zusammenhange dargestellt* (2 Bde., 1821/22, Endfassung 1830/31). Methodisch die Zerstörung trad. Metaphysik durch Kant sowie die aufgeklärte Dogmenkritik einbeziehend, versucht S. die – unierte – Dogmatik zu begründen in einer syst. Analyse des „christl.-frommen Selbstbewußtseins" nach seinen integrierenden Momenten. Von der spezifisch christl. Gestalt des Sünden- und Gnadenbewußtseins und der darin mitgesetzten rel. Grundbeziehung des „Bewußtseins schlechthinniger Abhängigkeit" aus werden in höchst kunstvoller formaler Disposition jeweils die dies Bewußtsein konstituierenden Richtungen auf das Selbst, die Welt und Gott krit.-deskriptiv so herausgearbeitet, daß sie zugleich zu den überlieferten Sätzen der Hl. Schrift, der Bekenntnisschriften und der Dogm. ins Verhältnis gesetzt werden können. Als Analyse gegenwärtigen christl. Bewußtseins ist diese „Glaubenslehre" zugleich krit. Aufarbeitung der dogm. Tradition. So wird in behutsa-

mer Weiterbildung der hist. Lehrge-
halt des christl. Glaubens mit den
method. und sachlichen Erfordernis-
sen neuzeitl. Bewußtseins vermittelt.
S.s Satz, daß die Reformation noch
fortgehe, hat in seiner Glaubenslehre
wie in seinem ganzen Werk eine zukunftsweisende Konkretisierung gefunden.

Lit.: Sämtliche Werke. I. Abt. Zur
Theol. (11 Bde.), II. Abt. Predigten
(10 Bde.), III. Abt. Zur Phil. (10 Bde.),
Berlin 1834–64; Krit. Ges.ausgabe,
hrsg. v. H.-J. Birkner u. a. Berlin/New
York 1980 ff. (bislang 6 Bde.). – Tice,
T. N., S. Bibliography. Princeton/New
Jersey 1966; Dilthey, W., Leben S.s,
1. Bd. Berlin 1870, 1922², 1970³, 2. Bd.
Berlin 1966; Hirsch, Geschichte, 4. Bd.,
490–582; 5. Bd., 281–364; F. S.
1768–1834, hrsg. v. D. Lange, Göttingen 1985.   *J. R.*

Schlink, Edmund (1903–1984).
1934 Doz. für Syst. Theol., dann auf
verschiedenen Stellen für die Bekennende Kirche tätig, ab 1946 Prof. für
Dogm. und Ök. Theol. in Heidelberg.
Ausgehend von der Beschäftigung
mit der reformatorischen Theol.
(*Theol. der luth. Bekenntnisschriften,*
1940, 1948³) wendet sich S. nach
dem 2. Weltkrieg immer stärker ök.
Fragen zu in der Hoffnung, von den
in den altkirchl. Bekenntnissen verankerten gemeinsamen Glaubens-
überzeugungen aus die zwischen den
Konfessionen bestehenden Differenzen relativieren zu können, um dadurch zu einer „Einigung der Getrennten" Impulse zu geben. Dem
dient auch sein letztes Werk *Ök.
Dogm.* (1983).

**Scholten, Johann Heinrich (1811–
1885).** Seit 1845 Prof. für NT und
Dogm., seit 1877 für Prakt. Theol. u.
Rel. Phil. in Leiden. Begründer der
„Leidener Schule" und der „Modernen Richtung" in Holland. Programmschrift: *Die Lehre der ref. Kirche* (1848, 1861⁴). Mittels seines
calvinist. Spinozismus versuchte S.,
Christentum und moderne Kultur
miteinander zu verbinden.

Scholz, Heinrich (1884–1956). Ev.
Theologe und Philosoph, 1917 Prof.
für Syst. Theol. und Rel.phil. in Breslau, 1919 Prof. für Phil. in Kiel,
1928 in Münster, dort seit 1943 erste deutsche Professur für mathematische Logik und Grundlagenfor-
schung. Die Beschäftigung mit der
mathem. Logik (in Kiel durch die
Lektüre von A. N. Whitehead und
B. Russell ausgelöst), in der S. Bahn-
brechendes geleistet hat, dient ihm
letztlich dazu, ein Fundament zu le-
gen für eine Phil. (Metaphysik) und
Theol., die im strengen Sinne als
Wiss. gelten können. Vorbild und
Maßstab dieses anspruchsvollen Programms ist das Werk von ↑Leibniz.

Lit.: Mathesis Universalis. Darmstadt
1969² – E. Stock, Die Konzeption einer Metaphysik im Denken von H. S.,
Berlin 1987.

Schrader, Clemens (1820–1875). S.
ist neben ↑Passaglia und ↑Franzelin
Hauptvertreter der „Röm. Schule".
Sein Leben und Werk stehen in eng-
stem Zusammenhang mit dem
Schicksal Passaglias. Am 22. Nov.
1820 in Itzum bei Hannover geb.,
studierte S. im Germanikum in Rom
und wurde 1848 Jesuit. Nach polit.

bedingten Auslandsaufenthalten (Revolution 1848/49) dozierte er von 1852 bis 1857 am Collegium Romanum in Rom (1852–54 Sacra Scriptura, 1855–57 Dogm.). Seit 1858 in Wien, wurde er dort bald zu einer kirchenpolit. sehr profilierten Gestalt. Zur Vorbereitung und Mitarbeit am I. Vatikanum wurde er 1867 nach Rom zurückgerufen, wo er wieder Sacra Scriptura dozierte. Von 1872 bis zu seinem Tod (20. Febr. 1875) war er Prof. für Dogm. am Priesterseminar in Poitiers.

S. vertrat manche extreme Auffassung. So ist sein einseitiger Papalismus unübersehbar. Jedoch war er weder „ultramontan" noch einseitiger Scholastiker. Er verfügte über sehr intensive Schrift- und Väterkenntnisse, die er v. a. in seiner Sicht von der Kirche und von der Tradition artikulierte und syst. auswertete. Wenn er auch in vielem Passaglia weiterführte, so gibt es bei ihm doch sehr eigenständige Ansätze und Reflexionen. Gegenüber diesem hat er den Begriff der Tradition weiter differenziert, organischer gegliedert und teilweise umgestaltet. Vor allem arbeitete er den Primat von Schrift und Tradition als Quellen der Theol. deutlich heraus. Das vorbereitende Konzilsschema des I. Vatikanums über die Kirche, dessen Hauptverf. S. war, stellte die Sicht von der Kirche als „mystischem Leib Christi" klar heraus und brachte damit vor allem ↑Möhlers Ekklesiol. zur Geltung. Die Dokumente des Konzils bleiben wegen äußerer Umstände ein Torso, hinsichtlich der Kirche wird nur das Teilstück über den Papst verabschie-

det. Aber Theologen wie S. ist es letztlich zu danken, daß das II. Vatikanum auf die bedeut. ekklesiol. Ansätze aus der Tübinger Schule, von ↑Newman u. a. zurückgriff.

S. verfaßte eine ganze Reihe von überaus klar und logisch strukturierten Werken, die nicht nur in Rom schulbuchmäßige Verbreitung fanden. ↑Scheeben faßt sein positives Urteil über die Arbeiten S.s so zusammen: „Die Vorzüge sind namentlich eine allseitige philologische, historische und theologische Erudition, welcher alle Hilfsquellen der Theologie zur Verfügung stehen; logische Schärfe und Präcision in den Begriffen und Beweisen, und endlich die glänzende ... lateinische Diction" (Literarischer Handweiser 82, 1869, 334).

Lit.: F. v. d. Horst, Das Schema über die Kirche auf dem I. Vatik. Konzil, Paderborn 1963; H. Schauf, Carl Passaglia und Cl. S. Beitrag zur Theol.geschichte des 19. Jh.s, Rom 1938; J. F. v. Schulte, Art. S., in: Allgem. Dt. Bibliogr. 32, 1891, 425–27.   *H. W.*

Schweitzer, Albert (1875–1965). S. wurde am 14. Jan. 1875 im Elsaß (Kaysersberg) als Pfarrerssohn geb. und wuchs dort (Günsbach bei Colmar) auch auf. Von 1893–98 studierte er in Straßburg Theol. und Phil. 1899 Prom. zum Dr. phil., 1900 Lic.theol., 1902 Habil. für NT in Straßburg. In den Folgejahren entstand S.s größtes theol. Werk: *Die Geschichte der Leben-Jesu-Forschung* (1906, 1984⁹). Gleichzeitig erarbeitete er, der als Organist bereits einen Namen hatte, sein grundlegendes Werk über J. S. Bach (1905, erw.

deutsche Fassung 1908). Schon während seiner Studienzeit hatte S. den Plan gefaßt, angesichts des Elends in der Welt nur bis zu seinem 30. Lebensjahr der Wissenschaft und Kunst zu leben, um sich dann dem Gebot Jesu entsprechend „einem unmittelbaren menschl. Dienen zu weihen". Von 1905–12 studierte S. daher Medizin, um anschließend als Arzt nach Äquatorialafrika zu gehen. 1913 gründete er das Urwald-Krankenhaus Lambarene am Ogowe (Gabun). Während des 1. Weltkriegs wurde S. nach Frankreich verbracht und interniert. Sein Werk in Afrika zerfiel. 1924 reiste S. erneut nach Lambarene aus, baute das Spital wieder auf und wirkte dort mit kurzen Unterbrechungen bis zu seinem Tode am 4. Sept. 1965.

Bei seiner ntl. Forschungsarbeit gewann S. die Überzeugung, daß die urspr. Verkündigung und das Wirken Jesu sowie die *Mystik des Apostels Paulus* (1930/1981) konsequent eschatol. aufzufassen seien, d. h. als gänzlich bestimmt von der Gewißheit des unmittelbar bevorstehenden Weltendes. Von daher zeige sich einerseits, daß Jesus für uns ein Fremdling ist. Andererseits sprächen uns der unbedingte sittl. Wille und die alles umfassende Hoffnung Jesu unmittelbar an. Hier sah S. den Anknüpfungspunkt für den christl. Glauben der Gegenwart, den er als „Jesus-Mystik", d. h. als Einswerden unseres Willens mit dem Willen Jesu verstand. Daraus folgte für ihn, daß wir das Reich Gottes als Ziel unserer sittl. Arbeit übernehmen müssen. Zum ethischen Grundbegriff dieser Sittlichkeit wurde für S. die Formel

„Ehrfurcht vor dem Leben", in der die Lebens- und Weltbejahung ausgesprochen ist, wie sie allem Lebendigen urspr. eignet. Charakteristisch für diesen ethischen Ansatz ist die Überwindung einer anthropozentr. Engführung durch die Einbeziehung alles Lebendigen. Dabei wußte S. durchaus um den tragischen Konflikt, der darin besteht, daß die Erhaltung von Leben oft nur möglich ist durch die Vernichtung anderen Lebens. Dies blieb für S. eine unlösbare Aporie.

Durch die eindrucksvolle Verwirklichung seiner theol. und kulturphil. Einsichten in der Praxis seines Lebens ist S. für unser Jh. zu einer der überzeugendsten Symbolgestalten christl. Nächstenliebe und gelebter Humanität geworden. Dadurch ist ihm eine einmalige Breitenwirkung beschieden, die auch in ungezählten Ehrungen (z. B. Friedens-Nobel-Preis 1952) ihren Ausdruck fand. Sein ethischer Ansatz findet in der Gegenwart große Beachtung. Nach S.s eigenem Eindruck ist es aber der christl. Theol. schwergefallen, seine theol. Gedanken gelten zu lassen.

Lit.: Aus meinem Leben und Denken, Hamburg 1935/1980. – A.-S.-Lesebuch, München 1984; E. Grässer, A. S. als Theologe, Tübingen 1979.   *W. H.*

Schweizer, Alexander (1808–1888). S. wurde am 14. März 1808 in Murten (Kanton Freiburg) geb. und starb am 3. Juli 1888 in Zürich, wo er 48 Jahre als Theol.prof. und 36 Jahre als Vikar und Pfr. am Großmünster gewirkt hatte. Er gilt als sog. Vermittlungstheologe wegen seines engen Anschlusses an †Schleiermacher, bei dem er um 1832 studiert und dessen „Phil. Sittenlehre" er 1835 herausgegeben hat. Von seinen ersten Veröffentlichungen an bis in seine großen Hauptwerke hinein zeigt sich die Wahlverwandtschaft zu dem überragenden Lehrer. Auch in den kirchenpolit. Kämpfen Zürichs (Strauß-Affäre) nahm S. eine zwischen konservativ und radikal vermittelnde Haltung ein.

Von Anfang an sind aber auch Motive wirksam, die Schleiermachers Gedanken weiterbilden. So z. B. 1834 in der Auffassung der urbildlichen Dignität Jesu als des größten rel. Genies der Menschheit. Auch als Dogmatiker arbeitet S. zunächst stärker die ref. Sondertrad. heraus. Luth. und ref. Christentum werden als spezifisch verschiedene Frontstellungen gegen den Kath. begriffen, die sich einerseits ergänzen, andererseits auch gegenseitig regulieren, indem die Reformierten theol. bei der schlechthinnigen Abhängigkeit von Gott, die Lutheraner anthropol. beim Heilsglauben ansetzen. S. hat seine Sicht der ref. „Centraldogmen" für das 16., 17. und 18. Jh. auch dogmengesch. untermauert.

Seine Grundanschauung von der Relativität des konfess. Gegensatzes gestaltet er dann in seiner zweiten Dogm. aus, die den gegenwärtigen Glauben der ev. Christenheit darstellen, also „den wirklich geglaubten Glauben lehren" will. Hier versucht S. eine zeitgemäße Umbildung der Dogm. in freiem Anschluß an Schleiermacher, aber vielleicht mit stärkerer Berücksichtigung der kirchl. Bedürfnisse. Das Werk ist bestimmt von einem entwicklungsgesch. Be-

wußtsein, für das der Prot., als Prinzip begriffen, sich durch die Richtung auf das reine und überkonfess. Christentum auszeichnet. Geht S. auch von einer Analyse des Glaubensbewußtseins aus, so hat seine Dogm. doch einen stärker spekul. Einschlag als die Schleiermachers (Einbeziehung der „Idee der Rel." und der Rel.gesch.).

Angesichts von S.s reichem wiss. Werk ist schließlich noch auf seine Bedeutung für die Prakt. Theol. hinzuweisen. Zu ihrer enzyklopäd. Stellung, zur Homiletik und besonders über das sonst eher vernachlässigte Gebiet der Pastoraltheol. hat S. wirksame Bücher geschrieben und auch so den zwischen freier moderner Geistigkeit und unverengter Kirchlichkeit vermittelnden Charakter seiner Theol. bewährt.

Lit.: Die Glaubenslehre der ev.-ref. Kirche, 2 Bde., Zürich 1844/47; Die prot. Centraldogmen in ihrer Entwicklung innerhalb der ref. Kirche, 2 Bde., 1854/56; Die christl. Glaubenslehre nach prot. Grundsätzen, 2 Bde., Leipzig 1863/69/72, 1877²; Nach Rechts und nach Links. Besprechungen (. . .), Leipzig 1876; Autobiographische Aufzeichnung, hrsg. v. P. Schweizer, 1889.
J. R.

Schwenckfeld, Kaspar (1489–1561). Geb. in Ossig (Schlesien), studierte S. in Köln und Frankfurt/O. ohne einen Abschluß, seit 1510 im Hofdienst schlesischer Herzöge. 1519 Bekehrungserlebnis durch ↑Luthers Botschaft. 1522–24 ist er, über Herzog Friedrich II. von Liegnitz, wesentlich an der Einführung des Luthertums in Schlesien beteiligt.

1523 Rückzug ins Privatleben wegen Schwerhörigkeit. Ein nun von ihm entwickeltes Abendmahlsverständnis trägt er Luther 1525 vor, der es ablehnt und S. seit 1526 als „dritten Kopf" seinen anderen Gegnern im Abendmahlsstreit, Karlstadt (um 1480–1541) und ↑Zwingli, zurechnet, die in der Tat danach Schriften S.s empfehlen. Ähnlich ↑Franck wendet S. sich nun von der Reformation ab, die er die Entwicklung zu von Fürsten und Magistraten getragenen Landeskirchen mit Lehrbekenntnissen nehmen sieht. Anders als Franck aber entwickelt er syst. eine Theol. Ihr Mittel- und Einheitspunkt ist ein konsequent durchgeführter Dualismus, die Zweiteilung der Welt in Geist (Gott) und Fleisch (Kreatur), und davon abhängig ein Spiritualismus, die Trennung zwischen einem inneren und einem äußeren Menschen. Das eigentliche Heilsgeschehen ist das unvermittelte Zusammentreffen Christi und des inneren Menschen durch den Geist Gottes (das ewige, innere Wort). Das äußere Wort (Schrift wie Predigt) ist davon nur ein irdisches Abbild, ebenso wie Taufe und Abendmahl. Im Prozeß der Heiligung sind diese Mittel aber pädagogisch bedeutsam, doch fordert und praktiziert S. „Stillstand", d. h. Unterlassen des Gebrauchs der Sakramente. So kommt es, seit er sich unter dem (falschen) Verdacht, ‚Wiedertäufer' zu sein, in Schlesien nicht mehr halten kann und 1529 nach Straßburg geht, zu einer Annäherung an die Schweizer Reformation, 1534 aber zum Bruch mit ↑Bucer, da er dessen Organisation der Straßburger Kirche ablehnt. S. akzeptierte – hierin geschieden von den (meisten) Täufern – zwar mit Luther eine Beteiligung des Christen an der Obrigkeit als wenigstens möglich; er beschränkte deren Aufgabe aber streng auf Gewährleistung des Gemeinschaftsfriedens, d. h. er sprach ihr ein Recht in Sachen der Kirche ab und verlangte von ihr „das Gegner Tolerieren", die Gewährleistung allg. Gottesdienstfreiheit. Dem entspricht genau S.s Verständnis der Kirche als einer universellen, unsichtbaren Geist-Gemeinschaft von Einzelnen. Widersprüchlich, aber innerhalb seiner Theol. konsequent, ist S.s Christol., nach der Jesus kein Geschöpf, sondern natürlicher Gott = vergotteter Mensch war (andernfalls würde er ja zur Stoff-Welt gehören). Die Entwicklung dieser Position führt 1539 auch in Ulm, wo S. sich 1535 niedergelassen hatte, zur Ausweisung. S. entfaltet nun, nirgends mehr lange gelitten, eine mit ständigem Schreiben verbundene ausgedehnte Reisetätigkeit in Süddeutschland, bis zu seinem Tode am 10. Dez. 1561 in Ulm. Wo er wirkte, gewann er durch seine Person und Lehre zahlreiche und einflußreiche Anhänger (zu einem wesentlichen Teil Frauen), die „sich absondernde" Gemeinschaften von zeitweise erheblicher Zahl bilden und trotz ständiger Verfolgung das ganze 17. Jh. überdauern, besonders in Schlesien und der Oberlausitz (dort ↑Böhmes Förderer). Eine 1734 in die USA ausgewanderte Gruppe edierte S.s Schriften innerhalb des *Corpus S.ianorum* (1907–61).

Lit.: GKG 5, 307–321 (R. R. McLaughlin). *Th. M.*

Seeberg, Reinhold (1859–1935).
Seit 1885 ao. Prof. für Syst. Theol. in
Dorpat, 1889 Prof. in Erlangen,
1898 in Berlin, Vater des KGlers
Erich S. (1888–1945). S. verstand
sich als Vertreter einer modern-posi-
tiven Theol., die an den deutschen
Idealismus, vor allem an ↑Luthers
Theol. anknüpfen und ohne Zerset-
zung der gesch. Überlieferung dem
Menschen der Gegenwart die christl.
Botschaft in intellektuell verantwor-
teter Weise nahebringen wollte. Seine bedeutendste wiss. Leistung stellt
das *Lehrbuch der DG* (I–IV/1 + 2,
1895–1920; Nachdruck 1959⁶) dar.

**Semler, Johann Salomo (1725–
1791).** Als Pastorensohn wurde S.
am 18. Dez. 1725 zu Saalfeld in Thüringen geb. An der pietist. geprägten
Univ. Halle, wo er seit 1743 klass.
Sprachen, Geschichte und Theol. studierte, ist er vor allem durch seinen
Lehrer ↑Baumgarten gefördert worden.

Nach seinem Mag.examen und einer kurzen Tätigkeit als Redakteur
in Coburg wurde er 1751 zum Prof.
der Historie und lat. Poesie an der
Univ. Altdorf ernannt. Von 1753 bis
zu seinem Tode am 14. März 1791
hat er als Hallenser Theol.prof.
durch seine Vorlesungen und gelehrten Werke einen weitreichenden Einfluß ausgeübt. Dreimal wurde er
zum Rektor (bzw. Prorektor) der
Univ. Halle gewählt. S. kann als Vertreter der Neologie und der
hist.-krit. Aufklärungstheol. betrachtet werden. In seinen Schriften hat er
sich mit den Problemen der bibl.
Exegese, der Textkritik und Hermeneutik beschäftigt, aber auch der KG

und DG durch intensive Quellenfor-
schungen und scharfsinnige Beob-
achtungen neue Impulse gegeben.
Mit der vierbändigen *Abhandlung
von freier Untersuchung des Canon*
(1771–75), welche die Geschichte
der Entstehung des ntl. Kanons behandelt, hat er die orth. Schriftlehre
überwunden und ist zum Begründer
der Kanonkritik geworden. Bis zu
persönl. Anfeindungen reichte der
Widerspruch von pietist. und orth.
Seite. Mit dem Kasseler Gymnasial-
prof. Piderit, der ihn beim *Corpus
Evangelicorum* in Regensburg ver-
klagt hatte, aber auch mit dem
Hamburger Hauptpastor Goeze hat
er mehrere Streitschriften gewechselt.

S. ist für die Unterscheidung von
Wort Gottes und Hl. Schrift, ntl. Kerygma und kirchl. Dogma, christl.
Rel. und wiss. Theol. eingetreten.
Wirkungen auf die Theol. des ausgehenden 18. und des beginnenden
19. Jh.s hat sein Perfektibilitätsge-
danke und seine Konzeption einer in
der Geschichte fortgehenden göttl.
Off. gehabt. Seine Annahme, daß
sich die christl. Rel. im Laufe des unendlichen Geschichtsprozesses zu einer geistigen Gottesverehrung und
Erlösungsrel. vervollkommnen werde, hat die lang anhaltende Debatte
über die „Perfektibilität des Christentums" ausgelöst.

Von Bedeutung für die Umgestal-
tung der ev. Theol. ist auch seine tra-
ditionskrit. Dogm. gewesen, die ihn
mit der Betonung der Erfahrung zu
einem Vorläufer ↑Schleiermachers
werden läßt. S.s Eingreifen in den
Fragmentenstreit zeigt, daß er mit
seinem hist.-krit. Denken bereits

über die Position des †Reimarus hinausgelangt war.

Lit.: G. Hornig, Die Anfänge der hist.-krit. Theol., Göttingen 1961 (mit Forschungsgeschichte u. S.-Bibliogr.); H.-E. Heß, Theol. u. Rel. bei J. S. S., Diss. KiHo Berlin 1974, Augsburg o. J.; GKG 8, 267–279 (G. Hornig) (Lit.).

G. H.

Senestrey, Ignaz v. (1818–1906). Bischof v. Regensburg. Vertritt im Kulturkampf ausdrücklich die Interessen der kath. Kirche; verficht auf dem I. Vatikanum dezidiert das Unfehlbarkeitsdogma.

Seripando, Girolamo (1492–1563). Theologe, Augustinereremit, Kardinal, 1539 Ordensgeneral. Anhänger eines christl. Platonismus; Vertreter einer Rechtfertigungslehre bibl.-augustin. Richtung, die auf dem Konzil von Trient eine große Rolle spielte. Bedeutender Vertreter eines reformbeflissenen Humanismus.

Servet, Michael (1511?–1553). Span. Arzt (Entdecker des kleinen Blutkreislaufs), sah in der Trinitätslehre der Alten Kirche ein den Sinn der Off. Gottes in der Hl. Schrift fundamental verfälschendes Werk des Antichrists (Teufels). S.s Versuch, 1545/6 †Calvin für die Reformation des Christentums (*Restitutio christianismi*, gedruckt 1553) auf dieser, nach den rechtl. und theol. Prämissen des 16. Jh.s mit Gottesleugnung (Irreligion) identischen Basis zu gewinnen, zog Calvins Drohung nach sich, er „werde, wenn er [nach Genf] kommt, falls meine Autorität etwas gilt, niemals dulden, daß er [die Stadt] lebend verläßt“. Das wurde 1553 wahr. Fast einziger Kritiker Calvins in dieser Sache war †Castellio. Unabhängig von S. hat es im 16. Jh. noch andere Antitrinitarier gegeben, z. B. die †Sozzinis.

Seuse, Heinrich (1295–1366). Hervorragender Mystiker, Dominikaner, Schüler von †Eckhart. Verf. des *Büchleins der Wahrheit*, eines beliebten ma. Andachtsbuches. Vereinigt in seiner Mystik die negative Theol. des †Dionysios und die ma. Lehre von der Nachfolge Christi.

Simon, Richard (1638–1712). Begründer der krit. Exegese im kath. Raum. Priester, Oratorianer, 1678 Ausschluß aus dem Oratorium. Gegner von †Bossuet. Hauptwerk: *Histoire critique du Vieux Testament* (1678).

Lit.: KdTH II, 10–21.

Söderblom, Nathan (1866–1931). S. wurde am 15. Jan. 1866 in Trönö (Hälsingland) in Schweden als Pfarrerssohn geb. Nach dem Studium der Phil. und Theol. an der Univ. Uppsala trat er in den Kirchendienst. Von 1894 bis 1901 war er Pfarrer der schwed. Gemeinde in Paris. Während dieser Zeit begann er seine rel.gesch. Forschungen, die vor allem der altpersischen Rel. gewidmet waren. 1901 erwarb er den Doktorgrad an der Sorbonne. Im gleichen Jahr wurde er zum Prof. für theol. Enzyklopädie an der Univ. Uppsala ernannt. Seit 1912 hatte er gleichzeitig auch eine Professur für Rel.geschichte in Leipzig inne. Als vielseitig begabter, hochangesehener und international bekannter Gelehrter wurde er im Mai 1914 vom König zum Erzbischof ernannt und damit in das höchste Amt der Schwed. Kirche berufen. Einen Großteil seiner Arbeitskraft widmete er nun der Ök., der Friedensarbeit und der Versöhnung der durch den 1. Weltkrieg zerstrittenen Völker. Mit großem Geschick hat er sich 1925 auf der Stockholmer Kirchenkonferenz für eine Annäherung der konfessionsverschiedenen Kirchen eingesetzt. Die Anerkennung seiner wissenschaftl. und kirchl. Leistungen spiegelt sich in der Verleihung der theol., phil. und jur. Ehrendoktorwürde durch zahlreiche europäische Universitäten (St. Andrews, Genf, Glasgow, Greifswald, Dublin, Dorpat, Kopenhagen, Budapest, Bonn, Berlin, Oxford und Uppsala). 1930 erhielt er in Oslo den Friedensnobelpreis. S. war Mitglied der Schwed. Akademie. Er starb am 12. Juli 1931.

In seiner bedeutenden rel.gesch. Untersuchung *Das Werden des Gottesglaubens* (1916, Nachdruck 1966) hat S. Phänomene wie Magie, Animismus, Mystik und Off.glaube analysiert. Noch vor †Otto hat er die Kategorie des Heiligen in ihrer Bedeutung für die Rel. hervorgehoben. Das Heilige ist sowohl das für die menschl. Vernunft undurchdringliche Göttliche als auch eine über das menschl. Maß hinausgehende sittl. Vollkommenheit. Anerkennung verdient nach S. der Gedanke einer allg. Off. Gottes in den verschiedenen Rel., obwohl keineswegs alle ihre Elemente und Erscheinungsformen direkt auf göttl. Off. zurückzufüh-

ren sind. Zu der in der Hl. Schrift bezeugten Off. gehört Gottes „fortgehende Off." in der Geschichte. Seine rel.wiss. Studien sind in den 1931 gehaltenen Gifford-Vorlesungen *Der lebendige Gott* (1942, 1966[2]) zusammengefaßt. S. ist jedoch nicht nur als Rel.historiker, sondern auch als Lutherforscher hervorgetreten. Er interessierte sich lebhaft für den kath. Modernismus.

Lit.: Einigung der Christenheit, Halle 1925[2]; Der lebendige Gott im Zeugnis der Rel.geschichte, hrsg. v. Fr. Heiler, München/Basel 1966[2]. – N. S. in memoriam, Stockholm 1931[2] (Lit.); B. Sundkler, N. S. His Life and Work, London 1968.   *G. H.*

Söhngen, Gottlieb (1892–1971). S. wurde am 21. Mai 1892 in Köln geb. Er studierte Phil. und Theol. in Bonn und München. Seine phil. Prom. (1914) handelte *Über analytische und synthetische Urteile*; die theol. Prom. (1930) *Sein und Gegenstand* behandelte die phil. und theol. Wahrheitsproblematik. Von 1924–31 war er Leiter der Albertus Magnus Akademie in Köln, einer Forschungsstätte für ma. Phil. 1931 wurde S. in Bonn habil. Seinen Lehrer A. Rademacher hat er stets als exemplarische Gestalt eines akad. Lehrers angesehen. Im gleichen Jahr wurde er Priv. Doz. in Bonn und hat sich in der Folgezeit theol. Themen zugewendet – vor allem in der Begegnung mit †Barth und †Brunner als den damals einflußreichsten Repräsentanten der reformatorischen Theol. S. war zeit seines Lebens ein wichtiger Vertreter der Kontroverstheol., deren Zielsetzung allerdings ök. war. Ein weiteres theol. Gebiet, das S.s Interesse beanspruchte, war die sog. Mysterientheol. von †Casel. 1937 wurde S. als Prof. an die Staatliche Akademie Braunsberg berufen. Er wirkte dort unter den erschwerten Bedingungen des NS-Regimes bis zum Ende des Krieges; er mußte in Braunsberg alles zurücklassen.

Nach einer kurzen Tätigkeit in Bonn stand S. 1947 vor der Frage, ob er in Göttingen einen phil. Lehrstuhl neben N. Hartmann annehmen oder einem Ruf nach München auf den Lehrstuhl für Fundamentaltheol. und theol. Propädeutik folgen sollte. Er entschied sich für München. Dort erreichte S. den Höhepunkt seines Wirkens. S. hat der manchmal argwöhnisch betrachteten Apol. in der Form der Fundamentaltheol., als Reflexion über die Grundlagen, Voraussetzungen und Bedingungen der Theol., zu einer weithin wirksamen Anerkennung verholfen. Die Bedeutung dieser bahnbrechenden Leistung wird uns erst in der Gegenwart voll bewußt.

Im Jahre 1958 wurde S. emeritiert. Zu seinem 70. Geburtstag widmeten ihm Kollegen, Schüler und Freunde eine Festschrift unter dem für sein Schaffen charakteristischen Thema: *Einsicht und Glaube* (hrsg. v. J. Ratzinger und H. Fries). Am 14. Nov. 1971 ist er in München gestorben.

Mit diesen Hinweisen ist auch das Entscheidende gesagt über S.s theol. Profil und Werk. Man kann es umschreiben mit dem Titel eines seiner Bücher: *Die Einheit in der Theologie.* Diese Einheit bedeutete für S. nicht Uniformität, sondern umfassende Einheit als Leben, als Zusammenhang, als Struktur, als Kommunikation, als Dialog – mit allem, worauf sich Theol. bezieht. Wenn das Thema der Theol. nach einem Wort S.s lautet: Off., die nicht von dieser Welt ist, als Off. in diese Welt hinein, dann gibt es prinzipiell nichts, was von diesem Zusammenhang, von dieser Kommunikation ausgeschlossen werden könnte. S. war ein Theologe der universal verstandenen Katholizität, die für ihn die Befreiung von Enge, von Angst, von Erstarrung, die Überwindung von Isolierung und Ghettomentalität bedeutete: Katholizität war für ihn eine ebenso umfassende wie differenzierende Kraft der Bejahung.

Lit.: Die Einheit in der Theol., München 1952; Phil. Einübung in die Theol., Freiburg/München 1955; Gesetz und Evgl., Freiburg/München 1957; Der Weg der Abendländischen Theol., München 1959; Grundfragen einer Rechtstheol., München 1962.

H. F.

Sozzini (Socinus), Fausto (1539–1604). Geb. in Siena, von seinem Onkel Lelio S. (1525–62) persönl. und durch dessen nachgelassene Aufzeichnungen geprägt, 1562–74 am Hof in Florenz, 1574–78 in Basel, seit 1579 dauernd in und bei Krakau, gest. 1604. Er faßte die in Polen (neben Siebenbürgen) bereits seit Mitte des 16. Jh.s verbreiteten Antitrinitarier – den (u. a. auf †Servet zurückgehenden) dritten Zweig des linken Flügels der Reformation neben Täufern und Spiritualisten (untereinander hist. vielfach, aber nicht notwendig gedanklich verbunden) – in einer organisierten Kirche, die sich als „(polnische) Brüder" bezeichnete, zusammen. Sie gab sich 1605 im Krakauer Katechismus (deutsch 1608, lat. 1609) eine Lehrzusammenfassung und entwickelte bis 1638 (Zerstörung der Schule von Rakow) bzw. 1658 (Landesverweisung als Reichsfeinde) in Polen, sodann vorwiegend in den Niederlanden eine blühende theol. Schule. Seit 1609 von Wittenberg aus (dem der deutsche Katechismus gewidmet war) zutreffend als „Socin(ian)ismus" bekämpft, wurde dieser im Laufe des 17. Jh.s in auffälligem Kontrast zu seiner noch zurückgehenden äußeren Bedeutung zunehmend als Hauptgegner eingeschätzt. Dies beruht darauf, daß der Sozinianismus formal dieselben Grundgrößen behandelte und zueinander in Beziehung setzte wie die Orth.: Autorität der Hl. Schrift, Kirchenlehre, phil. Vernunft. Die Orth. anerkannte die – tatsächlich unbestreitbare – Grundregel: „Das phil. Wahre widerspricht dem theol. Wahren nicht", ja übernahm sie sogar in der von S. geschaffenen Formulierung: „Wenn schon in der Schrift vieles übervernünftig *(supra rationem)* ist, so doch nichts (!) widervernünftig *(contra rationem)*" (†Hollatz). Aber die Sozinianer zeigten unter Zugrundelegung der Schriftautorität mit hist. Argumenten, daß die Trinitätslehre nur eine Kirchenlehre ist; und mittels ihres Rationalitätsprinzips, daß ‚Dreieinigkeit' selbstwidersprüchlich sei – und aus beiden Gründen abzulehnen. Die Sozinianer werden so, gemeinchristl. Tradition widersprechend, in der Gotteslehre Unitarier. In gleicher

Weise kritisieren sie auch die (von der Trinitätslehre abhängige) Behauptung, Jesus sei Gott und sein Tod (darum) die Versöhnung der Welt mit Gott, müssen aber – gegen die hier stärkeren Argumente der Orth. – eindeutige Schriftaussagen uminterpretieren: im Sinne der unreformatorischen Deutung der Rechtfertigung des Menschen vor Gott als ihm mögliche moralische Leistung im Hinblick auf das Heilsziel der Unsterblichkeit.

Der Sozinianismus ist die Aufklärung des 17. Jh.s – vor Descartes und Spinoza, Hobbes und †Herbert von Cherbury, deren komplexere Selbstreflexion phil. Vernunft der Sozinianismus, der frühmodernen Schulphil. verhaftet, nicht mehr rezipierte. Auf den Sozinianismus, auch heute noch das Herausforderndste und Anziehendste, was das Zeitalter der Konfessionen auf dem Boden seiner eigenen Prinzipien hervorgebracht hat, trifft *zwei*deutig zu, wie er seine Kirchenkritik feierte: „Das ganze Babel stürzt ein: das Dach zerstörte ihm Luther, seine Mauern Calvin, *die Fundamente Socin erst.*"

Lit.: A. Wissowatius, Religio rationalis, dreisprachig hrsg. von Z. Ogonowski, Wolfenbüttel 1982. – Scholder, Kap. 1,6; 2; 6,4.   *Th. M.*

Spalding, Johann Joachim (1714–1804). Seit 1749 Pfarrer, 1764 Oberkonsistorialrat in Berlin. S. war in seiner Zeit die führende kirchl. Gestalt in Berlin und der Hauptvertreter der Neologie. Hauptschriften: *Gedanken über die Bestimmung des Menschen* (1748, 1794[13]; gegen den frz. Materialismus gerichtet) und *Ge-*

danken über den Wert der Gefühle im Christentum (1761). Zus. mit Teller redigierte er 1780 das Berliner Gesangbuch (die Kirchenlieder wurden in Sprache und Anschauung der Zeit angepaßt) und forderte, „theoret. Rel.lehre" (d. h. dogm. Lehrinhalte) in der Predigt überhaupt nicht vorkommen zu lassen.

Lit.: J. Schollmeier, J. J. S., Gütersloh 1967

Spee, Friedrich von (1591–1635). Seelsorger und Dichter, Jesuit. Prof. bzw. Doz. für Phil. und Moraltheol. in Paderborn, Köln und Trier. Wegen seines Werkes *Cautio criminalis ...* (1631) drohte Entlassung aus dem Orden. Durch dieses Werk wurde jedoch die allmähliche Befreiung Deutschlands vom Hexenwahn eingeleitet. Hauptwerk als Dichter: *Trutznachtigall.*

Spener, Philipp Jakob (1635–1705). S. wurde am 13. Jan. 1635 im oberelsässischen Rappoltsweiler als Sohn eines Juristen geb. Er studierte in Straßburg (1651–59, 1653 Mag.), wo ihm J. K. Dannhauer eine gründliche Kenntnis der Theol. ↑Luthers und der luth.-orth. Dogm. vermittelte. Eine akad. Reise führte ihn nach Basel, Genf (Labadie) und Württemberg. 1663 wurde er „Freiprediger" (Hilfsprediger) am Straßburger Münster, promovierte 1664 zum Dr. theol. und wurde bereits 1666 zum Senior (Leiter) der Pfarrerschaft nach Frankfurt am Main berufen. 1686 folgte er dem ehrenvollen Ruf auf die Stelle des kursächs. Oberhofpredigers in Dresden. Wegen wach-

sender Differenzen mit seinem Landesherrn ging er 1691 nach Berlin (Propst an der Nikolaikirche), wo er am 5. Febr. 1705 starb.

S. gilt zu Recht als der Begründer des (luth.) Pietismus und als überragende Gestalt der deutschen ev. Christenheit. Sein Einfluß auf die Gestaltung der neuen Univ. Halle (1694), auf ↑Arnold, ↑Francke und ↑Zinzendorf, die Liederdichter J. J. Schütz und ↑Neander, den Begründer der ersten deutschen Bibelgesellschaft v. Canstein sowie die ev. Kirchen insgesamt ist unbestreitbar. Es waren vor allem zwei Ursachen, die ihn zu seinem Versuch einer umfassenden Reform des kirchl. Lebens getrieben haben: zum einen der Einfluß puritanischer (L. Bayly, D. Dyke, R. Baxter) und mystischer (↑Tauler, ↑Arndt) Erbauungsschriften, zum anderen der Zustand der damaligen (luth.) Kirche, die sich weitgehend mit dem Besitz und der Verteidigung der orth. Lehre begnügte. Ein intensives Lutherstudium verhalf ihm zu der theol. Kompetenz, mit der er einerseits die radikale Kirchenkritik der Separatisten und Spiritualisten aufnehmen und überwinden, andererseits ein eigenständiges Reformprogramm entfalten und zur Wirkung bringen konnte. Das zeigt sich bes. an S.s Hauptwerk *Pia desideria oder Herzliches Verlangen nach gottgefälliger Besserung der wahren evangelischen Kirchen samt einigen dahin einfältig abzweckenden christl. Vorschlägen* (1675, 1964³). Einer krit. Analyse des Zustandes der Kirche läßt er den Versuch folgen, „die tüchtige Arznei zu seiner Heilung" zu finden und die Christenheit vom lebendigen Glauben ihrer Glieder aus zu erneuern. Voraussetzung dafür sei die Begegnung mit Gott in ständigem Umgang mit der Hl. Schrift sowie in der Versammlung der Glaubenden *(collegia pietatis, ecclesiola in ecclesia)*.

S.s Eschatol. hat ihr Zentrum in der *Hoffnung besserer Zeiten* (1692), in denen nach der Bekehrung der Juden und dem Untergang des Papsttums die Rel.spaltungen überwunden sein und alle Frommen Gott mit einer Zunge preisen werden.

Lit.: Schriften, hrsg. v. E. Beyreuther, 12 Bde., 1979 ff. – J. Wallmann, P. J. S. und die Anfänge des Pietismus, Tübingen 1970 (Lit.).   M. M.

Stapleton, Thomas (1535–1598). Bedeutender Kontroverstheologe. Verweigert in seiner Heimat England den Suprematseid. Angeregt und beeinflußt von ↑Augustinus, ↑Cano u. a. versucht er eine positive Begründung kirchl. Lehrautorität; beeinflußt entscheidend die theol. Erkenntnislehre der Folgezeit.

Stattler, Benedikt (1728–1797). S. ist am 30. Jan. 1728 in Kötzting im Bayer. Wald geb. Zur Schule ging er in Niederaltaich und im Seminar zum Hl. Gregor in München. Dort trat er in den Jesuitenorden ein. Ab 1747 studierte er in Ingolstadt drei Jahre Phil. und ein Jahr Mathematik. Nach einer Unterrichtätigkeit in Landshut und Neuburg von 1751–54 studierte er Theol. 1759 legte er die Gelübde ab und empfing die Priesterweihe. In Straubing und Innsbruck lehrte er Phil., ab 1766 in Solothurn und Innsbruck, ab 1770

in Ingolstadt. Bei der Aufhebung des Ordens 1773 erhielt er sogar die erste Professur für Dogm. und gewann eine führende Stellung an der Univ. Ingolstadt. Die „Münchener Akademie der Wissenschaften" nahm ihn auf. Seit 1774 war er noch Stadtpfarrer von St. Moritz in Ingolstadt. 1781 mußte er seinen Lehrstuhl unter demütigenden Umständen verlassen. Er zog sich als Pfarrer nach Kemnath in der Oberpfalz zurück. Dort trat er für eine Reform des Schulwesens und für die Einführung der Schulpflicht ein. 1788 siedelte er nach München über und wurde 1790 kurfürstl. Zensurat. Seine neu gewonnene Stellung benutzte er zur Auseinandersetzung und Bekämpfung der kantischen Phil., in der er eine Gefahr für Glaube und Gesellschaft sah. 1796 traf ihn die Zensurierung einiger seiner Werke sehr hart. Er hatte das Vertrauen des Kurfürsten verloren. Am 21. Aug. 1797 ist er in München gestorben.

S. hat eine Vielzahl von Werken über verschiedenste Themen hinterlassen. In ihnen ist er bemüht, als „Selbstdenker" all seine Aussagen auf hinreichende Gründe zu bauen. Die Werke sind meist breit angelegt. Seine Sprache hat, wie sein Schüler ↑Sailer sagt, etwas Schwerfälliges an sich. S. übernahm die Prinzipien und die Argumentationsweisen der Leibniz-Wolffschen Philosophie. In einer logischen Argumentation, die an Mathematik und Geometrie geschult war, meinte er, mit vor der Vernunft hinreichenden Gründen die Wahrheit einer natürlichen Rel. und, im Blick auf die hist. Daten des Christentums, die Wahrheit der christl.

Rel. und schließlich, im Blick auf die Geschichte des Christentums und die Eigenart der christl. Wahrheit, die Wahrheit der kath. Kirche erweisen zu können. Die Pflicht, der Botschaft der kath. Kirche zu glauben, ist mit moralischer Gewißheit wissenschaftlich zu erweisen. Der Gegenstand des Glaubens kann nicht mehr wiss. dargelegt werden. S.s Ethik ist ausgerichtet an der Glückseligkeit.

S. hat Anliegen seiner Zeit aufgegriffen. Er lehnte die Schol. als unfruchtbar ab, rühmte die Theol. der Väter ob des rationalen Elementes, schätzte hist. krit. Methoden. Einer Studienreform, die Geschichte und positive Fächer stärker berücksichtigen sollte, verweigerte er sich. Im Kreis der Kollegen setzte er sich rücksichtslos durch. Die Wiedervereinigung mit den Protestanten sieht er nur möglich nach einer Anerkennung der Unfehlbarkeit der Kirche, die sich im Petrusamt darstellt. Der Papst bedarf der Zustimmung wenigstens einiger Nachfolger der Apostel.

Lit.: F. Scholz, B.S. (1728–1797), KThD 1, 11–34 (Lit.); Ph. Schäfer, Kirche und Vernunft, München 1974, 103–152. *Ph. S.*

Staudenmaier, Franz Anton (1800–1856). Am 11. Sept. 1800 in Donzdorf/Württemberg geb., studierte S. 1822–26 Theol., wurde 1827 Priester u. nach einem Jahr Seelsorgseinsatz Repetent am Wilhelmsstift in Tübingen. 1830 promov. die neuerrichtete Theol. Fak. in Gießen S. zum Dr. und berief ihn anschließend zum Prof. für Dogm., DG und Einleitung in die Theol. (Enzyklopädie). 1837

wurde er nach Freiburg i. Br. berufen, lehrte dort dieselben Fächer, war im Landtag polit. tätig, wirkte ab 1842/43 zugleich als Domkapitular. Aus Gesundheitsgründen emeritierte er 1855; am 19. Jan. 1856 stirbt er.

Hinter dieser äußerlich wenig bewegten Biographie verbirgt sich ein sehr arbeitsreiches Leben; S., dessen Lehrer die Tübinger ↑Drey, ↑Möhler u. ↑Hirscher sind, setzt sich auseinander mit ↑Lessing, F. Schlegel, Schelling, ↑Schleiermacher, Hegel und ↑Günther; sein umfangreiches lit. Werk kreist um die Themen Theologiegeschichte, theol. Enzyklopädie u. theol. Auseinandersetzung mit Hegel. Von letzterem ist sein Grundansatz geprägt: Es ist – ähnlich wie beim frühen Drey und bei ↑Klee – die Idee der „vernünftigen Systemeinheit der Wirklichkeit": „Die Idee der Universalenzyklopädie ist die, wie der erkennende Geist nur einer sei, sollen auch die Wissenschaften in einer inneren, ursprünglichen, notwendigen und organischen Einheit miteinander stehen." Innerhalb dieses Systems der Wirklichkeit und ihrer denkerischen Sicht will S. den christl. Glauben interpretieren.

Die „Einheit der Wirklichkeit . . . artikuliert sich in Natur, Geist und Geschichte und bildet in diesen drei Dimensionen zugleich eine umfassende Einheit", interpretiert P. Hünermann. Sie gründen für den Theologen in der Off. Gottes des Lebendigen, der sich in freier, personaler Zuwendung und damit in Geschichte zeigt. Infolge dieser Zuwendung Gottes an den Menschen in einem gesch. Prozeß sind Natur und Geist geschichtlich. Natur ist Schöpfung Gottes; die Vernunft (menschl. Geist) erfaßt diese Wirklichkeit mit ihren Denkgesetzen (Wissen). S. bezeichnet diesen Bereich als negatives Moment der Geschichte und des Erkennens. Das positive besteht in Gottes Zuwendung, die der Mensch im Glauben erfaßt. Vernunft und Glauben verhalten sich daher komplementär; Phil. und Theol. sind entsprechend zuzuordnen.

In diesem Konzept sind wesentl. Elemente enthalten, die theol. auch heute von Belang sind: Ziel der Geschichte ist das Offenbarwerden Gottes im Menschen u. des Menschen in Gott. Das impliziert eine hohe Achtung vor dem Gewissen des Menschen, die – auch polit. wichtige – Forderung nach personaler, menschenwürdiger Gemeinschaft u. die Forderung, daß Kirche Anwalt der Humanität zu sein hat (in diesem Zusammenhang kritisiert S. den Kolonialismus des 19. Jh.s und bes. die Sklaverei u. beschäftigt sich mit dem Kommunismus).

Im theol. Bereich entwickelt er ein besonderes Gespür für die Tradition als lebendigen Geschichtsprozeß und – zusammenhängend damit – für die Notwendigkeit einer Pluralität in der Theol. Er versucht in der theol. Methodenlehre den inneren Zusammenhang der Disziplinen herauszustellen.

Umfang des Werks u. Vielfalt der Themen sind respektabel; alle Fragen seiner Zeit sind hist. und syst. bedacht; allerdings: nur in ihrem theoretisch-geistigen Zusammenhang, nicht im Blick auf mögliche und nötige Reformen. S. gilt daher seiner Zeit (er wird trotz ähnlicher Theol. wie Hirscher u. ↑Kuhn nie angefeindet oder der Häresie verdächtigt) u. der Gegenwart zu Recht als Konservativer.

Lit.: Werk- u. Lit.-Verzeichnis bei P.Hünermann, F.A.S., KThD 2, 126–128. *F.W.*

Steinbüchel, Theodor (1888–1949). S. wurde am 15. Juni 1888 in Köln geboren. Nach dem Studium der Phil. und der Theol. promovierte er 1911 mit einer Arbeit über ↑Thomas von Aquin zum Dr. phil., 1921 mit einer später sehr diskutierten Diss. (*Der Sozialismus als sittliche Idee*) zum Dr. theol. 1913 war er zum Priester geweiht worden.

1922 Habil. für Ethik und Moraltheol. in Bonn, dort Doz. bis 1926. Ab 1926 Prof. für Phil. auf kath. Grundlage an der Univ. Gießen, seit 1935 Prof. für Moraltheol. in München, danach in Tübingen (hier Rektor 1946–48). S. starb am 15. Febr. 1949 in Tübingen.

Unter seinen Schriften ragen neben der genannten theol. Diss. und der phil. Diss. (*Der Zweckgedanke in der Philosophie des Thomas von Aquin*) einige phil. orientierte Abhandlungen und besonders *Die philosophische Grundlegung der katholischen Sittenlehre* (1938) heraus. Mit S. und Theodor Müncker bildete sich 1920 in Bonn der weit über Bonn hinaus bekannt gewordene Fritz Tillmann Kreis. Er versuchte, die kath. Moraltheol. entsprechend den Anforderungen der Zeit und den zeitgenöss. Wegen der Phil. neu zu orientieren. S. versucht in besonderem Maße, was der Titel seines Hauptwerkes anzeigt: *Eine phil. Grundlegung der kath. Sittenlehre.* Dabei versucht er, die „Wesensethik" des Thomas von Aquin durch eine „Situationsethik" zu ergänzen sowie positive Ansätze von Hegel und Kant einzubringen. Durch sein persönl. Interesse, wie es sich auch da und dort im Werk niederschlägt (vgl. theol. Diss.), wird er zu einem der ersten, vorsichtigen Inspiratoren des Gesprächs zwischen Christen und Marxisten. Im ganzen liegt ihm sehr an einem wirklichen Gespräch zwischen dem Christentum und den Strömungen und Tendenzen der Zeit. Ausdruck davon ist u. a. seine zentrale Mitarbeit bei den „Beuroner Arbeitskreisen".

S. darf neben ↑Guardini, unbeschadet seines Arbeitsschwerpunkts in der Ethik, als eine der großen Vermittlergestalten aus der kath. Theol. Deutschlands in diesem Jh. angesehen werden. Sein Einsatz bei der anthropol. Fragestellung macht ihn ferner zu einem der Wegbereiter „anthropologisch gewendeter" Theol. der Gegenwart. Die zeitgesch. Umstände (Zweiter Weltkrieg und Nachkriegszeit) haben verschiedene seiner lit. Pläne nicht mehr Wirklichkeit werden lassen. Eine Reihe seiner ehemaligen Schüler waren bzw. sind bis in die Gegenwart hinein prägend innerhalb der kath. Moraltheol. und Theol. überhaupt (A. Läpple, M. Reding, A. Auer, B. Häring).

Lit.: Vollst. Verzeichnis der Werke in der Festschrift zum 60. Geburtstag: Ph. Weindel/R. Hofmann (Hrsg.), Der Mensch vor Gott. Beiträge zum Verständnis der menschlichen Gottbegegnung, Düsseldorf 1948.   *H. W.*

Storr, Gottlob Christian (1746–1805). Seit 1777 Theol. prof. in Tübingen. Hauptvertreter der supranaturalist. „älteren Tübinger Schule". S. sucht die Autorität der Hl. Schrift mit Gründen der Vernunft zu beweisen, bestreitet der Vernunft jedoch gleichzeitig (unter Berufung auf Kants Vernunftkritik) die Zuständigkeit in Fragen des Glaubens. Seine apol. orientierte Dogm. (*Doctrinae christianae pars theoretica e sacris litteris repetita*, 1793, deutsch 1803) weiß sich nicht der kirchl., sondern allein der bibl. Lehre verpflichtet.

Strauß, David Friedrich (1808–1874). Der sich selbst so nennende „Linkshegelianer" S. hat in seinen Büchern das Problem des Mythos im NT und Christentum so radikal angegriffen, daß er in der zeitgenöss. Theol. und Kirche damit ein ungeheures Echo auslöste.

Geb. am 27. Jan. 1808 in Ludwigsburg, studierte er in Tübingen (↑Baur) und Berlin (Hegel, ↑Schleiermacher) und wurde 27jährig bereits wegen seiner ersten Veröffentlichung (*Das Leben Jesu, kritisch bearbeitet* 1835/36, 1840[4]) aus seiner Stellung als Tübinger Stiftsrepetent entfernt. Sein unbeugsamer Mut zu kompromißlos krit. Einsichten brachte ihn um jede akad. oder kirchl. Laufbahn. Auch 1838 zerschlug sich eine Berufung an die liberale Univ. von Zürich infolge heftiger Widerstände gegen ihn. S. hat sein weiteres Leben als freier Schriftsteller, der sich mit glänzenden hist. Biographien einen Namen machte (Voltaire, Schubart, Hutten, ↑Reimarus, Märklin u. a.), im wesentlichen unter wenig glücklichen Umständen in seiner Heimatstadt zugebracht; dort starb er am 8. Febr. 1874 und wurde auf eigenen Wunsch nicht kirchl. bestattet.

In seinem ersten Buch, das in immer neuen Auflagen umgearbeitet erschien und eine Flut von heftigen Streitschriften zwischen S. und seinen zahlreichen Gegnern auslöste, hatte S. zentrale Themen der ntl. Evangelien, wie Jungfrauengeburt, Erweckungswunder, Auferstehung, Himmelfahrt u. a., durchweg als mythische Einkleidungen krit. interpretiert, die den hegelisch begriffenen ewigen Ideengehalt der christl. Wahrheit bildhaft-pseudohist. veranschaulichen. Radikale hist.-aufgeklärte Mythenkritik verband sich zunächst bei S. noch mit der Meinung, den zeitlosen Vernunftgehalt der christl. Mythologie und Dogm. von dieser Form unterscheiden und bejahen zu können. Allerdings erschien nun als Trägersubjekt der christol. Prädikate nicht mehr der hist. Mensch Jesus, sondern die ideelle Gattung der Menschheit.

S. hat später – z. T. unter dem Einfluß Feuerbachs – diese spekulative Rechtfertigung von Mythos und Dogma preisgegeben und in seinem Buch *Die christliche Glaubenslehre* (1840/41) ebenso wie die trad. Dogm. auch die modernen Vermittlungsversuche nach Art Schleiermachers oder Hegels einer ätzenden hist. Kritik ausgesetzt. Sein Alterswerk *Der alte und der neue Glaube* (1872, 1903[15]) zog dann die letzten Konsequenzen dieser Destruktion aus, und S. verneinte für sich und das moderne Bewußtsein überhaupt jede

Möglichkeit, sich noch als christl. zu verstehen; statt dessen bekannte er sich zu einer Mischung aus Pantheismus, Darwinismus und bürgerl. Kulturrel.

S. hat der neueren prot. Theol. die Auseinandersetzung mit der hist. Kritik und insbes. dem Problem des Mythischen (↑Bultmann) zur Schicksalsfrage gemacht, und die Fragwürdigkeit seiner aporetischen Lösungen hat doch die Radikalität seiner Fragestellung nicht zu entwerten vermocht.

Lit.: Ges. Schriften (hrsg. v. E. Zeller), 12 Bde., Bonn 1876–78. – D. Lange, Hist. Jesus und mythischer Christus, Gütersloh 1975; F. W. Graf, Kritik und Pseudospekulation, München 1982.

J. R.

Suarez, Franz (1548–1617). S. wurde am 5. Jan. 1548 in Granada geb. Sein Vater war ein reicher Anwalt. Von der Familie wurde S. für den geistl. Stand bestimmt. Zunächst studierte er in Salamanca kanonisches Recht. 1564 trat er in die Gesellschaft Jesu ein. Von 1566–70 studierte er an der Univ. Salamanca Theol. Er hörte J. Mancio, der ein Schüler von ↑Vitoria war. Er hörte aber auch J. de Guevara, einen Augustiner, und H. Henriquez, einen Jesuiten. Seine akad. Laufbahn begann S. als Repetitor der Phil. in Salamanca. Danach war er von 1571–74 Prof. für Phil. in Segovia und lehrte dann bis 1580 Theol. in verschiedenen Schulen Castiliens, vor allem in Valladolid. In diesen 10 Jahren erarbeitete er sich viele Vorlesungen, die ihm später beim Verfassen seiner Werke hilfreich waren. 1580 wurde er an das röm. Kolleg gerufen. Dort lehrte er 5 Jahre über den 2. und 3. Teil der Summa des †Thomas. Wegen seiner angegriffenen Gesundheit kehrte er nach Spanien zurück und lehrte von 1585–93 in Alcalá, wo er G. Vázquez ersetzte, der für ihn nach Rom ging. Nachdem Vázquez nach sechs Jahren aus Rom nach Alcalá zurückgekommen war, wich S. den Rivalitäten und Auseinandersetzungen mit diesem begabten Theologen aus und ging nach Salamanca. Er übernahm dort gelegentlich Vertretungen, arbeitete aber vor allem an seinen Werken. Er konnte den 2. und 3. Band über den 3. Teil der Summe fertigstellen und den 1. Band überarbeiten. Seine Arbeit an der Herausgabe seiner Theol. muß er immer wieder unterbrechen und Gelegenheitsschriften herausbringen. 1597 erschienen die wichtigen *Disputationes metaphysicae*. Er schrieb zu den Fragen des Gnadenstreites, in den er unmittelbar nicht verwickelt war, aber durch seine Arbeiten und seine Ratschläge großen Einfluß ausübte. Zur eigenen Verteidigung reiste er 1604 nach Rom. Dort lebte er während der letzten Beratungen zum Gnadenstreit mit den Mitbrüdern von Rom zusammen. 1606 kehrte er nach Coimbra zurück. Er wollte dort eine auf der Summe des Thomas gründende Theol. verfassen. Aber er mußte bis 1615 Vorlesungen halten und wurde immer wieder um die eine oder andere Stellungnahme und Arbeit gebeten. Er gibt nun seine Vorlesungen heraus, ohne sie zu erweitern, und fügt ihnen eine Konkordanz der Quaestionen des Thomas bei. Im übrigen schreibt er

Traktate nach seiner Art, die einem Kommentar der Summe des Thomas eingefügt werden können. Über der Vermittlung in dem Streit zwischen kirchl. und staatl. Autorität in Portugal ist er am 25. Sept. 1617 in Lissabon gestorben, bevor ihn das Dankschreiben für seine Vermittlertätigkeit aus Rom erreichte.

Bei S. zeigt sich eine neue Weise der wiss. theol. Arbeit. Er behandelt die wichtigen dogm. Fragen in sehr sauber getrennten Thesen. Dabei zeigt er die hist. Ursprünge der Meinungsverschiedenheiten auf, legt die vorgelegten Meinungen und ihre Argumente vor und bewertet sie im einzelnen. Die Zeugnisse aus den Vätern und den Konzilien beachtet er sorgfältig und gibt schließlich eine Lösung, die er mit einer theol. Note bewertet. Thomas wird am häufigsten zitiert. Seine Autorität wird nicht besonders hervorgehoben; aber er stützt sich auf die von Thomas entwickelten Prinzipien und entscheidet in der Regel nach ihnen. Berücksichtigt wird fast ausschließlich die Summa. Er nimmt sich die Freiheit, auf Unklarheiten hinzuweisen, den Stoff nach seinen Gesichtspunkten zu gliedern und selbständig durchzudenken. So vollzieht er den Übergang vom Kommentar zur selbständigen Sachdarstellung. Seine Gelehrsamkeit und sein Scharfblick in der Sichtung und Bewertung anderer Meinungen und Argumente werden gerühmt. Für seinen Orden suchte er einen Weg der Theol., der durchaus Thomas verpflichtet bleibt, aber sich in Übernahme von „nominalistischem" Gut und Ansätzen der franziskan. Theol. von dem der Dominikaner unterscheidet. Das Individuelle ist vor dem Allgemeinen im Sein und im Erkennen. Die Allgemeinbegriffe haben einen Bezug zu den Gegenständen, aber sie sind nach unserer Form des Erkennens gebildet und geformt. Eine reale Unterscheidung zwischen Wesen und Dasein lehnt er ab. Wirklich ist das Daseiende, nicht eine Essenz. Eine Vermittlung zwischen Thomas und ↑Duns Scotus sucht er in der Bestimmung des Personbegriffs. Personsein ist als etwas Positives, als eine Daseinsweise der Natur substantialer Art begriffen. Andererseits weist sein Personverständnis in die Moderne. Personalität ist notwendige Vorbedingung für das Handeln in geschöpflicher Freiheit. Sie ist das besitzende und bestimmte Prinzip. Personsein wird mit Selbstbesitz zusammengedacht. Dieses Personverständnis wird in die Trinitätslehre und in die Christol. eingebracht. Im Streit um die Vermittlung von Gnade und Freiheit zwischen ↑Molina und ↑Bañez sucht er einen Mittelweg. Er stimmt Molinas These zu, daß Gott in einer *scientia media* vorhersieht, wie der Mensch sich verhalten wird, und ihm auf Grund dieser Vorausschau die Gnade gibt, übernimmt aber dann den Ansatz der Dominikaner, daß Gott die Erwählten zu dem gesetzten Ziel führt. Auch in der Sicht des Gesetzes vermittelt er. Das Gesetz kommt aus der Vernunft des Gesetzgebers, empfängt aber seine Verbindlichkeit aus dessen Willen. Der Kirche und somit dem Papst spricht er eine indirekte Gewalt über die zivile Gewalt zu. Da er diese These in seiner *Defensio fidei* betont gegen den

engl. König vorträgt, wird sein Buch in England verbrannt. Auch in Paris löst es Auseinandersetzungen aus. Die prot. Orth. schätzte seine *Disputationes metaphysicae*. S. wurde zum angesehensten Lehrer in d. Jesuitenorden, und seine Sicht wurde leitend für die Thomasauslegung im Orden.

Lit.: Werke 26 (28) Bde., Paris (Vivè S) 1856–61. – P. Mugica, Bibliographia suareciana, Granada 1948; R. de Scorraille, F. S. Paris 1912; K. Werner, F. S. u. d. Scholastik der letzten Jh.e., 1861; J. Giers, Die Gerechtigkeitslehre des jungen S., Freiburg 1958; RGG VI, 446–448 (R. Specht).   *Ph. S.*

Swedenborg, Emanuel (1688– 1772). Der in Stockholm geb. S. gilt als genialer Denker und Naturforscher. Seit 1743 versteht S. sich aufgrund von Visionen als Seher der Geisterwelt und als Enthüller der Zusammenhänge zwischen dieser und jener Welt. Gott ist für S. uneingeschränkte und unbedingte Liebe. Das Heilswerk Christi versteht er als Sieg über die Höllenmächte, durch den zwischen Himmel und Hölle ein Gleichgewicht hergestellt wird, das menschl. Entscheidungsfreiheit ermöglicht. Die Jenseitshoffnung richtet sich bei S. auf ein „geistiges" Leben in Gestalt einer alle Konfessionen übergreifenden „Neuen Kirche". S.s Denken lebt bis heute fort in den Gemeinden der sog. Swedenborgianer.

Lit.: E. Benz, E. S., Naturforscher und Seher, Zürich 1948, 1969².

Symeon der Neue Theologe (949– 1022). S., auch Symeon der Jüngere oder Symeon der Theologe genannt, ist einer der bedeutendsten byzantinischen Mystiker und geistl. Schriftsteller. Er wurde 949 in Galate (Paphlagonien) geb. Nach entsprechender Ausbildung (Grammatik und Kalligraphie) stand er in Konstantinopel im Dienst eines Vornehmen. Mit 20 Jahren (970) erlebte er seine erste Vision, und mit 27 Jahren (977) trat er, unter dem Einfluß seines geistl. Vaters Symeon Eulabes, in das Studiu-Kloster ein. Schon nach einigen Monaten wechselte er in das Mamas-Kloster über, wo er 980 zum Priester geweiht und ein Jahr später zum Abt gewählt wurde. Da er den 986/987 verstorbenen Symeon Eulabes als Heiligen verehrte, wurde er von 30 Mönchen schwer angegriffen, was schließlich nach seiner Kontroverse auch mit dem Synkellos (Geheimsekretär oder Stellvertreter) des Patriarchen, Stephanos von Nikomedien, zu seiner Abdankung im Jahre 1005 führte. Vier Jahre später (3. Januar 1009) wurde er nach Paloukiton, einem Ort an der gegenüberliegenden kleinasiatischen Küste, verbannt, wo er das alte verfallene Gebetshaus der heiligen Marina wiederaufbaute. Etwas später, 1010/1011, nach einer Revision seines Verfahrens, rief man ihn zurück; er blieb aber freiwillig dort in der Zurückgezogenheit bis zu seinem Tod am 12. März 1022.

S.s umfangreiches Werk umfaßt die berühmten *Hymnen der Gottesliebe:* ekstatische Bekenntnisse seiner Erlebnisse in der mystischen Schau in profan-politischem Versmaß, ein Novum in der byzantinischen Hymnenpoesie. Die *Kephalaia,* von denen

eine dreifache Serie (drei Zenturien) erhalten ist, stellen eine Art geistliche Aphorismen dar, welche den Weg der Asketen in drei Stufen nachzeichnen: Vom sündhaften Leben zur Praxis, von der Praxis zur (Er)Kenntnis, und von dort zur Theol. In den *Katechesen* werden verschiedene Probleme des Mönchslebens behandelt; ihr Hauptziel ist die Vervollkommnung des Asketen. Zu ihnen gehören auch die *Katechetischen Reden,* die sich jedoch an das breitere christliche Volk wenden. Erhalten sind auch drei *theol.* und fünfzehn *sittl.* Reden sowie *fünf Briefe.* Die unter dem Namen von ↑Johannes Damaskus überlieferte Epistel *Über die Beichte* stammt auch aus seiner Feder; sie ist eines der wichtigsten Zeugnisse für die pneumatische Auffassung des byzant. Mönchtums.

Als geistl. Schriftsteller überträgt S. die myst. Konzeption auf die Theol. überhaupt und legt das Hauptgewicht auf das innere Licht und Erlebnis. Die drei bereits erwähnten Stufen des Mönchslebens versteht er kurz so: Die „Praxis" ist der Kampf zur Erlangung der Freiheit von den Leidenschaften; die „Erkenntnis" ist der Kampf zur Erkenntnis des Göttlichen, und die „Theologie" ist die Schau des Göttlichen (dazu verwendet er abwechselnd die Begriffe „theologia" und „theoria"). Die „theologia" stellt die höchste Stufe der Vervollkommnung dar. Originell ist S. in seiner Lehre über das „Licht"; er zeichnet dabei die visionären Erlebnisse seiner Jugend nach und kommt in allen seinen Schriften immer wieder darauf zu sprechen. Das Endziel in seiner Lehre ist aber nicht die Schau des Lichtes an sich, sondern die Begegnung mit der Person Christi, dessen Symbol das Licht ist. Die Vereinigung mit Christus und Gott ist das Endziel der geistl. Vervollkommnung.

Lit.: Symeon Neos Theologos: Hymnen. Prolegomena, kritischer Text, Indices besorgt von A. Kambylis (Supplementa Byzantina, Texte und Untersuchungen, 3), Berlin-New York 1976. – T. Ware, S. der neue Theologe, in: LThK 9 (1964²), 1215–1216; Pan. K. Chrēstou, Συμεὼν ὁ Νέος Θεολόγος, in: Θρησκευτικὴ καὶ Ἠθικὴ Ἐγκυκλοπαιδεία 11 (1967), 537–545; H.-G. Beck, Kirche und theol. Literatur im byzant. Reich, München 1977², 585–587; W. Buchwald/A. Hohlweg/O. Prinz, Tusculum-Lexikon griech. und lat. Autoren des Altertums und des MA, München/Zürich 1982³, 756–758.

A. F.

Tanner, Adam (1572–1632). Dogmatiker, Jesuit. Prof. d. Theol. in München, Ingolstadt, Prag und Wien. In Deutschland der einzige „wahrhaft große Theologe" der Gegenreformation (†Scheeben). Scharfer Verstand, reiche Kenntnisse. Hat Hauptanteil am Regensburger Religionsgespräch von 1601 mit †Hunnius. Wie †Spee entschiedener Gegner von Hexenprozessen.

Tatian (geb. ca. 120). Frühchristl. Apologet. Griech. Bildung; Schüler des †Justin in Rom; trennte sich nach dessen Martyrium v. der Kirche und entwickelte eine eigene Lehre, die die ostsyr. Kirche formte. Mehr Moralist als Theologe.

Tauler, Johannes (ca. 1300–1361). T.s Biographie liegt weitgehend im Dunkeln. Vermutlich um 1300 in Straßburg geb., trat er schon früh in den Dominikanerorden ein. In Straßburg erhielt er seine Ausbildung und hier hörte er sicher auch Meister †Eckhart, von dem er stark beeinflußt ist. Ein Studium an der Lehranstalt des Ordens in Köln oder gar an einer Univ. hat er nicht durchlaufen; sondern er wurde schon bald zu Seelsorge und Predigt herangezogen. Auch Ämter im Orden scheint er nicht bekleidet zu haben. Im Konflikt zwischen Kaiser Ludwig dem Baiern und Papst Johannes XXII. siedelte er mit seinem Konvent nach Basel über, wo er sich bis 1342/43 aufhielt. Hier lernte er im Kreis der „Gottesfreunde" Heinrich von Nördlingen kennen und knüpfte über ihn Beziehungen zu Kloster Medingen an, wo damals Margareta Ebner lebte. 1344–46 verkehrte er zwischen Basel, Straßburg und Köln und übernahm, nachdem er (wohl im Winter 1346/47) nach Straßburg zurückgekehrt war, die Seelsorge in verschiedenen Dominikanerinnenkonventen, v. a. in St. Nikolaus in Undis zu Straßburg und in St. Gertrud zu Köln. In Straßburg betreute er auch den Patrizier Rulman Merswin, der einen Kreis frommer Laien um sich gebildet hatte. T. starb am 16. Juni 1361.

Im Unterschied zu seinem Lehrer Eckhart war T. trotz aller Belesenheit kein Schultheologe. Er hat weder theoret. Abhandlungen noch Bibelkommentare verfaßt. Seine Lehre ist in gut 80 Predigten überliefert, die er meist vor Konventen rel. Frauen gehalten hat. T. hatte keine Neigung zu zergliedernder Reflexion oder tiefsinniger Spekulation. Wenn seine Hörer ihn als begnadeten Lehrer empfanden, so wollte er – wie sein Lehrer Eckhart – doch nicht „Lesemeister", sondern „Lebemeister" sein und nicht Theorie, sondern Lebenslehre vortragen. Im Mittelpunkt seiner Predigt steht die Hinführung zum rechten Weg zu Gott. Dabei verwendet er traditionelle Schemata wie das der drei Stufen (Reinigung, Erleuchtung, Vereinigung), prägt aber auch neue Bilder und Begriffe. Wohl aus eig. Erfahrung sind ihm der „kêr" (Ab-, Umkehr) und „durchbruch" als Vorbereitung auf die Gottesgeburt in der Seele wichtig. Die Voraussetzungen für Gottes Ankunft im Menschen beschreibt er als Demut, Unterwerfung, Ledig-, Leer- und Gelassensein. Solche Haltung bedeutet allerdings nicht Untätigkeit. Wie Gott an sich reines Wirken ist, so hat er auch den Menschen zum Handeln für den Nächsten bestimmt und führt er den Frommen zur Aktivität.

T.s Wirkung wird an der großen Zahl von Handschriften deutlich, die seine Werke enthalten, aber auch an den vielen ihm untergeschobenen Texten. Seit dem Erstdruck von 1498 ist er in zahlreichen Ausgaben verbreitet. ↑Luther schätzte ihn hoch, und der Prot. hat ihn so häufig gelesen wie der Kath.

Lit.: Predigten, Übertr. u. hrsg. v. G. Hofmann, 1961 (Nachdruck mit Einl. v. A. M. Haas, Einsiedeln 1979); J. T., hrsg., eingel. u. übers. v. L. Gnädinger, Olten/Freiburg i. Br. 1983.

U. K.

Teilhard de Chardin, Pierre (1881–1955). T. wurde am 1. Mai 1881 in Sarcenat (Frankreich) geb. 1899 trat er in den Jesuitenorden ein. Da zwei Jahre später die Jesuiten aus Frankreich vertrieben wurden, studierte T. in engl. Häusern des Ordens, zuerst in Jersey, später in Hastings. 1905–08 war er Lehrer für Physik an einem Ordenskolleg in Kairo. Während des 1. Weltkriegs war er Sanitätssoldat. 1922 wurde T. Prof. für Geologie am Institut Catholique in Paris. 1923 ging er auf Forschungsreisen nach China – es war zugleich eine Art Exil auf Grund ordensinterner Schwierigkeiten –, wo er, mit Unterbrechungen u. a. nach Amerika, 20 Jahre verbrachte. T. war auf Expeditionen in Zentralasien, der Mandschurei, der Mongolei, Indien, Java und Birma. 1929 ist er an der Entdeckung des homo pekinensis, des Sinanthropus, des damals bekannten ältesten Exemplars menschl. Vorfahren, beteiligt. 1948 kehrte T. nach Paris zurück, geht 1951 nach New York, unternimmt als Mitglied der Wenner Gren Foundation for anthropological Research verschiedene Forschungsreisen, u. a. nach Afrika. Am 10. April 1955, am Ostermorgen, ist er in New York gestorben.

T.s Schriften sind inmitten eines äußerst bewegten, unruhigen und ständig beanspruchten Lebens entstanden, anläßlich der verschiedensten Situationen, Ereignisse und Begegnungen; es sind Impressionen, Intuitionen, Visionen, Essays, denen allerdings eine umfassende Wirklichkeitserfahrung und eine klar erkennbare Konzeption zugrundeliegen. T.

will nach seinen eigenen Worten „sehen und sehen lassen".

Während seines Lebens durfte infolge einer Anordnung seines Ordens, der ob der Kühnheit der neuen Ideen und der Neuartigkeit seiner Sprache Bedenken erhob, keine seiner philos.-theol. Schriften im Druck erscheinen. Trotzdem fanden T.s Gedanken ihren Weg zu ungezählten Menschen aus allen weltanschaulichen Lagern. Erst nach T.s Tod wurde sein Werk veröffentlicht; die Veröffentlichung ist noch nicht abgeschlossen.

Über die Bedeutung T.s als naturwiss. Forscher ist hier nicht zu befinden, seine Thesen und Theorien sind zum Teil umstritten. Für die Theol. ist T. insofern von großer und weitausstrahlender Bedeutung geworden, als er das in der Naturwiss., besonders in der Paläontologie gültige und in der Phil. Bergsons syst. entwickelte Gesetz der Entwicklung zum Schlüsselwort seiner Theol. erhob. Er hat damit die lange Zeit bestehende Kluft zwischen Naturwiss. und christl. Glauben überwunden, er hat die als Gegensatz aufgefaßten Prinzipien der Schöpfung und der Entwicklung versöhnt.

Für T. ist die Wirklichkeit der Welt nicht als statischer Kosmos zu sehen, sondern als ein Prozeß, dessen innere Dynamik und Gesetzmäßigkeit Entwicklung, Progression und Fortschritt heißt. Materie und Geist sind nicht zwei getrennte Dinge, sondern zwei Zustände des kosmischen Stoffs. Die Schöpfung der Welt durch Gott ist nicht abgeschlossen, sondern einer Entwicklung anheimgegeben, die in den Stadien: Stoff-Leben-Geist sich auf eine immer größere Komplexheit und auf ein zunehmendes Bewußtsein in der Form der Konvergenz hinbewegt. Sie kommt im Menschen zur Vollendung, der seinerseits für eine immer größere und bessere Zukunft offen und für sie bestimmt ist, für ein „Mehrsein". Aber nicht der einzelne Mensch, sondern die Menschheit als Ganzes ist Zielpunkt dieser Entwicklung. Diese Endstufe bezeichnet T. als Totalisation oder als Sozialisation, als kollektive Menschwerdung. Das ist kein Bekenntnis zu einer die Persönlichkeit aufhebenden Masse, sondern die Aussage über eine Vereinheitlichung der Menschheit „auf dem Weg geistig seelischer Weiterentwicklung in immer größerer Freiheit" (Viallet).

Das Prinzip der Entwicklung, der Evolution, hat T. auch in die Theol. eingebracht, vor allem für die Christol. Dabei beruft er sich auf Aussagen zur sog. kosmischen Christol., wie sie im Johannesprolog, in der Apokalypse und in den Gefangenschaftsbriefen begegnet, die Christus als Grund und Ziel der Schöpfung beschreiben. Damit macht T. Ernst und entwirft das Programm einer evolutiven Christol. Das bedeutet: Die Menschwerdung erfolgte auf einer bestimmten Stufe der Entwicklung und sie ist Ausgangspunkt für eine weitere kosmische Dynamik, mit ihr beginnt eine neue Phase eines kommenden Aufstiegs. Das Christentum kann man die Rel. der Evolution nennen. Gott in Christus ist das Zentrum des Universums. Das führt T. zu der Vision, daß alle Religionen der Erde auf einen universalen Christus zusammenstreben – aus

den Religionen wird eine christol.
geprägte Rel. der Zukunft. Diese
theol. Konzeption T.s bringt es mit
sich, daß die Erde voll und ganz bejaht wird, daß die Vollendung der
Erde der Vollendung Gottes im
Sichtbaren entspricht.

In dieser Sicht wird der Mensch
Mitarbeiter Gottes an der Vollendung der Welt, an der Überwindung
des Übels und des Bösen. Die Nachfolge Christi besteht demgemäß
nicht in der Flucht aus der Welt oder
in Weltverachtung, sondern in der
Hingabe und dem Glauben an die
Erde. Aus diesem Grund bejaht T. alle Bemühungen, die im Dienst der
Welt stehen. So kann er sagen, auch
die säkulare Welt ist im Grunde rel.
– nichts ist vom göttl. Bereich ausgeschlossen. Von T. geht ein fast unbe-
zwingbarer Heils- und Welt-Opti-
mismus aus, der durch keine Nega-
tiverfahrung erschüttert wird.

T. hat für die Stellung der Christen und der Kirche zur Welt ein
neues Verhältnis geschaffen: das der
bejahenden und verpflichtenden Zuwendung. Das II. Vatikanum wurde
in seiner Pastoralkonstitution über
die Kirche in der Welt von Heute
„Gaudium et spes" maßgeblich vom
Geist T.s geprägt. Als die Werke T.s
nach seinem Tod veröffentlicht wurden, lösten sie eine weltweite Wirkung aus. Seine Person und sein
Werk standen für Jahre im Mittelpunkt des Interesses der Naturwiss.,
der Theol. und einer neuen christl.
Spiritualität. Die Veröffentlichungen
über T. sind kaum mehr zu zählen. T.
ist theol. immer noch umstritten; an
ihm scheiden sich die Geister.

Lit.: Oeuvres, Paris 1955 ff.; Dt. Werk-
ausgabe, Olten/Freiburg 1962 ff. Ferner: Die Entstehung des Menschen,
München 1963[3]; Der Mensch im Kosmos, München 1964[4]; Kosmische Ge-
bete, Hildesheim 1986. – C. Cuenot,
Pierre T., Olten 1966; G. Crespy, Das
theologische Denken T.s, Stuttgart
1969; H. de Lubac, T.s religiöse Welt,
Freiburg 1969; C. Tresmontant, Einführung in das Denken T.s, München
1963; A. Gläser, Konvergenz. Die
Struktur der Weltsumme T.s, Kevelaer
1969; G. Schiwy, T. Sein Leben und seine Zeit, 2 Bde., München 1981.   *H. F.*

Temple, William (1881–1944). T.
wurde am 15. Okt. 1881 in Exeter
als Sohn des anglik. Theologen und
Kirchenführers Frederick T., der
(1896–1902) wie später sein Sohn
das Amt des Erzbischofs von Canterbury bekleidete, geb. T. war von
1904–10 Phil.doz. am Queen's College (Oxford), wo er nach anfänglichen Schwierigkeiten 1909 in das
geistl. Amt ordiniert wurde. Nachdem er als Schulleiter der Repton
School (1910–14) und Pfarrer von
St. James's, Picadilly, in London
(1914–17) tätig war, begann er als
Kanonikus von Westminster (1917–
21) eine steile kirchl. Karriere:
Bischof von Manchester (1921–29),
Erzbischof von York (1929–42) und
Canterbury (1942–44). T. engagierte
sich von 1927 an in der ök. Bewegung, nahm an der 2. Weltmissions-
konferenz 1928 in Jerusalem teil und
führte den Vorsitz auf der 2. Faith
and Order Weltkonferenz in Edin-
burgh 1937. Von 1938 bis zu seinem
Tod am 26. Okt. 1944 (in Westgate
on-Sea/Kent) war T. Vorsitzender im
Vorläufigen Ausschuß zur Bildung

des ök. Rates der Kirchen. Seine Bedeutung als Theologe tritt gegenüber der als Kirchenführer zurück. T.s Rel.phil. steht in der Trad. des brit. Idealismus, der als phil. Schule in krit. Abgrenzung von der empirist. Trad. durch die Hegel-Rezeption und -Reinterpretation von T.H. Green und Edward Caird, T.s Lehrer in Oxford, in der 2. Hälfte des 19. Jh.s begründet wurde. Als sich diese Richtung als „absoluter Idealismus" bei F.H.Bradley mit einer phil. Kritik des personalen Wesens des Absoluten verband, wurde im „Personal Idealism" von G.F.Stout, Hastings Rashdall u.a. eine Synthese von Idealismus und Personalismus geschaffen. Auf diesen phil. Grundlagen aufbauend ist es T.s Ziel, nachzuweisen, daß das Wirklichkeitsverständnis des christl. Glaubens eine kohärente Interpretation und Integration aller Bereiche der Erfahrung ermöglicht.

In *Mens Creatrix* (1917) versucht T. zu zeigen, daß Erkenntnis, Kunst, Moralität und Rel. sich auf konvergenten Linien bewegen, ihre Integration aber erst durch die Off. Gottes in Jesus Christus möglich wird. In *Christus Veritas* (1924) entfaltet T. diesen Gedanken zu einer christozentr. Metaphysik. In seinen Gifford-Lectures *Nature, Man and God* (1934) stellt T. dar, daß die trad. Verhältnisbestimmung von natürl. Theol. und Off.theol. (Buch der Natur – Buch der Schrift) durch eine neue Zuordnung überholt werden muß, die klarstellt, daß beide denselben Gegenstandsbereich mit unterschiedlichen, aber komplementären Methoden bearbeiten. Natürl. Theol. untersucht die Gültigkeit rel. Erfah-

rung in den Rel.en im universalen Kontext menschl. Erfahrung und baut ihre Kategorien von der untersten Stufe konkreter Erfahrung her auf. Off.theol. ist die kategoriale Explikation der ontol. Gehalte der Christusoff. und versucht mit diesem Wirklichkeitsverständnis, alle Bereiche konkreter Erfahrung zu erschließen.

T.s Größe liegt auch darin, daß er gegen Ende seines Lebens erkannte, daß sein Programm der Konvergenz von Theol. und Phil. im Medium eines Denkens erarbeitet worden war, das in der Mitte des 20. Jh.s durch die neuen Entwicklungen in Naturwiss. und Phil. obsolet erschien.

Lit.: O.C.Thomas, T.s Philosophy of Religion, London 1961.   *C.S.*

Teresa von Ávila (1515–1582). Teresa Sánchez de Cepeda y Ahumada wird am 28. März 1515 in Ávila (Castilien) geb. Ihr Großvater väterlicherseits war vom Judentum zum Christentum übergetreten. Die Eltern waren tief rel. und führten ihre Kinder in das rel. Leben ein. T. erzählt von ihrer kindl. Bereitschaft und Hingabe. Nach dem Tod ihrer Mutter verblaßte die rel. Sehnsucht ihrer Kinderzeit. Mit 16 kam sie in das Internat der Augustinerinnen. Dort wandte sie sich den rel. Fragen zu und dachte über ihre Zukunft nach. Sie wurde krank und mußte das Internat verlassen. Als sie einem Onkel aus geistl. Büchern vorlas, erkannte sie ihre Berufung zum Ordensstand. Der Vater widersetzte sich dem Plan. Am 2. Nov. 1535 trat sie heimlich in das „Kloster der Menschwerdung" in Ávila ein. Nach der Ablegung der klösterl. Gelübde 1537 erkrankte sie schwer. Der Vater verhinderte, daß sie scheintot begraben wurde. Drei Jahre war sie gelähmt. Sie las das Buch des Franziskaners Osuña über das Gebet und fand ihren Weg. Sie wurde zu einer beliebten Gesprächspartnerin, half anderen zum Beten, geriet aber selbst in eine innere Not. 1554 erfuhr sie vor einem Bild des Schmerzensmannes eine Erschütterung, eine „Bekehrung". Eingebungen, innere Erfahrungen, Visionen und Ekstasen mehrten sich. Ostern 1556 erfuhr sie in einer Vision ihre geistl. Verlobung. Sie wurde von Beichtvätern verdächtigt. 1560 begegnete sie dem Franziskaner und Büßer Pedro de Alcántara, der ihr „sehr wichtige Aufklärungen" gab und sie ermunterte, die Reform des Karmel anzugehen. Nach inneren und äußeren Auseinandersetzungen erhielt sie, unterstützt von ↑Bañez, die Erlaubnis, in ihrem Reformkloster St. Josef zu bleiben. Ab 1567 durfte sie weitere Reformklöster gründen. 1571 wurde sie Priorin im „Kloster der Menschwerdung". Johannes vom Kreuz wurde Beichtvater. 1575 lernte sie Jerónimo Gracián kennen, der ihr Freund und Vertrauter wurde. Es kam zu heftigen Auseinandersetzungen mit den „Beschuhten". Ab 1580 konnte sie weitere Klöster gründen. 1582 starb sie in Alba de Tormes.

T. war mit gesundem Menschenverstand und Anpassungsfähigkeit begabt. Sie strahlte Autorität aus, konnte führen und organisieren. Ihr Weg führte sie aus Ichbezogenheit und Heilsangst in die Freiheit der Hingabe an Gott. Gott ist ihr der „ganz andere" und doch zugleich Freund. Das Gebet kann sie beschreiben als „freundschaftl. Austausch, bei dem wir uns oft still mit dem unterhalten, von dem wir wissen, daß er uns liebt". Das Leben aus der Einheit mit Gott macht sie fähig, Freunde zu haben und in Freiheit einen gesunden Umgang mit Menschen und Dingen zu pflegen. Ihren Weg beschreibt sie in ihrer *Vida*, ihrer Lebensbeschreibung; die Anwesenheit Gottes in der Seele im „Weg der Vollkommenheit". In ihrem reifsten Werk *Seelenburg* gibt sie eine syst. Darstellung des mystischen Lebens bis zur höchsten erreichbaren Vereinigung mit Gott. Nachdem die Seele die unmittelbare Gewißheit, daß sie in Gott ist, erlangt hat, muß sie nochmals einen Weg der Reinigung durchmachen. Erst dann wird ihr die unmittelbare Gegenwart der drei göttl. Personen und der Menschheit Christi geschenkt. Ihre Unmittelbarkeit zu Gott kommt in Begebenheiten und Gesprächen zum Ausdruck, die außerhalb ihrer Schriften überliefert sind.

Lit.: Ges. Ausg. 9 Bde., Burgos 1915–24; 3 Bde., Madrid 1951–59 (Bibliogr.); Procesos, 3 Bde., Burgos 1934 f. Eine dt. Ausgabe v. A. Alkofer, 6 Bde., München 1960³. – G. Hinricher, T. v. A. in: Große Mystiker. Leben und Wirken, hrsg. v. G. Ruhbach und J. Sudbrack, München 1984, 222–236, 382–385 (Lit.). *Ph. S.*

Tertullian (um 150–220). Quintus Septimius Florens Tertullianus ist wohl um 150/55 in Karthago geb. worden. Zum Christentum bekehrte er sich vor 196 und stellte sich bald danach in seiner nordafrikan. Heimat mit seinen lit. u. rhet. Fähigkeiten und seinen juristischen Kenntnissen in den Dienst der Glaubensverteidigung. Seine schriftstell. Tätigkeit läßt sich bis etwa in die 20er Jahre des 3. Jh.s verfolgen. Seinen lit. Einsatz für das Christentum leistete er als einfaches, aber selbstbewußtes Mitglied der karthag. Christengemeinde. Für Klerus und Volk dürfte er mit seinen hohen Ansprüchen sehr unbequem gewesen sein. Seine schroffe Kompromißlosigkeit und rigorose Härte trieben ihn aus der Catholica. Wohl kurz vor 207 schloß er sich den ↑Montanisten an, verließ später auch diese Sonderkirche und scharte eine eigene Gemeinschaft um sich: die Tertullianisten.

Obwohl T. außerhalb der kath. Kirche endete, gehört er mit seinen zahlreichen Schriften unverzichtbar in die altchristl. Lit.- und Theol.-gesch. Er steht am Anfang der christl. Latinität, die in seinem Werk ihren großartigen Auftakt hat. Dieses Werk ist auf verschiedenen Ebenen anzusiedeln: a) Verteidigung des Christentums nach außen (Apol.), b) Verteidigung als Darlegung des kath. Glaubens gegen die Häretiker, und c) praktische pastorale Schriften. Auf allen Ebenen arbeitet er mit lit. Perfektion; die knappe, griffige Sentenz ist deren Charakteristikum. Beißender Spott und verletzende Ironie gehören ebenso dazu. Der Inhalt ist in der Theol. von Entschiedenheit, in den praktischen Fragen von Kompromißlosigkeit bestimmt.

Als Theologe verteidigt und deutet T. die kirchl. Lehre, die er dank der apostol. Überlieferung überkom-

men hat. Mit ihrer Zuverlässigkeit hat er keine Schwierigkeit: „Wohlan denn, willst du den Forschertrieb in Sachen deines Heiles erfolgreich einsetzen, so laufe durch die apostol. Kirchen, in denen noch die Lehrstühle der Apostel auf ihrer Stelle stehen, in welchen noch ihre echten Briefe gelesen werden, die uns ihrer Stimme vernehmen und ihr Angesicht unmittelbar schauen lassen. Ist dir Achaia am nächsten, so hast du Korinth. Bist du nicht fern von Mazedonien, so hast du Philippi. Wenn du nach Asien kommen kannst, so hast du Ephesus; ist jedoch Italien in deiner Nähe, so hast du Rom, wo auch für uns die Lehrautorität bereitsteht." (Prozeßeinreden gegen die Häretiker 36,1–2). Doch die sichere apostol. Lehre ist von Häretikern aufgelöst und verfälscht. Bei Praxeas sieht er die Trinitätslehre verfälscht. Gegen ihn formuliert T. den ihm überkommenen Glauben an den dreifaltigen Gott. T. ist strengster Monotheist: Es gibt nur einen Gott und Herrn. Aber dieser eine Gott ist Vater, Sohn und Heiliger Geist. Klar formuliert er die Einheit in der Dreiheit: „Drei Personen, nicht der Beschaffenheit, sondern dem Grade, nicht der Substanz, sondern der Form, nicht der Macht, sondern der Eigentümlichkeit nach. Denn es ist nur eine Substanz, Beschaffenheit und Macht, weil nur ein Gott ist, aus dem die Grade, Formen, Eigentümlichkeiten unter dem Namen Vater, Sohn und Heiliger Geist abgeleitet werden." (Gegen Praxeas 2). Mit solchen Bestimmungen prägte T. das Vokabular der lat. Trinitätslehre: ein Gott in drei Personen. Auch für die

Christol. – das Einssein von Gottheit und Menschheit in Jesus Christus – fand er wegweisende Formulierungen: Es sind die zwei Naturen (status) in einer Person, nicht vermischt, sondern verbunden miteinander (ebda. 27). Gegen die Gnostiker und ↑Marcion verteidigt er die wahre Menschheit Jesu, der wirklich aus Maria wie jedes andere Kind geboren wurde und wirklich am Kreuz für uns gestorben ist: „Das Fleisch ist der Angelpunkt des Heiles." (Auferstehung der Toten 8,2)

Der Bestimmtheit seiner Theol. entspricht die Strenge und Klarheit seiner Forderungen für das christl. Leben: radikale Ablehnung jeden Kompromisses mit der heidnischen Gesellschaft und ihren Lebensformen („Gegen den Götzendienst", „Gegen die Schauspiele", „Gegen den Kranz" usw.), ungebändigtes Drängen auf den eigenen christl. Lebensstil: „Gegen den Schmuck", „Gegen die Zweitehe", „Gegen die Flucht in der Verfolgung", „Fasten", „Keuschheit", „Buße" usw. Der Lehre, die in schlichtem Glauben anzunehmen ist, muß das Leben entsprechen, das von strenger Disziplin beherrscht ist. Die christl. Gemeinde als Kontrastgesellschaft? Das wiederum ist sicher nicht das Anliegen des kath. T. Sein Glaube ist die allein wahre und gültige Off. Gottes. Diese aber muß in der ganzen Welt gehört werden. Die Kirche ist ein geordnetes Gebilde: „Eine Körperschaft sind wir durch die innere Verbundenheit im Glauben, durch die Einheit der Ordnung und den Bund der Hoffnung." (Apologeticum 39,1) Diese Körperschaft beansprucht ihren Platz im Römerreich,

das wohl beraten wäre, schlösse es sich in seiner Gesamtheit dieser Körperschaft an.

Lit.: Werke Corpus Christ. 1/2; dt. Teilübersetzung BKV; Apologeticum hrsg. v. C. Becker, München 1961²; „Über die Seele" hrsg. v. J. Waszink, Zürich 1980. – T. D. Barnes, Tertullian. A Historical and Literary Study, 1971.

K. S. F.

Theodor von Mopsuestia (ca. 352–428). Der um 352 in Antiochien geb. Th. ist der bedeutendste Vertreter der antiochenischen Theol., als Lehrer des ↑Nestorius aber zugleich einer der am meisten bekämpften Theologen der Alten Kirche.

Th. war Schüler des Rhetors Libanius; seine theol. Ausbildung erwarb er sich zusammen mit ↑Johannes Chrysostomus im *Asketerion* Diodors von Tarsus. Im Jahre 383 wurde er zum Presbyter in Antiochien und 392 zum Bischof von Mopsuestia in Kilikien geweiht. Dort ist er 428 im Frieden mit der Kirche gest.

In den kurz danach ausbrechenden christol. Streitigkeiten zwischen ↑Cyrill von Alexandrien und Nestorius wurde Th. jedoch als geistiger Urheber der nestorianischen Häresie bekämpft und später – im Zusammenhang mit dem sog. „Drei-Kapitel-Streit" – auf dem 5. Ök. Konzil (Konstantinopel 553) verurteilt. Eine nestorianische Deutung der in der christol. Formel von Chalkedon (451) verankerten Lehre von den zwei Naturen Christi sollte damit grundsätzlich ausgeschlossen werden. Die Folge war, daß die meisten der theol. Schriften Th.s verlorengingen.

Besser erging es dem exegetischen Werk Th.s, von dem größere Teile erhalten sind. Th. soll fast sämtliche Bücher der Bibel kommentiert haben, und für die ‚nestorianische' Kirche ist er „der Ausleger" schlechthin. Erhalten sind neben größeren und kleineren Fragmenten in Sammelkommentaren (Katenen) vollständige Kommentare Th.s zu den Kleinen Propheten, dem Johannesevangelium und den Kleinen Paulusbriefen. Die Auslegung Th.s, in der die ‚antiochenische' Exegese ihren Höhepunkt erreicht, fragt vor allem nach dem Wortsinn der Schrift, der mit philologischen und hist. Mitteln erforscht wird. Eine allegorische Deutung atl. Texte lehnt Th. ab. Das Hohelied Salomos ist für ihn ein Liebeslied, vergleichbar der paganen Lit. Die Psalmen werden wie prophetische Schriften aus ihrer vermeintlichen hist. Situation gedeutet. Insgesamt aber erblickt Th. im AT Symbole für das Leben der Kirche, und dieses wiederum ist Bild (Typus) für das Leben im Himmel. Die Auslegung des Johannesevangeliums ist ganz von der Christol. Th.s bestimmt, die im Zentrum seiner Theol. steht. Wichtig dafür sind auch seine Schrift *De incarnatione* und seine Katechetischen Homilien. Th. betont hier gegen ↑Arius und ↑Apollinaris, daß Christus nicht nur Fleisch, sondern einen ganzen Menschen angenommen habe. Eine besondere theol. Bedeutung erhält dabei die Seele Christi. Die Seele des Menschen ist für Th. der Ort der Sünde, um deretwillen der Leib sterben muß. Um den Menschen von Sünde und Tod zu erlösen, mußte Christus deshalb einen menschl. Leib und eine menschl. Seele annehmen. Und indem Christus mit göttl. Kraft Sünde und Tod überwindet, zeigt er dem Menschen, wie auch er mit Gottes Hilfe erlöst werden kann.

Mit seiner Betonung der ganzen Menschheit Christi schuf Th. die Grundlage für die Zwei-Naturen-Christol. und in ihrer Ausgestaltung das genaue Gegenstück zur Christol. Cyrills. Und so wie Cyrill in seiner Christol. die Einheit gelegentlich überbetont, steht die Christol. Th.s immer wieder in dem gegenteiligen Verdacht, die Einheit Christi nur noch als lose Verbindung συνάφεια zweier selbständiger Wesen denken zu können. Dadurch aber, daß Th. den Begriff Person Πρόσωπον als Ausdruck für die Einheit Christi eng mit dem des Wesens υπόστασις verknüpft, kommt er dem chalkedonensischen Personbegriff bereits nahe.

Lit.: Verzeichnis der Werke T.s: CPG 2. 1974, 344–361; L. Abramowski, Zur Theol. T.s v. M., in: ZKG 72, 1961, 263–293; A. Grillmeier, Jesus der Christus im Glauben der Kirche, Freiburg 1982², 614–634; GKG 2, 167–177 (A. Raddatz).   *W. B.*

Theodoret von Kyros (393/95–ca: 466). Der in Antiochien geb. Th. wurde 423 Bischof von K. Im Streit der Schulen von Alexandrien und Antiochien um das Verhältnis der zwei Naturen in Christus verfocht Th. die Getrenntheit der beiden Naturen in einer Schrift gegen ↑Cyrill von Alexandrien (431) und verteidigte dabei die Christol. des ↑Nestorius. Die Unionsformel von Ephesus (433) geht vermutlich auf ihn zu-

rück. Auf der sog. „Räubersynode"
(449) in Ephesus wurde Th. neben
anderen Antiochenern abgesetzt, auf
dem Konzil von Chalcedon (451) jedoch rehabilitiert. Th. gilt außerdem
als großer KGschreiber in der Nachfolge des ↑Eusebius.

Thielicke, Helmut (1908–1986).
1936 Doz. für Syst. Theol. in Erlangen, dann Rede-, Schreib- und Reise-
verbot, 1945 Prof. für Syst. Theol.
in Tübingen, seit 1954 in Hamburg.
Th. hat nicht nur durch seine theol.
Werke (bes. *Theol. Ethik,* 4 Bde.,
1951 ff.), sondern vor allem als
wortgewaltiger Prediger und Schriftsteller und als Wortführer des konservativen Prot. über die Grenzen der
Theol. hinaus gewirkt und in der
Nachkriegszeit Kirche und Gesellschaft in der Bundesrepublik
Deutschland nachhaltig mitgeprägt.

Tholuck, August (1799–1877). Th.
war der wohl einflußreichste bibl.
bestimmte Erweckungstheologe im
19. Jh. Zunächst Orientalist mit Interesse für die Mystik, hat er nach einer Bekehrungsphase in den Berliner
Studienjahren (↑Neander) lebenslang
in Halle, wo er seit 1826 ein die Fak.
prägender Theol.prof. war, neben
seiner wiss. Arbeit eine ungewöhnlich intensive und weitreichende
Wirkung als Prediger und Seelsorger
der Studenten entfaltet (berühmte-
ster Schüler: ↑M. Kähler). Wie Th. die
„Wiedergeburt" als Vorbedingung
theol. Erkenntnis ansah, so gab es
für ihn keine Theol. ohne Praxis Pietatis. Bereits seine auflagenreiche
und vielübersetzte anonyme Erst-
lingsschrift: *Die Lehre von der Sünde*

und vom Versöhner (1823, Nachdruck 1977) machte unter ↑Ha-
manns Einfluß das menschl. Selig-
keitsbedürfnis in Gestalt der Sün-
denerkenntnis gemäß Gen 3 und
Röm 7 zum Fundament christl. Erkennens. Erbsünde und Gnade werden zu den zentralen Lehren.

Von hier aus gewinnt Th. auch
exeget. Zugang zum Römerbrief,
den er 1824/25 im Anschluß an reformatorische Schriftauslegung er-
baulich kommentiert. Th.s theol.
Front ist sowohl gegen das Aufklä-
rungsdenken aller Spielarten wie gegen den spekulativen Idealismus gerichtet, den er umstandslos für Pantheismus erklärte. Aber weder als
Dogmatiker (nach Hegel: „kavaliers-
mäßig") noch als Exeget hat Th. wegen seiner schwankenden Methodik
wiss. durchdringen können. Eine
Ausnahme bilden seine theol.gesch.
Arbeiten. Im ganzen ist Th.s Bedeutung zwar mehr die eines genialen
Anregers und christl. Erziehers gewesen, aber sie ist in ihrer geistl. Ausstrahlung durch das ganze Jh. hindurch in Kirche und Theol. spürbar
präsent.

Lit.: Dr. A. Th.s Werke, 11 Bde. Gotha
1862–73. *J. R.*

**Thomas von Aquin (1225/26–
1274).** Geb. 1225/26 bei Neapel aus
dem Geschlecht derer v. Aquino.
1239 Besuch der Univ. Neapel, dort
Einführung in die Phil. des Aristoteles; dieser wurde für sein phil.-theol.
Denken so bedeutsam, daß er im
Laufe seines Lebens das meiste von
dessen Schriften kommentiert.
1243/44 tritt Th. in den jungen Do-

minikanerorden ein. Ab 1245 studiert er in Paris und Köln; dort ist 1248–52 †Albert d. Gr. sein Lehrer. Auf päpstl. Vermittlung hin wird er 1258 zusammen mit †Bonaventura Prof. an der Univ. Paris. Hier entstehen u. a. sein *Kommentar zu den Sentenzen des Petrus Lombardus* sowie seine *Quaestiones disputatae;* begonnen wird die *Summa contra gentiles.* 1261–69 wirkt er an verschiedenen Orten Italiens; u. a. beginnt er sein syst. Hauptwerk, die *Summa theologiae,* die jedoch im III. Teil unvollendet bleibt; das von seinen Schülern hinzugefügte Supplementum sind Auszüge aus seinem Sentenzenkommentar. Bei einem erneuten Aufenthalt in Paris (1272) verteidigt Th. das Ideal der Bettelorden *(De perfectione vitae spiritualis, Contra retrahentes).* Zugleich wendet er sich gegen den vor allem von Siger von Brabant († ca. 1284) vertretenen averroistischen Aristotelismus. Er weist dessen Lehre von der Ewigkeit der Schöpfung zurück sowie die Meinung, wonach für alle Menschen ein numerisch einziger, von den Einzelnen getrennter Intellekt bestehen soll (Monopsychismus) *(De unitate intellectus).* Ab 1272 wieder in Italien, stirbt Th. am 7. März 1274 auf dem Weg zum Konzil von Lyon. Die 1270 und 1277 durch den Kanzler der Univ. und Bischof von Paris Stefan Tempier († 1279) ausgesprochene Verurteilung des averroistischen Aristotelismus betraf auch einige Lehren des Th.; dieser findet in Albert d. Gr. einen engagierten Verteidiger.

Die geistesgesch. Bedeutung des Th. liegt darin: die Rezeption der aristotelischen Erkenntnistheorie und Seinslehre hat ihn Theol. und Phil. wie auch entsprechend Glauben und Wissen deutlicher unterscheiden und verbinden lassen, als dies im neuplaton. Augustinismus bis dahin üblich war. So hat für Th. die Phil. mit ihren ausschließlichen Vernunftprinzipien einen eindeutigeren Eigenstand als für Bonaventura. Ihr Objekt ist die geistige Erschließung der Welt. Th. übersieht dabei aber nicht, daß die Welt Schöpfung Gottes ist und auf ihn verweist. Wie sehr es dem Aquinaten um eine methodisch eigenständige Phil. geht, die theol. weitergeführt und vertieft werden kann, belegt seine Gotteslehre. Diese gliedert er in die Theologia philosophica und die Sacra scriptura; wegen ihrer je spezifischen Prinzipien (dort die natürliche Vernunft und hier die übernatürl. Off.) unterscheiden sich beide grundsätzlich. Der Einstieg in die phil. Theol. entspricht dem aristotel. Grundsatz, daß unsere Erkenntnis von der Erfahrungswelt auszugehen hat. Die Lehre von den angeborenen Ideen lehnt er deswegen ab, ebenso die Meinung Bonaventuras, daß wir von Gottes Wesen und Existenz eine unmittelbar evidente Einsicht haben. Von den innergeschichtlich erkennbaren Wirkungen Gottes her versucht Th. zu dem nicht-bedingten, absoluten Verursacher vorzustoßen. Die hier mittels seiner „fünf Wege" erreichte natürliche Gotteserkenntnis ist nicht Glaubensgegenstand; sie liegt in dessen Vorfeld. Mit dem Blick auf die endliche Welt und durch sie hindurch auf das erste Sein argumentiert Th. keineswegs nur kosmol. und metaphysisch; ihn bewegt zutiefst ein ausdrücklich anthropolog. Interesse. Er hat das auf Gott ausgerichtete Glückseligkeitsstreben des Menschen im Auge. Mit dem Verweis darauf macht er jene Nahtstelle deutlich, an der die reflektierende Erfahrung und der übernatürliche Gottesglaube ineinandergreifen. Die so durch den Off.glauben wesentlich vertiefte Gotteserkenntnis weitet die begrenzte natürl. Erkenntniskraft aus; sie wirkt zudem der menschl. Gefährdung zu Irrtum und Anmaßung entgegen und bereitet den Menschen so auf die letzte Beseligung in der übernatürl. Gottesschau vor. Durch diese umfassende Ausrichtung der Phil. auf Gott hin beugt Th. einer Überformung des Glaubens durch die Vernunft vor; zugleich aber kann er mittels der Phil. die Glaubenslehre dem menschl. Erfahrungshorizont einordnen.

In der Anthropol. tritt Th. der platon. Meinung entgegen, daß alleine die Seele den Menschen zur Person mache. Dem hält er (wie auch Bonaventura) entgegen, daß der Mensch in seiner Personhaftigkeit durch Leib *und* Seele konstituiert wird. Th. kommt zu dieser engen Verknüpfung von Leib und Seele durch den aristotel. Hylemorphismus, der dann in bes. Maße auch seine Sakramententheol. kennzeichnet. Jene Lehre besagt, daß alles körperlich Seiende durch die je für sich unselbständigen Prinzipien *materia prima* und *forma substantialis* bestimmt ist. Der Erstmaterie als reiner Möglichkeit gegenüber ist die substantielle Form das konkretisierende Prinzip. Auf diesem Denkhintergrund ist die Seele

die substantielle Form des Leibes. Wird die Seele im Tod vom Leib getrennt, ist sie für Th. keine Person; sie existiert in einem Zustand, der ihrem Wesen nicht entspricht.

Ist schon die phil. Anthropol. des Aquinaten in ihrer Zuordnung von Leib und Seele ausgesprochen optimistisch gestimmt, so gilt dies auch für sein theol. Menschenbild. Für Th. liegen die übernatürlichen Gnadengaben auf der Linie der Naturvollendung; ihn erfüllt zutiefst die Überzeugung von der Harmonie von Natur und Gnade. Diese Gewißheit bestimmt auch seine Lehre von der Ur- und Erbsünde. Insgesamt darf man das thomanische Denken unterscheidend und zugleich integrierend nennen. Th. hat zwei Wirklichkeitsbereiche (Natur und Gnade) klar anerkannt, ohne dabei einer doppelten Wahrheit zu huldigen. Dem hatte er ja in der Person des Siger von Brabant entschieden widersprochen. Es geht ihm zutiefst um die unterschiedene Einheit dieser beiden Bereiche, und deshalb auch um die differenzierte Einheit von Glauben und Wissen, von Theol. und Phil.

Lit.: Die Deutsche Thomas-Ausgabe, Salzburg u. a. 1933 ff. (Summa theol., noch nicht abgeschlossen); Summe gegen die Heiden, hrsg. u. übers. v. K. Albert u. P. Engelhardt, bisher 2 Bde., Darmstadt 1974/82. – M. Grabmann, Thomas v. Aquin, Persönlichkeit und Gedankenwelt, München 1949[8]; J. Pieper, Kurze Auskunft über Thomas v. Aquin, München 1963[3]; ders., Scholastik, München 1978; J. Weisheipl, Thomas v. Aquin, Graz 1980; F. Courth, Trinität. In der Scholastik (HDG II/1 b) Freiburg/Basel/Wien 1985, 100–118. *F.C.*

Thomas von Kempen (1379/80–1471). Bedeutendster Vertreter der „Devotio moderna". Auch als Schriftsteller vor allem Seelsorger. Hauptwerk: *Nachfolge Christi*. Trotz gewisser Einseitigkeiten eines der Hauptwerke für die Frömmigkeit der Folgezeit.

Thomassin d'Eynac, Louis de Or (1619–1690). Theologe, Kirchenrechts- und Liturgiehistoriker. Bedeutendster Theologe des Oratoriums im 17. Jh. Schwerpunkte: Christol. und Ekklesiol. Starker positiver Einfluß auf Protestanten.

Tillich, Paul (1886–1965). Seiner Autobiographie gab T. den Titel *Auf der Grenze* (1936). Er wählte damit ein Symbol, das die Weite, Integrationskraft und dial. Spannung seines Lebens und Denkens treffend charakterisiert.

Am 20. Aug. 1886 wurde T. in Starzeddel (Guben) in einem konservativ geprägten luth. Pfarrhaus geb. Von 1904–09 studierte er Theol. und Phil. in Berlin, Tübingen und Halle, wobei er hauptsächlich durch †Kähler, W. Lütgert und F. Medicus geprägt wurde. Die entscheidenden phil. und theol. Einflüsse empfing er jedoch auf lit. Wege (insbes. von Schelling und †Troeltsch, später auch von Heidegger). 1910 erfolgte die phil. Promotion über Schelling. 1912 erwarb er den Lic. theol. 1911–14 war T. als Vikar und Hilfsprediger im Raum Berlin tätig, 1914–18 Feldprediger. Die phil. und theol. Einflüsse der Vorkriegszeit und die erschütternden Erfahrungen des 1. Weltkriegs bewirkten bei T. eine Abwendung von allen Formen des Supranaturalismus und eine Hinwendung zur hist. Methode und zur Geschichtsphil. Im Zusammenhang mit dieser denkerischen Neuorientierung versuchte schon der junge T. – angeregt durch M. Kähler – die Rechtfertigungslehre auch auf das Problem der Erkenntnis anzuwenden und als „Rechtfertigung des Zweiflers" zur Sprache zu bringen. 1914–24 war T., der sich 1916 in Halle habilitiert hatte, als Priv. Doz. für Syst. Theol. in Berlin tätig. Hier beschäftigte er sich wiss. vor allem mit geschichts- und rel.phil. Fragestellungen. Durch seine Kairos-Phil. wurde er vorübergehend zum Theoretiker des Rel. Soz. in Deutschland. Nach einem kurzen Intermezzo als ao. Prof. in Marburg (1924/25) wurde T. o. Prof. für Rel.wiss. an der TH Dresden (1925–29) und gleichzeitig Prof. für Syst. Theol. an der Univ. Leipzig (1927–29). 1929 nahm T. einen Ruf auf eine Professur für Phil. und Soziologie an der Univ. Frankfurt an. T.s akad. Tätigkeit in Frankfurt endete bereits am 13. Apr. 1933, als er zusammen mit anderen polit. oder rassisch Verfolgten durch die NS-Regierung vom Dienst suspendiert wurde. Er erhielt die Möglichkeit, in die USA zu emigrieren, wo er von 1933–55 in New York tätig war. Von 1955–62 wirkte T. in Harvard, von 1962–65 in Chicago, wo er am 22. Okt. 1965 starb. Am 29. Mai 1966 fand er im P.-T.-Gedächtnis-Park in New Harmony, Indiana, seine letzte Ruhestätte.

T.s Wirkung auf die deutschsprachige Theol. wurde durch die Emigration für längere Zeit unterbro-

chen. Erst als seine *Syst. Theol.*
(3 Bde., engl. 1951–63, deutsch
1956–66) in deutscher Übers. erschien, und nachdem T. 1958 den
Goethe-Preis der Stadt Hamburg
und 1962 den Friedenspreis des
deutschen Buchhandels erhalten hatte, begann eine zweite, äußerst er-
folgreiche Wirkungsgesch. T. hat
nicht nur die Syst. Theol. und
Rel.phil. im engeren Sinne tiefgrei-
fend beeinflußt, sondern auch der
Prakt. Theol. und der Kulturphil. wesentliche Anregungen gegeben.

Schon in seinen frühen rel.phil.
Arbeiten kam T. zu der Erkenntnis,
daß der Gegenstand der Rel. (und
damit auch der Theol.) nicht durch
Angabe von bestimmten Inhalten,
sondern nur relational und funktio-
nal bestimmt werden könne, nämlich als dasjenige, „was uns unbedingt angeht". Damit ist der Mensch
als derjenige, der betroffen und an-
gegangen wird, immer schon mitge-
dacht. Dem entspricht T.s Aufgaben-
bestimmung der Syst. Theol. als
apol., d.h., als antwortender und
sich-verantwortender Theol. Die
Theol. ist für T. eine „Funktion der
Kirche", weil in ihr die christl. Botschaft und die jeweilige Zeitsituation, in der die Menschen leben, gleichermaßen zum Zuge kommen. Die
syst. Methode T.s versucht, diesem
polaren Gegenüber von Botschaft
und Situation so Rechnung zu tragen, daß sie beides in wechselseitige
Beziehung (Korrelation) zueinander
bringt. Dabei sollen aus der Analyse
der jeweiligen Zeitsituation die existentiellen Fragen gewonnen werden, auf die die Theol. in der Sprache
der Zeit durch Besinnung auf die

Quellen der christl. Botschaft Antwort zu geben sucht. Entsprechend
dieser „Methode der Korrelation" ist
auch T.s Syst. Theol. so aufgebaut,
daß jeweils zwei Grundbegriffe (Vernunft und Off.; Sein und Gott; Existenz und Christus; Leben und Geist;
Geschichte und Reich Gottes) einander zugeordnet werden, wobei der
jeweils erste für einen frageträchti-
gen Situationsaspekt und der jeweils
zweite für die entsprechende christl.
Antwort steht.

Diese Methode der Korrelation
setzt bei T. ein Gottesverständnis und
eine ontol. Verhältnisbestimmung
von Gott und Welt voraus, die entscheidend durch den Begriff der
Partizipation geprägt sind. T. distanziert sich von einem theist. Gottesverständnis, demzufolge Gott als ein
höchstes, personales Seiendes gedacht wird. Dem Einspruch des
Atheismus gegen die Existenz eines
solchen höchsten Wesens gibt T. ausdrücklich recht. Soll Gott gedacht
werden als dasjenige, was uns unbedingt angeht, so darf er nicht als ein
Seiendes neben oder über anderem
verstanden werden, sondern nur als
das Sein-Selbst (die Macht des Seins,
der Seinsgrund), an dem alles Seiende partizipiert und ohne das es nicht
wäre. Die Aussage: „Gott ist das
Sein-Selbst" ist für T. die einzig mögliche direkte, nicht-symbolische Aussage über Gott. Als solche ist sie
grundlegend für alles verantwortli-
che Reden von Gott, kann dieses
aber nicht ersetzen. Dazu bedarf es
des symbolischen Redens von Gott,
das nicht mit direkter Rede verwech-
selt werden darf und das authen-
tisch, d.h. der rel. Erfahrung ange-

messen sein muß. Weil Gott das Sein-Selbst ist, darum kann prinzipiell alles (am Sein-Selbst partizipierende) Seiende zum Symbol für Gott werden. Von daher erklärt es sich, daß T. unbefangen Natur und Kultur als mögliche Symbolisierungen Gottes im theol. Denken aufnehmen konnte.

Diese universale Partizipation des Seienden am Sein-Selbst schließt aber bei T. die universale Entfremdung des Seienden (der Existenz) gegenüber dem Sein-Selbst nicht aus, sondern als Möglichkeit und Wirklichkeit ein. Im Zentrum der christl. Theol. steht darum für ihn die Botschaft von Jesus als dem Christus, der die Entfremdung unter den Bedingungen der Existenz überwunden hat und so zum Bringer des Neuen Seins wurde. Zwar steht das christl. Leben individuell und kollektiv in dieser Welt unter der Signatur der Zweideutigkeit, aber d. h. für T. zugleich: Es ist nicht vollständig der Macht der Sünde ausgeliefert. Im menschl. Leben sind als Werk des Geistes Gottes schon jetzt Glauben und Liebe möglich und damit wird Heilung in der Zerrissenheit erfahrbar. Und ebenso wird in der Geschichte das ewige Reich Gottes anbruchartig sichtbar und stiftet damit Sinn inmitten des drohenden Sinnverlustes.

T.s Theol. vermag von daher alle Phänomene der Wirklichkeit aufzunehmen und unter den Aspekten ihrer Teilhabe am Sein-Selbst, an der Entfremdung und am neuen Sein zur Geltung zu bringen. Das verleiht dieser Theol. ihre bes. Weite, Integrationsfähigkeit und Dynamik.

Lit.: Ges. Werke, 12 Bde. und 6 Erg. Bde., Stuttgart 1959 ff. – W. u. M. Pauck, P. T. Sein Werk und Denken, Bd. 1, Stuttgart/Frankfurt 1978; J. Track, Der theol. Ansatz P. T.s, Göttingen 1975.   *W. H.*

Toland, John (1670–1722). Der in Irland geb. T. konvertierte 1687 vom Kath. zum Prot. und studierte Theol. Durch sein Hauptwerk *Christianity not mysterious* (1696), in dem er alles seinem aufklärerischen Vernunftverständnis Widersprechende als rel. gesch. Einflüsse oder platonische Überfremdungen aus dem Wesen des Christentums ausschloß, wurde T. zu einem führenden Vertreter des Deismus. Der Sturm der Empörung gegen diese Schrift war gewaltig, u. a. schrieb ↑Leibniz eine Gegenschrift. 1697 wurde das Buch öffentl. verbrannt. T. wirkte von da an als Schriftsteller und Herausgeber in London. Mit seinem Spätwerk *Pantheisticon* (1720) wollte T. eine rel.-phil. Lebensgemeinschaft zur Pflege des Pantheismus ins Leben rufen.

Troeltsch, Ernst (1865–1923). T. wurde am 17. Febr. 1865 in Haunstetten bei Augsburg geb. Während seines Theol.studiums in Erlangen, Berlin und Göttingen (1884–88) wurde er vor allem durch ↑Kaftan und ↑Ritschl geprägt und beschäftigte sich intensiv mit Kant und ↑Schleiermacher. 1891 wurde T. Priv. Doz. in Göttingen; 1892 Extraordinarius in Bonn; 1894 o. Prof. für Syst. Theol. in Heidelberg, wo eine enge Arbeitsgemeinschaft zwischen ihm und Max Weber entstand. 1915 wechselte T. auf eine Professur für Phil. in Berlin über. Von 1919–21 war er außerdem ehrenamtlich im Preuß. Kultusministerium tätig. Dem am 1. Febr. 1923 Verstorbenen hielt ↑Harnack die Grabrede.

T. ist der Dogmatiker der rel.gesch. Schule, zu der u. a. ↑Gunkel, W. Bousset, J. Weiß und W. Wrede gerechnet werden. Durch deren exeget. Forschungsergebnisse stellte sich (auch für T.) unausweichlich die Frage nach der Absolutheit des Christentums. T. lehnt es ab, diese Anfrage dogm. zu umgehen. Er kann und will die hist. Methode (mit den Prinzipien: Kritik, Analogie und Korrelation) nicht beliebig einschränken. Alles Historische ist relativ, also auch das Christentum einschließlich der Person Jesu. Deswegen muß T. die Absolutheit des Christentums im Sinne einer Unüberbietbarkeit ablehnen. Er behauptet jedoch dessen fakt. „Höchstgeltung". Im Hintergrund dieser Wertung steht eine geschichtsphil. Konzeption, die (in Anlehnung an ↑Leibniz' Monadologie) davon ausgeht, daß alle Rel.en die Erhebung zum Göttlichen anstreben und (in unterschiedlichen Graden) verwirklichen. Insofern hat jede Rel. am Absoluten Anteil. Die bisher höchste Verwirklichungsform erkennt T. im Christentum – jedenfalls für den europäischen Kulturkreis. Dessen Werte zu erhalten und in einer „europäischen Kultursynthese" zu integrieren, ist für ihn die große Aufgabe, die es angesichts der Herausforderungen der Gegenwart in Angriff zu nehmen gilt. Von seinem method. Ansatz her versucht T. zugleich, das bisherige Geschichtsbild

in zweierlei Weise zu korrigieren: einerseits konstatiert er eine tiefe Zäsur zwischen Reformations- und Neuzeit, derzufolge die Gegenwart nicht aus der Reformation, sondern erst aus der Aufklärung verstanden werden kann. Andererseits setzt er der bis dahin einseitig ideengesch. Betrachtung des Christentums in seinen *Soziallehren* (1912) eine soz.gesch. orientierte Darstellung entgegen. Durch seinen frühen Tod blieb dem weitgespannten, aber letztlich fragmentarischen Werk T.s eine größere Wirkung zunächst versagt. Neuerdings findet es jedoch verstärkte Beachtung. Indiz hierfür ist u. a. die Gründung der E.-T.-Gesellschaft im Jahre 1981.

Lit.: Ges. Schriften I–IV, Tübingen 1912–25, Neudruck 1962–81; Die Absolutheit des Christentums und die Rel.geschichte (GTB 138), Gütersloh 1979. – F. W. Graf/H. Ruddies, Bibliogr., Tübingen 1982; W. Köhler, E. T., Tübingen 1941.   *W. H.*

Turrecremata, Johannes de (1388–1468). Der Dominikaner T. war einer der einflußreichsten Theologen des Spät-MA. Seine Studien absolvierte er in Valladolid und Paris. Wichtig war für seinen weiteren Werdegang die Teilnahme an den Konzilen von Konstanz, Basel und Ferrara-Florenz. Fiel das erste noch in seine Studienzeit, so hatte er in Basel und Ferrara-Florenz aktive Aufgaben. T. erhielt 1436 vom Papst den Titel „Defensor fidei". 1439 wurde er Kardinal, ab 1440 hintereinander Bischof von Cadiz, von Orense, von Palestrina, von Sabina und von Léon. T. starb am 26. Sept. 1468.

Das Hauptwerk des T. ist die *Summa de Ecclesia* (1453). Durch dieses wird er gewissermaßen zum Vater der kath. Ekklesiol. T. verwendet in diesem Werk viele Traditionsstücke, so daß er bis zu einem gewissen Grad als Kompilator erscheint. Gleichwohl ist das Werk im Grundansatz und auf viele Strecken der Durchführung originell und breit angelegt. Der Methode nach folgt er durchaus schol. Distinktionsweise, da er sich so am klarsten gegen seine Gegner abgrenzen kann.

Die *Summa* besteht aus vier Büchern: Natur und Geheimnis der Kirche, der röm. Primat, die Konzilien, Schisma und Häresie. Kirche wird von vier Ursachen her konstituiert. Die *causa efficiens* ist Christus bzw. sind die Sakramente, da ja Christus durch sie die Kirche schafft. Die Gläubigen, die das „Kirchenvolk" darstellen, sind *causa materialis* der Kirche. Da die Kirche die Menschen zur seligen Gemeinschaft mit Gott führen will, ist die Glückseligkeit deren *causa finalis*. Die Einheit mit Christus aber, die durch den Glauben zustandekommt, ist die *causa formalis* der Kirche. Was die Attribute und Eigenschaften der Kirche angeht, so läßt T. sich von †Thomas von Aquin und von Jakob von Viterbo inspirieren. Jedoch bringt er von sich aus immer noch zusätzliche, durchaus originelle Perspektiven ein. So insistiert er, daß die Heiligkeit der Kirche in lebendigen Personen verwirklicht werden muß. Bei der Katholizität denkt er nicht nur an die räuml., sondern auch an die zeitl. Erstreckung, so daß die Gerechten des Alten Bundes selbstverständlich zur kath. Kirche gehören. Apostolizität heißt vorrangig Identität im Glauben. Hinsichtlich der Einheit unterstreicht er die Notwendigkeit nicht nur des einen Hauptes, sondern auch einer klaren Ordnung. T. befaßt sich auch mit Bildern, die von der Schrift her auf die Kirche angewandt werden. Dieser Grundsicht von Kirche im Buch I folgen in Buch II und III die Regierungsstrukturen. Der Papst ist *caput Ecclesiae,* nicht weil er alle repräsentiert, sondern weil es von Christus so gewollt ist. Deshalb kommt die Gewalt der Bischöfe vom Papst. Überhaupt spielt der Papst in dieser Ekklesiol. eine zentrale Rolle. Allerdings kann auch der Fall sein, daß die Meinung des Konzils höher zu werten ist als die des Papstes, „et tunc synodus maior est papa".

T. hat sich auch mit anderen Problemen befaßt und Lösungen vorgelegt, die ihm für sich schon einen besonderen Platz unter den Theologen seiner Zeit einräumen (Fragen des Verhältnisses zwischen geistl. und weltl. Gewalt, der Mariologie usw.). T. ist eine der großen Orientierungsfiguren für die zeitgenössische Theol. und für die Zeit unmittelbar danach.

Lit.: K. Binder, Wesen und Eigenschaften der Kirche bei Kardinal Juan de Turrecremata, Innsbruck 1955; Art. J. d. T. (R. Bäumer) in: LThK 4, 1093 f. (Lit.).   *H. W.*

Tyrrell, George (1861–1909). T. wurde am 2. Feb. 1861 in Dublin geb. und wuchs dort in ärml. Verhältnissen auf. Erst spät erwachte sein rel. Eifer, den er im Anglikanismus nicht glaubte befriedigen zu können. So konvertierte er 1879

zum Kath. und trat in den Jesuitenorden ein. Sein Studium war von der
Neuschol. bestimmt. T. wurde zu
einem strengen Thomisten. Ein Um-
bruch in seinem Denken bahnte sich
an, als er 1885 ↑Newmans *Grammar
of Assent* (Zustimmungslehre) las.
Der Neuschol. warf er schon jetzt einen Mangel an hist. und exegetischer
Fundierung vor. Er war zeitweilig
von dem Gedanken bestimmt, die
Neuschol. mit Newman zu versöhnen.

1891 wurde T. zum Priester geweiht und wirkte anschließend als
Seelsorger unter Fabrikarbeitern in
Liverpool. 1894 wurde er Prof. in
Stonyhurst, aber seine Thomasauf-
fassung führte 1896 zu seiner Ver-
setzung in den Redaktionsstab der
Jesuitenzeitschrift *The Month*. In
dieser Zeit veröffentlichte er sein erstes Werk *Nova et Vetera*, das ↑Hü-
gel veranlaßte, mit T. Kontakt aufzunehmen. Er führte T. ins Deutsche
ein und machte ihn mit den Problemen der Bibelkritik sowie mit religionsphil. und religionspsychologi-
schen Fragestellungen von Bergson
und ↑Blondel vertraut. Durch diese
Freundschaft wurde T. auf eine Bahn
geführt, die sich für ihn in seinem
irischen Freimut (und wohl auch
Starrsinn) letztlich als verhängnis-
voll erwies.

In den Jahren unmittelbar vor der
Jh.wende betonte T. die Differenz
zwischen Rel. und Theol. immer stärker. So kam er zu einer wesentl. Unterscheidung zwischen der Off.
geistl. Tatsachen in bildhafter Ausdrucksweise und der verstandesge-
mäßen Formulierung dieser Erfahrungen in metaphys. Sätzen. Off. ist

ihm eine Sache rel. Erfahrung, Theol.
hat als Theorie über diese Erfahrung
eine nur dienende Rolle.

Damit war der Weg zu einer symbol. Interpretation von Theol. und
Dogma eröffnet, die Kirche als Hierarchie war aus einer exklusiven
Mittlerstellung zwischen Gott und
dem Menschen verdrängt. Nun
brach T. auch mit der Entwicklungs-
lehre Newmans. Veröffentlichungen
u. a. gegen die Ewigkeit der Höllen-
strafen sowie über die Kirche der
Zukunft (teils pseudonym), die
aphoristisch-prägnant formuliert
waren, führten 1906 zur Entlassung
aus der Gesellschaft Jesu. Im Sommer 1907 wurden das Dekret La-
mentabili und die Enzyklika Pascen-
di gegen den Modernismus veröffentlicht. Die meisten der verurteilten Sätze waren aus ↑Loisy und T.
entnommen. T. legte in zwei Artikeln
in der *Times* in aller Schärfe seinen
abweichenden Standpunkt dar. Daraufhin wurde er am 22. Okt. exkommuniziert. Zwei Jahre danach starb
T., ab 15. Juli 1909. Er hatte sub
conditione die Krankensalbung empfangen. Sein Freund v. Hügel erklärte öffentlich, daß T. damit nicht alles
widerrufen hatte, was er in aller
Aufrichtigkeit geschrieben hatte.
Daraufhin wurde das kirchl. Begräbnis verweigert. H. Brémond nahm an
dem Begräbnis teil und hielt in Zivil-
kleidung eine Grabrede, woraufhin
er selbst zwei Tage später suspendiert wurde.

Lit.: Zwischen Scylla und Charybdis,
Jena 1909; Das Christentum am Schei-
deweg, München 1959. – M. D. Petre,
Autobiography and Life of G. T.,
2 Bde., London 1912; O. Schroeder,

Aufbruch und Mißverständnis, Graz/ Wien/Köln 1969; B. Faupel, Die Rel.phil. G. T.s, Freiburg/Basel/Wien 1976; Th. M. Loome, Liberal Catholicism, Reform Catholicism, Modernism, Mainz 1979.   *P. N.*

Ursin(us) (Beer), Zacharias (1534–1583). Geb. am 18. Juli 1534 in Breslau, 1550 Student in Wittenberg, 1557/8 Reise nach Straßburg, Basel, Lausanne, Genf (Bekanntschaft ↑Calvins) und Paris, die ihm genaue Kenntnis der sich anbahnenden endgültigen Trennung der Kirchenparteien in Konfessionen verschafft. 1558 Lehrer in Breslau, ergreift er 1559 im Abendmahlsstreit öffentl. Partei für die Schweizer, erbittet 1560 seine Entlassung und geht nach Zürich, wo Peter Martyr Vermigli (1500–62) sein nach ↑Melanchthon zweiter entscheidender Lehrer wird. U. ist der erste und bedeutendste aus der Gruppe von Melanchthons Schülern, die, schon von den Zeitgenossen als Philippisten bezeichnet, zum Reformiertentum übergehen. Kein Theologe war geeigneter als er, seit seiner Berufung nach Heidelberg 1561 die theol. Entwicklung der seit 1559 – mit einem gutachtlichen Freibrief Melanchthons – von Friedrich III. dem Calvinismus geöffneten Kurpfalz zu prägen. Auf U. geht die theol. Konzeption, der syst. Aufbau, der (viele Quellen genial verarbeitende) Entwurf und sicher auch die größte Zahl der Einzelformulierungen des Heidelberger Katechismus (veröffentlicht 19. Jan. 1563) zurück, der von allen Lehrschriften der ref. Kirchen die breiteste und längste Aner-

kennung fand. Den Rest seines kurzen, von zunehmender Melancholie gequälten Lebens verzehrt die theol. Verteidigung des die polit. Verhältnisse im Reich tief und bis zum 30jährigen Krieg nachhaltig verändernden Weges der Kurpfalz. 1576 von Friedrichs luth. Sohn und Unterzeichner der Konkordienformel Ludwig VI. entlassen, eröffnet er von der ref. gebliebenen Teilpfalz um Neustadt an der Hardt aus die Kritik der Reformierten an dem von ↑Chemnitz geprägten Luthertum mit der *De libro Concordiae ... Admonitio christiana* (Christl. Erinnerung vom Konkordienbuch) (1581). Dem am 6. März 1583 hier Gestorbenen haben vor allem die von dem Heidelberger Theologen David Pareus (1548–1622) zuerst 1591 aus dem Nachlaß sorgfältig edierten, oft gedruckten und weit verbreiteten *Explicationes catecheticae* (Erklärungen zum Heidelberger Katechismus) die Nachwirkung gesichert.

Lit.: W. Metz, Necessitas satisfactionis?, Zürich 1970; E. K. Sturm, Der junge Z. U., Neukirchen-Vluyn 1972; W. Henss, Der Heidelberger Katechismus (...), Zürich 1983.   *Th. M.*

Valentinos (2. Jh.). Gnostiker, Verf. v. Briefen, Homilien und Traktaten. Komplizierte Gotteslehre durch Anwendung der Vorstellung sukzessiver Äonen. Der nach ihm benannte *Valentinianismus* ist synkretistisch, existiert in verschiedenen Formen und Gruppen (z. B. östlichen, westlichen).

Vilmar, August Friedrich Christian (1800–1868). 1833 Gymnasialdirektor, 1855 Prof. der Theol. in Mar-

burg, zwischenzeitlich Ministerialrat
für Kirchen- und Schulsachen, wodurch er sich um die Reform des
Schulwesens verdient machte. Vom
Rationalismus herkommend und
diesen später heftig bekämpfend,
vertritt V. in seinen Schriften, bes. in
*Die Theol. der Tatsachen wider die
Theol. der Rhetorik* (1856, 1876[4];
Nachdruck 1984), die Objektivität
der Heilstatsachen und die unbedingte Gültigkeit der altkirchl. Bekenntnisse. Gegen die Lehre vom
allg. Priestertum vertritt V. die Auffassung, das geistl. Amt sei direkten
göttl. Ursprungs. Im Sinne dieser
Theol. versuchte V. rigide die kur-
hess. Kirche im Sinne der Restauration umzugestalten.

Vinzenz v. Lérins († vor 450). Priester und Mönch in Lérins. Semipela-
gian. und antinestorian. Theologe.
Bemüht sich um den Schutz der
kath. Lehre gegen verschiedene häret. Tendenzen. Richtungweisend für
Ausformulierung der Kriterien des
Traditionsprinzips. Sein *Commonito-
rium* ist von großer dogmengesch.
Bedeutung.

Vitoria, Francisco de (1483/93
–1546). Span. Theologe, Dominikaner. Bewirkte Thomas-Renaissance
und leitete den Höhepunkt der span.
bzw. trident. Schol. ein. Vater der
modernen Völkerrechtswissenschaf-
ten. Einfluß durch die Schule von Salamanca und durch viele seiner Schüler auf das Konzil von Trient.

Voetius (Fuet), Gisbert (1589–
1676). Geb. am 3. März 1589 in
Heusden, 1604 Student in Leiden,

1611 Pfarrer, seit 1634 Prof. in
Utrecht, gest. am 1. Nov. 1676, ist V.
der gelehrteste, bedeutendste und
durch seine große Schule einflußreiche Theologe der ref. Orth., die er
tief mit der neuaristotelischen
Schulphil. durchdrang und gleichzeitig, vom Puritanismus und auch von
der Mystik beeinflußt, in der Fröm-
migkeitsform der „Präzisheit", d. h.
der genauen Übereinstimmung des
Lebens mit Gottes Gesetz vertrat.
Seine Theol., einschließlich der
Ethik, ist niedergelegt in den *Selectae
disputationes theologicae* (Disputa-
tionssammlungen), die er in fünf
Bänden 1648–69 veröffentlichte,
und in dem (die Unabhängigkeit der
Gemeinden von den Magistraten
verteidigenden) Kirchenrechtswerk
Politica ecclesiastica, das er in
4 Bd.en 1663–76 herausgab (niederländische ‚Neu-Fuzianer' druckten
Teile beider Werke in 3 Bd.en
1885–87 neu); zur Einübung persönl. Frömmigkeit schrieb er für seine Studenten *Ta asketika sive exerci-
tia pietatis* (1664). Eine Dogm.
schrieb er nicht, benutzte vielmehr
Thesen seines Lehrers ↑Gomarus und
normativ gewordene Lehrbücher wie
die (die Dordrechter Lehrentschei-
dungen von 1618/9 repräsentieren-
de) *Leidener Synopsis* (1625, 1658[5],
1881[6]), die *Medulla theologiae*
(1627 u. ö.) von William Ameslius
(1576–1633) und die Katechismuserklärung ↑Ursins.
    Zu dem Kreis um V. gehörte auch
Anna Maria van Schuurman
(1607–78), die 1638 mit dem ref.
Theologen Andreas Rivetus „Über
die Befähigung der Frau für die Wissenschaft" disputierte.

Drei große und für die Orth. typische Konflikte prägen V.s Leben: 1. Seit 1641 bekämpfte er Descartes („Zweifeln kann nie und auf keine Weise die rechte Methode sein, die Wahrheit zu finden"), der ihm 1643 seinen „Brief an den berühmten G. V." entgegensetzte. – 2. Seit 1658 bekämpfte er ↑Coccejus, da aus dessen neuer theol. Systematik der stufenweisen Aufhebung des ersten Bundes (Werkbundes) Gottes mit dem Menschen die Unverbindlichkeit des (für die Reformbewegung um V. zentralen) Gebotes der Sabbat(Sonntags)heiligung folgte. – 3. Seit 1669 wandte er sich gegen den zur Trennung von der Kirche (Separatismus) übergehenden Pietismus Jean de Labadies, den er vorher selbst unterstützt hatte.

V. erkannte richtig, daß mit Descartes phil., mit Coccejus theol. und mit Labadie kirchl. die in der Dordrechter Prädestinationslehre zentrierte ref. Orth. als Einheit und Ganzheit unvereinbar sein würde. Die Entwicklung der ersten frühmodernen Vermittlungstheol. in der Coccejanisch-Cartesianischen Schule, der seine eigenen Schüler heftigen Widerstand leisten, und des Pietismus in und neben der Orth. gaben ihm recht, gingen aber auch über ihn hinweg.

Lit.: Hirsch, Hilfsbuch, 374–428; E. Conring, Kirche und Staat nach der Lehre der niederländ. Calvinisten (. . .), Neukirchen-Vluyn 1965; Scholder, Kap. 6. – RGG³ V, 1585 (W. F. Dankbaar); RGG³ VI, 1432 f. (J. Moltmann); GKG 7, 149–162 (A. de Groot).   *Th. M.*

Wegscheider, Julius August Ludwig (1771–1849). Seit 1806 Prof. der Theol. und Phil. in Rinteln, seit 1810 in Halle. In dem Bemühen um eine vernünftige Begründung der Rel. erweist W. sich als Hauptvertreter des Rationalismus, insofern als er mit dieser Begründung zugleich eine Reduktion bibl.-christl. Aussagen auf die dem Menschen faßlichen rel.-sittl. Ideen vornimmt. Seine *Institutiones theologiae christianae dogmaticae* (1815, 1844[8], deutsch 1831) gelten als die klass. Dogm. des Rationalismus.

Weigel, Valentin (1533–1588). Pfarrer in Zschopau (Sachsen), interpretierte in seinen geheimgehaltenen Schriften ↑Luthers Rechtfertigungslehre mystisch und leitete alle Erkenntnis aus dem „inneren Wort" ab. „Den fernen Weg unsers Geists sollten wir raisen, vom Fleisch in innern Menschen, von dem Buchstaben zum Geist." Seine seit 1609 von Anhängern gedruckten Schriften lösten eine neue spiritualist. Bewegung („Weigelianismus") aus. Sein Einfluß wurde wirksam bei ↑Böhme, aber auch bei ↑Andreä und bei ↑Arndt und über diesen 1621 bei Hermann Rahtmann, der damit im Luthertum die Ausformung der Lehre von der Geist-„Wirksamkeit der Schrift" veranlaßt (bei ↑Gerhard 1628).

Lit.: Ausgewählte Werke, hrsg. v. S. Wollgast, Stuttgart 1978.

Wellhausen, Julius (1844–1918). Theologe und Orientalist, Prof. in Greifswald (1872), Marburg (1885) und Göttingen (1892). W. legte die in der Folgezeit weitestgehend anerkannten literarkrit. Fundamente für eine sachgemäße Analyse der Quellenlage im Pentateuch und lieferte damit die Grundlagen für eine wiss. fundierte Darstellung der Geschichte Israels. Auch auf das NT (insbes. die Evangelien) wandte W. mit Erfolg seine method. Einsichten und Prinzipien an und verschaffte ihnen dadurch allg. Anerkennung.

Welte, Bernhard (1906–1983). W. wurde am 6. März 1906 in Meßkirch (Baden) geb. Meßkirch war auch die Heimat von Bischof C. Gröber und von M. Heidegger; beide wurden zu Weggefährten von W. Nach dem Studium von Phil. und Theol. in Freiburg wurde er 1929 zum Priester geweiht. Anschließend war er 14 Jahre lang bischöfl. Sekretär. In dieser Zeit erfolgte seine theol. Prom. über ein dogmengeschichtl. Thema, 1946 wurde er mit einer Untersuchung über den Glauben bei K. Jaspers und †Thomas von Aquin habilitiert. 1952 wurde er Prof. für Religionsphil. an der Theol. Fak. in Freiburg. Trotz mehrfacher Berufungsangebote blieb er seiner Fak. treu bis zu seiner Emeritierung. Er starb am 6. Sept. 1983.

W. hat mit großem Nachdruck und Erfolg versucht, die phil. und theol. Trad. in eine schöpferische Begegnung mit der Gegenwart zu bringen. Dabei hat er nicht nur informiert und referiert, er war ein „Selbstdenker", bei dem sich Spekulation und Meditation verschwistern. Er verstand es, in Wort und Schrift Hörer und Leser in den lebendigen Mitvollzug seines Denkens einzubeziehen. W. hat uns sehen und

hören gelernt, bekennen viele seiner Schüler. Damit war er ein echter Repräsentant der Phänomenologie.

Eine Religionsphil., wie sie W. vertrat, braucht ihre Herkunft und ihre Voraussetzungen aus dem christl. Glauben und seinen Daten nicht zu verbergen. Sie legt sie auf den Tisch. Das hindert nicht, das genuine Werk eines Philosophen zu tun.

W.s Programm ist das schol. Axiom: Fides quaerens intellectum: Der Glaube, der nach Einsicht sucht. So ging W.s Bemühen in eine doppelte Richtung. Er sah in der Theol. den im Denken sich ergreifenden und lichtenden Glauben. Er verbindet das Glauben-Können mit dem Denken-Dürfen und überwindet damit immer wieder errichtete Barrikaden zwischen Glauben und Wissen. Er bringt die konkreten Inhalte des Glaubens in den Zusammenhang mit den Fragen und Antworten des Menschen und seines Daseinsvollzugs. Andererseits versucht W. in einer weit ausgreifenden Anthropol. „einige philosophische Voraussetzungen zum Verständnis des Christentums" – so der Untertitel eines wichtigen Buches – zu erbringen und das Christliche als Erfüllung des Menschlichen zu interpretieren.

Die Thematik der Religionsphil., krit. und normative Theorie einer rel. Praxis zu sein, gewinnt einen umfassenden Horizont für das Verständnis der in Jesus Christus vollendeten Off. Diese ist zugleich als christl. Rel. die Antwort auf die in der Rel. manifest werdenden Fragen, Antworten und Erwartungen. W. hat diese Grundposition in der Begegnung mit vielen Gestalten der Gesch. illustriert: mit †Thomas von Aquin und †Bonaventura, mit Meister †Eckhart, mit Kant, Hegel, Nietzsche, Heidegger und Jaspers – aber ebenso in der Begegnung mit den Religionen des fernen Ostens. Er ist ein überaus anregender und wirksamer Repräsentant gegenwärtiger Theol. geworden.

Lit.: Der phil. Glaube bei K. Jaspers und die Möglichkeit seiner Deutung durch die thomistische Phil., Freiburg 1949; Auf der Spur des Ewigen, Freiburg 1965; Heilsverständnis, Freiburg 1966; Im Spielfeld von Endlichkeit und Unendlichkeit, Freiburg 1975; Rel.phil., Freiburg 1978; Meister Ekkardt, Freiburg 1979; Was ist Glauben? Freiburg 1982.   *H.F.*

Wesley, John Benjamin (1703–1791). W., dessen Vater und Großväter Pfarrer waren, wurde am 17. Juni 1703 in Epworth (Lincolnshire, England) geb. Den ersten Unterricht erhielt er von seiner Mutter Susanna W., die ihm bis zu ihrem Tod (1742) Gesprächspartnerin blieb. Der Einfluß des Elternhauses wie der Erbauungsschriftsteller J. Taylor, W. Law und †Thomas v. Kempen ließen ihn nach Selbstkontrolle und Heiligung streben. Nach dem Besuch der Charterhouse School in London bezog er 1720 die Univ. Oxford, wurde 1725 zum Diakon und 1728 zum Pfarrer ordiniert. Die Ehrenstellung eines Fellow gab dem jungen Mag. (1727) einen Freiraum zu pastoraler und akad. Wirksamkeit. In Oxford übernahm er 1729 die Leitung eines Studentenkreises, der sich zu geregeltem Leben, Lektüre des griech. NT und philanthropischem Wirken ver-

pflichtet hatte (Spottnamen: Holy Club/Methodisten).

1735 ging W. als Diasporapfarrer und Missionar nach Georgia und kam in engen Kontakt sowohl mit Herrnhuter als auch Salzburger pietist. Emigranten, deren froher, unerschrockener Glaube ihn beeindruckte. Nach England zurückgekehrt, erfuhr er am 24. Mai 1738 beim Anhören von †Luthers Vorrede zum Römerbrief die Gewißheit des ihm in Christus geschenkten Heils. Aus seiner nun folgenden evangelistischen und sozialdiakonischen Tätigkeit erwuchs die methodist. Reformbewegung. Die Ablehnung und Feindschaft der Anfangsjahre wich einem zunehmenden Einfluß auf Kirche und Gesellschaft in den letzten Jahrzehnten seines langen Lebens. Er starb am 2. März 1791 in London.

Das Corpus seiner Schriften umfaßt Predigten, Briefe, Tagebücher, Verteidigungsschriften, Unterrichtsmaterial für seine Schulen, theol. Abhandlungen und Übertragungen von Kirchenliedern (u.a. P. Gerhardts). W.s Theol. ist eingespannt zwischen die Pole Rechtfertigung und Heiligung, und ausgerichtet sowohl auf die prakt. Belange seines Dienstes wie auf dessen theoret. Durchdringung. Das die christl. Existenz begründende Geschehen ist die um Christi willen geschenkte, im Glauben angenommene Gerechtmachung durch Gottes Gnade, auf deren Empfang sich der Mensch vorbereiten kann (vorlaufende Gnade), indem er Böses meidet, Gutes tut und die Gnadenmittel gebraucht. Allwirksamkeit der Gnade Gottes und Personalität des Menschen werden nicht als Gegensätze gedacht; vielmehr befreie die zuvorkommende Gnade zum Gehorsam gegenüber Gottes Willen. Die Prädestinationslehre lehnte W. als dem Evgl. widersprechend ab. Auf dem Fundament der paulinisch-reformator. Rechtfertigungslehre errichtete er seine Lehre von der Heiligung, die sich vor allem als Wachstum in der Liebe und Freiwerden von bewußter, willentlicher Sünde vollziehe und sowohl den individuellen wie den soz. Bereich der menschl. Existenz erfasse.

Die Evangelisierung des Volkes, die Schärfung des soz. Gewissens der Herrschenden und die konkrete Beseitigung soz. Mißstände sowie seine ök. Offenheit und weitgehende Toleranz gegenüber Andersdenkenden haben dauerhafte Spuren hinterlassen. 1784 wird in den USA die erste methodist. Kirche gegründet. Die Heilsarmee und die Heiligungsbewegungen des 19. Jh.s haben sich mit unterschiedlicher Berechtigung auf W. berufen.

Lit.: M. Schmidt, J. W., 2 Bde., Zürich 1953/66 (Lit.); J. W., Die Kennzeichen eines Methodisten, Stuttgart 1981; M. Marquardt, Praxis und Prinzipien der Sozialethik J. W.s, 1977; G. Lean, J. W. Revolution ohne Gewalt, Gießen 1982⁴.   *M. M.*

Wilhelm v. Auvergne (1180–1249). Kanonikus von Notre-Dame, 1228 Bischof v. Paris. *Magister regens* der Theol. Bedeutender Theologe am Übergang von der Früh- zur Hochschol. Hauptwerk: *Magisterium divinale;* von apol. Ausrichtung, für weiteste Kreise bestimmt.

Wilhelm v. St. Thierry (1080/85–1148). Humanist, Zisterzienser. Enge Freundschaft mit ↑Bernhard von Clairvaux, mit ihm zusammen größter Mystiker des 12. Jh.s. Entwickelt augustinisch gefärbte Mystik und Deutung des mönch. Lebens in drei Stufen: *homo animalis, rationalis* und *spiritualis = incipiens, proficiens* und *perfectus.*

Wirceburgenses (1766–1777). Vollst. Kurs der Theol.: *Theologia dogmatica – polemica – scolastica praelectionibus academicis accomodata.* Hrsg. von 4 Jesuitentheologen aus Würzburg: Heinrich Kilber, Thomas Holzklau, Ignaz Neubauer und Ulrich Munier. Oft verwendet und verbreitet, stellt sie den Abschluß der alten Theol. in Deutschland dar. Heute nur noch von hist. Interesse.

Wyclif, John (ca. 1330–1384). W. stammte aus altem Geschlecht in Yorkshire. Sein Geburtsdatum (um oder nach 1330) kann nur aus seiner akad. Laufbahn erschlossen werden, die sich ganz in Oxford (v. a. Balliol College) abspielte. Als Weltpriester wurde er nach langem Studium 1372 Dr. theol. Schon in der phil. Phase seiner Arbeit schuf er die Grundlagen seiner Theol. Er wandte sich von ↑Ockhams Nominalismus ab und entwickelte unter Rückgriff auf ältere Positionen einen extremen Realismus, der den Allgemeinbegriffen (Ideen) ein vom menschl. Intellekt völlig unabhängiges Dasein in Gott zuschrieb. W.s Gottesbegriff schloß – im Gegensatz zu Ockham – auch das Moment der absoluten Macht aus: Gott handelt nicht nach freiem Ermessen, sondern gemäß seiner festen Seinsordnung. Die wichtigste Konsequenz aus diesem Ansatz war W.s Überzeugung von der Unwandelbarkeit, Irrtumslosigkeit und wörtlichen Wahrheit des Wortes Gottes, das er mit der als Gottes Gesetz verstandenen Hl. Schrift gleichsetzte. W. hat sämtliche Bücher der Bibel von Gen bis Apk ausgelegt und steht auch hinter der ersten vollständigen Bibelübersetzung ins Englische. Zentrale Bedeutung für seine Theol. haben die Evangelien mit dem Vorbild des armen, demütigen und leidenden Christus. Durch den Vergleich dieses Ideals mit der Wirklichkeit kam W. zu einer radikalen Kritik an der verweltlichten, machtvollen und reichen Kirche seiner Zeit. Seit 1375 trat er mit kirchenkrit. Schriften an die Öffentlichkeit. Er verlangte Rückkehr zum apostol. Zustand und forderte die weltl. Machthaber auf, die zu einer Selbstreinigung unfähige Kirche – gegebenenfalls durch Enteignung – in eine evangeliumsgemäße Gestalt zurückzuführen. Mit seinen Ideen fand er Rückhalt beim Adel, beim Hof, dem er durch diplomat. Dienste verbunden war, und bei den Bettelorden. Nachdem er sich zunächst mit der nominalist. Abendmahlslehre auseinandergesetzt hatte, kam W. auf Grund seiner Überzeugung von der Unzerstörbarkeit von Substanzen zu einer Ablehnung des Transsubstantiationsdogmas und der Vorstellungen von einer sakramentalen Wirkung. Dadurch verlor er viele Anhänger und mußte sich nach einer Verurteilung in Oxford auf seine Pfarrei Lutterworth zurückziehen (Mai 1381).

Während ihn der Bauernaufstand im Sommer 1381, an dem man ihm zu Unrecht eine Mitschuld zuschrieb, weitere Sympathien kostete, dehnte er seine Kritik immer stärker aus – jetzt auch auf das Mönchtum. Seine Verurteilung durch eine Londoner Synode 1382 brachte zwar manche seiner Freunde um ihre Stellung, schadete ihm selbst aber nicht.

In seinen letzten Jahren stellte W. aus seinen vielen Schriften eine phil. und eine theol. Summe zusammen und gab im *Trialogus* eine Gesamtdarstellung seiner Gedanken. Am letzten Tag des Jahres 1384 ereilte ihn der Tod während der Messe. W.s Ideen haben in der engl. Kirche unterirdisch bis zur Reformation fortgewirkt. Den stärksten Einfluß hatten sie freilich durch die Oxforder Studenten in Böhmen, v.a. auf †Hus.

Lit.: G. A. Benrath (Hrsg.), Wegbereiter der Reformation, Bremen 1967, 254–293 (Texte); GKG 4, 219–233 (G. A. Benrath).   *U.K.*

Zinzendorf, Nikolaus Ludwig Graf von (1700–1760). Z., am 26. Mai 1700 in Dresden geb., wo sein Vater kursächs. Minister war, stammte aus altem österreichischem und sächs. Adel. Nach dem frühen Tod des Vaters und der Wiederverheiratung der Mutter wuchs Z. als Einzelkind auf dem Gut seiner Großmutter in der Oberlausitz auf. Nach der Schulzeit auf dem Paedagogium †Franckes in Halle (1710–16) zog er, dem Wunsch der Familie entsprechend, zum Jurastudium nach Wittenberg (1716–19) und wurde nach einer Bildungsreise (Niederlande, Paris) Hof- und Justizrat in Dresden

(1721). Nach der Heirat (1722) richtete er auf seinem Gut Berthelsdorf eine Hofgemeinde ein. Die durch die Ansiedlung mährischer Flüchtlinge auf seinem Gutsgelände entstehende Siedlung Herrnhut wurde zu einem neuen Zentrum des Pietismus mit eigenem Gepräge. Z. quittierte den Staatsdienst und übernahm (1737 vom Brüderbischof und Hofprediger Jablonsky zum Bischof ordiniert) die Leitung der Gemeinde. Es gelang ihm, separatist. Kräfte zu integrieren, aber seine Eigenwilligkeit führte auch zu Ablehnung und Feindschaft. 1737 aus Kursachsen ausgewiesen, gründete er in der Wetterau neue Gemeinden (Marienborn, Herrenhaag), unternahm zahlreiche Reisen in Europa und nach Nordamerika, entfaltete eine Diasporaarbeit zur Unterstützung bedrohter ev. Minderheiten und eine intensive Äußere Mission (1760 226 Missionare in 28 Gebieten). Z. starb am 9. Mai 1760 in Herrnhut.

Z.s bleibende Bedeutung liegt vor allem in seiner über die Herrnhuter Brüdergemeine hinaus wirksamen kirchl. Erneuerungsarbeit. In der christol. Ausrichtung seines Glaubens und Denkens verbindet Z. luth. Kreuzestheol. mit einer mystisch-realist. Blut- und Wundenfrömmigkeit. Die Macht der Sünde werde durch den Hl. Geist überwunden, dessen geheimnisvolle Krafteinwirkung den Einzelnen (Wiedergeburt) und die Gemeinde durchdringe. Pietist. Gesetzlichkeit (Bußübungen) wird ebenso abgelehnt wie die Ethisierung des Christentums durch die Aufklärung. Es sind Gottes „Gnaden", die das neue Leben bewirken.

Die Leitung der Kirche liege bei Christus selbst als dem „Generalältesten", der durch Wort und Geist die Seinen regiere (Losverfahren; Bibelworte als „Losungen" für jeden Tag). Seine „Tropenlehre", eine Art ök. Ekklesiol., geht von der Annahme aus, daß keine der bestehenden Konfessionen (Tropoi) „die Sache ganz", sondern Wahrheit immer nur mit mehr oder weniger Irrtum vermischt habe, jede aber auch besondere geistl. „Kleinodien" besitze. Daraus resultieren sowohl eine Ablehnung voreiliger Unionen als auch die Forderung gegenseitiger Toleranz in Praxis und Lehre sowie die Bereitschaft zu wechselseitigem Austausch.

Die Nachwirkungen Z.s finden sich in der Brüdergemeinde, in der Verehrung ↑Lessings und ↑Herders, bei ↑Wesley und ↑Schleiermacher als einem „Herrnhuter höherer Ordnung", in der rel. Erziehung Novalis' und ↑Kierkegaards sowie in den Erweckungsbewegungen des 19. Jh.s.

Lit.: Hauptschriften, 6 + 12 Bände, Hildesheim 1962–72. – H.-C. Hahn/H. Reichel (Hrsg.), Z. und die Herrnhuter Brüder, Hamburg 1977 (Lit.); E. Beyreuther, N. L. v. Z., Stuttgart 1975²; H. Renkewitz, Im Gespräch mit Z.s Theol., Hamburg 1980.   *M. M.*

Zwingli, Huldrych (1484–1531). Geb. am 1. Jan. 1484 in Wildhaus (Grafschaft Toggenburg), 1506 Mag. in Basel, Geistlicher in Glarus, 1516 in Einsiedeln, 1519 am Großmünster von Zürich. Bis 1518 Reformer und Humanist im Sinne des ↑Erasmus, seit 1519 Erfahrung der Augustinischen und Paulinischen Theol. an sich selbst (eine Abhängigkeit von †Luther bestritt Z.), 1522 erster Bruch mit den Kirchengeboten, 1523 Durchführung der Reformation durch den Magistrat aufgrund einer Disputation mit den Katholiken, für die Z. in 67 Thesen das Programm schrieb. Obrigkeit und Predigtamt, grundsätzlich zwar in ihren Aufgaben geschieden wie bei Luther, sind so in Zürich von Anfang an zur Christl. Gesellschaft verbunden – „alle ihre Gesetze (sollen) dem göttl. Willen gleichförmig sein". Gleich konstitutiv aber ist, daß, über Apg 5,29 hinaus, die Repräsentanten „weltl. Gewalt ... so sie ... außer der (Richt)schnur Christi (ver)fahren würden, mögen (können) sie mit Gott entsetzt (abgesetzt) werden". Z.s kirchl. Wirken bildet daher eine Einheit mit Sozial-, Außen-, ja Kriegspolitik. Nach anfänglich starker Ausbreitung – bis 1530 auf Bern, Basel, die Bodenseestädte und Straßburg – kommt der Zwinglianismus 1531 im Kappeler Krieg, in dem Z. als Feldprediger am 11. Okt. 1531 fällt, an den kath. Urkantonen endgültig zum Stehen. Der Versuch Philipps von Hessen, 1529 im Marburger Rel.gespräch ein antikath. Bündnis mit Wittenberg zustandezubringen, scheitert an der theol. Überzeugungstreue Luthers und Z.s.

Seine Theol. hat sich im Zusammenhang mit der in Zürich entstehenden Täuferbewegung entfaltet. Diese wandte Z.s eigenen Fundamentalsatz, daß „der Mensch durch Gottes Geist zu Gott gezogen wird" – „wer solches der Kreatur zugibt", begeht „Abgötterei" –, gegen seine Kirchenorganisation. Seitdem rechtfertigt Z. die Kindertaufe daraus, daß Gott mit seinen Erwählten den Bund schon geschlossen *hat*. Die mit ihnen identische „unsichtbare Kirche" und die „sichtbare", die mit Predigtamt und Sakramenten auf jene hin geordnete Gemeinde, sind untrennbar. Also ist auch diese als eine von Gott nach der Hl. Schrift so gewollte Institution gehorsam zu verwirklichen, unbeschadet der Tatsache, daß „der Geist kein ‚Vehikel' nötig hat". Z.s Prädestinationslehre ergibt sich aus dem Gedanken des Alleswirkens Gottes, seiner Vorsehung ebenso wie aus der Gewißheit des Gewirktseins des Glaubens durch Gott. Im Verhältnis dazu sind die Sakramente „Pflichtzeichen" eines öffentl.-gemeinschaftl. werdenden Glaubens. Ihrem Wesen nach sind sie „Symbole", hilfreiche Gleichnisse, Bilder der bereits geistgewirkten Glaubensbeziehung zu Gott. Das „ist" der Abendmahlsworte (Mk 14,22.24 par.) ist rhetorisch uneigentlich aufzufassen. Luthers Deutung auf Realpräsenz Jesu hielt Z. (wie die ganze dahinterstehende Auffassung Luthers vom Verhältnis Jesu zu Gott) für selbstwidersprüchlich. Mit dieser weniger als zehn Jahre klar, energisch und zielsicher gelehrten wie gelebten Theol. ist Z. *der* Vater des Reformiertentums geworden, gerade weil sie früh in die Theol. †Bullingers, †Bucers und †Calvins aufgeht.

Lit.: Auswahl seiner Schriften, hrsg. v. E. Künzli, Zürich 1962. – U. Gäbler, H. Z., München 1983.   *Th. M.*

Die Theologen in chronologischer Reihenfolge

Für die Zuordnung zu den Epochen (Alte Kirche – Reformationszeit) ist das
Todesjahr maßgeblich, für die Zuordnung zu den Jahrhunderten (17.–20.)
das Geburtsjahr. Für die Reihenfolge ist das Geburtsjahr maßgeblich.

Alte Kirche (bis 500)

Clemens (-brief)	93/97
Ignatius von Antiochien	?–110/117
Papias von Hierapolis	1./2. Jh.
Justin	?–ca. 165
Polykarp von Smyrna	?–155/168
Meliton von Sardes	?–ca. 190
Aristides	2. Jh.
Barnabas (-brief)	2. Jh.
Basilides	2. Jh.
Hegesipp	2. Jh.
Hermas (Hirte des)	2. Jh.
Hippolyt	2. Jh.
Marcion	2. Jh.
Montanus	2. Jh.
Valentinos	2. Jh.
Tatian	ca. 120–?
Irenäus von Lyon	?–ca. 202
Minucius Felix, Marcus	2./3. Jh.
Clemens von Alexandrien	?–nach 215
Tertullian	ca. 150–220
Origenes	?–253/54
Cyprian von Karthago	?–258
Paulus von Samosata	?–nach 272
Novatian	3. Jh.
Sabellius	3. Jh.
Methodios vom Olymp	?–ca. 311
Lukian von Antiochien	ca. 240/50–312
Arius	ca. 260–ca. 336
Eusebius von Cäsarea	ca. 260/65–339
Pachomius	287–347
Athanasius von Alexandrien	ca. 295–373
Ephraim der Syrer	306–373
Markellos von Ankyra	?–ca. 374
Didymus von Alexandrien	313–398

Hilarius von Poitiers	315–367
Apollinaris von Laodicea	ca. 315–ca. 395
Basilius der Große	ca. 330–379
Gregor von Nazianz	?–390
Gregor von Nyssa	ca. 335–394
Ambrosius	ca. 339–397
Optatus von Mileve	?–ca. 400
Euagrios Pontikos	346–399
Hieronymus	ca. 347–419
Johannes Chrysostomus	ca. 350–407
Pelagius	?–nach 418
Theodor von Mopsuestia	ca. 352–428
Augustinus, Aurelius	354–430
Johannes Cassianus	ca. 360–430/35
Cyrill von Alexandrien	?–444
Vinzenz von Lérins	?–vor 450
Nestorius	?–ca. 451
Eutyches	ca. 378–bald nach 454
Julianus von Eclanum	?–nach 454
Prosper von Aquitanien	ca. 390–nach 455
Leo der Große	?–461
Theodoret von Kyros	393/95–466

Frühes Mittelalter (500–1000)

Fulgentius von Ruspe	467–532
Boethius, Anicius Manlius Severinus	ca. 475–ca. 525
Dionysius Areopagita	um 500
Gregor der Große	ca. 540–604
Isidor von Sevilla	560–633
Maximus Confessor	580–662
Johannes Climacus	Ende 6. Jh.–Mitte 7. Jh.
Beda Venerabilis	ca. 672–735
Johannes von Damaskus	ca. 675–749?
Alkuin	ca. 730–804
Hrabanus Maurus	ca. 780–856
Paschasius Radbertus	Ende 8. Jh.–ca. 865
Johannes Scotus Eriugena	9. Jh.
Gottschalk (der Sachse)	ca. 806–ca. 868
Ratramnus	?–nach 868
Photius	820–897/98

Hoch- und Spätmittelalter (1000–1500)

Symeon der Neue Theologe	949–1022
Fulbert von Chartres	ca. 960–1028
Berengar von Tours	ca. 1005–1088
Lanfrank	ca. 1005–1089
Humbert von Silva Candida	ca. 1006–1061
Petrus Damiani	1007–1072
Anselm von Canterbury	1033/34–1109
Ivo von Chartres	ca. 1040–1115
Anselm von Laon	ca. 1050–1117
Rupert von Deutz	1075/80–1129
Hugo von St. Victor	?–1141
Porretanus, Gilbert	1076–1150
Abaelard	1079–1142
Wilhelm von St. Thierry	1080/85–1148
Bernhard von Clairvaux	1090–1153
Gerhoh von Reichersberg	1093/94–1169
Petrus Lombardus	ca. 1095–1160
Hildegard von Bingen	1098–1179
Richard von St. Victor	?–1173
Joachim von Fiore	1130/35–1202
Dominicus	1170–1221
Wilhelm von Auvergne	1180–1249
Franz von Assisi	1181/82–1226
Alexander von Hales	ca. 1185–1245
Antonius von Padua	1195–1231
Albertus Magnus	ca. 1200–1280
Mechthild von Magdeburg	ca. 1210–1285
Bonaventura	ca. 1217–1274
Heinrich von Gent	1217–1293
Thomas von Aquin	1225/26–1274
Raimundus Lullus	1232–1315/16
Olivi, Petrus Johannes	1248/51–1298
Eckhart, Meister	ca. 1260–1328
Duns Scotus, Johannes	ca. 1265–1308
Nikolaus von Lyra	1270–1349
Ockham, Wilhelm von	1285/90–ca. 1348
Ruysbroek, Johannes (Jan) van	1293–1381
Seuse, Heinrich	1295–1366
Gregor von Rimini	ca. 1300–1358
Tauler, Johannes	ca. 1300–1361
Hugolin von Orvieto	1300–1373
Kabasilas, Nikolaus	ca. 1320–1363/90

Wyclif, John	ca. 1330–1384
Petrus von Ailly	1350–1420
Gerson, Johannes	1363–1429
Hus, Jan	ca. 1370–1415
Thomas von Kempen	1379/80–1471
Turrecremata, Johannes de	1388–1468
Nikolaus von Kues	1401–1464
Bessarion	1403–1472
Biel, Gabriel	vor 1410–1495

Reformationszeit (1500–ca. 1650)

Prierias, Silvestro	1456–1523
Schatzgeyer, Kaspar	1463/64–1527
Erasmus, Desiderius	1466?–1536
Cajetan de Vio, Thomas	1469–1534
Fisher, John	1469–1535
Latomus, Jacobus	ca. 1475–1544
Emser, Hieronymus	1478–1527
Morus, Thomas	1478–1535
Fabri, Johannes	1478–1541
Ökolampad, Johannes	1482–1531
Luther, Martin	1483–1546
Vitoria, Francisco de	1483/93–1546
Zwingli, Huldrych	1484–1531
Ambrosius Catharinus	1484–1553
Eck, Johannes (Maier, Mayer)	1486–1543
Schwenckfeld, Kaspar	1489–1561
Müntzer, Thomas	1490?–1525
Pigge (Pighius), Albert	1490–1542
Bucer, Martin	1491–1551
Ignatius von Loyola	1491–1556
Seripando, Girolomo	1492–1563
Denck, Hans	nach 1495–1527
Osiander, Andreas	1496?–1552
Melanchthon, Philipp	1497–1560
Agricola, Johann	1499?–1566
Brenz, Johannes	1499–1570
Franck, Sebastian	ca. 1500–1542
Doppen, Bernhard	16. Jh.
Gropper, Johann	1503–1559
Bullinger, Heinrich	1504–1575
Hosius, Stanislaus	1504–1579
Cano, Melchior	1509–1560

Calvin, Johannes	1509–1564
Servet, Michael	1511?–1553
Bajus (de Bay), Michael	1513–1589
Castellio, Sebastian	1515–1563
Teresa von Ávila	1515–1582
Beza (de Bèze), Theodor	1519–1605
Flacius (Vlacich), Matthias	1520–1575
Canisius, Petrus	1521–1597
Jewel, John	1522–1571
Chemnitz, Martin	1522–1586
Bañez, Domingo	1528–1604
Weigel, Valentin	1533–1588
Ursin(us) (Beer), Zacharias	1534–1583
Stapleton, Thomas	1535–1598
Molina, Luis de	1535–1600
Sozzini (Socinus), Fausto	1539–1604
Bellarmin, Robert	1542–1621
Bruno, Giordano	1548–1600
Suárez, Franz SJ	1548–1617
Gregor von Valencia	1549–1603
Hunn(ius), Aegidius	1550–1603
Browne, Robert	1550–1633
Hooker, Richard	1554–1600
Arnd(t), Johann	1555–1621
Dupperon, Jacques-Davy	1556–1618
Perkins, William	1558–1602
Laurentius von Brindisi	1559–1619
Arminius (Hermansz), Jakob	1560–1609
Polanus (von Polansdorf), Amandus	1561–1610
Hutter(us) (Hütter), Leonhart	1563–1616
Gomarus, Franz	1563–1641
Mentzer, Balthasar	1565–1627
Franz von Sales	1567–1622
Tanner, Adam	1572–1632
Böhme, Jakob	1575–1624
Bérulle, Pierre de	1575–1629
Herbert von Cherbury	1581/83–1648
Gerhard, Johann(es)	1582–1637
Grotius, Hugo	1583–1645
Petavius, Dionysius	1583–1652
Jansen, Cornelius	1585–1638
Andreä, Johann Valentin	1586–1654
Calixt (Kallisen), Georg	1586–1656
Meisner, Balthasar	1587–1626

Voetius (Fuet), Gisbert	1589–1676
Spee, Friedrich von	1591–1635
Mogilas, Petrus	1597–1647
Erbermann, Vitus	1597–1675

17. und 18. Jahrhundert

Eudes, Jean	1601–1680
Coccejus (Coch), Johannes	1603–1669
Calov(ius) (Kalau), Abraham	1612–1686
Musäus, Johannes	1613–1681
Quenstedt, Johann Andreas	1617–1688
König, Johann Friedrich	1619–1664
Thomassin d'Eynac, Louis de Or	1619–1690
Pascal, Blaise	1623–1662
Angelus Silesius	1624–1677
Bossuet, Jacques-Bénigne	1627–1704
Heidegger, Johann Heinrich	1633–1698
Bekker, Balthasar	1634–1698
Quesnel, Pasquier	1634–1719
Spener, Philipp Jakob	1635–1705
Simon, Richard	1638–1712
Abraham a Santa Clara	1644–1709
Leibniz, Gottfried Wilhelm	1646–1716
Hollatz, David	1648–1713
Fénélon de Salignac de la Mothe, Francois	1651–1715
Francke, August Hermann	1663–1727
Arnold, Gottfried	1666–1714
Toland, John	1670–1722
Löscher, Valentin Ernst	1673–1749
Bengel, Johann Albrecht	1687–1752
Swedenborg, Emanuel	1688–1772
Mosheim, Johann Lorenz von	1693–1755
Reimarus, Hermann Samuel	1694–1768
Liguori, Alfons Maria di	1696–1787
Zinzendorf, Nikolaus Ludwig Graf von	1700–1760
Hontheim, Johann Nikolaus von	1701–1790
Oetinger, Friedrich Christoph	1702–1782
Edwards, Jonathan	1703–1758
Wesley, John Benjamin	1703–1791
Baumgarten, Siegmund Jacob	1706–1757
Ernesti, Johann August	1707–1781
Spalding, Johann Joachim	1714–1804
Semler, Johann Salomo	1725–1791

Stattler, Benedikt	1728–1797
Lessing, Gotthold Ephraim	1729–1781
Hamann, Johann Georg	1730–1788
Klüpfel, Engelbert	1733–1811
Lavater, Johann Caspar	1741–1801
Herder, Johann Gottfried	1744–1803
Oberthür, Franz	1745–1831
Storr, Gottlob Christian	1746–1805
Hofbauer, Johann Clemens Maria	1751–1820
Sailer, Johann Michael	1751–1832
Eichhorn, Johann Gottfried	1752–1827
Flatt, Johann Friedrich	1759–1821
Liebermann, Bruno Franz Leopold	1759–1844
Daub, Karl	1765–1836
Baader, Franz von	1765–1841
Wirceburgenses	1766–1777
Schleiermacher, Friedrich	1768–1834
Wegscheider, Julius August Ludwig	1771–1849
Coleridge, Samuel Taylor	1772–1834
Flatt, Karl Christian	1772–1843
Eß, Leander van	1772–1847
Hermes, Georg	1775–1831
Bretschneider, Karl Gottlieb	1776–1848
Görres, Johann Joseph	1776–1848
Drey, Johann Sebastian von	1777–1853
Harms, Claus	1778–1855
Marheineke, Philipp Konrad	1780–1846
Günther, Anton	1783–1863
Grundtvig, Nikolaj Frederik Severin	1783–1872
Brenner, Friedrich	1784–1848
Nitzsch, Karl Immanuel	1787–1868
Hirscher, Johann Baptist	1788–1865
Neander, Johann August Wilhelm	1789–1850
Baur, Ferdinand Christian	1792–1860
Möhler, Johann Adam	1796–1838
Bautain, Louis-Eugène-Marie	1796–1867
Rosmini-Serbati, Antonio Conte di	1797–1855
Rothe, Richard	1799–1867
Tholuck, August	1799–1877
Döllinger, Ignaz von	1799–1890

19. und 20. Jahrhundert

Klee, Heinrich	1800–1840
Staudenmaier, Franz Anton	1800–1856
Vilmar, August Friedrich Christian	1800–1868
Newman, John Henry	1801–1890
Bushnell, Horace	1802–1876
Beck, Johann Tobias	1804–1878
Maurice, (John) Frederick Denison	1805–1872
Blumhardt, Johann Christoph	1805–1880
Kuhn, Johannes Evangelist	1806–1887
Löhe, Wilhelm	1808–1872
Strauß, David Friedrich	1808–1874
Martensen, Hans Lassen	1808–1884
Schweizer, Alexander	1808–1888
Bauer, Bruno	1809–1882
Dorner, Isaak August	1809–1884
Ehrlich, Johannes Nepomuk	1810–1864
Hofmann, Johann Christian Konrad von	1810–1877
Dechamps, Victor-Auguste	1810–1883
Kleutgen, Josef	1811–1883
Scholten, Johann Heinrich	1811–1885
Passaglia, Carlo	1812–1887
Kierkegaard, Søren	1813–1855
Deutinger, Martin	1815–1864
Franzelin, Johannes Baptist	1816–1876
Senestrey, Ignaz von	1818–1906
Biedermann, Alois Emanuel	1819–1885
Schrader, Clemens	1820–1875
Frohschammer, Jakob	1821–1893
Ritschl, Albrecht	1822–1889
Schäzler, Konstantin	1827–1880
Frank, Franz Hermann Reinhold	1827–1894
Dilthey, Wilhelm	1833–1911
Cremer, Hermann	1834–1903
Scheeben, Matthias Joseph	1835–1888
Linsenmann, Franz Xaver von	1835–1898
Kähler, Martin	1835–1912
Overbeck, Franz Camille	1837–1905
Kuyper, Abraham	1837–1920
Denifle, Heinrich Seuse	1844–1905
Wellhausen, Julius	1844–1918
Johansson, Gustaf	1844–1930
Herrmann, Wilhelm	1846–1922

Billot, Louis	1846–1938
Forsyth, Peter Taylor	1848–1921
Kaftan, Julius	1848–1926
Schell, Herman	1850–1906
Mercier, Désiré	1851–1926
Harnack, Adolf von	1851–1930
Kattenbusch, Ferdinand	1851–1935
Hügel, Friedrich von	1852–1925
Schlatter, Adolf	1852–1938
Atzberger, Leonhard	1854–1918
Lagrange, Marie-Joseph	1855–1938
Loisy, Alfred	1857–1940
Rade, Martin	1857–1940
Ihmels, Ludwig	1858–1933
Seeberg, Reinhold	1859–1935
Tyrell, George	1861–1909
Rauschenbusch, Walter	1861–1918
Batiffol, Pierre	1861–1929
Mausbach, Joseph	1861–1931
Blondel, Maurice	1861–1949
Gunkel, Hermann	1862–1932
Kutter, Hermann	1863–1931
Arrègui, Antonio Maria	1863–1942
Diekamp, Franz	1864–1943
Troeltsch, Ernst	1865–1923
Holl, Karl	1866–1926
Söderblom, Nathan	1866–1931
Ragaz, Leonhard	1868–1945
Otto, Rudolf	1869–1937
Bulgakov, Sergej Nikolajevitsch	1871–1944
Scheler, Max	1874–1928
Heim, Karl	1874–1958
Schweitzer, Albert	1875–1965
Adam, Karl	1876–1966
Sawicki, Franz	1877–1952
Aulén, Gustaf	1879–1977
Temple, William	1881–1944
Teilhard de Chardin, Pierre	1881–1955
Grosche, Robert	1881–1967
Bea, Augustin	1881–1968
Brunstäd, Friedrich	1883–1944
Scholz, Heinrich	1884–1956
Bultmann, Rudolf	1884–1976
Elert, Werner	1885–1954

Guardini, Romano	1885–1968
Casel, Odo	1886–1948
Tillich, Paul	1886–1965
Barth, Karl	1886–1968
Gogarten, Friedrich	1887–1967
Steinbüchel, Theodor	1888–1949
Althaus, Paul	1888–1966
Hirsch, Emanuel	1888–1972
Karrer, Otto	1888–1976
Gilson, Etienne	1888–1978
Brunner, Emil	1889–1966
Hessen, Johannes	1889–1971
Przywara, Erich	1889–1972
Leeuw, Gerardus van der	1890–1950
Peterson, Erik	1890–1960
Lang, Albert	1890–1973
Nygren, Anders	1890–1978
Geiselmann, Josef Rupert	1890–1980
Pinsk, Johannes	1891–1957
Heiler, Friedrich	1892–1967
Niebuhr, Reinhold	1892–1971
Söhngen, Gottlieb	1892–1971
Feckes, Carl	1894–1958
Niebuhr, Helmut Richard	1894–1962
Asmussen, Hans	1898–1968
Iwand, Hans Joachim	1899–1961
Fuchs, Ernst	1903–1983
Schlink, Edmund	1903–1984
Rahner, Karl	1904–1984
Løgstrup, Knud Ejler	1905–1981
Bonhoeffer, Dietrich	1906–1945
Welte, Bernhard	1906–1983
Thielicke, Helmut	1908–1986
Dolch, Heimo	1912–1985
Hubbeling, Hubertus Gezinus	1925–1986

Anzeigen

Bücher zur Theologie

Klassiker der Theologie
Herausgegeben von Heinrich Fries und Georg Kretschmar
Band I: Von Irenäus bis Martin Luther
1981. 462 Seiten mit 23 Porträtabbildungen. Leinen
Band II: Von Richard Simon bis Dietrich Bonhoeffer
486 Seiten mit 20 Porträtabbildungen. Leinen

Karl-Heinrich Bieritz
Das Kirchenjahr
Fest, Gedenk- und Feiertage in Geschichte und Gegenwart
1987. 271 Seiten. Gebunden

Gerhard Ruhbach / Josef Sudbrack (Hrsg.)
Große Mystiker
Leben und Wirken
1984. 400 Seiten. Leinen

Hans-Jürgen Goertz (Hrsg.)
Radikale Reformatoren
21 biographische Skizzen von Thomas Müntzer bis Paracelsus
1978. 263 Seiten mit 19 Abbildungen. Paperback. BsR 183

Leo Prijs
Die Welt des Judentums
Religion, Geschichte, Lebensweise
2., durchgesehene Auflage. 1984. 222 Seiten mit 38 Abbildungen.
Paperback. BsR 261

Hans Waldenfels (Hrsg.)
Theologen der Dritten Welt
Elf biographische Skizzen aus Afrika, Asien und Lateinamerika
1982. 198 Seiten. Paperback. BsR 260

Verlag C. H. Beck München

Große Theologen

Kurt Ruh
Meister Eckhart
Theologe – Prediger – Mystiker
1985. 208 Seiten mit 1 Abbildung. Leinen

Cornelis Augustijn
Erasmus von Rotterdam
Leben – Werk – Wirkung
Aus dem Holländischen von Marga E. Baumer
1986. 201 Seiten. Leinen

Bernhard Lohse
Martin Luther
Eine Einführung in sein Leben und sein Werk
Nachdruck der 2., durchgesehenen Auflage. 1983
257 Seiten. Leinen

Martin Luther
Briefe an Freunde und an die Familie
Herausgegeben von Albrecht Beutel
1987. Etwa 160 Seiten. Gebunden

Ulrich Gäbler
Huldrych Zwingli
Eine Einführung in sein Leben und Werk
1983. 163 Seiten. Leinen

James Bentley
Martin Niemöller
Eine Biographie
Aus dem Englischen von Karl Heinz Siber
1985. 301 Seiten mit 9 Abbildungen. Broschiert

Verlag C. H. Beck München